V&R

ALFRED ADLER STUDIENAUSGABE

herausgegeben von Karl Heinz Witte

Band 6: Alfred Adler
Der Sinn des Lebens (1933)
herausgegeben von Reinhard Brunner

Alfred Adler
Religion und Individualpsychologie (1933)
herausgegeben von Ronald Wiegand

Alfred Adler

Der Sinn des Lebens (1933)

herausgegeben von Reinhard Brunner

Religion und Individualpsychologie (1933)

herausgegeben von Ronald Wiegand

Vandenhoeck & Ruprecht

Die Alfred Adler Studienausgabe wird im Auftrag der Deutschen Gesellschaft für Individualpsychologie herausgegeben von Karl Heinz Witte unter Mitarbeit von Vera Kalusche.

Bibliografische Information der Deutschen Nationalbibliothek

Die Deutsche Nationalbibliothek verzeichnet diese Publikation in der Deutschen Nationalbibliografie; detaillierte bibliografische Daten sind im Internet über http://dnb.d-nb.de abrufbar.

ISBN 978-3-525-40554-3

© 2008, Vandenhoeck & Ruprecht GmbH & Co. KG, Göttingen
Internet: www.v-r.de
Alle Rechte vorbehalten. Das Werk und seine Teile sind urheberrechtlich geschützt. Jede Verwertung in anderen als den gesetzlich zugelassenen Fällen bedarf der vorherigen schriftlichen Einwilligung des Verlages. Hinweis zu § 52a UrhG: Weder das Werk noch seine Teile dürfen ohne vorherige schriftliche Einwilligung des Verlages öffentlich zugänglich gemacht werden. Dies gilt auch bei einer entsprechenden Nutzung für Lehr- und Unterrichtszwecke.
© Umschlagabbildung: DGIP-Archiv Gotha.
Printed in Germany
Satz: KCS GmbH, Buchholz / Hamburg
Druck und Bindung: ⊕ Hubert & Co, Göttingen
Gedruckt auf alterungsbeständigem Papier.

Inhalt

ALFRED ADLER: DER SINN DES LEBENS (1933)
herausgegeben von Reinhard Brunner

Einleitung	11
Editorische Vorbemerkung	22
TEXTAUSGABE	23

ALFRED ADLER: RELIGION UND INDIVIDUALPSYCHOLOGIE (1933)
herausgegeben von Ronald Wiegand 177

Einleitung	181
Editorische Vorbemerkung	185
Zur Psychotherapie des Christentums, von Ernst Jahn. Zusammenfassung von Ronald Wiegand	186
TEXTAUSGABE	195
ANHANG	225
Personen in Adlers »Religion und Individualpsychologie«	227
Literatur	232
Personenverzeichnis	238
Sachverzeichnis	241

Alfred Adler

Der Sinn des Lebens (1933)

herausgegeben von Reinhard Brunner

Inhalt

Der Sinn des Lebens (1933) 7
Einleitung
  1. Charakterisierung des Textes und der Thematik 11
  2. Stellung in der Theorieentwicklung bei Adler 12
  3. Wichtige Konzepte, theoretische Annahmen 13
  4. Weiterentwicklung und Rezeption in der
     individualpsychologischen Fachliteratur 18
  5. Spiegelung in modernen psychoanalytischen und anderen
     psychotherapeutischen Ansätzen 20
Editorische Vorbemerkung 22

Textausgabe

Vorwort 25
  1. Die Meinung über sich und über die Welt 28
  2. Psychologische Mittel und Wege zur Erforschung des Lebensstils 35
  3. Die Aufgaben des Lebens 40
  4. Das Leib-Seele-Problem 53
  5. Körperform, Bewegung und Charakter 62
  6. Der Minderwertigkeitskomplex 67
  7. Der Überlegenheitskomplex................................. 78
  8. Typen der Fehlschläge 84
  9. Die fiktive Welt des Verwöhnten 92
 10. Was ist wirklich eine Neurose? 97
 11. Sexuelle Perversionen 111
 12. Erste Kindheitserinnerungen 121
 13. Gemeinschaftshindernde Kindheitssituationen und
     deren Behebung 129
 14. Tag- und Nachtträume 142
 15. Der Sinn des Lebens 156
Anhang 166
  Stellung zum Berater 166
  Individualpsychologischer Fragebogen 172

Einleitung

1. Charakterisierung des Textes und der Thematik

»Der Sinn des Lebens« (Adler 1933b) gehört zum Spätwerk Adlers. Es erschien mit »Religion und Individualpsychologie«, das Adler zusammen mit Ernst Jahn verfasst hat, im Jahre 1933 – dem Jahr der Machtergreifung durch die Nationalsozialisten in Deutschland.

Nach Bruder-Bezzel (1999) gehört »Der Sinn des Lebens« mit »The science of living« (Adler 1929d; deutsch: Adler 1929d/1978b) und »What life should mean to you« (Adler 1931b; deutsch: Adler 1931b/1979b) zu drei späteren Übersichtswerken Adlers. Der hier vorliegende Text bietet eine relativ umfassende Sicht über die zentralen Positionen des »späten Adler«, die so in keiner seiner weiteren Arbeiten bis zu seinem Tode 1937 erkennbar ist.

Die fünfzehn Kapitel des Buches befassen sich unter anderem mit der Erforschung des Lebensstils, den Aufgaben des Lebens, dem Minderwertigkeits- und dem Überlegenheitskomplex, der Neurose, den ersten Kindheitserinnerungen, den Perversionen, den Träumen und natürlich mit dem Sinn des Lebens. Sie werden durch ein Vorwort eingeleitet. In einem Anhang beschreibt Adler Aspekte der Beratung und gibt konkrete Hinweise zum Verhalten des Beraters und zur Gestaltung der Beziehung des Beraters oder Arztes zum Patienten oder Ratsuchenden. Im Anhang befindet sich auch ein individualpsychologischer Fragebogen, der vom Internationalen Verein für Individualpsychologie verfasst und erläutert wurde.

Eine programmatische und herausragende Stellung nehmen unter den fünfzehn dargestellten Themen die Aufsätze »Die Meinung über sich und über die Welt« (Kap. 1), »Was ist wirklich eine Neurose?« (Kap. 10) und »Der Sinn des Lebens« (Kap. 15) ein. Im ersten Kapitel stellt Adler seine wahrnehmungspsychologischen und erkenntnistheoretischen Positionen dar; im Kapitel 10 entwickelt er die Neurosenpsychologie, die für sein Spätwerk charakteristisch ist; im abschließenden 15. Kapitel zeigt Adler, dass eine Antwort auf die Frage nach dem Sinn des Lebens nur unter Beachtung des Bezugssystems Mensch – Kosmos gegeben werden kann. Der Sinn des Lebens steht nach Adler in enger Verbindung mit der Sehnsucht des Menschen nach Vollkommenheit und mit einem Gemeinschaftsgefühl, das er als »ein Streben nach einer Gemeinschaftsform, die für ewig gedacht werden muss« (unten S. 160) kennzeichnet.

Außer auf die bereits erwähnten Theorieaspekte geht Adler in »Der Sinn des Lebens« auch noch auf pädagogische, entwicklungspsychologische, persönlichkeitspsychologische, diagnostische und evolutionstheoretische Aspekte seiner Individualpsychologie ein.

Am Ende dieses Buches verweist Adler auf die pädagogische – ja, auch therapeutische – Intention, die er mit seiner Arbeit verbindet: »Dies ist ja auch die wichtigste Aufgabe dieses Buches, nicht nur in den Stand zu setzen, andere zu verstehen, sondern die Wichtigkeit des Gemeinschaftsgefühls zu begreifen und es bei sich selbst lebendig zu machen« (S. 176).

2. Stellung in der Theorieentwicklung bei Adler

Ansbacher (1981, S. 191 f.) unterteilt die Theorieentwicklung Adlers und sein Schaffen im Blick auf die Entwicklung des Gemeinschaftsgefühls in vier Abschnitte.

»1898–1907. *Stufe I. Vor einem expliziten Konzept des Menschen:* Schriften über Sozialmedizin und Erziehung, die sich verlagern zu organmedizinischen Fragen. Die ›Studie über Minderwertigkeit von Organen‹ handelt von physiologischen Begriffen ohne Bezug zum Individuum. 1902 Einladung Freuds an Adler, eines der vier Gründungsmitglieder seiner Diskussionsrunde zu werden.

1908–1917. *Stufe II. Vor dem Postulat des Gemeinschaftsgefühls:* Der ›Aggressionstrieb‹, gefolgt vom ›männlichen Protest‹ und dem ›Willen zur Macht‹, ersetzt Freuds ›Libido‹. 1911 Trennung von Freud und dessen kausalistischen, nomothetischen Triebpsychologie zugunsten einer finalistischen, idiografischen Wertpsychologie.

1918–1927. *Stufe III. Gemeinschaftsgefühl – 1. Phase als Gegenkraft:* Das Gemeinschaftsgefühl als angeborene Gegenkraft, welche der Expansionstendenz, dem Willen zur Macht Grenzen setzt, wenn es nicht unterdrückt wird von äußeren und inneren Kräften. Der ›Lebensstil‹ ersetzt den ›Lebensplan‹. Gründung von Erziehungsberatungsstellen, lehr- und schriftstellerische Tätigkeit.

1928–1937. *Stufe IV: Gemeinschaftsgefühl – 2. Phase: als kognitive Funktion:* Das Gemeinschaftsgefühl als Anlage, die bewusst zu einer Fähigkeit entwickelt werden muss, die richtungweisend ist für ethisch neutrales Vollkommenheitsstreben, Überlegenheit oder einfach für Streben nach einer Plus-Situation. Neuformulierung verschiedener anderer Auffassungen. Regelmäßige Reisen in die USA und dortige Niederlassung im Jahre 1934.«

Von drei Phasen in der Theorieentwicklung geht Bruder-Bezzel (2000) aus. Eine erste Phase, den »frühen Adler«, datiert sie von 1898 bis 1917. Das Werk des frühen Adlers kennzeichnet sie (S. 284) als tiefenpsychologisch orientiert, wenig wertend und um Wissenschaftlichkeit bemüht. Der »mittlere Adler« reicht nach ihrer Auffassung von 1918 bis 1927. Die Arbeiten in dieser Phase erkennt sie als »praktisch, klar, ohne metaphysische Höhenflüge, mit Betonung der sozialen Beschaffenheit des Seelenlebens und des Charakters, weniger moralisch« (S. 284). Die Spätphase oder der »späte Adler« wird von ihr ab 1928 datiert: »Der Tenor ändert sich deutlich. Gemeinschaft wird überwertig, kosmologisch gefasst (Holismus), die Theorie wird zur Weltanschauung, das Sendungsbewusstsein nimmt mit selbstgefälligem Pathos zu. Finalität wird zur Antikausalität. Individualpsychologie wird in den Strom der Evolution gehoben« (S. 284).

»Der Sinn des Lebens« stellt das Hauptwerk Adlers in dieser Spätphase dar. Es ist das Werk, in dem Adler besonders engagiert und ausführlich seine weltanschaulich, ethisch und metaphysisch orientierten Ergebnisse und Thesen entwickelt. So scheint dieses Werk in deutlichem Kontrast zur sozialwissenschaftlichen, tiefenpsychologischen und therapeutischen Ausrichtung zu stehen, die sich in Adlers ersten beiden Schaffensperioden zeigt.

Dennoch lässt sich nachweisen, dass der überwiegende Teil der Annahmen und Forderungen Adlers im »Der Sinn des Lebens« bereits in diesen früheren Perioden entwickelt oder vorbereitet wurde. Auf eine entsprechende Kontinuität in der Theorieentwicklung hat vor allem Rüedi (Lattmann u. Rüedi 1998) hingewiesen.

Welche herausragende Bedeutung für Adler die Frage nach dem Sinn des Lebens hatte, zeigen die Publikationen, die als Vorläufer für das 1933 erschienene Buch und sein 15. Kapitel, »Der Sinn des Lebens«, gelten können. So hat er bereits 1924 einen Aufsatz mit dem Titel »Kritische Erwägungen über den Sinn des Lebens« (Adler 1924g, 1982a) veröffentlicht. Sechs Jahre später hielt Adler in Berlin einen Vortrag mit dem Titel »Der Sinn des Lebens« (Adler 1931g, 1982b), der 1931 veröffentlicht wurde. In diesem stellt er die Bedeutung der Frage nach dem Sinn des Lebens heraus und reklamiert für sich und die Individualpsychologie, dass sie einen großen Schritt weitergekommen seien, eine Antwort auf diese Frage zu geben. Auch das 1931 in Amerika erschienene Buch »What life should mean to you«, (1931b; deutsch 1931b/1979b) thematisiert die Frage nach dem Sinn des Lebens immer wieder, so dass der Herausgeber der deutschen Ausgabe, Wolfgang Metzger, in seiner Einführung 1979 feststellt, dass dieses Buch auch mit »Der Sinn des Lebens« einen angemessenen Titel gefunden hätte. So beginnt denn auch »Wozu leben wir?« mit dem Kapitel »Der Sinn des Lebens«.

In der vorliegenden Arbeit, wohl dem wichtigsten Werk in Adlers später Schaffensperiode, stellt er die Frage nach dem Sinn des Lebens in den Mittelpunkt; die Suche nach Antworten auf diese Frage kann aber schon ab 1918 als ein wesentliches Anliegen Adlers erkannt werden.

3. Wichtige Konzepte, theoretische Annahmen

Der Sinn des Lebens ergibt sich für den Menschen aus seinem Beitrag für das Wohl der gesamten Menschheit und für ihre Höherentwicklung (S. 162). Adler geht davon aus, dass das Ziel dieser Höherentwicklung in der Vollkommenheit liegt, die er auch als aktive Anpassung an die kosmischen Forderungen definiert (S. 157). Die Frage nach dem Sinn des Lebens hat nur dann eine Bedeutung, wenn man das »Bezugssystem Mensch – Kosmos« (S. 156) berücksichtigt. Wer seinen Beitrag für das Wohl und für die Vervollkommnung der Menschheit leistet, zeigt nach Adler Gemeinschaftsgefühl. Dieses bedeutet ihm vor allem »ein Streben nach einer Gemeinschaftsform, die für ewig gedacht werden muss, wie sie etwa gedacht werden könnte, wenn die Menschheit das Ziel der Vollkommenheit erreicht hat« (S. 160). Dieses Streben nach Vollkommenheit und nach einer idealen Gemeinschaft zu erkennen und ihm zu folgen sind nach Adler (S. 158) Zeichen für die kosmische Verbundenheit des einzelnen Menschen.

Dass sich Adler mit diesen Ausführungen vom herkömmlichen sozialwissenschaftlichen und naturwissenschaftlichen Paradigma, dem empirischen, deutlich entfernt, ist ihm bewusst. Und so gibt er denen recht, die in der Individualpsychologie ein Stück Metaphysik finden, und stellt dazu die heuristische Bedeutung der Metaphysik heraus (S. 159 f.]). Hier sehen wir Adler in guter Verbindung mit Popper, der in seinem Spätwerk auf die Bedeutung metaphysischer Annahmen für die Forschung hingewiesen hat (s. Radnitzky 1989, S. 401).

Die bisher referierten Annahmen aus »Der Sinn des Lebens« zeigen neben der metaphysischen Orientierung Adlers auch, dass er eine spezielle Evolutionstheorie vertritt und den transpersonalen Charakter des Menschen und seiner Bewegung herausstellt.

Seine Evolutionstheorie geht über Lamarck und Darwin, auf die er sich beruft, hinaus. Ihm geht es nicht nur um die biologische Evolution, also etwa um Fragen der natürlichen Auslese und der Anpassung; Adler geht es um die Entwicklung einer idealen Gemeinschaft der ganzen Menschheit als letzter Erfüllung der Evolution, wobei es sich nach seiner Überzeugung niemals um eine gegenwärtige Gemeinschaft oder Gesellschaft handeln könne (S. 157 f.). Damit begibt er sich in die Nähe eines der nach Eliade (1988) weitest verbreiteten und ältesten Mythen der Menschheit, dem Vollkommenheits- beziehungsweise Paradiesesmythos. Ziele der menschlichen Entwicklung sind Adler zufolge Überlegenheit, Vollkommenheit und Überwindung (S. 54).

Wesentliche der zentralen Aussagen Adlers im »Sinn des Lebens« können auch als transpersonal orientiert charakterisiert werden. Mit transpersonal soll hier ein Bewusstseinszustand bezeichnet werden, bei dem die Fiktion eines isolierten Ich überwunden und ein tiefes Gefühl der Zugehörigkeit und des Verbundenseins mit der Schöpfung und mit dem Kosmischen erfahren werden kann. Ein solcher Bewusstseinszustand könne den Menschen zu einer vertrauensvollen und verantwortungsvollen Haltung dem Leben gegenüber führen (s. a. Grof u. Grof 1991; Wilber 1990).

Adler betont die kosmische Beziehung des Menschen (S. 40); er stellt heraus, dass das Individuum »nur dann weiterkommt, wenn es als Teil des Ganzen lebt und strebt« (S. 164), und er geht davon aus, dass der Mensch nur dann richtig handelt, »wenn er in seinem Interesse mit der Außenwelt, mit den anderen verbunden ist« (S. 164). Die Vernunft des Menschen, »sein Common Sense unterliegt der Kontrolle der Mitmenschen, der absoluten Wahrheit und zielt auf ewige Richtigkeit« (ebd.). Die Allverbundenheit des Menschen als wesentliche Erfahrung des transpersonalen und mystischen Seins spricht aus Adlers Wahrnehmung: »In der ganzen Menschheitsgeschichte finden sich keine isolierten Menschen« (ebd.).

Auch wenn Adler das Gemeinschaftsgefühl auf eine Gemeinschaft »sub specie aeternitatis« (unter dem Gesichtspunkt der Ewigkeit) gerichtet sieht, so erkennt er dennoch auch dessen konkrete Bedeutung, auf die er in seinen pädagogischen, entwicklungspsychologischen und neurosenpsychologischen Theorien immer wieder Bezug nimmt.

Adler verweist etwa auf einen Zusammenhang zwischen dem Bestand der menschlichen Kultur und dem Gemeinschaftsgefühl (S. 131]) und dass es die Mutter sei, die durch ihr »Kontaktgefühl« wesentlich zur Entwicklung des Gemeinschaftsgefühls beitrage (S. 97, 101).

»Verwöhnung, angeborene Organminderwertigkeiten und Vernachlässigung« in der Kindheit sind ihm zufolge geeignet, die Entfaltung des Gemeinschaftsgefühls zu erschweren (S. 44, 70, 129 f.). Ein Mangel an Gemeinschaftsgefühl führt denn auch dazu, dass die drei großen Aufgaben des Lebens, Gemeinschaftsleben, Arbeit und Liebe (S. 40), nur unzureichend bewältigt werden können. In einem strengen, teilweise vorwurfsvollen Tonfall stellt Adler einen Zusammenhang zwischen sexuell abweichendem und delinquentem Verhalten und einer geringen Ausprägung des Gemeinschaftsgefühls her (S. 93 f., 120). Mangelndes Gemeinschaftsgefühl macht er auch verantwortlich für die Entstehung von Neurosen.

Im Zentrum seiner Theorie über die Entstehung von Neurosen, im Kapitel 10 »Was ist wirklich eine Neurose?«, steht die Annahme, dass der Neurotiker mit Hilfe seines Leidens versucht, die Offenbarung seiner Wertlosigkeit zu verdecken: »Er nimmt lieber alle nervösen Leiden in Kauf als die Enthüllung seiner Wertlosigkeit« (S. 101). Adler tritt in diesem Zusammenhang gleichzeitig der Auffassung entgegen, der Neurotiker wolle krank sein und erzeuge selbst sein Leiden. Den Rückzug von den Aufgaben des Lebens tritt der Neurotiker an, weil er die gefürchtete Niederlage vermeiden will; er sichert sich damit vor dem Zusammenbruch seines Überlegenheitsgefühls (S. 106). Deutlich wendet sich Adler gegen die konflikttheoretischen Ausführungen der Psychoanalyse Freuds. Da man ohne Konflikte im Leben überhaupt nicht auskomme, so Adler, könne mit Hilfe entsprechender Auffassungen auch nichts »Beleuchtendes über das Wesen der Neurose« (S. 98) ausgesagt werden.

Zwar habe der Neurotiker wie auch jeder andere Mensch seine Konflikte, er erfahre sie allerdings häufiger und stärker. Der Grund hierfür ist nach Adler »die Überempfindlichkeit des stets von Niederlagen bedrohten, seine Ungeduld, die Affektsteigerung des stets in Feindesland Lebenden, seine Gier« (S. 105). Entscheidend ist nach Adler dabei, dass der neurotische Mensch im Vergleich zu anderen seine Konflikte einsetzt, um seinen Rückzug zu erleichtern, »der ihn vor einem Zusammenbruch seiner Eitelkeit, seines Hochmutes bewahrt« (S. 106). Die Therapie des neurotischen Menschen geschehe nicht durch Erlebnisse oder Emotionen, sondern durch Erkenntnisse, die den Lebensstil des Nervösen ändern, und durch die Entwicklung seines Gemeinschaftsgefühls (S. 104, 110, 118).

Im Mittelpunkt der Annahmen Adlers zur Diagnostik stehen im Wesentlichen vier Themen: die Bedeutung des Erratens, Form gegenüber Bewegung, das Bewegungsgesetz und die Einheit der Person. Er stellt fest, dass sich die wissenschaftliche Fundierung der Individualpsychologie dadurch zeigt, dass sie »kraft ihrer Erfahrung und ihrer Wahrscheinlichkeitsgesetze Vergangenes erraten kann« (S. 44). Der Zusammenhang der Persönlichkeit könne Adler zufolge nicht durch die experimentelle Methode, sondern nur durch Einsicht und Erraten erfasst werden (S. 36). Ein solches Erraten, er nennt es auch Intuition, ist den Menschen vor allem eigen, die ein Interesse »an der glücklichen Lösung aller Menschheitsfragen« (S. 36) haben.

Wenn auch die Form zunächst in den Mittelpunkt der Beobachtung gerät, so ist es nach Adler in erster Linie die Bewegung, die uns Menschenkenntnis ermöglicht (S. 67). Form wird nach Adler dann bedeutungsvoll, wenn wir in ihr die gestaltende Bewegung erkennen (ebd.). Jede Bewegung entspringt dem Lebensstil, und jede Ausdrucksweise entstammt der Einheit der Persönlichkeit (S. 66). Diese Ausdrucksbewegungen zeigen vor allem den Weg, wie der Einzelne »aus einem Gefühl der Minderwertigkeit zur Überlegenheit« (S. 67) gelangen will, und sie lassen nach Adler Rückschlüsse auf das Ausmaß seines Gemeinschaftsinteresses zu.

Zum Kern des Theoriegebäudes der Individualpsychologie gehören Adlers Annahmen zur Bedeutung der Apperzeption und der Meinung. In seinem Vorwort zum »Sinn des Lebens« stellt er heraus, dass es ihm in seiner Arbeit hauptsächlich darum gehe, die »Apperzeption, wie der Mensch sich und die Außenwelt sieht« (S. 27), zu betrachten. Diese Apperzeption knüpft ihm zufolge an das Bewegungsgesetz an, das der Einzelne für sich gefunden hat. Adler bezeichnet sie auch als »Meinung, die das Kind und später in der gleichen Richtung der Erwachsene, von sich und von der Welt gewonnen hat« (S. 27). Auf diese Meinung führt Adler dann auch das Verhalten des Menschen zurück. »Es ist für mich außer Zweifel, dass jeder sich im Leben so verhält, als ob er über seine Kraft und über seine Fähigkeiten eine ganz bestimmte Meinung hätte; ebenso, als ob er über die Schwierigkeit oder Leichtigkeit eines vorliegenden Falles schon bei Beginn seiner Handlung im Klaren wäre; *kurz, dass sein Verhalten seiner Meinung entspringt*. Dies kann umso weniger wundernehmen, als wir nicht imstande sind, durch unsere Sinne Tatsachen, sondern nur ein subjektives Bild, einen Abglanz der Außenwelt zu empfangen« (S. 12). Damit wird deutlich, dass Adler auch im »Sinn des Lebens« eine konstruktivistische Sichtweise vertritt. Eine Sichtweise, die bereits in seiner Arbeit »Über den nervösen Charakter« (Adler 1912a/Studienausgabe Bd. 2) erkennbar ist.

Über den Sinn des Lebens zu sprechen bedeutet für Adler zum einen, den Sinn zu ergründen, den der Einzelne seinem Leben gibt. Diesen bezeichnet er auch als subjektive Meinung von sich und der Außenwelt. Hier zeigt sich Adler als Konstruktivist. Zum anderen ist für ihn der Sinn des Lebens auch der, der außerhalb unserer Erfahrung liegt und für den er eine teilweise tragfähige Erkenntnis reklamiert (S. 28). Aber auch deren Gültigkeit relativiert er, wenn er mahnt: »Wir sind nicht mit der absoluten Wahrheit gesegnet« (S. 160).

Zwei weitere grundsätzliche Prinzipien kennzeichnen Adlers Wissenschaftstheorie, die auch im »Sinn des Lebens« sichtbar werden. Da ist zunächst das der Ganzheitlichkeit und Einheit. Es wird in zwei Bereichen sichtbar. Zum Einen zeigt es sich in Adlers Ausführungen zum Gemeinschaftsgefühl, wenn er etwa auf das Bezugssystem Mensch – Kosmos verweist und, sich Smuts (1926) anschließend, darauf, dass »Leben auch in der toten Materie besteht« (S. 157). Zum Anderen erkennen wir es in Adlers Postulat von der Einheit des Seelenlebens, des Ich oder der Persönlichkeit (S. 121, 146 f., 149, 165, 168). Er spricht in diesem Zusammenhang von »meinen Bestrebungen, die undurchbrechbare Einheit des Seelenlebens klarzumachen« (S. 121).

Das andere wissenschaftstheoretische Prinzip, auf das Adler im »Sinn des Lebens« mehrmals verweist, steht in Verbindung mit seiner Kritik des Determinismus und der Kausalität. So lehnt er es ab, die Beziehung zwischen den »Bürden in der Kindheit« und einem mangelnden »Wachstum des Gemeinschaftsgefühls« auf ein »waltendes kausales Grundgesetz« zurückzuführen (S. 43). Er kann in diesem Zusammenhang »nur ein verleitendes Moment, das sich in statistischer Wahrscheinlichkeit ausdrückt« (ebd.), erkennen. Die Ableitung einer Regel aus der Beobachtung statistischer Wahrscheinlichkeit lehnt er ab: »Sie kann niemals den Einzelfall dem Verständnis näher bringen, sondern nur zur Beleuchtung eines Gesichtsfeldes Verwendung finden, in dem der Einzelfall in seiner Einmaligkeit gefunden werden muss« (S. 32). Die individuelle Ausprägung, der Einzelfall, wird durch die schöpferische Kraft des Einzelnen gestaltet.

Dass im Seelenleben »scheinbare Kausalität« festgestellt werden kann, stammt nach Adler »aus der Neigung vieler Psychologen, ihre Dogmen in einer mechanistischen oder physikalischen Verkleidung zu produzieren« (S. 26).

In diesem Zusammenhang beruft er sich auf die moderne Physik: »Seit sogar die Physik ihnen den Boden der Kausalität entzogen hat, um stattdessen einer statistischen Wahrscheinlichkeit im Ablauf des Geschehens das Wort zu reden, dürfen wohl auch Angriffe auf die Individualpsychologie wegen ihrer Leugnung der Kausalität im seelischen Geschehen nicht mehr ernst genommen werden« (ebd.). Dabei bezieht sich Adler nach Rogner (1995, S. 552) auf die von Heisenberg und anderen vertretene Quantenmechanik. In dieser »wird von irreduzibel statistischen Fundamentalgesetzen ausgegangen« (S. 552). Nach Heisenberg (1934, S. 14; zit. nach Rogner ebd.) sind »die Gesetze der Quantenphysik [...] prinzipiell statistischer Art«.

4. Weiterentwicklung und Rezeption in der individualpsychologischen Fachliteratur

»Der Sinn des Lebens« gehört zusammen mit Adlers Arbeit »Über den nervösen Charakter« (Adler 1912a//Studienausgabe Bd. 2) zu den in der Zeitschrift für Individualpsychologie zwischen 1991 und 2002 am häufigsten zitierten Werken Adlers (Gstach u. Brinskele 2005). Die Einschätzung der wissenschaftlichen Qualität dieser Arbeit Adlers durch Autorinnen und Autoren, die sich der Individualpsychologie verpflichtet fühlen oder ihr nahe stehen, fiel und fällt allerdings sehr unterschiedlich aus.

Für Stepansky (1983), der eine recht umfassende und in den USA relativ viel beachtete Analyse des Werkes Adlers vorgelegt hat, erscheint der »späte« Adler mit seinen Ausführungen zum Gemeinschaftsgefühl, wie sie sich ja vor allem auch im »Sinn des Lebens« zeigen, als Prophet (S. 42 ff.). Stepansky kritisiert, dass Adlers Rückgriff auf die Biologie und den Vitalismus eine psychologische Analyse des Gemeinschaftsgefühls nicht mehr zulasse. Der Einsatz der Biologie und des Vitalismus mit moralisierender Zielsetzung habe Adlers Fähigkeit zur psychologisch relevanten Beobachtung und Erklärung beeinträchtigt. Dies schmälere jedoch nicht die bewundernswerte Bedeutung der leitenden Ideen Adlers. Die prophetische und moralisierende Haltung in Adlers Spätwerk lasse seine Psychologie von der therapeutischen Relevanz her gesehen entleert zurück. Zudem entbehren sein Gemisch aus Ermahnungen und Warnungen einer erkenntnistheoretischen Grundlage (s. Stepansky, S. 42 ff.).

Eine ähnlich kritische Haltung dem Spätwerk Adlers und damit dem Hauptwerk dieser Phase, dem »Sinn des Lebens«, gegenüber finden wir auch bei Witte (1988), Tenbrink (1998) und bei Bruder-Bezzel (2000). Besonders pointiert erscheint diese Kritik bei Bruder-Bezzel (S. 284) »... die Theorie wird zur Weltanschauung, das Sendungsbewusstsein nimmt mit selbstgefälligem Pathos zu. Finalität wird zur Antikausalität. IP wird in den Strom der Evolution gehoben« (s. a. oben S. 12).

Einig sind sich die meisten Kritiker hinsichtlich der mangelnden wissenschaftlichen Begründung und Bedeutsamkeit des »Gemeinschaftsgefühls«, eines der zentralen Konzepte der Individualpsychologie. Ihr gemeinsamer Tenor: Da Adler keine gültigen oder nachvollziehbaren Kriterien zur Erfassung und Definition angebe und sich mit dem Verweis auf das Gemeinschaftsgefühl »sub specie aeternitatis« auf das Gebiet der Metaphysik begebe, schade das Konzept des Gemeinschaftsgefühls eher der Anerkennung und den Entwicklungsmöglichkeiten der Individualpsychologie.

Eine differenzierte kritische Haltung nimmt Metzger (1973) zum Konzept »Streben nach Vollkommenheit« ein. Unter der Voraussetzung, Gemeinschaft würde als Mittel erscheinen, um zu persönlicher Vollkommenheit zu gelangen, wäre nach Metzger »das Streben nach Vollkommenheit im Rahmen der Individualpsychologie entweder eine unter vielen neurotischen Leitlinien (die gar nicht selten ist) oder eine theoretische Verirrung« (S. 20). Anders, so Metzger, wenn sich dieses Streben nicht auf die eigene Vollkommenheit, sondern auf »die Vollkommenheit des Werks« (S. 21) richten würde, wobei es sich dann um ein außersubjektives Vollkommenheitsstreben handeln würde. In einer solchen Interpretation erkennt Metzger »*einen Wendepunkt in der Entwicklung der Individualpsychologie*« (S. 21), eine Interpretation, auf die er durch Adlers Arbeit »Kurze Bemerkungen über Vernunft, Intelligenz und Schwachsinn« (Adler 1928f, 1982a) gekommen sei. Folgt man einer solchen Interpretation, dann könnte das Gemeinschaftsgefühl nach Metzger »als ein Sonderfall dieses außersubjektiven Vollkommenheitsstrebens verstanden werden« und als »Sonderfall einer allgemeineren Haltung, die Fritz Künkel genau 1928 schlicht als ›Sachlichkeit‹ bezeichnet hat« (Metzger, S. 21).

Die Bedeutung des Gemeinschaftsgefühls als richtungweisendes Ideal, als evolutionäres Moment, als pädagogisches Mittel und als präventives, diagnostisches und psychotherapeutisches Moment, wie es Adler stimmig und facettenreich im »Sinn des Lebens« dargestellt hat, wurde vor allem von Ansbacher und Ansbacher (1972b) herausgestellt und gewürdigt. Ansbacher (1981) war es auch, der die Ausgestaltung des Gemeinschaftsgefühls durch den »späten« Adler als Entwicklung der Individualpsychologie zu einer Wertepsychologie und zu einer Psychologie der Selbst-Tanszendierung herausgestellt hat (s. a. Witte 1988, S. 17).

Das »Gemeinschaftsgefühl« des späten Adler, so wie es uns im »Sinn des Lebens« begegnet, wird in seiner präventiven und pädagogischen Bedeutung unter anderen auch von Rüedi (Lattmann u. Rüedi 1998; Rüedi 2000) anerkannt. Dass Adler der Familie, vor allem der Mutter, für die Entwicklung des Gemeinschaftsgefühls und damit auch der Entfaltung des Sozialverhaltens und der entsprechenden Meinungen eine so große Bedeutung beimisst und dies mit Nachdruck öfter wiederholt, erscheint offensichtlich berechtigt. Die Annahmen und empirischen Ergebnisse der Bindungstheorie aus den letzten zwanzig Jahren zeigen dies in eindrucksvoller Weise. Darauf haben auch Rüedi (2000) und Brunner (2003) aufmerksam gemacht.

Adler weist in diesem Zusammenhang aber auch sehr eindringlich auf die Kindheitssituationen hin, die zu einem eingeschränkten Gemeinschaftsgefühl führen. Dabei zielt er immer wieder auf die Verwöhnung und Verzärtelung ab, unter Vernachlässigung der beiden anderen von ihm herausgestellten gemeinschaftshindernden Kindheitssituationen, »angeborene Organminderwertigkeit und Vernachlässigung« (S. 127 ff.). Dies moniert unter anderen Metzger (1973). Er vermutet, dass Adlers Krankengeschichten im »Sinn des Lebens« deshalb so sehr von verwöhnten Patienten dominiert würden, weil »die geprügelten Kinder später eher beim Richter als beim Therapeuten in Erscheinung treten« (S. 15).

Auf die transpersonale Dimension in Adlers Spätwerk wurde bereits hingewiesen. Sie zeigt sich besonders deutlich in Adlers Aussagen zum Streben nach Vollkommenheit, in seinem Verweis darauf, dass die Individualpsychologie auch ein

Stück Metaphysik enthalte, in der Bedeutung, die er dem Bezugssystem Mensch – Kosmos beimisst, und in der Charakterisierung von Anpassung und Gemeinschaftsgefühl als Phänomen, deren ideale Ausprägung nur »sub specie aeternitatis« gedacht werden können.

Diese transpersonale Dimension in Adlers Spätwerk und im »Sinn des Lebens« wurde wie bereits erwähnt von Ansbacher (1979, dt. Übers. 1981) unter den Stichworten »Transzendenz« und »Selbst-Transzendierung« herausgestellt. Ansbacher (1981, S. 189) spricht von einer Entwicklung Adlers, »von einem in der Tat auf sich selbst bezogenen Konzept des Menschen [...] zu einem Konzept der Selbst-Transzendierung«.

Mit den transpersonalen Aspekten der Individualpsychologie haben sich ausführlicher vor allem Hellgardt (1982; 2002a; 2002b) und Brunner (1996; 2002) befasst. Hellgardt, das Konzept der »schöpferischen Kraft« Adlers aufnehmend, kommt zu dem Ergebnis: »Holistisch betrachtet ist das Ich seinem Wesen nach, ›ursprünglich‹ also, eine schöpferische Teileinheit, ein Teilganzes der schöpferischen Kraft des kosmischen Ganzen. Oder direkt vom Ich her ausgedrückt: Ich bin von ›selbst‹ schöpferische Kraft, soweit ich wirklich aus meiner Identität existiere« (Hellgardt 1982, S. 49).

Auf die Rede Adlers von der formenden Kraft des Kosmos (S. 156) eingehend erkennt Hellgardt (1982, S. 49) – geisteswissenschaftlich gesehen – Gemeinsamkeiten der Individualpsychologie mit der ältesten Upanishaden-Philosophie des Hinduismus (s. a. Hellgardt 2002a).

Ich habe auf Parallelen der Lehre Buddhas vom Weg der Befreiung vom Leiden und den Ausführungen Adlers zur Entstehung und Überwindung des Minderwertigkeitsgefühls aufmerksam gemacht (Brunner 2002).

5. Spiegelung in modernen psychoanalytischen und anderen psychotherapeutischen Ansätzen

Das Ausmaß der Reflexion und der Weiterentwicklung der zentralen Annahmen des »Sinn des Lebens« außerhalb von individualpsychologisch orientierter Theorie- und Therapieentwicklung kann nur als sehr gering bezeichnet werden. Obwohl sich substanzielle Verbindungen zwischen zentralen Annahmen der Individualpsychologie Adlers und der Psychologie des Selbst Kohuts (Kohut 1979) erkennen lassen, stellt Letzterer keinen Bezug zu Adler her. Dass eine Verbindung zwischen beiden Theorie- und Therapiegebäuden möglich erscheint, weist er zumindest nicht zurück (s. Kohut 1979, S. 15 f.). Unter den Individualpsychologen war es vor allem Tenbrink (1996), der deutlich gemacht hat, dass sich die Überwindung der Theorie des Primats der Triebe – die klassische Psychoanalyse Freuds – durch die Theorie der Selbst- und Beziehungsregulation – als wesentliches Moment der Selbstpsychologie Kohuts – als zentraler Grundgedanke der Persönlichkeits- und Neurosentheorie Adlers erkennen lässt. In »Sinn des Lebens« wird dies vor allem in den Kapiteln »Der Minderwertigkeitskomplex« (7), »Was ist wirklich eine Neurose?« (10) und »Der Sinn des Lebens« (15) sichtbar.

Auch bei Kernberg (z. B. 1978, 1985), der neben Kohut andere psychoanalytisch orientierte Autor, der wesentlich zur Erforschung und Therapie des pathologischen Narzissmus beigetragen hat, finden sich keine Hinweise auf Adler.

Bei der Entwicklung der modernen transpersonalen Psychologie und Psychotherapie hat Adler außerhalb der Individualpsychologie bisher auch keine Rolle gespielt (s. etwa Wilber 1996).

Maslow, einer der Begründer der transpersonalen Psychologie, sieht zwar die sozialpsychologischen und psychodynamischen Aspekte im Werk Adlers; er erkennt jedoch nicht dessen Beitrag zu einer Psychologie der Selbst-Transzendenz (s. Maslow 1988).

Die Betonung der Einheit der Person, des Verbundenseins des Menschen mit der sozialen Umgebung und mit dem Kosmos und der Bewegung des Menschen hin auf ein Ziel der Sicherung und Vollkommenheit zeigt uns die ganzheitliche Betrachtungsweise Adlers. Das Gemeinschaftsgefühl erscheint dabei als antreibende Kraft, als Mittel und als Ziel. Ihr kommt auf der sozial-kognitiven Ebene die Qualität einer Einstellung – einer »Meinung« (Adler) – und einer kognitiven Repräsentanz zu. Als Basisemotion (s. dazu Traue 1998, S. 35) verweist sie auf unser stammesgeschichtliches Erbe und auf die Sicherung des Überlebens und Fortbestehens der menschlichen Spezies (s. dazu Zegans 1983, zit. nach Traue, 1998, S. 35).

Die Aktualität der zentralen Annahmen des »Sinn des Lebens« ist in unserer Zeit der Globalisierung und Gefährdung des Menschen und seiner Umwelt durch die prognostizierten Klimaveränderungen unübersehbar. Wenn Adler den Untergang von Völkern oder von Spezies von Tieren und Pflanzen dem Fehlschlag der »aktiven Anpassung an die kosmischen Forderungen« (S. 179) zuschreibt, so sollten wir dies weniger als Bedrohung sehen denn als Ermutigung, nach einer Vollkommenheit zu streben, die nur unter dem Gesichtspunkt der Ewigkeit zu erreichen ist und die die Hingabe an das Leben, »die Bejahung, die Versöhntheit mit demselben« einschließt (Adler 1908b, 1973c, S. 62).

Reinhard Brunner

Editorische Vorbemerkung

Erstveröffenlichung:
1933: Der Sinn des Lebens, Wien und Leipzig: Verlag Dr. Rolf Passer

Vorausgehende Teilveröffentlichungen:
1932: Kapitel 11 erscheint mit dem Titel: Zum Thema sexuelle Perversionen. In: Internationale Zeitschrift für Individualpsychologie 10, S. 401–409 (Adler 1932j)
1933: Kapitel 12: Erste Kindheitserinnerungen. In: Internationale Zeitschrift für Individualpsychologie 11, S. 81–90 (Adler 1933f)
1933: Kapitel 10: Was ist wirklich eine Neurose? In: Internationale Zeitschrift für Individualpsychologie 11, S. 177–185 (Adler 1933h)
1933: Kapitel 4: Zum Leib-Seele-Problem. In: Internationale Zeitschrift für Individualpsychologie 11, S. 337–345 (Adler 1933j)

Neuausgaben:
1938: englische Übersetzung: Social interest: A challenge to mankind. Translated by John Linton and Richard Vaughan. London: Faber & Faber
1973: Der Sinn des Lebens. Mit einer Einführung von W. Metzger. Frankfurt a. M.: Fischer Taschenbuch (Adler 1933b/1973a)

Da das Werk keine Neuauflagen erfahren hat, sind keine Textveränderungen nachzuweisen. Anmerkungen Adlers zum Text werden gekennzeichnet und in den Fußnoten wiedergegeben. Erläuternde Anmerkungen des Herausgebers werden in den Fußnoten in eckige Klammern gesetzt.

Reinhard Brunner

Textausgabe

Alfred Adler

Der Sinn des Lebens

Der Sinn des Lebens

»Der Mensch weiß viel mehr,
als er versteht.« (Adler)

Vorwort

[7] Während meines Lebens als ärztlicher Berater in Fällen von seelischen Erkrankungen, als Psychologe und Erzieher in Schule und in Familien hatte ich stets Gelegenheit, ein ungeheures Menschenmaterial zu überblicken. Ich machte es mir zur strengen Aufgabe, nichts auszusagen, was ich nicht aus meiner Erfahrung belegen und beweisen konnte. Dass ich dabei mit vorgefassten Meinungen anderer, die oft viel weniger intensiv ein Menschenschicksal beobachten konnten, gelegentlich in Widerspruch geriet, ist nicht verwunderlich. Dabei befleißigte ich mich, sachliche Argumente anderer kaltblütig zu prüfen, was ich umso leichter tun konnte, da ich mich an keine strenge Regel und Voreingenommenheit gebunden glaube, vielmehr dem Grundsatz huldige: Alles kann auch anders sein. Das Einmalige des Individuums lässt sich nicht in eine kurze Formel fassen, und allgemeine Regeln, wie sie auch die von mir geschaffene Individualpsychologie aufstellt, sollen nicht mehr sein als Hilfsmittel, um vorläufig ein Gesichtsfeld zu beleuchten, auf dem das einzelne Individuum gefunden – oder vermisst werden kann. Diese Wertung von Regeln, die stärkere Betonung einer Anschmiegsamkeit und Einfühlung in Nuancen, stärkte jedes Mal meine Überzeugung von der freien schöpferischen Kraft des Individuums in der ersten Kindheit und seiner gebundenen Kraft später im Leben, sobald das Kind sich ein festes Bewegungsgesetz für sein Leben gegeben hat. In dieser Betrachtung, die dem Kinde für sein Streben nach Vollkommenheit, Vollendung, Überlegenheit oder Evolution einen freien Weg lässt, lassen sich die Einflüsse der angeborenen Fähigkeiten, ob nun allgemein oder modifiziert menschlich, sowie die Einflüsse der Umgebung und Erziehung [8] als Bausteine betrachten, aus denen das Kind in spielerischer Kunst seinen Lebensstil aufbaut.

Und noch eine weitere Überzeugung drängte sich mir auf. Der Aufbau des kindlichen Lebensstils könnte, ohne Rückschläge zu erleiden, dem Leben nur standhalten, wenn er sub specie aeternitatis[1] richtig aufgebaut wäre. Stets aufs Neue begegnen ihm immer verschiedene Aufgaben, die weder mit eingeübten Reflexen (bedingten Reflexen) noch mittels angeborener seelischer

---

1 [unter dem Gesichtspunkt der Ewigkeit]

Fähigkeiten zu lösen sind. Es wäre das größte Wagnis, ein Kind mit eingeübten Reflexen oder ausgestattet mit angeborenen Fähigkeiten den Proben einer Welt auszusetzen, die stets andere Probleme aufwirft. Immer bliebe die größte Aufgabe dem nimmer ruhenden schöpferischen Geist vorbehalten, der freilich in die Bahn des kindlichen Lebensstils gezwängt bleibt. Dorthin läuft alles auch ab, was Namen hat in den verschiedenen psychologischen Schulen: Instinkte, Triebe, Gefühl, Denken, Handeln, Stellungnahme zu Lust und Unlust und endlich Eigenliebe und Gemeinschaftsgefühl. Der Lebensstil verfügt über alle Ausdrucksformen, das Ganze über die Teile. Ist ein Fehler vorhanden, so steckt er im Bewegungsgesetz, im Endziel des Lebensstils, und nicht im Teilausdruck.

Ein Drittes hat mich diese Einsicht gelehrt: Alle scheinbare Kausalität im Seelenleben stammt aus der Neigung vieler Psychologen, ihre Dogmen in einer mechanistischen oder physikalischen Verkleidung zu produzieren. Bald dient zum Vergleich ein Pumpwerk, das auf und nieder geht, bald ein Magnet mit polaren Enden, bald ein arg bedrängtes Tier, das um die Befriedigung seiner elementaren Bedürfnisse kämpft. In solcher Sicht ist freilich wenig von fundamentalen Verschiedenheiten zu sehen, wie sie das menschliche Seelenleben aufweist. Seit sogar die Physik ihnen den Boden der Kausalität entzogen hat, um stattdessen einer statistischen Wahrscheinlichkeit im Ablauf des Geschehens das Wort zu reden, dürfen wohl auch Angriffe auf die Individualpsychologie wegen ihrer Leugnung der Kausalität im seelischen Geschehen nicht mehr ernst genommen werden. Es dürfte auch dem Laien einleuchten, dass die millionenfache Mannigfaltigkeit in den Fehlleistungen als Fehlleistung »verstanden«, aber nicht kausal begriffen werden kann. [9]

Wenn wir nun mit Recht den Boden der absoluten Sicherheit verlassen, auf dem sich viele Psychologen herumtummeln, so bleibt nur ein einziges Maß übrig, an dem wir einen Menschen messen können: *Seine Bewegung gegenüber den unausweichlichen Fragen der Menschheit.* Drei Fragen sind jedem unwiderruflich aufgegeben: die Stellungnahme zu den Mitmenschen, der Beruf, die Liebe. Alle drei, untereinander durch die Erste verknüpft, sind nicht zufällige Fragen, sondern unentrinnbar. Sie erwachsen aus der Bezogenheit des Menschen zur menschlichen Gesellschaft, zu den kosmischen Faktoren und zum andern Geschlecht. Ihre Lösung bedeutet das Schicksal der Menschheit und ihrer Wohlfahrt. Der Mensch ist ein Teil des Ganzen. Auch sein Wert hängt von der individuellen Lösung dieser Fragen ab. Man kann sich diese Fragen wie eine mathematische Aufgabe vorstellen, die gelöst werden muss. Je größer der Fehler, desto mehr Verwicklungen drohen dem Träger eines fehlerhaften Lebensstils, die nur auszubleiben scheinen, solange er nicht auf die Tragfähigkeit seines Gemeinschaftsgefühls geprüft wird. Der exogene Faktor, die Nähe einer Aufgabe, die Mitarbeit und Mitmenschlichkeit verlangt, ist immer der auslösende Faktor des fehlerhaften Symptoms, der Schwererziehbarkeit, der Neurose und der Neuropsychose, des Selbstmordes, des Verbrechens, der Süchtigkeit und der sexuellen Perversion.

Ist so die mangelnde Fähigkeit zum Mitleben entlarvt, dann ist die Frage, die sich aufwirft, nicht bloß rein akademisch, sondern von Wichtigkeit für die Heilung: Wie und wann ist das Wachstum des Gemeinschaftsgefühls unterbunden worden? Bei dem Suchen nach den entsprechenden Vorkommnissen stößt man auf die Zeit der frühesten Kindheit und auf Situationen, die erfahrungsgemäß eine Störung in der richtigen Entwicklung verursachen können. Aber man erhält sie immer zugleich mit der fehlerhaften Antwort des Kindes. Und man versteht bei genauerer Einsicht in die zutage getretenen Verhältnisse das eine Mal, dass ein berechtigter Eingriff fehlerhaft, das andere Mal, dass ein fehlerhafter Eingriff fehlerhaft, ein drittes Mal, dass – weit seltener – ein fehlerhafter Eingriff fehlerlos beantwortet wurde, versteht auch, dass in dieser Richtung, die immer auf Überwindung gerichtet ist, weiter *[10]* trainiert wurde, ohne dass entgegengesetzte Eindrücke zum Aufgeben des einmal eingeschlagenen Weges geführt hätten. Erziehung, so weit man auch ihren Rahmen stecken möchte, heißt demnach nicht nur günstige Einflüsse wirken lassen, sondern auch genau nachsehen, was die schöpferische Kraft des Kindes aus ihnen gestaltet, um dann, bei fehlerhafter Gestaltung, den Weg zur Besserung zu ebnen. Dieser bessere Weg ist unter allen Umständen die Steigerung der Mitarbeit und des Interesses an den anderen.

Hat das Kind sein Bewegungsgesetz gefunden, in dem Rhythmus, Temperament, Aktivität und vor allem der Grad des Gemeinschaftsgefühls beobachtet werden müssen, Erscheinungen, die oft schon im zweiten Lebensjahre, sicher im fünften erkannt werden können, dann sind damit auch alle seine anderen Fähigkeiten in ihrer Eigenart an dieses Bewegungsgesetz gebunden. In dieser Schrift soll hauptsächlich die daran anknüpfende Apperzeption, wie der Mensch sich und die Außenwelt sieht, betrachtet werden. Mit anderen Worten: die Meinung, die das Kind, und später in der gleichen Richtung der Erwachsene, von sich und von der Welt gewonnen hat. Auch diese Meinung lässt sich nicht aus den Worten und Gedanken des Untersuchten gewinnen. Sie alle sind allzu sehr im Banne des Bewegungsgesetzes, das nach Überwindung zielt und demnach sogar im Falle einer Selbstverurteilung noch nach der Höhe schielen lässt. Wichtiger ist der Umstand, dass das Ganze des Lebens, von mir konkret Lebensstil genannt, vom Kinde in einer Zeit aufgebaut wird, wo es weder eine zureichende Sprache noch zureichende Begriffe hat. Wächst es in seinem Sinne weiter, dann wächst es in einer Bewegung, die niemals in Worte gefasst wurde, daher unangreifbar für Kritik, auch der Kritik der Erfahrung entzogen ist. Man kann hier nicht von einem etwa gar verdrängten Unbewussten reden, vielmehr von Unverstandenem, dem Verstehen Entzogenem. Aber der Mensch spricht zum Kenner mit seinem Lebensstil und mit seiner Haltung zu den Lebensfragen, die Gemeinschaftsgefühl zu ihrer Lösung erfordern.

Was nun die Meinung des Menschen von sich und von der Außenwelt anlangt, so kann sie am besten daraus entnommen werden, welchen Sinn er im Leben findet und welchen Sinn er seinem eigenen Leben gibt. Dass hier die mögliche Dissonanz zu einem idealen Gemeinschafts[11]gefühl, zum Mitleben, Mitarbeiten, zur Mitmenschlichkeit klar durchdringt, liegt auf der Hand.

Wir sind nun vorbereitet zu verstehen, welche Bedeutung darin liegt, über den Sinn des Lebens etwas zu erfahren und auch darüber, worin verschiedene Menschen den Sinn des Lebens sehen. Wenn es für den außerhalb unserer Erfahrung liegenden Sinn des Lebens wenigstens teilweise eine tragfähige Erkenntnis gibt, dann ist es klar, dass er diejenigen ins Unrecht setzt, die zu ihm in auffallendem Widerspruch stehen.

Wie man sieht, ist der Autor bescheiden genug, einen anfänglichen Teilerfolg anzustreben, der ihm durch seine Erfahrungen genügend gestützt zu sein scheint. Er unterzieht sich dieser Aufgabe umso lieber, als da die Hoffnung winkt, dass bei einigermaßen klarer Erkenntnis des Sinnes des Lebens nicht nur ein wissenschaftliches Programm für weitere Forschung in seiner Richtung erwächst, sondern auch, dass mit wachsender Erkenntnis die Zahl derer namhaft wächst, die durch den besser erkannten Sinn des Lebens für diesen Sinn gewonnen werden können. *[12]*

1. Die Meinung über sich und über die Welt

Es ist für mich außer Zweifel, dass jeder sich im Leben so verhält, als ob er über seine Kraft und über seine Fähigkeiten eine ganz bestimmte Meinung hätte; ebenso, als ob er über die Schwierigkeit oder Leichtigkeit eines vorliegenden Falles schon bei Beginn seiner Handlung im Klaren wäre; kurz, *dass sein Verhalten seiner Meinung entspringt*. Dies kann umso weniger wundernehmen, als wir nicht imstande sind, durch unsere Sinne Tatsachen, sondern nur ein subjektives Bild, einen Abglanz der Außenwelt zu empfangen. »Omnia ad opinionem suspensa sunt.«[2] Dies Wort *Senecas* sollte bei psychologischen Untersuchungen nicht vergessen werden. Unsere Meinung von den großen und wichtigen Tatsachen des Lebens hängt von unserem Lebensstil ab. Nur dort, wo wir unmittelbar auf Tatsachen stoßen, die uns einen Widerspruch zu unserer Meinung von ihnen verraten, sind wir geneigt, in unmittelbarer Erfahrung im Kleinen unsere Ansicht zu korrigieren und das Gesetz der Kausalität auf uns wirken zu lassen, ohne unsere Meinung vom Leben zu ändern. In der Tat hat es für mich die gleiche Wirkung, ob nun eine Giftschlange sich meinem Fuß nähert, oder ob ich glaube, dass es eine Giftschlange ist. Das verzärtelte

---

2 [»Alles hängt von der Meinung ab.«]

Kind verhält sich ganz gleichartig in seiner Angst, ob es sich nun vor Einbrechern fürchtet, sobald die Mutter es verlässt, oder ob wirklich Einbrecher im Hause sind. In jedem Falle bleibt es bei seiner Meinung, dass es ohne die Mutter nicht sein könne, auch wenn es in seiner angsterregenden Annahme widerlegt wird. Der Mann, der an Platzangst leidet und die Straße meidet, weil er Gefühl und Meinung hat, der Boden schwanke unter seinen Füßen, könnte sich in gesunden Tagen [13] nicht anders benehmen, wenn der Boden unter seinen Füßen wirklich schwankte. Der Einbrecher, der der nützlichen Arbeit ausweicht, weil er, unvorbereitet zur Mitarbeit, irrtümlicherweise das Einbrechen leichter findet, könnte die gleiche Abneigung gegen die Arbeit zeigen, wenn sie wirklich schwerer wäre als das Verbrechen. Der Selbstmörder findet, dass der Tod dem, wie er annimmt, hoffnungslosen Leben vorzuziehen ist. Er könnte ähnlich handeln, wenn das Leben wirklich hoffnungslos wäre. Dem Süchtigen bringt sein Giftstoff Erleichterung, die er höher schätzt als die ehrenhafte Lösung seiner Lebensfragen. Wenn dem wirklich so wäre, er könnte ähnlich handeln. Der homosexuelle Mann findet die Frauen, vor denen er sich fürchtet, nicht anziehend, während ihn der Mann, dessen Eroberung ihm als Triumph erscheint, anlockt. Sie alle gehen jewails von einer Meinung aus, die, wenn sie richtig wäre, auch ihr Verhalten objektiv richtig erscheinen ließe.

Da ist folgender Fall: Ein 36-jähriger Rechtsanwalt hat alle Lust an seinem Beruf verloren. Er hat keinen Erfolg und schreibt dies dem Umstand zu, dass er offenbar auf die wenigen Klienten, die ihn aufsuchen, einen schlechten Eindruck macht. Es fiel ihm auch immer schwer, sich anderen anzuschließen, und besonders Mädchen gegenüber war er stets von großer Scheu befallen. Eine Ehe, die er außerordentlich zögernd, geradezu mit Ablehnung einging, endete nach einem Jahr mit einer Scheidung. Er lebt nun ganz zurückgezogen von der Welt mit seinen Eltern, die größtenteils für ihn sorgen müssen.

Er ist das einzige Kind und war von seiner Mutter in einem unglaublichen Grade verwöhnt worden. Sie war stets um ihn. Es gelang ihr, das Kind und den Vater zu überzeugen, dass ihr Sohn dereinst ein ganz hervorragender Mann sein werde, und der Knabe lebte in der gleichen Erwartung weiter, was durch seine glänzenden Erfolge in der Schule bestätigt schien. Kindliche Masturbation gewann, wie bei den meisten verwöhnten Kindern, die sich keinen Wunsch versagen können, eine unheimliche Macht über ihn und machte ihn frühzeitig zum Gespött der Mädchen in der Schule, die seinen heimlichen Fehler entdeckt hatten. Er zog sich von ihnen ganz zurück. In seiner Isolierung gab er sich den triumphalsten Fantasien über Liebe und Ehe hin, fühlte sich aber nur zu seiner Mutter hingezogen, die er völlig beherrschte und auf die er lange Zeit auch seine sexuellen Wünsche bezog. Dass dieser sogenannte Ödipuskomplex nicht »Grundlage«, sondern ein schlechtes Kunstprodukt verzärtelnder Mütter ist, deutlicher zutage tretend, wenn der Knabe oder Jüngling sich in seiner überragenden Eitelkeit von den Mädchen betrogen sieht und zu wenig soziales

Interesse entwickelt hat, um sich an andere anzuschließen, ist auch aus diesem Falle klar genug zu sehen. Kurz vor Vollendung seiner Studien, als die Frage einer selbstständigen Existenz an ihn herantrat, erkrankte er an Melancholie, so dass er auch jetzt wieder den *[14]* Rückzug antrat. Als Kind war er, wie alle verwöhnten Kinder, ängstlich und zog sich vor fremden Leuten zurück. Später von Kameraden und Kameradinnen. Ebenso vor seinem Beruf, was in wenig gemildertem Grade bis jetzt andauert.

Ich begnüge mich mit dieser Darstellung und übergehe die Begleitakkorde, die »Gründe«, die Ausreden, die anderen Krankheitssymptome, mit denen er seinen Rückzug »sicherte«. Klar ist eines: Dieser Mann hat sich zeitlebens nicht geändert. Er wollte immer der Erste sein und zog sich immer zurück, wenn er am Erfolge zweifelte. Seine Meinung vom Leben lässt sich (wie wir erraten können, was ihm aber verborgen war) in die Formel fassen: »Da die Welt mir meinen Triumph vorenthält, ziehe ich mich zurück.« Man kann nicht leugnen, dass er als ein Mensch, der seine angestrebte Vollendung im Triumph über die anderen sieht, nur darin richtig und intelligent gehandelt hat. Es ist nicht »Vernunft«, nicht »Common Sense« in seinem Bewegungsgesetz, das er sich gegeben hat, wohl aber, was ich »private Intelligenz« genannt habe. Würde jemandem dies Leben tatsächlich *jeden* Wert verweigern, könnte er nicht viel anders handeln.

Ähnlich, nur mit anderen Ausdrucksformen, mit geringerer Ausschaltungstendenz behaftet, erscheint folgender Fall: Ein 26-jähriger Mann wuchs zwischen zwei von der Mutter vorgezogenen Geschwistern auf. Mit großer Eifersucht verfolgte er die überlegenen Leistungen seines älteren Bruders. Der Mutter gegenüber nahm er sehr bald eine kritische Haltung ein und lehnte sich – immer eine zweite Phase im Leben eines Kindes – an den Vater an. Seine Abneigung gegen die Mutter griff infolge unleidlicher Gewohnheiten seiner Großmutter und einer Kinderfrau bald auf das ganze weibliche Geschlecht über. Sein Ehrgeiz, nicht von einer Frau beherrscht zu werden, dagegen Männer zu beherrschen, wuchs riesengroß. Die Überlegenheit seines Bruders suchte er auf alle mögliche Weise zu unterbinden. Dass der andere an Körperkraft, im Turnen und auf der Jagd überlegen war, machte ihm die körperlichen Leistungen verhasst. Er schloss sie aus der Sphäre seiner Wirksamkeit aus, wie er auch schon im Begriffe war, die Frauen auszuschalten. Leistungen lockten ihn nur an, wenn sie für ihn mit einem Triumphgefühl verbunden waren. Eine Zeit lang liebte und verehrte er ein Mädchen so recht aus der Ferne. Dem Mädchen gefiel offenbar diese Zurückhaltung nicht, und so entschied sie sich für einen anderen. Dass sein Bruder eine glückliche Ehe führte, erfüllte ihn mit Furcht, nicht so glücklich zu sein und in der Meinung der Welt, wieder wie in der Kindheit bei seiner Mutter, eine schlechtere Rolle zu spielen. Ein Beispiel für viele, wie es ihn drängte, dem Bruder den Vorrang streitig zu machen. Einst brachte der Bruder von der Jagd einen prächtigen Fuchspelz nach Hause, auf den er sehr stolz war. Unser Freund schnitt heimlich die weiße Schwanzspitze ab, um den Bruder um seinen Triumph zu bringen. Sein Sexualtrieb nahm jene Richtung an, die ihm nach Ausschaltung der Frau übrig geblieben war und wurde in Anbetracht seiner im kleineren Rahmen stärkeren Aktivität homosexuell. Seine Meinung vom Sinn des Lebens war leicht zu entziffern: Leben heißt: Ich muss in allem, was ich beginne, der Überlegene sein. Und er suchte diese Überlegenheit zu erreichen, indem er Leistungen ausschloss, deren triumphale Erfüllung er sich nicht zutraute. Dass im homosexuellen Verkehr auch *[15]* der Partner sich den Sieg seiner magischen Anziehungskraft wegen zusprach, war die erste störende bittere Erkenntnis im Laufe unserer aufklärenden Gespräche.

Auch in diesem Falle dürfen wir behaupten, dass die »private Intelligenz« ungestört ist und dass vielleicht die meisten den gleichen Weg betreten würden, wenn die Zurückweisung vonseiten der Mädchen allgemeine Wahrheit wäre. In der Tat findet sich die große Neigung zur Verallgemeinerung als grundlegender Fehler im Aufbau des Lebensstils ungemein häufig.

»Lebensplan« und »Meinung« ergänzen sich gegenseitig. Sie beide haben ihre Wurzel in einer Zeit, in der das Kind unfähig ist, seine Schlussfolgerungen aus seinem Erleben in Worte und Begriffe zu fassen, aber in der es bereits beginnt, aus wortlosen Schlussfolgerungen, aus oft belanglosen Erlebnissen oder aus stark gefühlsbetonten, wortlosen Erfahrungen allgemeinere Formen seines Verhaltens zu entwickeln. Diese allgemeinen Schlussfolgerungen und die entsprechenden Tendenzen, gebildet in einer Zeit der Wort- und Begriffslosigkeit, sind nun, allerdings verschiedentlich gemildert, weiter wirksam in der späteren Zeit, in der der Common Sense mehr oder weniger korrigierend eingreift und Menschen davon abhalten kann, sich allzu sehr auf Regeln, Phrasen und Prinzipien zu stützen. Wie wir später sehen werden, ist diese Befreiung von zu weit gehenden Stütz- und Sicherungsversuchen, Ausdrücken eines schweren Unsicherheits- und Minderwertigkeitsgefühls, dem durch das Gemeinschaftsgefühl gesteigerten Common Sense zu verdanken. Dass derselbe fehlerhafte Vorgang auch bei Tieren vorkommt, zeigt unter anderem folgender, häufig zu beobachtende Fall: Ein junger Hund wurde abgerichtet, seinem Herrn auf der Straße zu folgen. Er hatte es in dieser Kunst schon ziemlich weit gebracht, als es ihm eines Tages einfiel, ein im Fahren begriffenes Automobil anzuspringen. Er wurde von diesem weggeschleudert, ohne Schaden erlitten zu haben. Dies war sicherlich eine singuläre Erfahrung, für die er kaum eine angeborene Antwort bereit haben konnte. Man wird auch schwerlich von einem »conditioned reflex« sprechen können, wenn man erfährt, dass dieser Hund weiter in seiner Dressur Fortschritte machte, nur an den Ort des Unfalles nicht mehr hinzubringen war. Er fürchtete nicht die Straße, nicht die Fuhrwerke, sondern den Ort des Geschehnis*[16]*ses und kam zu einem allgemeinen Schluss, wie ihn auch manchmal Menschen ziehen: Der Ort, nicht die eigene Unachtsamkeit und Unerfahrenheit ist schuld. Und *immer* an diesem Orte droht Gefahr. Sowohl er wie auch manche, die ähnlich vorgehen, halten an solchen Meinungen fest, weil sie wenigstens das eine dadurch erreichen, »an diesem Orte« nicht mehr geschädigt werden zu können. Ähnliche Strukturen finden sich häufig in der Neurose, in der ein Mensch sich vor einer drohenden Niederlage, einem Verlust seines Persönlichkeitsgefühls fürchtet und sich dadurch zu schützen trachtet, dass er die aus seiner seelischen Erregung vor einem als unlösbar missverstandenen Problem stammenden körperlichen oder seelischen Symptome in Kauf nimmt und ausnützt, um den Rückzug antreten zu können.

Dass wir nicht von »Tatsachen«, sondern von unserer Meinung über Tatsachen beeinflusst sind, liegt klar auf der Hand. Unsere größere oder geringere Sicherheit, den Tatsachen entsprechende Meinungen gebildet zu haben, liegt ganz, insbesondere bei unerfahrenen Kindern und gemeinschaftsfremden Erwachsenen, in der immer unzulänglichen Erfahrung und in der Widerspruchslosigkeit unserer Meinung und dem Erfolg unseres Handelns entsprechend unserer Meinung. Dass diese Kriterien häufig unzulänglich sind, weil der Kreis unseres Handelns oft eingeschränkt ist, auch weil kleinere Fehlschläge und Widersprüche oft mühelos oder mit Hilfe anderer mehr oder weniger glatt erledigt werden können, ist leicht zu ersehen und hilft mit, den einmal erfassten Lebensplan dauernd einzuhalten. Erst größere Fehlschläge erzwingen ein schärferes Nachdenken, das aber nur bei Menschen fruchtbar ausfällt, die an der mitmenschlichen Lösung der Lebensfragen beteiligt sind, die frei sind von persönlichen Zielen einer Überlegenheit.

Wir kommen so zum Schlusse, dass jeder eine »Meinung« von sich und den Aufgaben des Lebens in sich trägt, eine Lebenslinie und ein Bewegungsgesetz, das ihn festhält, ohne dass er es versteht, ohne dass er sich darüber Rechenschaft gibt. Dieses Bewegungsgesetz entspringt in dem engen Raum der Kindheit und entwickelt sich in wenig eingeschränkter Wahl unter freier, durch keine mathematisch formulierbare Aktion beschränkter Ausnützung von angeborenen Kräften und Eindrücken der Außenwelt. Die Richtung und die gerichtete Ausnützung *[17]* von »Instinkten«, »Trieben«, Eindrücken der Außenwelt und der Erziehung ist das künstlerische Werk des Kindes, das nicht »besitzpsychologisch«, sondern »gebrauchspsychologisch« verstanden werden kann. Typen, Ähnlichkeiten, annähernde Übereinstimmungen sind oft nur Befunde, zu denen die Armut unserer Sprache Vorschub leistet, weil sie die immer vorhandenen Nuancen nicht einfach auszudrücken vermag, oder Ergebnisse einer statistischen Wahrscheinlichkeit. Ihre Feststellung darf nie zur Aufstellung einer Regel ausarten; sie kann niemals den Einzelfall dem Verständnis näher bringen, sondern nur zur Beleuchtung eines Gesichtsfeldes Verwendung finden, in dem der Einzelfall in seiner Einmaligkeit gefunden werden muss. Die Feststellung eines verschärften Minderwertigkeitsgefühls zum Beispiel sagt noch nichts aus über Art und Charakteristik des Einzelfalles, ebenso wenig der Hinweis auf irgendwelche Mängel der Erziehung oder der sozialen Verhältnisse. Sie zeigen sich im Verhalten des Individuums zur Außenwelt immer in verschiedener Form, die durch die Interferenz der schöpferischen Kraft des Kindes und seiner daraus entsprungenen »Meinung« jedes Mal individuell anders ist.

Einige schematische Beispiele mögen das Obige erläutern. Ein Kind, das von Geburt an an Magen-Darm-Schwierigkeiten leidet, also etwa an einer angeborenen Minderwertigkeit des Verdauungsapparates, aber die vollkommen zweckentsprechende Nahrung nicht erhält, was in idealer Weise kaum je zustande kommt, wird so leicht zu einem besonderen Interesse bezüglich der Nahrung und allem, was damit zusammenhängt, hingeleitet (vgl. Adler, *Studie über Minderwertigkeit der Organe und ihre seelische Kompensation, 2. Aufl.*[3]). Seine Meinung von sich und vom Leben ist dadurch stärker mit einem Interesse für Ernährung verbunden, später wohl auch wegen des bald erkannten Zusammenhangs auf Geld gerichtet, was freilich im Einzelfall immer wieder nachgeprüft werden muss.

Ein Kind, dem die Mutter seit Beginn des Lebens alle Leistungen abnimmt, ein verwöhntes Kind also, wird selten geneigt sein, auch später seine Sachen allein in Ordnung zu halten. Neben gleichlaufenden Erscheinungen berechtigt uns dies zu sagen: Es lebt in der Meinung, dass alles von den anderen geleistet werden sollte. Auch hier, wie in den [18] folgenden Fällen, kann die nötige Sicherheit des Urteils nur durch weitgehende Bestätigungen erfolgen. Ein Kind, dem man frühzeitig Gelegenheit gibt, seinen Willen den Eltern aufzuzwingen, wird die Meinung erraten lassen, dass es stets im Leben die anderen beherrschen möchte, was bei gegenteiligen Erfahrungen in der Außenwelt meist so ausfällt, dass das Kind der Außenwelt gegenüber eine »zögernde Attitüde« zeigt (vgl. Adler, *»Praxis und Theorie der Individualpsychologie, 4. Aufl.*[4]) und sich mit allen seinen Wünschen, oft sexuelle Wünsche eingeschlossen, auf die Familie zurückzieht, ohne die nötige Korrektur im Sinne des Gemeinschaftsgefühls zu vollziehen. Ein Kind, das frühzeitig als gleichberechtigt zur Mitarbeit im weitesten Ausmaße, entsprechend seiner Leistungsfähigkeit, erzogen wurde, wird stets, soweit nicht übermenschliche Forderungen herantreten, alle Lebensfragen im Sinne seiner Meinung vom richtigen Gemeinschaftsleben zu lösen trachten.[5]

So kann sich bei einem Mädchen, dessen Vater ungerecht ist, der die Fa-

---

3 [Adler 1907a/1927c; Neudr. 1907a/1977b]
4 [Adler 1920a/1930q; Neudr. 1920a/1974a]
5 *Anm. Adlers:* Dass sogar Leute, die jahrelang auf der Schulbank der Individualpsychologie gesessen sind, dabei gegenwärtige Gemeinschaften »meinen«, nicht eine solche sub specie aeternitatis, zeugt davon, dass ihnen das Niveau der Individualpsychologie zu hoch ist.

milie vernachlässigt, leicht die Meinung entwickeln, insbesondere wenn ähnliche Erfahrungen mit einem Bruder, mit Verwandten, mit Nachbarn, aus der Lektüre hinzutreten, alle Männer seien von der gleichen Art, wobei andere Erfahrungen nach kurzem Bestand der vorgefassten Meinung kaum mehr ins Gewicht fallen. Ist etwa ein Bruder für eine höhere Entwicklung im Studium, im Beruf auserwählt, so kann dies leicht zur Meinung verleiten, die Mädchen wären unfähig oder ungerechterweise von einer höheren Entwicklung ausgeschlossen. Fühlt sich eines der Kinder in einer Familie zurückgesetzt oder vernachlässigt, so kann dies zur Folge haben, dass sich bei ihm eine Verschüchterung breitmacht, als wollte es sagen: »Ich werde immer zurückstehen müssen«. Oder es wird aufgrund der Meinung, es auch leisten zu können, in ein aufgepeitschtes Streben verfallen, alle übertreffen und niemanden gelten lassen zu wollen. Eine Mutter, die ihren Sohn über die Maßen verzärtelt, kann ihm die Meinung beibringen, er müsse überall, *[19]* bloß um seiner selbst willen, ohne richtig mitzuspielen, im Mittelpunkt stehen. Steht sie ihm mit ununterbrochener Kritik und mit Nörgeleien gegenüber, zieht sie vielleicht auch noch deutlich einen anderen Sohn vor, so kann sie erreichen, dass ihr Kind später allen Frauen mit Misstrauen gegenübertritt, was zu tausenderlei Konsequenzen Anlass geben kann. Ist ein Kind vielen Unfällen oder Krankheiten ausgesetzt, so kann es daraus die Meinung entwickeln, die Welt sei voll von Gefahren, und wird sich danach benehmen. Dasselbe in anderen Nuancen kann geschehen, wenn die Familientradition nach außen hin ängstlich, misstrauisch ist.

Dass alle diese tausendfach verschiedenen Meinungen sich zur Wirklichkeit und ihren sozialen Forderungen in Widerspruch setzen können und setzen, liegt auf der Hand. Die irrige Meinung eines Menschen über sich und über die Aufgaben des Lebens stößt früher oder später auf den geharnischten Einspruch der Realität, die Lösungen im Sinne des Gemeinschaftsgefühls verlangt. Was bei diesem Zusammenstoß geschieht, kann mit einer Schockwirkung verglichen werden. Die Meinung des Fehlenden, sein Lebensstil halte der Forderung, dem exogenen Faktor nicht stand, wird aber dadurch nicht aufgelöst oder verändert. Das Streben nach persönlicher Überlegenheit geht seinen Weg weiter. Es bleibt dabei nichts übrig als die mehr oder weniger starke Einschränkung auf ein kleineres Territorium, die Ausschaltung der mit einer Niederlage des Lebensstils drohenden Aufgabe, der Rückzug vor dem Problem, zu dessen Lösung die richtige Vorbereitung im Bewegungsgesetz fehlt. Die Schockwirkung aber äußert sich seelisch und körperlich, entwertet den letzten Rest von Gemeinschaftsgefühl und erzeugt alle möglichen Fehlschläge im Leben, indem sie das Individuum zwingt, einen Rückzug anzutreten wie in der Neurose, oder mit noch vorhandener Aktivität, die keinesfalls Mut bedeutet, auf die Bahn des Antisozialen hinüberzugleiten. In jedem Falle ist es klar, dass die »Meinung« dem Weltbild eines Menschen zugrunde liegt und sein Denken, Fühlen, Wollen und Handeln bestimmt. *[20]*

2. Psychologische Mittel und Wege zur Erforschung des Lebensstils

Um die Meinung des Einzelnen zu ermitteln, wie er sich zu den Fragen des Lebens stellt, vollends, um den Sinn zu ermitteln, den das Leben uns offenbaren will, wird man kein Mittel und keinen Weg a limine[6] verwerfen. Die Meinung des Individuums vom Sinn des Lebens ist keine müßige Angelegenheit. Denn sie ist letzter Linie die Richtschnur für sein Denken, Fühlen und Handeln. Der wahre Sinn des Lebens aber zeigt sich in dem Widerstand, der sich dem unrichtig handelnden Individuum entgegenstemmt. Zwischen diesen zwei Gegebenheiten spannt sich die Aufgabe der Belehrung, der Erziehung, der Heilung. Das Wissen um den Einzelmenschen ist uralt. Um nur einiges zu nennen, Geschichts- und Personenbeschreibungen der alten Völker, die Bibel, Homer, Plutarch, alle die Dichter der Griechen und Römer, Sagen, Märchen, Fabeln und Mythen weisen Glanzpunkte der Persönlichkeitserkenntnisse auf. Bis in die neuere Zeit waren es hauptsächlich die Dichter, denen es am besten gelang, dem Lebensstil eines Menschen auf die Spur zu kommen. Was unsere Bewunderung für ihr Werk aufs Höchste steigert, ist ihre Fähigkeit, den Menschen als ein *unteilbares* Ganzes leben, sterben und handeln zu lassen, im engsten Zusammenhang mit den Aufgaben seines Lebenskreises. Kein Zweifel, dass es auch Männer aus dem Volke gab, die in der Menschenkenntnis voraus waren und ihre Erfahrungen auf die Nachkommen übertrugen. Was sie und die Genies der Menschenkenntnis auszeichnete, war offenbar der tiefere Blick in die Zusammenhänge der menschlichen Triebfedern, eine Fähigkeit, die nur aus ihrer Angeschlossenheit an die Gemeinschaft, aus ihrem Interesse für die Menschheit erwachsen konnte. Die größere Er[21]fahrung, die bessere Einsicht, der tiefere Blick waren der Lohn für ihr Gemeinschaftsgefühl. Was bei ihrem Werk nicht entbehrt werden konnte, die unausrechenbaren, tausendfältigen Ausdrucksbewegungen so beschreiben zu können, dass der andere sie annähernd versteht, sie zu erfassen, ohne die Hilfe des Messens und Wägens dabei in Anspruch nehmen zu müssen, war immer die Gabe des Erratens. Nur auf diese Weise konnten sie dazu kommen zu sehen, was hinter und zwischen den Ausdrucksbewegungen steckt: das Bewegungsgesetz des Einzelnen. Manche nennen diese Gabe »Intuition« und glauben, dass sie nur den höchsten Geistern vorbehalten ist. Diese Gabe ist in Wirklichkeit die allermenschlichste. Jeder übt sie unausgesetzt im Chaos des Lebens, in der Unergründlichkeit der Zukunft.

Da jede kleinste und größte Aufgabe, die vor uns steht, immer neu, immer abgeändert ist, so wären wir stets in neue Fehler verwickelt, wenn wir sie nach einem Schema, etwa nach »bedingten Reflexen« zu lösen gezwungen wären.

---

6 [lat.: von vornherein]

Die stetige Andersartigkeit stellt an den Menschen immer neue Ansprüche, sein etwa vorher geübtes Verhalten einer neuen Probe auszusetzen. Nicht einmal beim Kartenspiel kommt man mit »bedingten Reflexen« aus. Das richtige Erraten erst hilft uns die Aufgaben zu meistern. Dieses Erraten aber zeichnet am stärksten den Menschen aus, der ein Mitspieler, ein Mitmensch ist, der Interesse hat an der glücklichen Lösung aller Menschheitsfragen. Der Blick in die Zukunft alles menschlichen Geschehens ist ihm zu eigen und lockt ihn an, ob er nun Menschheitsgeschichte oder Einzelschicksale prüft.

Psychologie blieb eine harmlose Kunst, bis sich die Philosophie ihrer annahm. In ihr und in der Anthropologie der Philosophen keimen die Wurzeln der wissenschaftlichen Menschenkenntnis. In den mannigfachen Versuchen einer Einordnung alles Geschehens in ein umfassendes Weltgesetz konnte der Einzelmensch nicht übersehen werden. Die Erkenntnis der Einheit aller Ausdrucksformen eines Individuums wurde zur unumstößlichen Wahrheit. Die Übertragung von Gesetzen alles Geschehens auf die menschliche Natur zeitigte verschiedene Standpunkte, und die unergründliche, unbekannte lenkende Kraft wurde von *Kant, Schelling, Hegel, Schopenhauer, Hartmann, Nietzsche* und anderen in einer unbewussten Triebkraft gesucht, die bald Sittengesetz, bald Wille, [22] bald Wille zur Macht oder das Unbewusste genannt wurde.

Neben der Übertragung allgemeiner Gesetze auf das menschliche Geschehen kam die Introspektion zur Herrschaft. Menschen sollten etwas über das seelische Geschehen und über den Vorgang dabei aussagen. Diese Methode hielt nicht lange vor. Sie kam mit Recht in Misskredit, weil den Menschen nicht zuzutrauen war, dass sie objektive Aussagen machen könnten.

Im Zeitalter einer entwickelten Technik kam die experimentelle Methode in Schwung. Mit Hilfe von Apparaten und sorgfältig ausgewählten Fragen wurden Prüfungen veranstaltet, die über Sinnesfunktionen, Intelligenz, Charakter und Persönlichkeit Aufschluss geben sollten. Dabei ging die Einsicht in den Zusammenhang der Persönlichkeit verloren oder konnte nur durch Erraten ergänzt werden. Die später in Erscheinung getretene Hereditätslehre gab wohl alle Mühe verloren und fand Genugtuung darin, nachzuweisen, dass es auf den Besitz der Fähigkeiten ankomme und nicht auf den Gebrauch. Dorthin zielte auch die Lehre vom Einfluss der endokrinen Drüsen, die sich bei Spezialfällen von Minderwertigkeitsgefühlen und deren Kompensation im Falle minderwertiger Organe aufhielt.

Eine Renaissance erlebte die Psychologie in der Psychoanalyse, die in der Sexuallibido den allmächtigen Lenker des Menschheitsschicksals wieder aufleben ließ und den Menschen die Schrecken der Hölle im Unbewussten und die Erbsünde im »Schuldgefühl« sorgfältig ausmalte. Die Vernachlässigung des Himmels wurde später in Anlehnung an das »ideale« Ziel der Vollkommenheit der Individualpsychologie in der Erschaffung des »Ideal-Ich« wieder gutgemacht. Immerhin war es ein bedeutsamer Versuch, zwischen den Zeilen des Bewusstseins zu lesen, ein Schritt vorwärts zur Wiederentdeckung des Lebensstils, der Bewegungslinie des Individuums, des Sinns des Lebens, ohne dass dieses vorschwebende Ziel von dem in Sexualmetaphern schwelgenden Autor wahrgenommen wurde. Auch war die Psychoanalyse allzu sehr in der Welt der verwöhnten Kinder befangen, so dass die seelische Struktur ihr immer als Abklatsch dieses Typus erschien und die tiefere seelische Struktur als Teil der menschlichen Evolution ihr verborgen blieb. Ihr vorübergehender Erfolg lag in der Disposition der Unmasse verwöhn[23]ter Menschen, die willig psychoanalytische Anschauungen als allgemein menschlich vorhanden annahmen und in ihrem eigenen Lebensstil dadurch gestärkt wurden. Die Technik der Psychoanalyse war darauf gerichtet, die Beziehung der Ausdrucksbewegungen und Symptome zur Sexuallibido mit geduldiger Energie darzustellen und das Tun des Menschen als abhängig von einem inhärenten sadistischen Trieb erscheinen zu lassen. Dass letztere Erscheinungen künstlich gezüchtetes Ressentiment verwöhnter Kinder seien, erschien erst in der individualpsychologischen Anschauung genügend klar. Immerhin ist auch dem evolutionären Moment annähernd und spurweise Rechnung getragen, wenn auch verfehlt und in gewohnt pessimistischer Weise durch die Idee des Todeswunsches als Ziel der Erfüllung, nicht aktive Anpassung, sondern ein Hinsterben erwartend, in Anpassung an das immerhin zweifelhafte zweite Grundgesetz der Physik.

Die Individualpsychologie steht ganz auf dem Boden der Evolution (s. »Studie über Minderwertigkeit der Organe«, 2. Aufl.[7]) und sieht alles menschliche Streben im Lichte derselben als ein Streben nach Vollkommenheit. Körperlich und seelisch ist der Lebensdrang unverrückbar an dieses Streben geknüpft. Für unser Erkenntnisvermögen stellt sich deshalb jede seelische Ausdrucksform als Bewegung dar, die von einer Minussituation zu einer Plussituation führt. Der Weg, das Bewegungsgesetz, das sich jedes Individuum im Beginne seines Lebens selbst gibt, in verhältnismäßiger Freiheit der Ausnützung seiner angeborenen Fähigkeiten und Unfähigkeiten, ebenso seiner ersten Eindrücke aus der Umgebung, ist für jedes Individuum verschieden im Tempo, im Rhythmus und in der Richtung. Im steten Vergleich mit der unerreichbaren idealen Vollkommenheit ist das Individuum ständig von einem Minderwertigkeitsgefühl erfüllt und von diesem angetrieben. Wir dürfen feststellen, dass jedes menschliche Bewegungsgesetz, sub specie aeternitatis[8] und vom fiktiven Standpunkt einer absoluten Richtigkeit gesehen, fehlerhaft ist.

Jede Kulturepoche formt sich dieses Ideal in der Reichweite ihrer Gedanken und ihrer Gefühle. So wie heute können wir immer nur in der Vergangenheit das vorübergehende Niveau menschlicher Fassungskraft in der Aufstellung dieses Ideals finden, und wir haben das Recht, diese [24] Fassungskraft

---

7 [Adler 1907a/1927c; Neudr. 1907a/1977b]
8 [unter dem Gesichtspunkt der Ewigkeit]

aufs Tiefste zu bewundern, die für unabsehbare Zeiten ein tragfähiges Ideal menschlichen Zusammenlebens erfasst hat. Das »Du sollst nicht töten!« oder »Liebe Deinen Nächsten!«, kann wohl kaum aus dem Wissen und Fühlen als oberste Instanz mehr verschwinden. Diese und andere Normen menschlichen Zusammenlebens, durchaus Ergebnisse der menschlichen Evolution, verankert in der menschlichen Natur wie das Atmen und das Aufrechtgehen, lassen sich zusammenfassen in der Idee einer idealen menschlichen Gemeinschaft, hier rein wissenschaftlich betrachtet als evolutionärer Zwang und als evolutionäres Ziel. Sie geben der Individualpsychologie die Richtschnur, das »δός πού στώ«[9], an dem allein alle anderen, der Evolution widersprechenden Ziele und Bewegungsformen als richtig oder falsch zu bewerten sind. An diesem Punkt wird die Individualpsychologie Wertpsychologie, ebenso wie die medizinische Wissenschaft, Förderin der Evolution, bei ihren Untersuchungen und Feststellungen wertende Wissenschaft ist.

Minderwertigkeitsgefühl, Streben nach Überwindung und Gemeinschaftsgefühl, diese Grundpfeiler in der individualpsychologischen Forschung, sind demnach aus der Betrachtung eines Individuums oder einer Masse nicht wegzudenken. Man kann ihre Tatsächlichkeit umgehen und umschreiben, man kann sie missverstehen, kann versuchen Haare zu spalten, aber man kann sie nicht auslöschen. Jede richtige Betrachtung einer Persönlichkeit muss diesen Tatsachen irgendwie Rechnung tragen und feststellen, wie es mit dem Minderwertigkeitsgefühl, mit dem Streben nach Überwindung, mit dem Gemeinschaftsgefühl beschaffen ist.

Aber so wie andere Kulturen aus dem Zwang der Evolution andere Vorstellungen und unrichtige Wege abstrahierten, so jedes einzelne Individuum. Der gedankliche und der damit verbundene gefühlsmäßige Aufbau eines Lebensstils im Strom der Entwicklung ist das Werk eines Kindes. Als Maßstab seiner Kraft dient ihm die gefühlsmäßig und ungefähr erfasste Leistungsfähigkeit in einer durchaus nicht neutralen Umgebung, die nur schlecht eine Vorschule des Lebens abgibt. Aufbauend auf einem subjektiven Eindruck, oft durch wenig maßgebende Erfolge oder Niederlagen geleitet, schafft sich das Kind Weg und Ziel und Anschaulichkeit zu einer in der Zukunft liegenden Höhe. [25]

Alle Mittel der Individualpsychologie, die zum Verständnis der Persönlichkeit führen sollen, rechnen mit der Meinung des Individuums über das Ziel der Überlegenheit, mit der Stärke seines Minderwertigkeitsgefühls und mit dem Grade seines Gemeinschaftsgefühls. Bei näherer Einsicht in das Verhältnis dieser Faktoren wird man sehen, dass sie alle die Art und den Grad des Gemeinschaftsgefühls konstituieren. Die Prüfung erfolgt ähnlich wie in der experimentellen Psychologie oder wie in der Funktionsprüfung medizinischer

---

9 [dos pu sto – griech.: »Gib mir [einen Punkt], worauf ich stehen kann«: archimedischer Punkt; Fixpunkt]

Fälle. Nur dass hier das Leben selbst die Prüfung anstellt, was die tiefe Verbundenheit des Individuums mit den Fragen des Lebens anzeigt. Es kann nämlich das Ganze des Individuums nicht aus dem Zusammenhang mit dem Leben – man sagt wohl besser mit der Gemeinschaft – herausgerissen werden. Wie es sich zur Gemeinschaft stellt, verrät erst seinen Lebensstil. Deshalb kann die experimentelle Prüfung, die bestenfalls nur Anteile am Leben berücksichtigt, nichts über Charakter oder gar über künftige Leistungen in der Gemeinschaft aussagen. Und auch die »Gestaltpsychologie« bedarf der Ergänzung durch die Individualpsychologie, um über die Stellungnahme des Individuums im Lebensprozess Aussagen machen zu können.

Die Technik der Individualpsychologie zur Erforschung des Lebensstils muss demnach in erster Linie eine Kenntnis der Lebensprobleme und ihrer Forderungen an das Individuum voraussetzen. Es wird sich zeigen, dass ihre Lösung einen gewissen Grad von Gemeinschaftsgefühl voraussetzt, eine Angeschlossenheit an das Ganze des Lebens, eine Fähigkeit zur Mitarbeit und zur Mitmenschlichkeit. Mangelt diese Fähigkeit, so wird man in tausendfachen Varianten ein verstärktes Minderwertigkeitsgefühl und dessen Folgen, im Großen und Ganzen als »zögernde Attitüde« und als Ausweichung beobachten können. Die dabei auftretenden körperlichen oder seelischen Erscheinungen in ihrem Zusammenhang habe ich als »*Minderwertigkeitskomplex*« bezeichnet. Das nie ruhende Streben nach Überlegenheit trachtet diesen Komplex durch einen *Überlegenheitskomplex* zu verdecken, der immer außerhalb des Gemeinschaftsgefühls auf den Schein einer persönlichen Überlegenheit hinzielt. Ist man im Klaren über alle im Falle des Versagens auftretenden Erscheinungen, so hat man nach den Ursachen der mangelnden [26] Vorbereitung in der frühen Kindheit zu forschen. Auf diese Weise gelingt es, ein getreues Bild vom einheitlichen Lebensstil eines Individuums zu erlangen, gleichzeitig im Falle eines Fehlschlags den Grad der Abweichung zu erfassen, der sich immer als ein Mangel an Anschlussfähigkeit herausstellt. Die Aufgabe, die dem Erzieher, dem Lehrer, dem Arzte, dem Seelsorger zufällt, ist dabei gegeben: Das Gemeinschaftsgefühl und dadurch den Mut zu heben durch die Überzeugung von den wirklichen Ursachen des Fehlschlags, durch Aufdeckung der unrichtigen Meinung, des verfehlten Sinnes, den das Individuum dem Leben untergeschoben hat, um ihn dem Sinne näher zu bringen, den das Leben dem Menschen aufgegeben hat.

Diese Aufgabe ist nur zu lösen, wenn eine eingehende Kenntnis der Lebensprobleme vorhanden ist und wenn der zu geringe Einschlag des Gemeinschaftsgefühles im Minderwertigkeits- und Überlegenheitskomplex sowie in allen Typen der menschlichen Fehlschläge verstanden ist. Desgleichen bedarf es einer großen Erfahrung bezüglich jener Umstände und Situationen, die mit Wahrscheinlichkeit in der Kindheit die Entfaltung des Gemeinschaftsgefühls verhindern. Die bis jetzt in meiner Erfahrung am besten bewährten Zugänge zur Erforschung der Persönlichkeit sind gegeben in einem umfassenden Verständnis der ersten Kindheitserinnerungen, der Position des Kindes in der Geschwisterreihe, irgendwelcher Kinderfehler, in Tag- und Nachtträumen und in der Art des exogenen, krankmachenden Faktors. Alle Ergebnisse einer solchen Untersuchung, die auch die Stellung zum Arzt einschließen, sind mit größter Vorsicht zu bewerten und ihr Bewegungsablauf ist stets auf den Gleichklang mit anderen Feststellungen zu prüfen. [27]

3. Die Aufgaben des Lebens

Hier ist der Punkt, an dem sich die Individualpsychologie mit der Soziologie berührt. Es ist unmöglich, ein richtiges Urteil über ein Individuum zu gewinnen, wenn man nicht die Struktur seiner Lebensprobleme kennt und die Aufgabe, die ihm durch sie gesetzt ist. Erst aus der Art, wie sich das Individuum zu ihnen stellt, was in ihm dabei vorgeht, wird uns sein Wesen klar. Wir haben festzustellen, ob es mitgeht oder ob es zögert, haltmacht, sie zu umschleichen trachtet, Vorwände sucht und schafft, ob es die Aufgabe teilweise löst, über sie hinauswächst oder sie ungelöst lässt, um auf gemeinschaftsschädlichem Wege den Schein einer persönlichen Überlegenheit zu gewinnen.

Seit jeher habe ich daran festgehalten, alle Lebensfragen den drei großen Problemen unterzuordnen: dem Problem des Gemeinschaftslebens, der Arbeit und der Liebe. Wie leicht ersichtlich, sind es keine zufälligen Fragen, sondern sie stehen unausgesetzt vor uns, drängend und fordernd, ohne irgendein Entkommen zu gestatten. Denn all unser Verhalten zu diesen drei Fragen ist die Antwort, die wir kraft unseres Lebensstils geben. Da sie untereinander eng verbunden sind, und zwar dadurch, dass alle drei Probleme zu ihrer richtigen Lösung ein gehöriges Maß von Gemeinschaftsgefühl verlangen, ist es begreiflich, dass sich der Lebensstil jedes Menschen mehr oder weniger deutlich in der Stellung zu allen drei Fragen spiegelt. *Weniger deutlich* in der, die ihm gegenwärtig ferner liegt oder günstigere Umstände bietet, *deutlicher*, sofern das Individuum strenger auf seine Eignung geprüft wird. Probleme wie Kunst und Religion, die die durchschnittliche Lösung der Probleme überragen, haben Anteil an allen drei Fragen. [28] Diese ergeben sich aus der untrennbaren Bindung des Menschen an die Notwendigkeit der Vergesellschaftung, der Sorge für den Unterhalt und der Sorge für Nachkommenschaft. Es sind Fragen unseres Erdendaseins, die sich vor uns auftun. Der Mensch als Produkt dieser Erde in seiner kosmischen Beziehung konnte sich nur entwickeln und bestehen in Bindung an die Gemeinschaft, bei körperlicher und seelischer Vorsorge für sie, bei Arbeitsteilung und Fleiß und bei zureichender Vermehrung. In seiner Evolution wurde er körperlich und seelisch dazu ausgestattet durch das Streben nach besserer körperlicher Eignung und besserer seelischer Entwicklung. Alle Erfahrungen, Traditionen, Gebote und Gesetze waren schlecht oder recht Versuche, dauernd oder hinfällig, in dem Streben der Menschheit nach Überlegenheit über die Schwierigkeiten des Lebens. In unserer gegenwärtigen Kultur sehen wir die bisher erreichte, freilich unzulängliche Stufe dieses Strebens. Aus einer Minussituation zu einer Plussituation zu gelangen, zeichnet die Bewegung des Einzelnen wie der Masse aus und gibt uns das Recht, von einem dauernden Minderwertigkeitsgefühl beim Einzelnen wie bei der Masse zu sprechen. Im Strom der Evolution gibt es keinen Ruhezustand. Das Ziel der Vollkommenheit zieht uns hinan.

Sind aber diese drei Fragen mit ihrer gemeinschaftlichen Basis des sozialen Interesses unausweichlich, dann ist es klar, dass sie nur von Menschen gelöst werden können, die ein zulängliches Maß von Gemeinschaftsgefühl ihr Eigen nennen. Es ist leicht zu sagen, dass bis auf den heutigen Tag wohl die Eignung jedes Einzelnen zur Erlangung dieses Maßes vorhanden ist, dass aber die Evolution der Menschheit noch nicht genug vorgeschritten ist, um Gemeinschaftsgefühl dem Menschen so weit einzuverleiben, dass es sich automatisch auswirkt, gleich Atmen oder gleich dem aufrechten Gang. Es ist für mich keine Frage, dass in einer – vielleicht sehr späten – Zeit diese Stufe erreicht sein wird, falls die Menschheit nicht an dieser Entwicklung scheitert, wofür heute ein leichter Verdacht vorhanden ist.

Auf die Lösung dieser drei Hauptfragen zielen alle anderen Fragen hin, ob es sich um die Fragen der Freundschaft, der Kameradschaft, des Interesses für Stadt und Land, für Volk und für die Menschheit handelt, um gute Manieren, um Annahme einer kulturellen Funktion [29] der Organe, um Vorbereitung für die Mitarbeit, im Spiel, in Schule und in der Lehre, um Achtung und Schätzung des anderen Geschlechts, um die körperliche und geistige Vorbereitung zu allen diesen Fragen sowie um die Wahl eines geschlechtlichen Partners. Diese Vorbereitung geschieht richtig oder unrichtig vom ersten Tag der Geburt des Kindes an durch die Mutter, die in der evolutionären Entwicklung der Mutterliebe der von Natur aus geeignetste Partner im mitmenschlichen Erlebnis des Kindes ist. Von der Mutter, die als erster Mitmensch an der Pforte der Entwicklung des Gemeinschaftsgefühls steht, gehen die ersten Impulse für das Kind aus, sich als ein Teil des Ganzen ins Leben einzufinden, den richtigen Kontakt zur Mitwelt zu suchen.

Von zwei Seiten können Schwierigkeiten entstehen. Vonseiten der Mutter, wenn sie unbeholfen, schwerfällig, unbelehrt dem Kinde den Kontakt erschwert oder wenn sie sorglos ihre Aufgabe allzu leicht nimmt. Oder, was am häufigsten zutrifft, wenn sie das Kind von jeder Mithilfe und jeder Mitarbeit entbindet, es mit Liebkosungen und Zärtlichkeiten überhäuft, für das Kind ständig handelt, denkt und spricht, ihm jede Entwicklungsmöglichkeit unterbindet und es an eine imaginäre Welt gewöhnt, die nicht die unsere ist, in der alles von anderen für das verwöhnte Kind getan wird. Eine verhältnismäßig kurze Zeitstrecke genügt, um das Kind zu verleiten, sich immer im Mittelpunkt des Geschehens zu sehen und alle anderen Situationen und Menschen als feindlich zu empfinden. Dabei darf die Vielfältigkeit der Ergebnisse nicht unterschätzt werden, die aus dem freien Ermessen und der Mitwirkung der freien schöpferischen Kraft des Kindes erfließen. Das Kind gebraucht die Einflüsse von außen, um sie in seinem Sinne zu verarbeiten. Im Falle der Verwöhnung durch die Mutter lehnt das Kind die Ausbreitung seines Gemeinschaftsgefühls auf andere Personen ab, trachtet sich dem Vater, den Geschwistern und anderen Personen zu entziehen, die ihm nicht ein gleiches Maß von Wärme entgegenbringen. Im Training dieses Lebensstils, in der Meinung vom Leben, als ob alles leicht, nur durch die Mithilfe von außen, gleich im Beginn zu erreichen sei, wird so das Kind später für die Lösung der Lebensfragen mehr oder weniger ungeeignet und erlebt, wenn diese herantreten, unvorbereitet im Gemeinschaftsgefühl, das sie verlangen, eine Schockwir[30]kung, die in leichten Fällen vorübergehend, in schweren dauernd zur Verhinderung einer Lösung beiträgt. Einem verwöhnten Kind ist jeder Anlass recht, die Mutter mit sich zu beschäftigen. Es erreicht dieses sein Ziel der Überlegenheit am leichtesten, wenn es der Aufnahme einer Kultivierung seiner Funktionen Widerstand leistet, sei es im Trotz – eine Stimmungslage, die trotz der individualpsychologischen Aufklärung neuerdings von *Charlotte Bühler* als ein natürliches Entwicklungsstadium betrachtet wird –, sei es in mangelhaftem Interesse, das immer auch als ein Mangel an sozialem Interesse zu verstehen ist. Andere krampfhafte Versuche, die Erklärung von Kinderfehlern, wie Stuhlverhaltung oder Bettnässen, von der Sexuallibido oder von sadistischen Trieben abzuleiten und zu glauben, dass damit primitivere oder gar tiefere Schichten des Seelenlebens aufgedeckt sind, verkehren die Folge zur Ursache, da sie die Grundstimmung solcher Kinder, ihr übertriebenes Zärtlichkeitsbedürfnis, verkannt haben, fehlen auch darin, dass sie die evolutionäre Organfunktion so ansehen, als ob sie stets von Neuem erworben werden müsste. Die Entwicklung dieser Funktionen ist ebenso menschliches Naturgebot und menschlicher Naturerwerb wie der aufrechte Gang und das Sprechen. In der imaginären Welt der verwöhnten Kinder können sie freilich, ebenso wie das Inzestverbot, als Zeichen des Verwöhntseinwollens umgangen werden, zum Zwecke der Ausnützung anderer Personen oder zum Zwecke der Rache und Anklage, falls die Verwöhnung nicht erfolgt.

Verwöhnte Kinder lehnen auch in tausend Varianten jede Änderung ihrer zufriedenstellenden Situation ab. Erfolgt sie dennoch, so kann man stets die widerstrebenden Reaktionen und Aktionen beobachten, die in mehr aktiver oder in mehr passiver Art zur Durchführung gelangen. Angriff oder Rückzug, die Ausgestaltung hängt größtenteils vom Grad der Aktivität, doch auch von der Lösung fordernden äußeren Situation (vom exogenen Faktor) ab. Erfolgserfahrungen in ähnlichen Fällen geben später die Schablone ab und werden von manchen in unzulänglicher Erfassung als Regression abgefertigt. Manche Autoren gehen noch weiter in ihren Vermutungen und versuchen, den gegenwärtig als festen und dauernden evolutionären Erwerb zu betrachtenden seelischen Komplex auf Rückbleibsel aus Urzeiten zurückzufüh[31]ren, und kommen dabei zu fantastischen Funden von Übereinstimmung. Meist sind sie dadurch irregeführt, dass menschliche Ausdrucksformen, insbesondere wenn man die Armut unserer Sprache nicht in Rechnung setzt, zu allen Zeiten eine Ähnlichkeit aufweisen. Es ist nur eine andere Ähnlichkeit getroffen, wenn versucht wird, alle menschlichen Bewegungsformen auf die Sexualität zu beziehen.

Ich habe begreiflich gemacht, dass verwöhnte Kinder sich außerhalb des Kreises der Verwöhnung stets bedroht, wie in Feindesland fühlen. Alle ihre verschiedenen Charakterzüge müssen mit ihrer Meinung vom Leben übereinstimmen, vor allem ihre oft nahezu unfassbare Selbstliebe und Selbstbespiegelung. Dass alle diese Charakterzüge Kunstprodukte, dass sie erworben und nicht angeboren sind, geht daraus eindeutig hervor. Es ist nicht schwer einzusehen, dass alle Charakterzüge, entgegen der Auffassung der sogenannten Charakterologen, soziale Bezogenheiten bedeuten und aus dem vom Kinde gefertigten Lebensstil entspringen. So löst sich auch die alte Streitfrage auf, ob der Mensch von Natur aus gut oder böse sei. Der evolutionär wachsende, unaufhaltsame Fortschritt des Gemeinschaftsgefühls berechtigt zur Annahme, dass der Bestand der Menschheit mit dem »Gutsein« untrennbar verknüpft ist. Was scheinbar dagegen spricht, ist als Fehlschlag in der Evolution zu betrachten und lässt sich auf Irrtümer zurückführen, wie es ja auch unbrauchbares körperliches Material in den Tierspezies auf dem großen Versuchsfeld der Natur immer gegeben hat. Die Charakterlehre wird sich aber bald entschließen müssen zuzugeben, dass Charaktere wie »mutig«, »tugendhaft«, »faul«, »feindselig«, »standhaft« usw. sich immer nach unserer, sich stets verändernden Außenwelt richten und ohne diese Außenwelt einfach nicht existieren.

Es gibt, wie ich gezeigt habe, noch andere Bürden in der Kindheit, die wie die Verwöhnung das Wachstum des Gemeinschaftsgefühls verhindern. Auch in der Betrachtung dieser Hindernisse müssen wir ein waltendes kausales Grundgesetz bestreiten, und wir sehen in ihren Auswirkungen nur ein verleitendes Moment, das sich in statistischer Wahrscheinlichkeit ausdrückt. Auch die Verschiedenheit und Einmaligkeit der individuellen Erscheinung darf nie übersehen werden. Sie ist der Ausdruck der nahezu willkürlich schaffenden Kraft des Kindes in der [32] Gestaltung seines Bewegungsgesetzes. Diese anderen Bürden sind Vernachlässigung des Kindes und sein Besitz an minderwertigen Organen. Beide lenken, so wie die Verwöhnung, den Blick und das Interesse des Kindes vom »Mitleben« ab und wenden sie der eigenen Gefährdung und dem eigenen Wohle zu. Dass Letzteres nur unter Voraussetzung eines genügenden Gemeinschaftsgefühls gesichert ist, soll weiterhin schärfer bewiesen werden. Aber es kann leicht verstanden werden, dass das irdische Geschehen dem sich entgegenstellt, der allzu wenig mit ihm in Kontakt, in Einklang ist.

Von allen drei Bürden der ersten Kindheit kann gesagt werden, dass die schaffende Kraft des Kindes sie einmal besser, einmal schlechter überwinden kann. Aller Erfolg oder Misserfolg hängt vom Lebensstil, von der dem Menschen meist unbekannten Meinung von seinem Leben ab. In der gleichen Weise wie wir von der statistischen Wahrscheinlichkeit der Folgen dieser drei Bürden sprachen, müssen wir nun feststellen, dass auch die Fragen des Lebens, die großen wie die kleinen, auch nur eine, wenn auch bedeutende statistische Wahrscheinlichkeit als Schockfragen für die Stellung des Individuums zu ihnen aufweisen. Man kann wohl mit einiger Sicherheit die Folgen für ein Individuum voraussagen, wenn es in Berührung mit den Lebensfragen kommt. Man wird sich aber immer daran halten müssen, erst aus den richtig vorausgesagten Folgen auf die Richtigkeit einer Annahme zu schließen.

Dass die Individualpsychologie wie keine andere psychologische Richtung kraft ihrer Erfahrung und ihrer Wahrscheinlichkeitsgesetze Vergangenes erraten kann, ist wohl ein gutes Zeichen für ihre wissenschaftliche Fundierung.

Es obliegt uns nun, auch jene scheinbar untergeordneten Fragen darauf zu prüfen, ob auch sie zu ihrer Lösung ein entwickeltes Gemeinschaftsgefühl erfordern. Da stoßen wir in erster Linie auf die Stellung des Kindes zum Vater. Die Norm wäre ein nahezu gleiches Interesse für Mutter und Vater. Äußere Verhältnisse, die Persönlichkeit des Vaters, Verwöhnung durch die Mutter oder Krankheiten und schwierige Organentwicklung, deren Pflege mehr der Mutter zufallen, können zwischen Kind und Vater eine Distanz schaffen und so die Ausbreitung des [33] Gemeinschaftsgefühls hindern. Das strengere Eingreifen des Vaters, wenn er die Folgen der Verzärtelung durch die Mutter verhindern will, vergrößert nur diese Distanz. Ebenso der von der Mutter oft unverstandene Hang, das Kind auf ihre Seite zu ziehen. Überwiegt die Verwöhnung durch den Vater, so wendet sich das Kind ihm zu und von der Mutter weg. Dieser Fall ist stets als *zweite Phase im Leben* eines Kindes zu verstehen und zeigt an, dass das Kind durch seine Mutter eine Tragödie erlebt hat. Bleibt es als verwöhntes Kind an der Mutter haften, so wird es sich mehr oder weniger wie ein Parasit entfalten, der alle Bedürfnisbefriedigungen, gelegentlich auch sexuelle, von seiner Mutter erwartet. Dies umso eher, als der im Kinde erwachte Sexualtrieb das Kind in einer Stimmungslage findet, in der es sich keinen Wunsch zu versagen gelernt hat, weil es stets nur die Befriedigung aller Wünsche von der Mutter erwartet. Was *Freud* als den Ödipuskomplex bezeichnet hat, der ihm als die natürliche Grundlage der seelischen Entwicklung erscheint, ist nichts als *eine der vielen Erscheinungsformen im Leben eines verwöhnten Kindes*, das der widerstandslose Spielball seiner aufgepeitschten Wünsche ist. Dabei müssen wir davon absehen, dass derselbe Autor mit unbeirrbarem Fanatismus alle Beziehungen eines Kindes zu seiner Mutter in ein Gleichnis zwängt, dessen Grundlage für ihn der Ödipuskomplex abgibt. Ebenso müssen wir es ablehnen, was vielen Autoren eine plausible Tatsache zu sein scheint, anzunehmen, dass von Natur aus die Mädchen sich mehr dem Vater, die Knaben mehr der Mutter anschließen. Wo dies ohne Verwöhnung geschehen ist, dürfen wir darin ein Verständnis für die künftige Geschlechtsrolle erblicken, für ein viel späteres Stadium also, in dem das Kind in spielerischer Weise, meist ohne dafür den Geschlechtstrieb in Bewegung zu setzen, sich für die Zukunft vorbereitet, wie es dies ja auch in anderen Spielen durchführt. Frühzeitig erwachter und nahezu unbezähmbarer Sexualtrieb spricht in erster Linie für ein egozentrisches Kind, meist für ein verwöhntes, das sich keinen Wunsch versagen kann.

Auch die Stellung zu den Geschwistern, als Aufgabe betrachtet, kann den Grad der Kontaktfähigkeit des Kindes erkennen lassen. Die oben gekennzeichneten drei Gruppen von Kindern werden zumeist das an[34]dere Kind, besonders ein jüngeres, als Hindernis und Einengung ihres Einflusses empfinden. Die Wirkungen sind verschieden, hinterlassen aber in der plastischen Periode des Kindes einen so großen Eindruck, dass er zeitlebens als Charakterzug zu erkennen ist, als dauernder Wettlauf im Leben, als Sucht zu dominieren, im mildesten Fall als ein dauernder Hang, den anderen wie ein Kind zu behandeln. Viel bei dieser Ausgestaltung hängt von Erfolg oder Misserfolg im Wettbewerb ab. Den Eindruck aber, durch ein jüngeres Kind aus seiner Stellung verdrängt worden zu sein, wird man insbesondere bei verwöhnten Kindern samt den von dem Kinde geschaffenen Folgen nie vermissen.

Eine andere Frage betrifft das Verhalten des Kindes zum Kranksein und die Stellungnahme, zu der es sich entschließt. Das Verhalten der Eltern dazu, insbesondere bei schwerer scheinenden Krankheiten, wird von dem Kinde in seine Rechnung einbezogen. Frühzeitige Erkrankungen wie Rachitis, Lungenentzündung, Keuchhusten, Veitstanz, Scharlach, Kopfgrippe usw., bei denen das Kind das unvorsichtig ängstliche Wesen der Eltern erlebt, können nicht nur das Leiden schlimmer erscheinen lassen, als es in Wirklichkeit ist, eine ungewöhnliche Gewöhnung an Verzärtelung erzeugen und dem Kinde ein immenses Wertgefühl ohne Kooperation nahelegen, sondern auch zu einer Neigung zum Kranksein und zu Klagen führen. Setzt bei erlangter Gesundheit die ungewöhnliche Verwöhnung aus, dann findet man oft das Kind ungebärdig oder unter einem dauernden Krankheitsgefühl mit Klagen über Müdigkeit, Essunlust oder mit andauerndem grundlosen Husten, Erscheinungen, die nicht selten als Folgen der Krankheit, häufig mit Unrecht, angesehen werden. Solche Kinder haben eine Neigung, die Erinnerung an ihre Krankheiten durch ihr ganzes Leben festzuhalten, was ihre Meinung zum Ausdruck bringt, auf Schonung Anspruch zu haben oder auf mildernde Umstände zu plädieren. Man darf nicht übersehen, dass in solchen Fällen wegen des mangelnden Kontakts mit den äußeren Umständen ein fortdauernder Anlass zu einer Steigerung in der Gefühlssphäre, einer Steigerung der Emotionen und Affekte gegeben ist. Einer weiteren Prüfung auf seine Kooperationsfähigkeit – abgesehen davon, wie es sich im Hause nützlich macht, ob es sich beim Spiel richtig betätigt und kameradschaftlich auftritt – ist das Kind bei dem *[35]* Eintritt in den Kindergarten oder in die Schule unterworfen. Man kann da deutlich seine Fähigkeit zur Mitarbeit beobachten. Der Grad seiner Aufregung, die Formen seiner Weigerung, Abseitsstehen, Mangel an Interesse, an Konzentration und eine Unzahl anderer »schulfeindlicher« Handlungen wie Spätkommen, Störungsversuche, Neigung zum Ausbleiben, ständiges Verlieren der Utensilien, Zeitvertrödelung anstatt der Hausarbeiten weisen auf die mangelhafte Vorbereitung zur Mitarbeit hin. Der seelische Prozess in solchen Fällen ist unzulänglich erkannt, wenn man nicht versteht, dass diese Kinder, ob sie es wissen oder nicht, gleichzeitig ein schweres Minderwertigkeitsgefühl in sich tragen, das als Minderwertigkeitskomplex entsprechend der obigen Schilderung zutage kommt, in Form von Schüchternheit, Aufregungszuständen mit allen möglichen körperlichen und seelischen Symptomen, oder als selbstischer Überlegenheitskomplex, in Streitsucht, im Spielverderben, in Mangel an Kameradschaftlichkeit usw. Mut ist dabei nicht zu finden. Selbst arrogante Kinder erweisen sich als feig, sobald es sich um nützliche Arbeiten handelt. Lügenhaftigkeit zeigt sie auf dem Wege der List, Diebstahlsneigungen treten als schädliche Kompensationen auf im Gefühl des Verkürztseins. Das niemals ausbleibende Vergleichen und Messen mit tüchtigeren Kindern führt keine Besserung, sondern allmählich Abstumpfung und oft den Abbruch des Schulerfolges herbei. Gerade die Schule wirkt wie ein Experiment auf das Kind und zeigt vom ersten Tage an den Grad der Kooperationsfähigkeit des Kindes. Gerade die Schule ist auch der richtige Ort, um mit kluger Einsicht das Gemeinschaftsgefühl des Kindes zu heben, damit es nicht als ein Gegner der Gemeinschaft die Schule verlässt. Diese Erfahrungen waren es, die mich veranlassten, in den Schulen individualpsychologische Beratungsstellen einzurichten, die dem Lehrer helfen, den richtigen Weg in der Erziehung der versagenden Kinder zu finden.

Keine Frage, dass auch die Erfolge in den Schulgegenständen in erster Linie vom Gemeinschaftsgefühl des Kindes abhängen, das ja den Ausblick in die zukünftige Gestaltung seines Lebens in der Gemeinschaft in sich birgt. Fragen der Freundschaft, so wichtig für späteres Zusammenleben, der Kameradschaft samt allen notwendigen Charakterzügen *[36]* der Treue, der Verlässlichkeit, der Neigung zur Zusammenarbeit, des Interesses für Staat, Volk und Menschheit sind dem Schulleben einverleibt und bedürfen der sachkundigen Pflege. Die Schule hat es in der Hand, die Mitmenschlichkeit zu erwecken und zu fördern. Sind dem Lehrer unsere Gesichtspunkte klar, so wird er es auch verstehen, in freundschaftlicher Aussprache dem Kinde seinen Mangel an Gemeinschaftsgefühl, dessen Ursachen und deren Behebung vor Augen zu führen und es der

Gemeinschaft näher zu bringen. In allgemeinen Aussprachen mit den Kindern wird es ihm gelingen, sie zu überzeugen, dass ihre Zukunft und die der Menschheit von einer Verstärkung unseres Gemeinschaftsgefühls abhängig ist und dass die großen Fehler in unserem Leben, Krieg, Todesstrafe, Rassenhass, Völkerhass, aber auch Neurose, Selbstmord, Verbrechen, Trunkenheit usw. aus dem Mangel des Gemeinschaftsgefühls entspringen und als Minderwertigkeitskomplexe, als verderbliche Versuche, eine Situation auf unstatthafte und unzweckmäßige Weise zu lösen, aufzufassen sind.

Auch die in dieser Zeit sich bemerkbar machende sexuelle Frage kann Knaben und Mädchen in Verwirrung stürzen. Nicht solche, die für die Kooperation gewonnen sind. Sie, die gewohnt sind, sich als Teil eines Ganzen zu fühlen, werden nie aufregende Geheimnisse mit sich herumtragen, ohne mit ihren Eltern darüber zu sprechen oder den Rat des Lehrers einzuholen. Anders die, die schon in ihrer Familie ein feindliches Element erblicken. Sie, und vor allem wieder die verwöhnten Kinder sind am leichtesten einzuschüchtern und durch Schmeicheleien zu verführen. Das Vorgehen der Eltern in der Aufklärung ist durch ihr Mitleben von selbst gegeben. Das Kind soll so viel wissen, als es verlangt, und es soll ihm in solcher Art vermittelt werden, dass es die neue Kenntnis auch richtig verträgt und verdauen kann. Man muss nicht zögern, aber auch Eile ist überflüssig. Dass Kinder in der Schule über sexuelle Dinge sprechen, kann kaum vermieden werden. Das selbstständige Kind, das in die Zukunft blickt, wird Unflat von sich weisen und Torheiten nicht glauben. Eine Anleitung zur Furcht vor Liebe und Ehe ist natürlich ein großer Fehler, wird aber auch nur von abhängigen Kindern, die an sich mutlos sind, entgegengenommen werden.

Die Pubertät, als eine weitere Lebensfrage, wird von vielen als dunkles *[37]* Mysterium angesehen. Auch in dieser Zeit findet man nur, was vorher in dem Kinde schlummerte. Fehlte es ihm bis dahin an Gemeinschaftsgefühl, so wird seine Pubertätszeit entsprechend verlaufen. Man wird nur deutlicher sehen, wie weit das Kind zur Mitarbeit vorbereitet ist. Ihm steht ein größerer Bewegungsraum zur Verfügung. Es hat mehr Kraft. Vor allem aber hat es den Drang, in irgendeiner ihm entsprechenden, es verlockenden Weise zu zeigen, dass es kein Kind mehr ist, oder, seltener, dass es ein solches noch ist. Ist es in der Entwicklung des Gemeinschaftsgefühls gehindert worden, so wird der unsoziale Ausschlag seines irrtümlichen Weges sich deutlicher zeigen als vorher. Viele von ihnen werden in der Sucht, als erwachsen zu gelten, lieber die Fehler als die Vorzüge Erwachsener annehmen, da ihnen dies um Vieles leichter fällt, als etwa der Gemeinschaft zu dienen. Delikte aller Art können so zustande kommen, wieder leichter bei verwöhnten Kindern als bei anderen, da diese, auf sofortige Befriedigung trainiert, einer Versuchung welcher Art immer schwer widerstehen können. Derlei Mädchen und Knaben fallen Schmeicheleien leicht zum Opfer oder einer Ansporung ihrer Eitelkeit. Stark bedroht sind in dieser Zeit auch Mädchen, die zu Hause ein schweres Gefühl der Zurücksetzung durchmachen und an ihren Wert nur glauben können, wenn sie Schmeicheleien hören.

Das Kind, bisher im Hinterland, nähert sich dann bald der Front des Lebens, an der es die drei großen Lebensfragen vor sich sieht: Gesellschaft, Arbeit und Liebe. Sie alle verlangen zu ihrer Lösung ein entwickeltes Interesse am anderen. Die Vorbereitung für dieses gibt den Ausschlag. Wir finden da Menschenscheu, Menschenhass, Misstrauen, Schadenfreude, Eitelkeiten aller Art, Überempfindlichkeit, Aufregungszustände beim Zusammentreffen mit anderen, Lampenfieber, Lug und Trug, Verleumdung, Herrschsucht, Bosheit und vieles andere. Der für die Gemeinschaft Erzogene wird leicht Freunde gewinnen. Er wird auch Interesse haben an allen Fragen der Menschheit und seine Auffassung und sein Gehaben zu ihrem Nutzen einrichten. Er wird nicht darin seinen Erfolg suchen, im Guten oder im Schlechten aufzufallen. Sein Leben in der Gesellschaft wird stets von seinem Wohlwollen begleitet sein, wenngleich er gegen Schädlinge der Gemeinschaft [38] seine Stimme erheben wird. Auch der gütige Mensch kann sich bisweilen der Verachtung nicht entschlagen.[10]

Die Erdkruste, auf der wir leben, nötigt die Menschheit zur Arbeit und zur Arbeitsteilung. Das Gemeinschaftsgefühl prägt sich hier als Mitarbeit zum Nutzen anderer aus. Der Gemeinschaftsmensch wird nie daran zweifeln, dass jedem der Lohn seiner Arbeit gebührt und dass die Ausbeutung des Lebens und der Arbeit anderer niemals das Wohl der Menschheit fördern kann. Schließlich und endlich leben wir Nachkömmlinge doch vorwiegend von den Leistungen großer Vorfahren, die zum Wohle der Menschheit beigetragen haben. Der große Gemeinschaftsgedanke, der sich auch in den Religionen und in großen politischen Strömungen äußert, fordert mit Recht die bestmögliche Verteilung von Arbeit und Konsum. Wenn jemand Schuhe verfertigt, so macht er sich einem anderen nützlich und hat das Recht auf ein auskömmliches Leben, auf alle hygienischen Vorteile und auf gute Erziehung seiner Nachkommen. Dass er dafür Geld bekommt, ist die Anerkennung seiner Nützlichkeit in einer Periode des entwickelten Marktes. So gelangt er zum Gefühl seines Wertes für die Allgemeinheit, der einzigen Möglichkeit, das allgemeine menschliche Minderwertigkeitsgefühl zu mildern. Wer nützliche Arbeit leistet, lebt in der sich entwickelnden Gemeinschaft und fördert sie. Diese Bezogenheit ist so stark, wenn auch nicht immer überdacht, dass sie das allgemeine Urteil über Fleiß und Unfleiß leitet. Niemand wird Unfleiß eine Tugend nennen. Auch das Recht des durch Krisen oder Überproduktion arbeitslos Gewordenen auf hinreichenden Unterhalt ist heute bereits allgemein anerkannt, eine Auswirkung, wenn nicht einer gesellschaftlichen Gefahr, so des wachsenden Gemeinschaftsgefühls. Auch was die Zukunft bringen wird an Änderungen

---

10 [nach Adlers Bemerkung (unten S. 81, Anm. 35) ein Zitat von Barbusse]

der Produktionsweise und der Verteilung der Güter, wird zwangsweise der Kraft des Gemeinschaftsgefühls besser entsprechen müssen als heutzutage, ob die Änderung nun erzwungen oder gegeben sein wird.

In der Liebe, die mit so starken Befriedigungen körperlicher und seelischer Art ausgestattet ist, zeigt sich das Gemeinschaftsgefühl als unmittelbarer und unzweifelhafter Gestalter des Schicksals. Wie in der Freundschaft, in der Geschwister- oder in der Elternbeziehung handelt *[39]* es sich in der Liebe um eine Aufgabe für zwei Personen, diesmal verschiedenen Geschlechts, mit dem Ausblick auf Nachkommenschaft, auf Erhaltung des Menschengeschlechts. Keines der menschlichen Probleme ist vielleicht der Wohlfahrt und dem Wohlergehen des Einzelnen in der Gesamtheit so nahe gerückt wie das Problem der Liebe. Eine Aufgabe für zwei Personen hat eine eigene Struktur und kann nicht nach Art einer Aufgabe für eine einzelne Person richtig gelöst werden. Es ist, als ob jede dieser Personen sich ganz vergessen und ganz der anderen Person hingegeben sein müsste, um dem Problem der Liebe zu genügen, als ob aus zwei Menschen ein Wesen gebildet werden müsste. Die gleiche Notwendigkeit trifft auch bis zu einem gewissen Grade für die Freundschaft zu und für Aufgaben wie Tanz oder Spiel oder Arbeit zweier Personen mit dem gleichen Gerät am selben Objekt. Es ist unweigerlich in dieser Struktur enthalten, dass Fragen der Ungleichheit, Zweifel aneinander, feindliche Gedanken oder Gefühle dabei ausgeschaltet sein müssen. Und es liegt im Wesen der Liebe, dass körperliche Anziehung nicht entbehrt werden kann. Es liegt wohl auch im Wesen und in der individuellen Auswirkung der Evolution, dass sie bis zu einem gewissen, dem notwendigen Aufschwung der Menschheit entsprechenden Grade, die Auswahl des Partners beeinflusst.

So stellt die Evolution unsere ästhetischen Gefühle in den Dienst der Menschheitsentwicklung, indem sie uns, bewusst und unbewusst, das höhere Ideal im Partner ahnen lässt. Neben der heute noch von Mann und Weib vielfach verkannten Selbstverständlichkeit der Gleichheit in der Liebe ist das Gefühl der Hingebung aneinander nicht zu umgehen. Dieses Gefühl der Devotion wird ungeheuer oft von Männern, noch mehr von Mädchen, als eine sklavische Unterordnung missverstanden und schreckt besonders diejenigen von der Liebe ab oder macht sie funktionsunfähig, die in ihrem Lebensstil zum Prinzip der selbstischen Überlegenheit gekommen sind. Die mangelhafte Eignung in allen drei Punkten, in der Vorbereitung für eine Aufgabe zu zweit, im Bewusstsein der Gleichwertigkeit und in der Fähigkeit zur Hingabe, charakterisiert alle Personen mit mangelhaftem Gemeinschaftsgefühl. Die Schwierigkeit, die ihnen in dieser Aufgabe erwächst, verleitet sie unausgesetzt zu Versuchen einer Erleichterung in Fragen der Liebe und der *[40]* Ehe, Letztere in ihrer monogamen Ausgestaltung, wohl die beste aktive Anpassung an die Evolution. Die oben geschilderte Struktur der Liebe erfordert außerdem, da sie Aufgabe und nicht Schlusspunkt einer Entwicklung ist, eine endgültige

Entscheidung für die Ewigkeit, wie sie sich als ewig in den Kindern und in deren Erziehung zum Wohl der Menschheit auswirken soll. Es ist ein unheimlicher Ausblick, der uns wahrnehmen lässt, dass Verfehlungen und Irrtümer, ein Mangel des Gemeinschaftsgefühls in der Liebe zum Ausschluss vom ewigen Dasein auf dieser Erde in Kindern und in Werken der Erziehung Anlass geben kann. Eine Bagatellisierung der Liebe, wie sie sich in der Promiskuität zeigt, in der Prostitution, in den Perversionen und im heimlichen Versteck der Nacktkultur würde der Liebe alle Größe, allen Glanz und allen ästhetischen Zauber nehmen. Die Weigerung, ein dauerndes Bündnis einzugehen, streut Zweifel und Misstrauen zwischen die Partner einer gemeinsamen Aufgabe und macht sie unfähig, sich ganz hinzugeben. Ähnliche Schwierigkeiten, in jedem Falle verschieden, wird man als Zeichen verminderten Gemeinschaftsgefühls in allen Fällen von unglücklicher Liebe und Ehe, in allen Fällen von Versagen mit Recht erwarteter Funktionen nachweisen können, wo einzig die Korrektur des Lebensstils Besserung bringen kann. Es ist für mich auch keine Frage, dass die Bagatellisierung der Liebe, also ein Mangel an Gemeinschaftsgefühl, in der Promiskuität zum Beispiel, zum Hereinbrechen der Geschlechtskrankheiten den Anlass gegeben hat und so zur Vernichtung des Einzellebens, von Familien und Volksstämmen geführt hat. Wie man im Leben keine Regel findet, die restlos unfehlbar wäre, so gibt es auch Gründe, die für eine Auflösung einer Liebes- oder Ehebindung sprechen. Freilich ist nicht jedem so viel Verständnis zuzutrauen, dass er selbst ein richtiges Urteil fällen könnte. Deshalb sollte man diese Frage in die Hände erfahrener Psychologen legen, denen man ein Urteil im Sinne des Gemeinschaftsgefühls zutrauen kann. Auch die Frage der Kinderverhütung bewegt unsere Zeit sehr. Seit die Menschheit den Spruch erfüllt hat und so zahlreich ist wie der Sand am Meere, dürfte das Gemeinschaftsgefühl der Menschen in der Strenge der Forderung nach unbeschränkter Nachkommenschaft stark nachgelassen haben. Auch die ungeheure Entwicklung der Technik macht allzu viele [41] Hände überflüssig. Der Drang nach Mitarbeitern hat erheblich abgenommen. Die sozialen Verhältnisse verlocken nicht zur weiteren rapiden Vermehrung. Der stark gesteigerte Grad der Liebesfähigkeit rechnet mehr als vorher mit dem Wohlergehen und mit der Gesundheit der Mutter. Die wachsende Kultur hat auch für Frauen die Grenzen der Bildungsfähigkeit und des seelischen Interesses aufgehoben. Die heutige Technik erlaubt dem Mann und der Frau, mehr Zeit der Bildung und der Erholung und dem Vergnügen sowie der Erziehung der Kinder zu widmen, eine Ausdehnung der Ruhepause von der Arbeit Mühe, die sich in naher Zukunft noch vergrößern, und, wenn richtig verwendet, viel zum eigenen Wohle und zum Wohle der Angehörigen beitragen wird. All diese Tatsachen haben dazu beigetragen, der Liebe neben ihrer Aufgabe, der Fortpflanzung zu dienen, eine davon fast unabhängige Rolle zuzuweisen, ein höheres Niveau, eine Glückssteigerung, die sicher zum Wohle der Menschheit beiträgt. Man wird durch Gesetze und

Formeln diesen einmal gewonnenen Entwicklungsfortschritt, der ja auch den Menschen vom Tiere unterscheidet, nicht hemmen können. Die Entscheidung über Geburten wird man am besten ganz der wohlberatenen Frau überlassen müssen. In Fragen der künstlichen Unterbrechung der Schwangerschaft dürften Mutter und Kind am besten behütet sein, wenn abgesehen von einer medizinischen Beschlussfassung ein geeigneter psychologischer Berater unwesentliche Gründe, die für die Unterbrechung angeführt werden, widerlegt, wesentlichen aber Folge gibt, und wenn im Ernstfall die Unterbrechung stets kostenlos in einer Anstalt durchgeführt wird.

Für die richtige Wahl des Partners aber kommen neben der körperlichen Eignung und Anziehung hauptsächlich folgende Punkte in Betracht, die den zureichenden Grad seines Gemeinschaftsgefühls erweisen sollen:

Der Partner muss bewiesen haben, dass er Freundschaft halten kann; er muss Interesse für seine Arbeit besitzen; er muss mehr Interesse für seinen Partner an den Tag legen als für sich. Freilich kann die Furcht vor Kindersegen auch durchaus selbstische Ursachen haben, die, wie immer sie Ausdruck finden, letzten Endes stets auf einen Mangel an Gemeinschaftsgefühl zurückführen. So, wenn ein ver[42]wöhntes Mädchen in der Ehe nur weiter das verwöhnte Kind spielen will oder, nur auf sein Äußeres bedacht, die Entstellung durch die Schwangerschaft oder Geburt fürchtet und überschätzt, wenn es ohne Rivalin bleiben will, gelegentlich auch, wenn es ohne Liebe in die Ehe gegangen ist. In vielen Fällen spielt der »männliche Protest« in den Funktionen der Frau und in der Ablehnung des Gebärens eine unheilvolle Rolle. Diese Proteststellung der Frau gegen ihre Geschlechtsrolle, die ich als Erster unter obigem Namen beschrieben habe, gibt vielfach den Anlass zu Menstruationsstörungen und Funktionsstörungen in der Sexualsphäre, stammt immer aus der Unzufriedenheit mit einer Geschlechtsrolle, die schon in der Familie als untergeordnet aufgefasst wurde, wird aber durch die Unvollkommenheit unserer Kultur wesentlich gefördert, die der Frau heimlich oder offen einen untergeordneten Rang zuzuweisen trachtet. So kann auch das Eintreten der Menstruation in manchen Fällen durch eine seelische Gegenwehr des Mädchens zu allerlei Beschwerden führen und eine mangelhafte Vorbereitung zur Kooperation verraten. Der »männliche Protest« in seinen vielfachen Protestformen, unter denen eine als Sucht, einen Mann zu spielen, auftritt und zu lesbischer Liebe führen kann, ist demnach als Überlegenheitskomplex aufzufassen, der sich über einem Minderwertigkeitskomplex aufbaut: »Nur ein Mädchen.«

In der Zeit, die der Liebe gehört, kommen, gleichzeitig bei mangelhafter Vorbereitung für Beruf und Gesellschaft, auch andere Formen des Rückzugs vom sozialen Interesse in Sicht. Die schwerste Form ist wohl im jugendlichen Irresein zu sehen, einer nahezu vollkommenen Abschließung von den Forderungen der Gemeinschaft. Diese psychische Erkrankung steht mit Organminderwertigkeiten in Zusammenhang, wie Kretschmer gefunden hat. Seine Nachweise ergänzen meinen Befund von der Bedeutung der organischen Bürde im Beginne des Lebens, ohne dass der Autor der Bedeutung solcher minderwertiger Organe für den Aufbau des Lebensstils, wie die Individualpsychologie es tut, Rechnung getragen hätte. Auch der Verfall in die Neurose wird unter dem unaufhörlichen Druck der äußeren Umstände, die Vorbereitung zur Mitarbeit erfordern, immer häufiger, ebenso Selbstmord als perfekter Rückzug, gleichzeitig als komplette Verurteilung der Forde[43]rungen des Lebens in mehr oder weniger gehässiger Absicht. Trunksucht als Trick, sich auf unsoziale Weise sozialen Forderungen zu entziehen, ebenso Morphinismus und Kokainismus sind Versuchungen, denen der Mensch ohne Gemeinschaftsgefühl auf der Flucht vor den Gemeinschaftsproblemen, wenn sie in größerer Stärke auftreten, nur schwer widerstehen kann. Immer wieder wird man bei solchen Personen, wie den genannten, die große Sucht nach Verwöhnung und Erleichterung des Lebens nachweisen können, wenn man in diesem Verfahren genügende Übung hat. Das Gleiche gilt für eine große Anzahl von Delinquenten, bei denen der Mangel an Gemeinschaftsgefühl bei vorhandener Aktivität, gleichzeitig auch der Mangel an Mut bereits in der Kindheit klar zu ersehen ist. Es kann nicht wundernehmen, dass in dieser Zeit auch Perversionen deutlicher werden, von ihren Trägern zumeist auf Heredität bezogen, wobei sie, wie auch viele Autoren, perverse Erscheinungen in der Kindheit als angeboren oder als durch ein Erlebnis erworben ansehen, während sie sich als Spuren eines Trainings in falscher Richtung erweisen, immer zugleich als deutliche Zeichen eines mangelnden Gemeinschaftsgefühls, das auch auf anderen Seiten ihres Lebens klar genug hervortritt.[11]

Weitere Prüfungen auf den Grad des Gemeinschaftsgefühls erfolgen in der Führung der Ehe, des Berufs, bei Verlust einer geliebten Person, anlässlich dessen das betroffene Individuum die ganze Welt verloren gibt, wenn es schon vorher an ihr keinen Anteil genommen hat, bei Verlust des Vermögens, bei Enttäuschungen aller Art, in der das Unvermögen der verzärtelten Person sich zeigt, den Einklang mit dem Ganzen in der angespannten Situation aufrecht zu halten. Auch der Verlust einer Stellung ruft viele nicht zum Anschluss an die Gemeinschaft auf, um Übelstände gemeinsam zu beseitigen, sondern stürzt sie in Verwirrung und zwingt sie, gegen die Gemeinschaft vorzugehen.

Noch einer letzten Prüfung will ich gedenken, der Furcht vor dem Alter und vor dem Tode. Sie werden den nicht erschrecken, der sich seiner Unvergänglichkeit im Bilde seiner Kinder und im Bewusstsein seines Beitrags zur wachsenden Kultur gewiss ist. Man findet aber ungemein [44] häufig als deutliche Ausprägung der Furcht vor restloser Austilgung raschen körperlichen Verfall und seelische Erschütterung. Besonders häufig findet man Frauen durch den

---

11 *Anm. Adlers:* Adler, Problem der Homosexualität, S. Hirzel, Leipzig [Adler 1917b/1930d; 1977a]

Aberglauben an die Gefahren des Klimakteriums aufs Äußerste betroffen. Jene besonders, die nicht in der Kooperation, sondern in der Jugend und in der Schönheit den Wert der Frau erblickten, leiden da in auffälliger Weise, geraten auch oft, in feindseliger Defensive wie gegen ein ihnen angetanes Unrecht, in Verstimmung, die sich bis zur Melancholie ausgestalten kann. Es ist für mich keine Frage, dass auf dem bisher erreichten Niveau unserer Kultur für alternde Männer und alternde Frauen noch nicht der gehörige Raum geschaffen ist. Ihn zu ermöglichen oder wenigstens ihn sich selbst zu schaffen ist das unverbrüchliche Recht alternder Menschen. Leider wird bei vielen in dieser Zeit die Grenze ihres Willens zur Mitarbeit sichtbar. Sie übertreiben ihre Wichtigkeit, wollen alles besser verstehen, verharren im Gefühl der Verkürztheit, stören so die anderen und helfen noch jene Atmosphäre zu schaffen, die sie vielleicht vor langer Zeit immer befürchtet haben.

Bei einiger Erfahrung und bei ruhiger, freundlicher Überlegung dürfte es jedem klar werden, dass wir tatsächlich unausgesetzt durch die Fragen des Lebens auf den Grad unseres Gemeinschaftsgefühls geprüft, anerkannt oder verworfen werden. *[45]*

4. Das Leib-Seele-Problem[12]

Es kann heute keinem Zweifel mehr unterliegen, dass alles, was wir als Körper bezeichnen, ein Streben zeigt, ein Ganzes zu werden. Im Allgemeinen kann das Atom in dieser Hinsicht mit der lebenden Zelle verglichen werden. Beide besitzen latente und manifeste Kräfte, die teils zur Abrundung und Begrenzung, teils zur Ansetzung anderer Teile Anlass geben. Der hauptsächliche Unterschied liegt wohl im Stoffwechsel der Zelle gegenüber der Selbstgenügsamkeit des Atoms. Nicht einmal die Bewegung innerhalb oder außerhalb von Zelle und Atom bietet grundlegende Unterschiede. Auch die Elektronen sind nie im Ruhezustand und ein Streben danach, wie Freud es für seine Anschauungen vom Todeswunsch postuliert, kann nirgendwo in der Natur gefunden werden. Was beide am deutlichsten unterscheidet, ist der Assimilations- und Ausscheidungsprozess der lebenden Zelle, die zum Wachstum, zur Erhaltung der Form, zur Vermehrung und zum Streben nach einer idealen Endform Anlass gibt.[13]

Wäre die lebendige Zelle, gleichgültig woher sie gekommen ist, in ein ideales Milieu gesetzt gewesen, das ihr mühelos die ewige Selbsterhaltung garantiert hätte – ein freilich undenkbarer Fall –, so wäre sie sich stets gleich geblieben. Unter dem Drucke von Schwierigkeiten, die man sich im einfachsten Falle nahezu physikalisch denken kann, musste das, was wir unverstandenermaßen

---

12 [Original: Adler, A. 1933j]
13 *Anm. Adlers:* S. Smuts, Wholeness and Evolution, London, McMillan Co. [Smuts 1926]

den Lebensprozess nennen, zu irgendwelchen Abhilfen gedrängt werden. Die in der Natur gegebenen, sicherlich auch in der Amöbe vorliegenden tausendfachen Verschiedenheiten bringen günstiger gelagerte Individuen näher zum Erfolg und *[46]* lassen sie die bessere Form und somit die bessere Anpassung finden. In den Billionen von Jahren, da Leben auf dieser Erde besteht, war offenbar Zeit genug, aus dem Lebensprozess der einfachsten Zellen den Menschen zu gestalten, ebenso Myriaden von Lebewesen untergehen zu lassen, die der Wucht der Angriffe ihrer Umgebung nicht gewachsen waren.

In dieser Auffassung, die grundlegende Anschauungen *Darwins* und *Lamarcks* verbindet, muss der »Lebensprozess« als ein Streben gesehen werden, das seine Richtung im Strome der Evolution durch ein ewiges Ziel der Anpassung an die Forderungen der Außenwelt erhält.

In dieser Zielstrebigkeit, die niemals zu einem ruhenden Ausgleich kommen kann, da offenbar die fordernden und fragenden Kräfte der Außenwelt von Wesen, die von ihr geschaffen wurden, nie vollkommen beantwortet werden können, muss sich auch jene Fähigkeit entwickelt haben, die wir, von verschiedenen Seiten betrachtend, Seele, Geist, Psyche, Vernunft nennen, die alle andern »seelischen Fähigkeiten« einschließt[14]. Und obwohl wir uns bei Betrachtung des seelischen Prozesses auf transzendentalem Boden bewegen, dürfen wir, in unserer Anschauung fortfahrend, behaupten, dass die Seele als dem Lebensprozess, und was immer wir unter diesem Prozess zusammenfassen, zugehörig, den gleichen Grundcharakter aufweisen muss wie die Matrix, die lebende Zelle, aus der sie hervorgegangen ist. Dieser Grundcharakter ist in erster Linie in dem fortdauernden Bemühen zu finden, sich mit den Forderungen der Außenwelt siegreich auseinanderzusetzen, den Tod zu überwinden, einer idealen dazu geeigneten Endform zuzustreben und gemeinsam mit den dazu in der Evolution vorbereiteten Kräften des Körpers, in gegenseitiger Beeinflussung und Hilfe, ein Ziel der Überlegenheit, der Vollkommenheit, der Sicherheit zu erreichen. So wie in der evolutionären Entwicklung des Körpers, so ist auch in der seelischen Entwicklung dauernd die Richtung angegeben, durch richtige Lösung der Aufgaben der Außenwelt zur Überwindung ihrer Schwierigkeiten zu gelangen. Jede unrichtige Lösung, sei es durch eine unzweckmäßige körperliche oder seelische Entwicklung, zeigt ihren Mangel an Eignung durch die Niederlage, die bis zur Ausmerzung und Austilgung des irrenden Individuums führen kann. Der Prozess der *[47]* Niederlage kann über die Einzelperson hinausgreifen und Teilglieder derselben, die Nachkommenschaft, schädigen, Familien, Stämme, Völker und Rassen in größere Schwierigkeiten verwickeln. Oft, wie immer in der Evolution, können diese Schwierigkeiten in ihrer Überwindung zu größeren Erfolgen, zu größerer Widerstandskraft führen. Hekatomben von Pflanzen, Tieren und Menschen

---

14 [im Original: *einschließen*]

sind aber diesem grausamen Selbstreinigungsprozess zum Opfer gefallen. Was derzeit im Durchschnitt widerstandsfähig erscheint, hat die Probe vorläufig bestanden.[15] Aus dieser Anschauung geht hervor, dass wir es im körperlichen Prozess mit einem Streben zu tun haben, das den Körper in Beziehung zu seinen Leistungen ungefähr im Gleichgewicht zu halten hat, um den Anforderungen der Außenwelt, ihren Förderungen und Nachteilen, siegreich entgegentreten zu können. Betrachtet man diese Prozesse einseitig, so kommt man zu der Auffassung von der »Weisheit des Körpers«.[16] Aber auch der seelische Prozess ist gezwungen, sich zu dieser Weisheit zu entschließen, die ihn instand setzt, siegreich die Fragen der Außenwelt zugunsten eines stets aktiven Äquilibriums von Leib und Seele zu lösen. Für das Äquilibrium sorgt in gewissen Grenzen die erreichte evolutionäre Stufe, für die Aktivität das in der Kindheit gefundene Ziel der Überlegenheit, der Lebensstil, das Bewegungsgesetz des Einzelnen.

Grundgesetz des Lebens ist demnach Überwindung. Ihr dient das Streben nach Selbsterhaltung, nach körperlichem und seelischem Gleichgewicht, das körperliche und seelische Wachstum und das Streben nach Vollendung.

Im Streben nach Selbsterhaltung ist eingeschlossen das Verständnis und die Vermeidung von Gefahren, die Fortpflanzung als evolutionäre Bahn zur Fortdauer eines leiblichen Anteils über den persönlichen Tod hinaus, die Mitarbeit an der Entwicklung der Menschheit, in der der Geist der Mitarbeiter unsterblich ist, und die vergesellschaftete Leistung aller Beitragenden zu allen den genannten Zwecken.

Wie der Körper stets bestrebt ist, alle lebenswichtigen Teile gleichzeitig zu erhalten, zu ergänzen, zu ersetzen, zeigt das Wunderwerk der Evolution. Die Blutgerinnung anlässlich von blutenden Wunden, die in *[48]* weiten Grenzen gewährleistete Erhaltung von Wasser, Zucker, Kalk, Eiweißstoffen, von Blut- und Zellregeneration, das Zusammenwirken der endokrinen Drüsen sind Produkte der Evolution und beweisen die Widerstandskraft des Organismus gegenüber den äußeren Schädlichkeiten. Die Erhaltung und Steigerung dieser Widerstandskraft ist die Folge einer weitgehenden Blutmischung, in der Mängel verkleinert, Vorteile festgehalten und vergrößert werden können. Auch hier hat die Vergesellschaftung der Menschen, die Gemeinschaft, helfend und siegreich durchgegriffen. Die Ausschaltung des Inzests war demnach kaum mehr als eine Selbstverständlichkeit im Streben nach Gemeinschaft.

Das seelische Gleichgewicht ist fortdauernd bedroht. Im Streben nach Vollendung ist der Mensch immer seelisch bewegt und fühlt seine Unausgegli-

---

15 *Anm. Adlers:* s. Adler, in »Heilen u. Bilden«, III. Aufl. Bergmann, München. [Adler 1914a/1928n; Neudr. 1914a/1973c]
16 *Anm. Adlers:* s. Cannon, The wisdom of the body, Norton and Co., New York. [Cannon 1932]

chenheit gegenüber dem Ziele der Vollkommenheit. Einzig das Gefühl, eine zureichende Stelle im Streben nach aufwärts erreicht zu haben, vermag ihm das Gefühl der Ruhe, des Wertes, des Glückes zu geben. Im nächsten Augenblick zieht ihn sein Ziel wieder hinan. In diesem Augenblick wird es klar, dass *Menschsein heißt, ein Minderwertigkeitsgefühl zu besitzen, das ständig nach seiner Überwindung drängt.* Die Richtung der gesuchten Überwindung ist ebenso tausendfach verschieden wie das Ziel der gesuchten Vollkommenheit. Je größer das Minderwertigkeitsgefühl ist und erlebt wird, umso heftiger der Drang zur Überwindung, umso stärker die Bewegung der Gefühle. Der Ansturm der Gefühle aber, die Emotionen und Affekte bleiben nicht ohne Wirkung auf das körperliche Gleichgewicht. Der Körper gerät auf den Wegen des vegetativen Nervensystems, des Nervus vagus, der endokrinen Veränderungen in Bewegungen, die sich in Änderungen der Blutzirkulation, der Sekretionen, des Muskeltonus und fast aller Organe äußern können. Als vorübergehende Erscheinungen sind diese Veränderungen natürlich, zeigen sich nur verschieden in ihrer Ausgestaltung je nach dem Lebensstil des Befallenen. Dauern sie an, so spricht man von funktionellen Organneurosen, die, wie die Psychoneurosen, ihre Entstehung einem Lebensstil verdanken, der eine Neigung zeigt, im Falle eines Versagens, bei stärkerem Minderwertigkeitsgefühl, einen Rückzug vom vorliegenden Problem anzutreten und diesen Rückzug durch Festhaltung der entstande[49]nen Schock-Symptome körperlicher oder seelischer Art zu sichern. So wirkt sich der seelische Prozess auf den Körper aus. Aber auch im Seelischen selbst, indem er dort zu allen seelischen Fehlschlägen, zu Handlungen und Unterlassungen Anlass gibt, die den Forderungen der Gemeinschaft feindlich sind.

Desgleichen wirkt sich der körperliche Bestand auf den Seelenprozess aus. Der Lebensstil wird nach unseren Erfahrungen in der frühesten Kindheit ausgestaltet. Der angeborene körperliche Bestand hat dabei den größten Einfluss. Das Kind erlebt in seinen anfänglichen Bewegungen und Leistungen die Validität seiner körperlichen Organe. Erlebt sie, hat aber noch lange weder Worte noch Begriffe dafür. Da auch das Entgegenkommen der Umgebung durchaus verschieden ist, bleibt dauernd unbekannt, was das Kind etwa von seiner Leistungsfähigkeit verspürt. Mit großer Vorsicht und im Besitz einer statistischen Wahrscheinlichkeitserfahrung ist der Schluss gestattet, aus unserer Kenntnis der Minderwertigkeit von Organen, des Verdauungsapparates, der Blutzirkulation, der Atmungsorgane, der Sekretionsorgane, der endokrinen Drüsen, der Sinnesorgane zu folgern, dass das Kind seine Überbürdung zu Beginn seines Lebens erlebt. Wie es aber damit fertig zu werden trachtet, kann man nicht anders als aus seinen Bewegungen und Versuchen ersehen. Denn hier ist jede kausale Betrachtung vergebens. Hier wirkt sich die schöpferische Kraft des Kindes aus. Strebend im unausrechenbaren Raum seiner Möglichkeiten ergibt sich dem Kinde aus Versuch und Irrtum ein Training und ein genereller Weg zu einem Ziel der Vollkommenheit, das ihm Erfüllung zu bieten scheint. Ob aktiv strebend oder in Passivität verharrend, ob herrschend oder dienend, ob kontaktfähig oder egoistisch, mutig oder feig, verschieden in Rhythmus und Temperament, ob leicht bewegbar oder stumpf – das Kind entscheidet im vermeintlichen Einklang mit seiner Umgebung, die es in seinem Sinne auffasst und beantwortet, für sein ganzes Leben und entwickelt sein Bewegungsgesetz. Und alle Richtungen nach einem Ziel der Überwindung sind anders für jedes Individuum und in tausend Nuancen verschieden, so dass uns die Worte fehlen, in jedem Falle mehr als das Typische zu benennen, und wir gezwungen sind, zu weitläufigen Beschreibungen unsere Zuflucht zu nehmen. [50]

Wohin sein Weg geht, kann das Individuum selbst ohne individualpsychologische Einsicht kaum je deutlich sagen. Oft sagt es das Gegenteil. Erst das erkannte Bewegungsgesetz gibt uns Aufschluss. Dabei stoßen wir auf den Sinn, auf die Meinung der Ausdrucksbewegungen, die Worte, Gedanken, Gefühle und Handlungen sein können. Wie sehr aber auch der Körper unter diesem Bewegungsgesetz steht, verrät der Sinn seiner Funktionen, eine Sprache, meist ausdrucksvoller, die Meinung deutlicher aufzeigend als Worte es vermögen, aber immerhin eine Sprache des Körpers, die ich Organdialekt genannt habe. Ein Kind zum Beispiel, das sich fügsam benimmt, aber des Nachts das Bett nässt, gibt dadurch deutlich seine Meinung kund, sich der angeordneten Kultur nicht fügen zu wollen. Ein Mann, der mutig zu sein vorgibt, vielleicht sogar an seinen Mut glaubt, zeigt doch durch sein Zittern und Herzklopfen, dass er aus dem Gleichgewicht gekommen ist.

Eine 32-jährige verheiratete Frau klagt über linksseitigen heftigen Schmerz um das linke Auge herum und über Doppelsehen, das sie zwingt, das linke Auge geschlossen zu halten. Solche Anfälle hatte die Patientin seit elf Jahren; den ersten, als sie sich mit ihrem Manne verlobte. Der diesmalige Anfall kam vor sieben Monaten, die Schmerzen blieben zeitweilig aus, doch das Doppelsehen blieb konstant. Sie führt diesen letzten Anfall auf ein kaltes Bad zurück und glaubt die Erfahrung gemacht zu haben, dass Zugluft auch sonst die Anfälle hervorgerufen habe. Ein jüngerer Bruder leidet an ähnlichen Anfällen mit Doppelsehen, die Mutter an den Folgen einer Kopfgrippe. Die Schmerzen konnten in früheren Anfällen angeblich auch um das rechte Auge herum auftreten oder wechselten von einer Seite auf die andere.

Vor ihrer Ehe unterrichtete sie Violinspielen, trat auch in Konzerten auf und liebte ihren Beruf, den sie seit ihrer Ehe aufgegeben hatte. Sie lebt derzeit, wie sie meint, um dem Arzte näher zu sein, in der Familie ihres Schwagers und fühlt sich da glücklich.

Sie schildert ihre Familie, besonders den Vater, sich selbst und mehrere Geschwister als aufbrausend und jähzornig. Fügen wir noch hinzu, was bei Befragen bestätigt wird, dass sie herrschsüchtig sind, so haben wir es mit jenem Typus zu tun, den ich als zu Kopfschmerz, Migräne, nervöser Trigeminusneuralgie und zu epileptiformen Anfällen geneigt beschrieben habe (s. besonders in »Praxis und Theorie der Individualpsychologie«, 4. Aufl. [1920a/1930q; Orig.:1910f].).

[Die] Patientin klagt auch über Harndrang, der stets auftritt, sobald sie in nervöser Anspannung ist, anlässlich von Besuchen, Zusammentreffen mit fremden Personen etc.

Ich habe in meiner Arbeit über die psychische Wurzel der Trigeminusneuralgie[17] darauf hingewiesen, dass man bei nicht organisch fundierten *[51]* Fällen immer eine erhöhte emotionelle Spannung findet, die sich leicht in allerlei nervösen Symptomen äußert, wie sie auch oben festgestellt sind, und die auf dem Wege der vasomotorischen Erregung sowie der Erregung des Sympathiko-Adrenalin-Systems an Prädilektionsstellen mit großer Wahrscheinlichkeit durch Veränderung der Blutgefäße und der Blutzufuhr Symptome wie Schmerz, aber auch Lähmungserscheinungen hervorrufen kann. Ich habe damals auch die Vermutung geäußert, dass Asymmetrien des Schädels, der Gesichtshälften, der Kopfvenen und -arterien verräterische Zeichen dafür sind, dass auch innerhalb der Schädeldecke, in den Hirnhäuten und wohl auch im Gehirn, solche Asymmetrien sich finden dürften, die wahrscheinlich Verlauf und Kaliber der dortigen Venen und Arterien betreffen; vielleicht zeigen hier auch die begleitenden und nahe liegenden Nervenfasern und Zellen in einer der beiden Hälften schwächere Ausbildung. Besonderes Augenmerk wäre dann dem Verlauf der Nervenkanäle zu schenken, die, sicher ebenfalls asymmetrisch, sich bei Erweiterung der Venen und Arterien auf einer Seite als zu eng erweisen könnten. Dass bei Emotionen, besonders bei Ärger, aber auch bei Freude, Angst und Kummer die Füllung der Gefäße sich verändert, kann man an der Gesichtsfarbe und, im Ärger, an den hervortretenden Venen des Schädels sehen. Es liegt nahe, solche Veränderungen auch in den tiefer liegenden Schichten anzunehmen. Es bedarf wohl noch vieler Untersuchungen, um alle die Komplikationen aufzuklären, die dabei im Spiele sind.

Gelingt es uns aber, auch in diesem Falle, nicht nur die durch den herrschsüchtigen Lebensstil bereitgestellte Zornmütigkeit zu erweisen, sondern auch das exogene Moment vor dem Anfall, der unter den bisherigen der stärkste war, können wir die dauernde seelische Spannung seit frühester Kindheit feststellen, den Minderwertigkeitskomplex und den Überlegenheitskomplex, den Mangel an Interesse für andere, Eigenliebe sowohl in ihrem jetzigen Leben als auch in Erinnerungen und Träumen. Haben wir auch noch dazu Erfolg mit der individualpsychologischen Behandlung, etwa gar einen Dauererfolg, so ist damit ein weiterer Beweis geliefert, dass Erkrankungen wie nervöser Kopfschmerz, Migräne, Trigeminusneuralgie und epileptiforme Anfälle, sofern keine organischen Störungen nachzuweisen sind, durch eine Veränderung

---

17 [Adler 1910f; in dieser Studienausgabe Bd. 1, S. 132–153]

des Lebensstils, durch Herabsetzung der seelischen Spannung, durch Erweiterung des Gemeinschaftsgefühles möglicherweise einer dauernden Heilung zuzuführen sind.

Der Harndrang bei Besuchsgelegenheiten gibt uns schon ein Bild einer allzu leicht aufgeregten Person, wobei die Ursache des Harndranges, ebenso wie die Ursache des *[52]* Stotterns und anderer nervöser Störungen und Charakterzüge, wie auch des Lampenfiebers exogen ist, in der Begegnung mit anderen Personen liegt. Dabei ist auch das erhöhte Minderwertigkeitsgefühl zu sehen. Wer individualpsychologische Einsicht besitzt, wird hier auch leicht die Abhängigkeit vom Urteil der anderen, demnach das erhöhte Streben nach Anerkennung, nach persönlicher Überlegenheit wahrnehmen. Die Patientin selbst erklärt, an anderen kein besonderes Interesse zu haben. Sie behauptet, nicht ängstlich zu sein, auch ohne Anstrengung mit anderen sprechen zu können, geht aber im Vielreden weit über das gewöhnliche Maß hinaus und lässt mich kaum zu Wort kommen, was ein sicheres Zeichen ihrer Neigung zu krampfhafter Selbstdarstellung ist. In ihrer Ehe ist sie wohl die regierende Person, scheitert aber an der Indolenz und an dem Ruhebedürfnis ihres Gatten, der angestrengt arbeitet und spät am Abend müde nach Hause kommt, nicht geneigt, mit seiner Frau auszugehen oder mit ihr Unterhaltungen aufzusuchen. Wenn sie vorspielen sollte, litt sie an starkem Lampenfieber. Die von mir als bedeutsam empfohlene Frage, was sie tun würde, wenn sie gesund wäre – eine Frage, deren Beantwortung deutlich zeigt, wovor die Patienten zurückschrecken –, beantwortet die Patientin ausweichend mit dem Hinweis auf die dauernden Kopfschmerzen. An der linken Augenbraue befindet sich eine tiefsitzende Narbe nach einer Operation der Ethmoidhöhle[18], einer Operation, der sehr bald wieder der Migräneanfall folgte. Dass ihr Kälte in jeder Form schade und Anfälle hervorrufen könne, behauptet die Patientin steif und fest. Nichtsdestoweniger ging sie vor dem letzten Anfall in ein kaltes Bad, das, wie sie meint, den Anfall prompt auslöste. Die Anfälle sind nicht von einer Aura eingeleitet. Übelkeiten im Beginne des Anfalles treten gelegentlich auf, nicht immer. Sie ist von verschiedenen Ärzten gründlich untersucht worden, ohne dass eine organische Veränderung gefunden worden wäre. Röntgenuntersuchung des Schädels, Blut- und Harnuntersuchung waren negativ. Uterusbefund: infantil, Anteversio und Anteflexio[19]. Ich habe in meiner »Studie über Minderwertigkeit von Organen«[20] darauf hingewiesen, dass man nicht nur häufig Organminderwertigkeiten bei Neurotikern findet, wofür die Ergebnisse der

---

18 [Infundibulum ethmoidale: Schleimhautnische, in die die Kieferhöhle, die Stirnhöhle und die vorderen Siebbeinzellen münden]
19 [Lagen des Uterus]
20 [Adler 1907a/1927c; Neudr. 1907a/1977b]

Kretschmer'schen Untersuchungen[21] eine gute Bestätigung abgeben, sondern auch, dass man bei Organminderwertigkeiten stets auch Minderwertigkeiten der Sexualorgane zu erwarten hat, was durch *Kyrle*, der leider zu früh verstorben ist, nachgewiesen wurde. Hier ist ein solches Beispiel.

Es stellte sich heraus, dass die Patientin, seit sie die Geburt eines jüngeren Geschwisters unter größtem Schrecken erlebt hatte, vor dem Gebären eine wahnsinnige Angst hatte. Dies bestätigt meine Warnungen, Kindern sexuelle Fakten zu früh nahezulegen, solange man nicht sicher ist, dass sie sie richtig verstehen und verdauen können. Als sie elf Jahre alt war, beschuldigte sie ihr Vater zu Unrecht, dass sie sexuellen Umgang mit einem Nachbarssohn gehabt hätte. Auch dieses mit Schreck und Angst verknüpfte Nahebringen der Sexualbeziehung verstärkte ihren Protest gegen die Liebe, der sich während ihrer Ehe als Frigidität darstellte. Vor Eingehen ihrer Ehe verlangte sie die bindende Erklärung von ihrem Bräutigam, dass er auf Kinder dauernd verzichten würde. Ihre Migräneanfälle und die stets festgehaltene Furcht vor solchen setzten sie leicht in die Lage, den ehelichen Verkehr auf ein Minimum zu reduzieren. Wie man oft bei [53] sehr ehrgeizigen Mädchen findet, gestalteten sich ihre Liebesbeziehungen irgendwie schwierig, weil sie diese in einem schweren Minderwertigkeitsgefühl, dem unsere kulturelle Zurückgebliebenheit Vorschub leistet, missverständlich als Zurücksetzung der Frau erlebte.

Das Minderwertigkeitsgefühl und der Minderwertigkeitskomplex, diese fundamentale Anschauung der Individualpsychologie, einst von den Psychoanalytikern als das rote Tuch betrachtet ebenso wie der männliche Protest, sind heute von Freud vollkommen aufgenommen und nur ganz schwächlich in sein System eingezwängt. Was aber bis heute von dieser Schule noch nicht verstanden ist, ist die Tatsache, dass ein solches Mädchen unter fortwährenden protestierenden Emotionen steht, die den Körper und die Seele vibrieren machen und sich jedes Mal nur im Falle eines exogenen Faktors, im Falle einer Prüfung auf das vorhandene Gemeinschaftsgefühl, als akute Symptome äußern.

In diesem Falle sind die symptomatischen Äußerungen Migräne und Harndrang. Als Dauersymptom besteht seit ihrer Ehe Furcht vor Kindersegen und Frigidität. Ich glaube, ein gutes Stück zur Erklärung der Migräne bei dieser herrschsüchtigen und jähzornigen Person – und es scheint, dass nur solche Personen unter Hinzukommen der oben beschriebenen Asymmetrie an Migräne und ähnlichen Schmerzen erkranken können – beigebracht zu haben, habe aber noch jenen exogenen Faktor nachzuweisen, der den letzten, so außerordentlich schweren Anfall erzeugt hat. Ich kann nicht ganz leugnen, dass in diesem Falle das kalte Bad den Anfall ausgelöst hat, bin aber stutzig darüber, dass die Patientin, die so genau und so lange schon über den Schaden der Kälte Bescheid weiß, vor sieben Monaten ohne Weiteres bereit war, ins kalte Wasser

---

21 [Kretschmer 1921]

zu steigen, wie sie sagt, ohne an die Gefahr zu denken. Sollte damals ihre Zornwelle gestiegen sein? Kam ihr damals vielleicht ein Anfall gelegen? Hatte sie einen Gegenspieler, wie etwa den ihr in Liebe ergebenen Gatten, den sie damit treffen wollte, und ging sie ins kalte Wasser etwa wie einer, der Selbstmord aus Rache, zur Bestrafung einer anhänglichen Person begehen will? Wütet sie noch immer gegen sich, weil sie gegen einen anderen wütet? Vertieft sie sich in die Lektüre über Migräne, geht sie zu Ärzten und erfüllt sie sich mit der Überzeugung, nie gesund werden zu können, um die Lösung ihrer Lebensprobleme, vor denen sie sich aus mangelhaftem Gemeinschaftsgefühl fürchtet, hinauszuschieben?

Sie schätzt wohl ihren Gatten, ist aber von Liebe weit entfernt, hat auch niemals wirklich geliebt. Auf die Frage, die wiederholt an sie gestellt war, was sie täte, wenn sie dauernd geheilt wäre, antwortet sie endlich, sie würde aus der Provinz in die Großstadt gehen, dort Violinunterricht geben und in einem Orchester mitspielen. Wer die individualpsychologische Kunst des Erratens erworben hat, wird unschwer heraushören, dass dies die Trennung von ihrem Gatten bedeuten würde, [54] der an den Provinzort gebunden ist. Bestätigung siehe oben: wie wohl sie sich im Hause der Schwägerin fühlt, sowie die Vorwürfe gegen den Gatten. Da der Gatte sie sehr verehrt, ihr auch die unvergleichlich beste Gelegenheit gibt, ihrer Herrschsucht die Zügel schießen zu lassen, so ist es natürlich sehr schwer für sie, sich von ihm zu trennen. Ich würde davor warnen, ihr den Weg der Trennung durch Rat und gute Worte zu erleichtern. Ich muss besonders davor warnen, in einem solchen oder ähnlichen Falle einen Liebhaber zu empfehlen. Solche Patienten wissen wohl, was Liebe ist, verstehen es aber nicht und würden sich nur schwere Enttäuschungen holen, die Verantwortung für alles aber dem Arzt aufladen, wenn sie seinem Rat folgen. Die Aufgabe in diesem Falle besteht darin, diese Frau für ihre Ehe tauglicher zu machen. Zuvor aber müssen die Irrtümer in ihrem Lebensstil hinweggeräumt werden.

Feststellung nach genauer Untersuchung: Die linke Gesichtshälfte ist etwas kleiner als die rechte. Deshalb ist die Nasenspitze etwas nach links gerichtet. Das linke, derzeit erkrankte Auge zeigt eine engere Augenspalte als das rechte. Warum [die] Patientin auch gelegentlich auf der rechten Seite das Symptom zeigt, vermag ich derzeit nicht zu erklären. Vielleicht irrt die Patientin in dieser Angabe.

Ein Traum: »Ich war mit einer Schwägerin und einer älteren Schwester im Theater. Ich sagte ihnen, sie sollten ein bisschen warten, ich werde mich ihnen auf der Bühne zeigen.« Erklärung: Sie sucht sich immer vor ihren Verwandten hervorzutun. Möchte auch in einem Theaterorchester spielen. Glaubt, von ihren Verwandten nicht genug geschätzt zu werden. Auch die von mir begründete Organminderwertigkeitslehre mit seelischer Kompensation, ein Befund, der, wie einmal festgestellt werden soll, den Ergebnissen Kretschmers und

Jaenschs zugrunde liegt, kommt zu ihrem Recht. Es ist kaum zu bezweifeln, dass im Sehapparat dieser Frau etwas nicht richtig ist. Auch bei ihrem an der gleichen Krankheit leidenden Bruder nicht. Ob es mehr ist als Gefäßanomalien oder Weganomalien, kann ich nicht entscheiden. Der Visus soll normal sein, ebenso der Grundumsatz. Die Schilddrüse ist äußerlich nicht verändert. Der Traum vom Theater und vom Sichzeigen auf der Bühne spricht deutlich für einen visuellen, auf die äußere Erscheinung bedachten Menschentypus. Ihre Ehe, ihr Wohnort in der Provinz hindern sie, sich zu zeigen. Das gleiche Hindernis wäre Gravidität und ein Kind.

Die vollständige Heilung vollzog sich innerhalb eines Monats. Vorher kam die Erklärung des exogenen Faktors, der zur letzten Attacke geführt hatte. Sie fand in der Rocktasche ihres Mannes den Brief eines Mädchens, der nur einen kurzen Gruß enthielt. Ihr Mann konnte ihren Argwohn zerstreuen. Nichtsdestoweniger verblieb sie in argwöhnischer Stimmung und nährte die bisher nie gefühlte Eifersucht, überwachte auch ihren Mann seit dieser Zeit. In diese Periode fiel ihr kaltes Bad und der Beginn ihres Anfalls. Einer der letzten Träume, schon nach der Feststellung ihrer Eifersucht und ihrer verletzten Eitelkeit geträumt, zeigt noch das Festhalten an ihrem Verdacht und zielt auf Vorsicht und Misstrauen dem Gatten gegenüber. Sie sah, wie eine Katze einen Fisch fing und mit ihm davonlief. Eine Frau lief hinterdrein, um der Katze den Fisch abzujagen. Die Erklärung ergibt sich, ohne dass man viel Wesens machen müsste. Sie sucht sich in metaphorischer Sprache, in der alles stärker klingt, für einen ähnlichen Raub ihres Gatten scharf zu *[55]* machen. Eine Auseinandersetzung ergibt, dass sie nie eifersüchtig gewesen sei, da ihr Stolz ihr diese Unart verboten hatte, dass sie aber seit der Auffindung jenes Briefes die Möglichkeit einer Untreue ihres Mannes in Betracht gezogen habe. Indem sie damit rechnete, steigerte sich ihre Wut – gegen die vermeintliche Abhängigkeit der Frau vom Manne. Ihr kaltes Bad war demnach wirklich die Rache ihres Lebensstils gegenüber der nun, wie sie glaubte, sichergestellten Abhängigkeit ihres Wertes von ihrem Manne und gegenüber seiner mangelhaften Anerkennung ihres Wertes. Hätte sie ihren Migräneanfall – die Folge ihres Schocks – nicht, so müsste sie sich wertlos vorkommen. Dies aber wäre das Schrecklichste von allem. *[56]*

5. Körperform, Bewegung und Charakter

Hier sollen die drei Erscheinungsformen, wie sie bei der Spezies Mensch sich zeigen, Körperform, Bewegung und Charakter, nach ihrem Wert und in Bezug auf ihren Sinn besprochen werden. Eine wissenschaftliche Menschenkenntnis muss natürlich Erfahrungen zu ihrer Grundlage machen. Aber die Sammlung von Tatsachen ergibt noch keine Wissenschaft. Jene ist vielmehr die Vorstufe dieser, und das gesammelte Material bedarf einer zulänglichen Einreihung unter ein gemeinsames Prinzip. Dass die im Zorn erhobene Faust ebenso wie das Knirschen der Zähne, ein wutvoll geschleuderter Blick, laut ausgestoßene Verwünschungen usw. Bewegungen sind, die einem Angriff entsprechen, ist aber so sehr in den Common Sense übergegangen, dass dem menschlichen Forschungsdrang, der Wahrheit näherzukommen – was das Wesen der Wissenschaft ausmacht –, in diesem Bereich keine Aufgabe mehr gesetzt ist. Erst wenn es gelingt, diese und andere Manifestationen in einen größeren, bisher unentdeckten Zusammenhang zu bringen, wo sich neue Gesichtspunkte erschließen, bisherige Probleme gelöst erscheinen oder auftauchen, hat man das Recht, von Wissenschaft zu sprechen.

Die Form der menschlichen Organe sowie die äußere Form des Menschen stehen in einem ungefähren Einklang mit seiner Lebensweise und verdanken ihr Grundschema dem Anpassungsprozess an die für lange Zeitläufe stabilen äußeren Verhältnisse. Der Grad der Anpassung variiert millionenfach und wird in seiner Form erst auffällig, wenn eine gewisse, irgendwie merkliche Grenze überschritten ist. Auf diese Grundlage menschlicher Formentwicklung wirken freilich noch eine [57] Anzahl von anderen Faktoren ein, von denen ich hervorheben will:

1. Den Untergang von bestimmten Varianten, für die vorübergehend oder dauernd keine Lebensmöglichkeiten bestehen. Hier greift nicht bloß das Gesetz der organischen Anpassung ein, sondern auch irrtümliche Formen der Lebensweisen, die größere oder kleinere Gruppenbestände übermäßig belastet haben (Krieg, schlechte Verwaltung, Mangel an sozialer Anpassung usw.). Wir werden demnach außer den starren Vererbungsgesetzen, etwa nach der Mendel'schen Regel, auch noch eine Beeinflussbarkeit der Organ- und Formwertigkeit im Anpassungsprozess zu berücksichtigen haben. Eine Beziehung der Form zu den individuellen und allgemeinen Belastungen wird sich als Funktionswert ausdrücken lassen.

2. Die sexuelle Auslese. Sie scheint infolge der wachsenden Kultur und des gesteigerten Verkehrs auf eine Angleichung der Form, des Typus, hinzuarbeiten und wird mehr oder weniger durch biologisches, medizinisches Verständnis sowie durch das damit zusammenhängende ästhetische Gefühl, wohl Wandlungen und Irrungen unterworfen, beeinflusst. Schönheitsideale wie der Athlet, der Hermaphrodit, Üppigkeit, Schlankheit zeigen den Wandel dieser Einflüsse, der sicherlich durch die Kunst namhaft angeregt wird.

3. Die Korrelation der Organe. Sie stehen zueinander, gemeinsam mit den Drüsen mit innerer Sekretion (Schilddrüse, Sexualdrüsen, Nebenniere, Gehirnanhangsdrüse) wie in einem geheimen Bunde und können sich gegenseitig unterstützen oder schädigen. So kommt es, dass Formen bestehen können, die im Einzelnen dem Verfall geweiht wären, in ihrem Zusammenhang aber den Gesamtfunktionswert des Individuums nicht wesentlich stören. In dieser

Totalitätswirkung spielt das periphere und zentrale Nervensystem eine hervorragende Rolle, weil es im Bunde mit dem vegetativen System in seinen Leistungen eine große Steigerungsfähigkeit aufweist und im eigenen Training, körperlich und geistig, den Gesamtfunktionswert des Individuums zu erhöhen imstande ist. Diesem Umstand ist es zu verdanken, dass selbst atypische, geradezu fehlerhafte Formen den Bestand von Individuen und Generationen keineswegs bedrohen müssen, da sie aus anderen Kraftquellen eine Kompensation erfahren, so dass sich die Bilanz des Gesamtindivi[58]duums im Gleichgewicht, gelegentlich sogar darüber halten kann. Eine unvoreingenommene Untersuchung wird wohl zeigen, dass sich unter den hervorragendsten, leistungsfähigsten Menschen nicht gerade immer die schönsten finden. Dies legt auch den Gedanken nahe, dass eine individuelle Rassen- oder Völker-Eugenik nur in sehr beschränktem Ausmaß Werte schaffen könnte und mit einer solchen Unsumme von komplizierten Faktoren belastet wäre, dass ein Fehlurteil viel wahrscheinlicher wäre als ein gesicherter Schluss. Eine noch so gesicherte Statistik könnte für den Einzelfall keinesfalls ausschlaggebend sein.

Das mäßig kurzsichtige Auge in seinem lang gestreckten Bau ist zumeist in unserer für Naharbeit eingerichteten Kultur ein unzweifelhafter Vorteil, weil eine Ermüdung des Auges nahezu ausgeschlossen ist. Die in fast 40 Prozent verbreitete Linkshändigkeit ist sicher in einer rechtshändigen Kultur von Nachteil. Und doch finden wir unter den besten Zeichnern und Malern, unter den manuell geschicktesten Menschen eine auffallende Zahl von Linkshändern, die mit ihren besser trainierten rechten Händen Meisterhaftes leisten. Die Dicken wie die Dünnen sind von verschiedenen, aber in ihrer Schwere kaum ungleichen Gefahren bedroht, wenngleich sich vom Standpunkt der Ästhetik und Medizin die Waagschale immer mehr zugunsten der Schlanken senkt. Sicherlich erscheint eine kurze, breite Mittelhand wegen der günstigeren Hebelwirkung für Schwerarbeit besser geeignet. Aber die technische Entwicklung durch die Vervollkommnung der Maschinen macht körperliche Schwerarbeit immer mehr überflüssig. Körperliche Schönheit – obwohl wir uns ihrem Reiz nicht entziehen können – bringt ebenso oft Vorteile wie Nachteile mit sich. Es dürfte manchem aufgefallen sein, dass sich unter den ehelosen und Nachkommenschaft entbehrenden Personen auffallend viele wohlgestaltete Menschen finden, während oft weniger ansprechende Typen wegen anderer Vorzüge an der Fortpflanzung teilnehmen. Wie oft findet man an einer Stelle andere Typen, als man erwartet hätte, kurzbeinige, plattfüßige Hochtouristen, herkulische Schneider, missgestaltete Günstlinge der Frauen, wo erst ein näherer Einblick in die psychischen Komplikationen ein Verständnis ermöglicht. Jeder kennt wohl infantile Gestalten von seltener Reife und männliche Typen mit infantilem Gehaben, feige [59] Riesen und mutige Zwerge, hässliche, verkrüppelte Gentlemen und hübsche Halunken, weichlich geformte Schwerverbrecher und hart aussehende Gesellen mit weichem Herzen. Dass

Lues und Trunksucht den Keim der Nachkommenschaft schädigt, ihr recht häufig ein erkennbares äußeres Gepräge verleiht, ist eine feststehende Tatsache sowie auch, dass diese Nachkommenschaft leichter erliegt. Aber Ausnahmen sind nicht selten, und erst in den letzten Tagen machte uns der im Alter noch so rüstige Bernhard Shaw mit seinem trunksüchtigen Vater bekannt. Dem transzendenten Prinzip der Auslese steht das dunkle, weil allzu komplizierte Walten der Anpassungsgesetze entgegen. Wie schon der Dichter klagt: »Und Patroklus liegt begraben und Thersites kehrt zurück.«[22] Nach den Männer verzehrenden Schwedenkriegen fehlte es an Männern. Ein Gesetz zwang alle Übriggebliebenen, Kranke und Krüppel zur Ehe. Nun, wenn man völkermäßig vergleichen kann, gehören heute die Schweden zu den besten Typen. Im alten Griechenland griff man zur Aussetzung missgestalteter Kinder. In der Ödipus-Sage zeigt sich der Fluch der vergewaltigten Natur, vielleicht besser gesagt: der vergewaltigten Logik des menschlichen Zusammenlebens.

Vielleicht trägt jeder von uns ein Idealbild der menschlichen Form in sich und misst den andern danach. Wir kommen im Leben ja niemals über die Notwendigkeit des Erratens hinweg. Geister, die einen höheren Flug nehmen, nennen es Intuition. Dem Psychiater und Psychologen stellt sich die Frage, nach welchen uns innewohnenden Normen wir die menschliche Form beurteilen. Hier scheinen Erfahrungen aus dem Leben, oft geringfügigen Umfanges, und stereotype Bilder, meist in der Kindheit festgehalten, den Ausschlag zu geben. Lavater und andere haben ein System daraus gemacht. Entsprechend der ungeheuren Gleichartigkeit solcher Eindrücke, wie wir uns geizige, wohlwollende, boshafte und verbrecherische Menschen vorstellen, ist, trotz aller berechtigter Bedenken, nicht von der Hand zu weisen, dass da unser heimlich abwägender Verstand die Form nach ihrem Inhalt, nach ihrem Sinn fragt. Ist es der Geist, der sich den Körper schafft?

Ich möchte aus den Leistungen auf diesem Gebiet zwei hervorheben, weil sie imstande sind, einiges Licht auf das Dunkel des Problems von Form und Sinn zu werfen. Wir wollen den Beitrag *Carus'* nicht ver*[60]*gessen, um dessen Wiederbelebung sich *Klages* sehr verdient gemacht hat. Noch sollen von neueren Forschern *Jaensch* und *Bauer* übergangen werden. Aber besonders möchte ich *Kretschmers*[23] hervorragende Arbeit betreffend »Körperbau und Charakter« sowie meine »Studie über Minderwertigkeit von Organen«[24] heranziehen. Letztere ist weitaus älter. Ich dachte darin die Spuren der Brücke gefunden zu haben, die aus angeborener körperlicher Minderwertigkeit, einer formalen Minusvariante, durch Erzeugung eines größeren Minderwertigkeitsgefühls Anlass zu einer besonderen Spannung im psychischen Apparat gibt.

---

22 [Schiller: Das Siegesfest]
23 [Kretschmer 1921]
24 [Adler1907a; Neudr. 1907a/1977b]

Die Anforderungen der Außenwelt werden daher als allzu feindlich empfunden, und die Sorge um das eigene Ich erhöht sich bei Mangel eines richtigen Trainings in deutlich egozentrischer Weise. Dadurch kommt es zu seelischer Überempfindlichkeit, Mangelhaftigkeit des Mutes und der Entschlussfähigkeit und zu einem unsozialen Apperzeptionsschema. Die Perspektive zur Außenwelt ist einer Anpassung im Wege und verleitet zu Fehlschlägen. Hier ergibt sich ein Aussichtspunkt, von dem aus man mit allergrößter Vorsicht unter fortwährendem Spähen nach Bestätigungen oder Widersprüchen aus der Form auf das Wesen, auf den Sinn schließen könnte. Ob erfahrene Physiognomiker instinktiv, jenseits der Wissenschaft diesen Weg gegangen sind, muss ich dahingestellt sein lassen. Dass anderseits das psychische Training, aus dieser größeren Spannung entsprungen, zu größeren Leistungen führen kann, konnte ich oft bestätigen. Ich glaube nicht zu irren, wenn ich aus einigen Erfahrungen den Schluss ziehe, dass psychisch und im Verhalten durch ein geeignetes Training endokrine Drüsen, wie zum Beispiel die Sexualdrüsen, gefördert, durch ungeeignetes Training geschädigt werden können. Es dürfte kein Zufall sein, dass ich so oft bei infantilen, mädchenhaften Knaben sowie bei knabenhaften Mädchen gleichzeitig ein Training im verkehrten Sinne gefunden habe, das durch die Eltern angezettelt worden war.

Kretschmer[25] hat durch die Gegenüberstellung des pyknoiden und schizoiden Typus mit ihren äußeren Formverschiedenheiten und ihren besonderen seelischen Prozessen eine Beschreibung gegeben, die schicksalhafte Geltung hat. Die Brücke zwischen Form und Sinn lag außerhalb seines Interesses. Seine glänzende Darstellung dieses Tatbestandes *[61]* wird sicherlich einst einer der Ausgangspunkte sein, die zur Aufhellung unseres Problems beitragen.

Auf viel sichererm Boden befindet sich der Untersucher, wenn er an die *Sinnfindung der Bewegung* geht. Viel bleibt auch hier dem Erraten vorbehalten, und man wird jedes Mal aus dem ganzen Zusammenhang Bestätigungen holen müssen, ob man auch richtig geraten hat. Damit sagen wir zugleich, wie es die Individualpsychologie immer betont, dass jede Bewegung der Gesamtpersönlichkeit entspringt und ihren Lebensstil in sich trägt, dass jede Ausdrucksweise der *Einheit der Persönlichkeit* entstammt, in der es keine Widersprüche gegen sie, keine Ambivalenz, keine zwei Seelen gibt. Dass jemand im Unbewussten ein anderer wäre als im Bewussten – eine künstliche Teilung übrigens, die nur dem Analysenfanatismus entspringt –, wird jeder leugnen, der die Feinheiten und Nuancen des Bewusstseins begriffen hat. Wie einer sich bewegt, so ist der Sinn seines Lebens.

Die Individualpsychologie hat versucht, die Lehre vom Sinn der Ausdrucksbewegungen wissenschaftlich auszugestalten. Zwei Abläufe innerhalb dieser sind es, die in ihren tausendfältigen Variationen eine Deutung ermöglichen.

---

25 [Kretschmer 1921]

Die eine gestaltet sich seit der frühesten Kindheit und zeigt den Drang, aus einer Situation der Unzulänglichkeit zu deren Überwindung zu gelangen, einen Weg zu finden, der aus einem Gefühl der Minderwertigkeit zur Überlegenheit, zur Lösung der Spannung führt. Dieser Weg wird in der Kindheit bereits in seiner Eigenart und Variante habituell und zeigt sich als Bewegungsform in gleichbleibender Art durch das ganze Leben. Seine individuelle Nuance setzt beim Beobachter künstlerisches Verständnis voraus. Der andere Faktor eröffnet uns den Einblick in das Gemeinschaftsinteresse des Handelnden, in den Grad oder in den Mangel seiner Bereitschaft zum Mitmenschen. Unser Urteil über den Blick, über das Zuhören, Sprechen, Handeln und Leisten, unsere Wertung und Unterscheidung aller Ausdrucksbewegungen zielt auf den Wert ihrer Beitragsleistung. In einer immanenten Sphäre des gegenseitigen Interesses herangebildet, beweisen sie bei jeder Prüfung den Grad ihrer Vorbereitung zur Beitragsleistung. Die erstere Bewegungslinie wird immer erscheinen, wohl in *[62]* tausendfachen Formen, und kann bis zum Tode nicht verschwinden. Im ununterbrochenen Wandel der Zeit lenkt jede Bewegung der Drang nach Überwindung. Der Faktor des Gemeinschaftsgefühls tönt und färbt diese aufwärtsstrebende Bewegung.

Wenn wir nun im Suchen nach den tiefsten Einheiten mit aller Vorsicht einen Schritt weiter gehen wollen, so gelangen wir zu einer Perspektive, die uns ahnen lässt, wie aus Bewegung Form wird. Die Plastizität der lebendigen Form hat sicher ihre Grenzen, aber innerhalb dieser wirkt sich individuell, in Generationen, in Völkern und Rassen gleichbleibend im Strom der Zeit, Bewegung aus. Bewegung wird gestaltete Bewegung: Form.

So ist Menschenkenntnis aus Form möglich, wenn wir die gestaltende Bewegung in ihr erkennen. *[63]*

6. Der Minderwertigkeitskomplex

Ich habe vor langer Zeit hervorgehoben, dass Menschsein heißt: sich minderwertig fühlen. Vielleicht kann sich nicht jeder dessen entsinnen. Mag sein auch, dass sich manche durch diesen Ausdruck abgestoßen fühlen und lieber einen anderen Namen wählen würden. Ich habe nichts dagegen, umso weniger, als ich sehe, dass verschiedene Autoren es bereits getan haben. Superkluge kalkulierten, um mich ins Unrecht zu setzen, dass das Kind, um zu einem Gefühl der Minderwertigkeit zu kommen, eine Vollwertigkeit bereits empfunden haben müsste. Das Gefühl der Unzulänglichkeit ist ein positives Leiden und währt mindestens so lange, als eine Aufgabe, ein Bedürfnis, eine Spannung nicht gelöst ist. Es ist offenbar ein von Natur aus gegebenes und ermöglichtes Gefühl, einer schmerzlichen Spannung vergleichbar, die nach Lösung verlangt. Diese Lösung muss durchaus nicht lustvoll sein, wie etwa Freud annimmt, kann aber von Lustgefühlen begleitet sein, was der Auffassung Nietzsches entsprechen würde. Unter Umständen kann die Lösung dieser Spannung auch mit dauerndem oder vorübergehendem Leid, mit Schmerz verbunden sein, wie etwa die Trennung von einem untreuen Freund oder eine schmerzhafte Operation. Auch ein Ende mit Schrecken, allgemein einem Schrecken ohne Ende vorgezogen, kann nur durch Rabulistik[26] als Lust gewertet werden.

So wie der Säugling in seinen Bewegungen das Gefühl seiner Unzulänglichkeit verrät, das unausgesetzte Streben nach Vervollkommnung und nach Lösung der Lebensanforderungen, so ist die geschichtliche Bewegung der Menschheit als die Geschichte des Minderwertigkeitsgefühls und seiner Lösungsversuche anzusehen. Einmal in Bewegung gesetzt, *[64]* war die lebende Materie stets darauf aus, von einer Minussituation in eine Plussituation zu gelangen. Diese Bewegung, die ich bereits im Jahre 1907 in der bereits zitierten »Studie über Minderwertigkeit der Organe« geschildert habe, ist es, die wir im Begriffe der Evolution erfassen. Diese Bewegung, die durchaus nicht als zum Tode führend angesehen werden darf, ist vielmehr darauf gerichtet, zur Bewältigung der äußeren Welt zu gelangen, keineswegs zu einem Ausgleich, nicht zu einem Ruhezustand. Wenn Freud behauptet, dass der Tod die Menschen anzieht, so dass sie ihn im Traum oder auch sonst wie herbeisehnen, so wäre dies sogar in seiner Auffassung eine voreilige Antizipation. Dagegen kann nicht daran gezweifelt werden, dass es Menschen gibt, die den Tod einem Ringen mit den äußeren Umständen vorziehen, weil sie in ihrer Eitelkeit allzu sehr die Niederlage fürchten. Es sind die Menschen, die sich stets nach Verwöhnung sehnen, nach persönlichen Erleichterungen, die durch andere bewerkstelligt sein sollen.

Der menschliche Körper ist nachweisbar nach dem Prinzip der Sicherung aufgebaut. *Meltzer* hat in »The Harvard Lectures« im Jahre 1906 und 1907, also ungefähr um dieselbe Zeit, wie ich in der oben zitierten Studie, nur gründlicher und umfassender, auf dieses Prinzip der Sicherung hingewiesen. Für ein geschädigtes Organ tritt ein anderes ein, ein geschädigtes Organ erzeugt aus sich heraus eine ergänzende Kraft. Alle Organe können mehr leisten, als sie bei normaler Beanspruchung leisten müssten, ein Organ genügt oft mehrfachen, lebenswichtigen Funktionen usw. Das Leben, dem das Gesetz der Selbsterhaltung vorgeschrieben ist, hat auch die Kraft und Fähigkeit dazu aus seiner biologischen Entwicklung gewonnen. Die Abspaltung in Kinder und in jüngere Generationen ist nur ein Teil dieser Lebenssicherung.

Aber auch die stets steigende Kultur, die uns umgibt, weist auf diese Sicherungstendenz hin und zeigt den Menschen in einer dauernden Stimmungslage des Minderwertigkeitsgefühls, das stets unser Tun anspornt, um zu größerer Sicherheit zu gelangen. Lust oder Unlust, die dieses Streben begleiten, sind nur

---

26 [lat.: Wortverdreherei, Haarspalterei]

Hilfen und Prämien auf diesem Wege. Eine Anpassung aber an die gegebene Realität wäre nichts *[65]* anderes als Ausnützung der strebenden Leistungen anderer, wie es das Weltbild des verwöhnten Kindes verlangt. Das dauernde Streben nach Sicherheit drängt zur Überwindung der gegenwärtigen Realität zugunsten einer besseren. Ohne diesen Strom der vorwärts drängenden Kultur wäre das menschliche Leben unmöglich. Der Mensch müsste dem Ansturm der Naturkräfte unterliegen, wenn er sie nicht zu seinen Gunsten verwendet hätte. Ihm fehlt alles, was stärkere Lebewesen zum Sieger über ihn gemacht hätte. Die Einflüsse des Klimas zwingen ihn, sich vor Kälte mit Stoffen zu schützen, die er besser geschützten Tieren abnimmt. Sein Organismus verlangt künstliche Behausung, künstliche Zubereitung der Speisen. Sein Leben ist nur gesichert bei Arbeitsteilung und bei genügender Vermehrung. Seine Organe und sein Geist arbeiten stets auf Überwindung, auf Sicherung. Dazu kommt seine größere Kenntnis der Gefahren des Lebens, sein Wissen vom Tode. Wer kann ernstlich daran zweifeln, dass dem von der Natur so stiefmütterlich bedachten menschlichen Individuum als Segen ein starkes Minderwertigkeitsgefühl mitgegeben ist, das nach einer Plussituation drängt, nach Sicherung, nach Überwindung? Und diese ungeheure, zwangsweise Auflehnung gegen ein haftendes Minderwertigkeitsgefühl als Grundlage der Menschheitsentwicklung wird in jedem Säugling und Kleinkind aufs Neue erweckt und wiederholt.

Das Kind, wenn nicht allzu sehr geschädigt wie etwa das idiotische Kind, steht bereits unter dem Zwang dieser Entwicklung nach aufwärts, der seinen Körper und seine Seele zum Wachstum antreibt. Auch ihm ist von Natur aus das Streben nach Überwindung vorgezeichnet. Seine Kleinheit, seine Schwäche, der Mangel an selbst geschaffenen Befriedigungen, die kleineren und größeren Vernachlässigungen sind individuelle Stachel für seine Kraftentwicklung. Es schafft sich neue, vielleicht nie da gewesene Lebensformen aus dem Druck seines dürftigen Daseins. Seine Spiele, immer auf ein Ziel der Zukunft gerichtet, sind Zeichen seiner selbstschöpferischen Kraft, die man keineswegs mit bedingten Reflexen erklären kann. Es baut ständig ins Leere der Zukunft hinein, getrieben vom Zwang der Überwindungsnotwendigkeit. Vom Muss des Lebens in Bann getan, zieht es seine stets wachsende Sehnsucht zum Endziel einer Überlegenheit über die irdische Stätte, die ihm *[66]* angewiesen ist, mit allen ihren unausweichlichen Forderungen. Und dieses Ziel, das es hinanzieht, gewinnt Farbe und Ton in der kleinen Umgebung, in der das Kind nach Überwindung strebt.

Ich kann hier nur kurz einer theoretischen Überlegung Raum geben, die ich als grundlegend im Jahre 1912 in meinem Buche »Über den nervösen Charakter«[27] veröffentlicht habe. Gibt es ein solches Ziel der Überwindung, wie es

---

27 *Anm. Adlers:* 4. Aufl. Bergmann, München. [Adler 1912a/1928k; identisch mit 1912a/1972i; Orig.: 1912a; in dieser Studienausgabe Bd. 2]

durch die Evolution sichergestellt ist, dann wird für dieses Ziel der erreichte Grad der im Kinde konkret gewordenen Evolution Baumaterial für seine weitere Entwicklung. Mit anderen Worten: Seine Heredität, sei sie körperlich oder seelisch, in Möglichkeiten ausgedrückt, zählt nur so weit, als sie für das Endziel verwendbar ist und verwendet wird. Was man später in der Entwicklung des Individuums findet, ist aus dem Gebrauch des hereditären Materials entstanden und dankt seine Vollendung der schöpferischen Kraft des Kindes. Auf Verlockungen dieses Materials habe ich selbst am schärfsten hingewiesen. Ich muss aber eine kausale Bedeutung dieses Materials leugnen, weil die vielgestaltige und sich stets verändernde Außenwelt eine schöpferische, elastische Verwendung dieses Materials erfordert. Die Richtung auf Überwindung bleibt stets erhalten, wenngleich das Ziel der Überwindung, sobald es im Strom der Welt konkrete Gestalt angenommen hat, jedem Individuum eine andere Richtung vorschreibt.

Minderwertige Organe, Verwöhnung oder Vernachlässigung verleiten die Kinder häufig, konkrete Ziele der Überwindung aufzurichten, die mit der Wohlfahrt des Einzelnen sowie mit der Höherentwicklung der Menschheit in Widerspruch stehen. Aber es gibt genug andere Fälle und Ausgänge, die uns berechtigen, nicht von Kausalität, sondern von statistischer Wahrscheinlichkeit, von einer aus Irrtum entstandenen Verleitung zu sprechen, wobei noch zu überlegen ist, dass jede Bosheit anders aussieht, dass jeder, der einer bestimmten Weltanschauung anhängt, eine andere Perspektive darin zeigt, dass jeder literarische Schmutzfink seine Eigenheiten hat, dass jeder Neurotiker sich vom andern unterscheidet, wie auch jeder Delinquent vom andern. Und [67] gerade in dieser Andersartigkeit jedes Individuums erweist sich die Eigenschöpfung des Kindes, sein Gebrauch und die Benützung angeborener Möglichkeiten und Fähigkeiten.

Das Gleiche gilt auch für die Umweltfaktoren und für die erzieherischen Maßnahmen. Das Kind nimmt sie auf und verwendet sie zur Konkretisierung seines Lebensstils, schafft sich ein Ziel, dem es unentwegt anhängt, demgemäß es apperzipiert, denkt, fühlt und handelt. Hat man einmal die Bewegung des Individuums ins Auge gefasst, dann kann einen keine Macht der Welt davon entheben, ein Ziel anzunehmen, dem die Bewegung zuströmt. Es gibt keine Bewegung ohne Ziel. Dieses Ziel kann nie erreicht werden. Die Ursache liegt im primitiven Verstehen des Menschen, dass er niemals der Herr der Welt sein kann, so dass er diesen Gedanken, wenn er einmal auftaucht, in die Sphäre des Wunders oder der Allmacht Gottes versetzen muss.[28]

Das Minderwertigkeitsgefühl beherrscht das Seelenleben und lässt sich

---

28 *Anm. Adlers:* Jahn u. Adler; Religion und Individualpsychologie, Verlag Dr. Passer, Wien. [Adler 1933c; in diesem Band S. 177–224]

leicht aus dem Gefühl der Unvollkommenheit, der Unvollendung und aus dem ununterbrochenen Streben der Menschen und der Menschheit verstehen.

Jede der tausend Aufgaben des Tages, des Lebens setzt das Individuum in Angriffsbereitschaft. Jede Bewegung schreitet von Unvollendung zur Vollendung. Ich habe im Jahre 1909 im »Aggressionstrieb im Leben und in der Neurose« (s. »Heilen und Bilden«, 3. Aufl., Bergmann, München)²⁹ versucht, diese Tatsache näher zu beleuchten und kam zu dem Schlusse, dass die Art dieser im Zwange der Evolution entstandenen Angriffsbereitschaft aus dem Lebensstil erwächst, ein Teil des Ganzen ist. Sie als radikal böse aufzufassen, sie aus einem angeborenen sadistischen Trieb zu erklären, dazu fehlt jeder Vorwand. Wenn man schon den trostlosen Versuch macht, ein Seelenleben auf Trieben ohne Richtung und Ziel aufzubauen, so dürfte man zumindest nicht den Zwang der Evolution vergessen, auch nicht den im Menschen evolutionär gegebenen Hang zur Gemeinschaft. Dass kritiklose Menschen aus allen Schichten diese unverstandene Erfassung des Seelenlebens verwöhnter und deshalb schwer enttäuschter Men[68]schen, die nie genug haben, für eine grundlegende Lehre des Seelenlebens halten, kann bei der übergroßen Zahl verwöhnter und enttäuschter Menschen nicht wundernehmen.

Die Einordnung des Kindes in seinen ersten Umgebungskreis ist demnach sein erster schöpferischer Akt, zu dem es unter Gebrauch seiner Fähigkeiten durch sein Minderwertigkeitsgefühl getrieben wird. Diese Einordnung, in jedem Falle verschieden, ist Bewegung, die schließlich als Form, gefrorene Bewegung von uns erfasst wird, Lebensform, die ein Ziel der Sicherheit und Überwindung zu versprechen scheint. Die Grenzen, in denen sich diese Entwicklung abspielt, sind die allgemein menschlichen, durch den Stand der generellen und individuellen Evolution gegebenen. Aber nicht jede Lebensform nützt diesen Stand richtig aus und stellt sich deshalb mit dem Sinn der Evolution in Widerspruch. In den früheren Kapiteln habe ich gezeigt, dass die volle Entwicklung des menschlichen Körpers und Geistes am besten gewährleistet ist, wenn sich das Individuum in den Rahmen der idealen Gemeinschaft, die zu erstreben ist, einfügt als Strebender und Wirkender. Zwischen denen, die – bewusst oder ohne es zu wissen – diesem Standpunkt gerecht werden, und den vielen anderen, die ihm nicht Rechnung tragen, klafft ein unüberbrückbarer Spalt. Der Widerspruch, in dem sie stehen, erfüllt die Menschenwelt mit kleinlichen Zänkereien und mit gewaltigen Kämpfen. Die Strebenden bauen auf und tragen zur Wohlfahrt der Menschheit bei. Aber auch die Widerstrebenden sind nicht durchaus wertlos. Durch ihre Fehler und Irrtümer, die kleinere und größere Kreise schädigen, zwingen sie die anderen, stärkere Anstrengungen zu machen. So gleichen sie dem Geist, »der stets das Böse will

---

29 [Adler 1908b/1914a; in dieser Studienausgabe, Bd. 1, S. 64–76; Heilen und Bilden, 3. Aufl.: Adler 1914a/1928k]

und doch das Gute schafft«[30]. Sie erwecken den kritischen Geist der anderen und verhelfen ihnen zu besserer Einsicht. Sie tragen zum *schaffenden* Minderwertigkeitsgefühl bei.

Die Richtung zur Entwicklung des Einzelnen und der Gemeinschaft ist demnach durch den Grad des Gemeinschaftsgefühls vorgeschrieben. Dadurch ist ein fester Standpunkt gewonnen zur Beurteilung von Richtig und Unrichtig. Es zeigt sich ein Weg, der sowohl für Erziehung und Heilung, als auch für die Beurteilung von Abwegigkeiten eine überraschende Sicherheit bietet. Das Maß, das damit zur Anwendung *[69]* kommt, ist um Vieles schärfer, als es je ein Experiment vorzeigen könnte. Hier macht das Leben die Testprüfungen; jede kleinste Ausdrucksbewegung kann man auf die Richtung und Distanz zur Gemeinschaft prüfen. Ein Vergleich etwa mit den landläufigen Maßen der Psychiatrie, die an den schädigenden Symptomen oder an den Schädigungen der Gemeinschaft misst, wohl auch im Banne der aufwärtsstrebenden Gemeinschaft ihre Methoden zu verfeinern trachtet, zeigt die individualpsychologische Methode durchaus im Vorteil. Im Vorteil auch deshalb, weil sie nicht verurteilt, sondern zu bessern trachtet, weil sie die Schuld vom Einzelnen nimmt und sie den Mängeln unserer Kultur zuweist, an deren Mangelhaftigkeit alle anderen mitschuldig sind, und auffordert, an deren Behebung mitzuarbeiten. Dass wir heute noch an die Verstärkung des Gemeinschaftsgefühls, an das Gemeinschaftsgefühl selbst denken müssen, um es zu erobern, liegt an dem geringen bisher erreichten Grade unserer Evolution. Es kann kein Zweifel darüber bestehen, dass künftige Geschlechter es ihrem Leben so weit inkorporiert haben werden wie wir das Atmen, den aufrechten Gang oder das Sehen der sich auf der Retina fortwährend bewegenden Lichteindrücke als ruhende Bilder.

Auch diejenigen, die das Gemeinschaftsfördernde im Seelenleben des Menschen, sein »Liebe-Deinen-Nächsten« nicht verstehen, alle, die nur bestrebt sind, den »inneren Lumpenhund« im Menschen zu entdecken, der sich nur listig vor dem Erkannt- und Gestraftwerden duckt, sind wichtiger Dünger für die aufwärtsstrebende Menschheit und zeigen in bizarrer Vergrößerung nur ihren Rückstand. Ihr Minderwertigkeitsgefühl sucht den persönlich gemeinten Ausgleich in der Überzeugung vom Unwert aller anderen. Gefährlich scheint mir der Missbrauch der Idee des Gemeinschaftsgefühls in der Form, die gelegentliche bisherige Ungeklärtheit des Weges zum Gemeinschaftsgefühl dazu zu benützen, gemeinschaftsschädliche Anschauungs- und Lebensformen gutzuheißen und zu forcieren unter dem Titel der Rettung der gegenwärtigen oder sogar einer zukünftigen Gemeinschaft. So finden gelegentlich die Todesstrafe, der Krieg oder selbst die Aufopferung Widerstrebender ihre maulgewandten Fürsprecher, die sich immer auch – welch ein Zeichen der Allgewalt

---

30 [Goethe, »Faust« I, Aussage des Mephisto über sich]

des Gemeinschaftsgefühls! – mit dem Mantel *[70]* des Gemeinschaftsgefühls drapieren. Alle diese veralteten Anschauungen sind vielmehr deutliche Anzeichen dafür, dass diese Fürsprache aus der mangelnden Zuversicht stammt, einen besseren, einen neuen Weg zu finden, demnach aus einem nicht zu verkennenden Minderwertigkeitsgefühl. Dass auch der Mord nichts ändert an der Allgewalt fortgeschrittener Ideen, noch an dem Zusammenbruch absterbender, sollte die Menschheitsgeschichte jeden gelehrt haben. Es gibt aber, soweit wir sehen können, nur einen einzigen Fall, der eine Tötung rechtfertigen könnte, der Fall der Selbstverteidigung bei eigener Lebensgefahr oder bei der anderer. Niemand Größerer als *Shakespeare* hat dieses Problem, ohne verstanden zu sein, in Hamlet klar vor die Augen der Menschheit gebracht. Shakespeare, der so wie die Dichter der Griechen in allen seinen Tragödien dem Mörder, dem Verbrecher die Erinnyen an den Hals hetzt, in einer Zeit, in der, ärger als heute, blutige Taten das Gemeinschaftsgefühl derer erschauern machte, die näher zum Ideal der Gemeinschaft strebten, ihm auch näher waren und gesiegt haben. Alle Verirrungen des Verbrechers zeigen uns die äußersten Grenzen an, bis zu welchen das Gemeinschaftsgefühl des Fallenden reichte. Dem vorwärts strebenden Anteil der Menschheit obliegt daher die strenge Pflicht, nicht nur aufzuklären und richtig zu erziehen, sondern auch nicht voreilig die Prüfungen für den im Gemeinschaftsgefühl Ungeschulten zu schwer zu gestalten, ihn etwa so zu betrachten, als ob er leisten könnte, was nur bei entwickeltem Gemeinschaftsgefühl zu leisten wäre, niemals aber beim Mangel desselben, weil der Unvorbereitete beim Zusammenstoß mit dem ein starkes Gemeinschaftsgefühl erfordernden Problem eine Schockwirkung erlebt, die unter Ausgestaltung eines Minderwertigkeitskomplexes zu Fehlschlägen aller Art Anlass gibt. Die Struktur des Verbrechers zeigt deutlich den Lebensstil eines mit Aktivität begabten, der Gemeinschaft wenig geneigten Menschen, der von Kindheit an die Meinung vom Leben entwickelt hat, berechtigt zu sein, den Beitrag anderer für sich auszunützen. Dass dieser Typus sich vorwiegend bei verwöhnten Kindern, seltener bei vernachlässigten Personen findet, dürfte nicht lange mehr ein Geheimnis bleiben. Das Verbrechen als Selbstbestrafung anzusehen, es auf Urformen kindlicher sexueller Perversion zurückzuführen, gele*[71]*gentlich auch auf den sogenannten Ödipuskomplex, ist leicht zu widerlegen, wenn man versteht, dass der für Metaphern im realen Leben schwärmende Mensch sich allzu leicht in den Maschen von Gleichnissen und Ähnlichkeiten verfängt. Hamlet: »Sieht diese Wolke nicht aus wie ein Kamel?« Polonius: »Ganz wie ein Kamel.«[31]

Kinderfehler, wie Stuhlverhaltung, Bettnässen, auffallende Zuneigung zur Mutter, ohne von ihr recht loszukommen usw., sind deutliche Zeichen eines verwöhnten Kindes, dessen Lebensraum nicht über die Mutter hinausreicht,

---

31 [Shakespeare, Hamlet, Akt III, Szene II]

auch nicht in allen Funktionen, deren richtige Pflege die Aufgabe der Mutter ist. Mischt sich in diese Kinderfehler ein Kitzelgefühl ein wie beim Daumenlutschen und bei der Stuhlverhaltung, was sicher bei Kindern mit weniger abgestumpftem Kitzelgefühl der Fall sein kann, oder in das parasitäre Leben der verwöhnten Kinder bei ihrer Bindung an die Mutter ein aufkeimendes sexuelles Gefühl, so sind das Beigaben und Folgen, von denen in erster Linie verwöhnte Kinder bedroht sind. Das Festhalten aber an diesen Kinderfehlern wie auch an der kindlichen Masturbation verschiebt, meist nicht ohne dass dabei eine »Sicherung« des Bandes zwischen Mutter und Kind durch deren größere Aufmerksamkeit verstärkt wird (keine Abwehr etwa, wie *Freud* meinen Begriff der Sicherung fälschlich interpretiert hat), das Interesse des Kindes vom Wege der Kooperation, die aus verschiedenen Gründen vor allem wegen der Verwöhnung nicht erlernt wurde, auf den Weg des Suchens nach einer Erleichterung und Enthebung vom Mitleben. Der Mangel des Gemeinschaftsgefühls und das verstärkte Minderwertigkeitsgefühl, beide innig verknüpft, zeigen sich schon in dieser Phase des kindlichen Lebens deutlich, zumeist mit allen Charakterzügen als Ausdrucksformen eines Lebens in vermeintlich feindlicher Umgebung; Überempfindlichkeit, Ungeduld, Affektverstärkung, Lebensfeigheit, Vorsicht und Gier, Letztere unter dem Anspruch auftretend, als ob alles dem Kinde gehören sollte.

Schwierige Fragen im Leben, Gefahren, Nöte, Enttäuschungen, Sorgen, Verluste, besonders solche geliebter Personen, sozialer Druck aller Art, sind wohl immer im Bilde des Minderwertigkeitsgefühls zu sehen, meist in allgemein bekannten Affekten und Stimmungslagen, die wir als Angst, Kummer, Verzweiflung, Scham, Scheu, Verlegenheit, Ekel *[72]* usw. kennen. Sie äußern sich im Gesichtsausdruck und in der Körperhaltung. Es ist, als ob der Tonus der Muskulatur dabei verloren ginge. Oder es tritt eine Bewegungsform zutage, die zumeist als Entfernung vom erregenden Objekt zu beobachten ist oder als Entfernung von den andauernden Fragen des Lebens. Die Denksphäre, ganz im Einklang mit dem Ziel des Entweichens, wirft dabei Rückzugsgedanken auf. Die Gefühlssphäre, soweit wir davon Kenntnis gewinnen können, spiegelt zur Verstärkung des Rückzugs in ihrer Erregung und Erregungsform die Tatsache der Unsicherheit, der Minderwertigkeit. Das menschliche Minderwertigkeitsgefühl, das sonst im Vorwärtsstreben aufgeht, zeigt sich in den Stürmen des Lebens schon deutlicher, bei schweren Prüfungen deutlich genug. In jedem Falle verschieden im Ausdruck, stellt es, wenn man alle seine Erscheinungen dabei zusammenfasst, den Lebensstil des Einzelnen dar, der in allen Lebenslagen einheitlich zum Durchbruch kommt.

Man darf aber nicht verfehlen, auch im Versuch der Überwindung obiger Regungen, im Sichaufraffen, im Zorn, auch schon im Ekel und in der Verachtung, eine durch das Ziel der Überlegenheit erzwungene Leistung eines aktiveren Lebensstils, angespornt durch das Minderwertigkeitsgefühl, zu sehen. Während die erstere Lebensform im Festhalten an der Rückzugslinie vom gefährdenden Problem zu den Formen der Neurose, der Psychose, zu den masochistischen Haltungen führen kann, wird man, abgesehen von neurotischen Mischformen, bei der letzteren Form viel eher entsprechend dem Lebensstil solche von größerer Aktivität (die nicht mit Mut verwechselt werden darf, der sich nur auf der gemeinschaftsfördernden Seite des Lebens findet), Selbstmordneigung, Trunksucht, Verbrechen oder eine aktive Perversion sehen. Dass es sich dabei um Neugestaltungen des gleichen Lebensstils handelt und nicht um jenen fiktiven Prozess, den *Freud* »Regression« nennt, liegt auf der Hand. Die Ähnlichkeit dieser Lebensformen mit früheren oder auch Einzelheiten derselben darf nicht als Identität angesehen werden, und die Tatsache, dass jedes Lebewesen den Fonds seiner geistigen und körperlichen Reichweite und sonst nichts zur Verfügung hat, nicht als Rückfall in ein infantiles oder urmenschliches Stadium. Das Leben fordert die Lösung der Aufgaben der Gemein[73]schaft, und so deutet jedes Verhalten immer in die Zukunft, auch wenn es aus der Vergangenheit die Mittel zum Ausbau seines Verhaltens nimmt.

Immer ist es der Mangel an Gemeinschaftsgefühl, mag man ihm welchen Namen immer geben, wie Mitmenschlichkeit, Kooperation, Humanität oder gar Ideal-Ich, dem eine ungenügende Vorbereitung für alle Lebensprobleme entspringt. Diese mangelhafte Vorbereitung ist es, die angesichts des Problems oder mitten darin zu den tausendfachen Ausdrucksformen körperlicher und seelischer Minderwertigkeit und Unsicherheit Anlass gibt. Dieser Mangel ruft ja auch schon früher Minderwertigkeitsgefühle aller Art hervor, die sich nur nicht so deutlich zeigen, wohl aber im Charakter, in der Bewegung, in der Haltung, in der durch das Minderwertigkeitsgefühl induzierten Denkweise und in der Abwegigkeit des Vormarsches Ausdruck finden. Alle diese Ausdrucksformen des durch den Mangel an Gemeinschaftsgefühl verstärkten Minderwertigkeitsgefühls werden offenbar im Moment des gefährlichen Problems, der »exogenen Ursache«, die in keinem Falle eines »typischen Fehlschlages« vermisst wird, mag sie auch nicht von jedem gefunden werden. Das Festhalten an den Erschütterungen, ein Versuch zur Erleichterung der drückenden Situation des schweren Minderwertigkeitsgefühles, eine Folge des unaufhörlichen Strebens, aus der Minussituation herauszukommen, schafft erst die »typischen« Fehlschläge. In keinem dieser Fälle aber wird der Vorzug des Gemeinschaftsgefühls bestritten oder der Unterschied zwischen »gut« und »böse« verwischt. In jedem dieser Fälle findet sich ein »Ja«, das den Druck des Gemeinschaftsgefühls betont, immer aber gefolgt von einem »Aber«, das stärkere Kraft besitzt und die nötige Verstärkung des Gemeinschaftsgefühls hindert. Das »Aber« ist in allen typischen und Einzelfällen verschieden. Die Schwierigkeit einer Heilung entspricht seiner Stärke. Am stärksten ist es im Selbstmord und in der Psychose ausgesprochen, Folgen von Erschütterungen, bei denen das »Ja« nahezu verschwindet.

Charakterzüge wie Ängstlichkeit, Scheu, Verschlossenheit, Pessimismus charakterisieren den mangelhaften Kontakt von langer Zeit her und werden bei strengerer Prüfung durch das Schicksal wesentlich ver*[74]*stärkt, erscheinen in der Neurose zum Beispiel als mehr oder weniger ausgeprägte Krankheitssymptome. Dasselbe gilt für charakteristisch verlangsamte Bewegung, die das Individuum immer im Hintertreffen zeigt, in einer auffallenden Distanz (*s. Adler, »Praxis und Theorie der Individualpsychologie«, 4. Auflage, Bergmann, München*)[32] zum vorliegenden Problem. Diese Vorliebe für das Hinterland des Lebens ist durch die Denkweise und Argumentation des Individuums, gelegentlich durch Zwangsdenken oder durch unfruchtbare Schuldgefühle namhaft gesichert. Es kann leicht begriffen werden, dass nicht die Schuldgefühle die Distanz bewerkstelligen, sondern dass die mangelhafte Neigung und Vorbereitung der ganzen Persönlichkeit Schuldgefühle vorteilhaft findet, um den Vormarsch zu hindern. Die grundlose Selbstbeschuldigung wegen Masturbation zum Beispiel ergibt dafür einen geeigneten Vorwand. Auch der Umstand, dass jeder Mensch, wenn er auf sein Leben zurückblickt, manches gerne ungeschehen machen möchte, dient solchen Individuen zur gelungenen Ausrede, nicht mitzutun.

Fehlschläge wie die Neurose oder das Verbrechen auf solche trickhafte Schuldgefühle zurückführen zu wollen, heißt, den Ernst der Situation verkennen. Die Richtung, die in Fällen mangelnden Gemeinschaftsgefühls eingeschlagen wird, zeigt immer auch das große Bedenken gegenüber einem Gemeinschaftsproblem, wobei die größere Erschütterung durch körperliche Veränderungen mithilft, andere Wege anzuweisen. Diese körperlichen Veränderungen bringen wohl den ganzen Körper in vorübergehende oder dauernde Unordnung, setzen aber zumeist Störungen der Funktion in auffallender Weise an solche Stellen, die, sei es infolge angeborener Organminderwertigkeit, sei es durch Überladung mit Aufmerksamkeit, auf die seelische Störung am stärksten antworten. Es kann sich die Funktionsstörung im Schwund des Muskeltonus oder in einer Erregung desselben zeigen, in der Aufrichtung der Haare, in Schweißausbruch, in Herz-, in Magen- und Darmstörungen, in Atembeklemmungen, in Zuschnüren der Kehle, in Harndrang und in sexueller Erregung oder deren Gegenteil. Oft findet man die gleichen Störungen bei schwierigen Situationen innerhalb der Familie verbreitet. So auch Kopfschmerzen, Migräne, heftiges Erröten *[75]* oder Erblassen. Durch neuere Forschungen, besonders durch die Cannons, Marannons und anderer, ist es sichergestellt worden, dass an den meisten dieser Veränderungen das Sympathiko-Adrenalin-System hervorragend beteiligt ist, ebenso der kraniale und pelvische Anteil des vegetativen Systems, die demnach auf Emotionen aller Art in verschiedener

---

32 [Adler 1914k/1920a, hier Bezug auf 1914k/1930q, identisch mit 1914k/1974a; in dieser Studienausgabe Bd. 3]

Weise reagieren. Dadurch ist auch unsere alte Vermutung bestätigt, dass die Funktionen der endokrinen Drüsen, Schilddrüse, Nebenniere, Hypophyse und Geschlechtsdrüsen, unter den Einflüssen der Außenwelt stehen, und dass sie entsprechend dem Lebensstil des Individuums auf seelische Eindrücke je nach deren subjektiv empfundenen Stärke antworten, im normalen Fall, um das körperliche Gleichgewicht herzustellen, bei mangelhafter Eignung des Individuums gegenüber den Lebensfragen in extremer, überkompensatorischer Art (s. Adler, »Studie über Minderwertigkeit von Organen«[33]).

Das Minderwertigkeitsgefühl eines Individuums kann sich auch durch die Richtung seines Weges zeigen. Ich habe bereits von der großen Distanz zu den Lebensproblemen, vom Haltmachen und von der Loslösung gesprochen. Keine Frage, dass gelegentlich sich ein solches Vorgehen als richtig, als dem Gemeinschaftsgefühl entsprechend erweisen lässt. Dieser gerechtfertigte Standpunkt liegt der Individualpsychologie besonders nahe, da diese Wissenschaft den Regeln und Formeln immer nur eine bedingte Geltung zuspricht und für deren Bestätigung immer neue Beweise zu erbringen sich verpflichtet hält. Einer dieser Beweise liegt in dem habituellen Verhalten in der oben gekennzeichneten Bewegung. Eine andere, auf Minderwertigkeitsgefühl verdächtige Gangart, anders als die »zögernde Attitüde«, können wir in der Ausbiegung vor einem Lebensproblem beobachten, sei diese nun vollständig oder teilweise. Vollständig wie in der Psychose, im Selbstmord, im habituellen Verbrechen, in der habituellen Perversion, teilweise wie in der Trunksucht oder in anderen Süchten. Als letzte, aus dem Minderwertigkeitsgefühl entspringende Gangart will ich noch anführen: die auffällige Einengung des Lebensraumes und die verminderte Aufmarschbreite. Wichtige Anteile der Lebensprobleme sind dabei ausgeschlossen. Auch hier müssen wir als Ausnahme gelten lassen, wenn einer zum Zwecke eines größeren Beitrags zur Förderung der Gemeinschaft [76] sich der Lösung einzelner Anteile der Lebensprobleme entschlägt wie der Künstler und das Genie.

Über die Tatsache des Minderwertigkeitskomplexes in allen Fällen typischer Fehlschläge war ich mir schon längst klar. Um die Lösung der hier wichtigsten Frage aber, wie aus dem Minderwertigkeitsgefühl und seinen körperlichen und seelischen Folgen beim Zusammenstoß mit einem Lebensproblem der Minderwertigkeitskomplex entsteht, habe ich lange gerungen. Meines Wissens ist diese Frage stets im Hintergrund der Betrachtungen der Autoren gestanden, geschweige denn, dass sie bis jetzt gelöst worden wäre. Mir ergab sich die Lösung wie bezüglich aller anderen Fragen im Gesichtsfeld der Individualpsychologie, wo eines aus allem und alles aus einem zu erklären war. Der Minderwertigkeitskomplex, das heißt, die dauernde Erscheinung der Folgen des Minderwertigkeitsgefühls, das Festhalten an demselben, erklärt sich aus

---

33 [Adler 1907a; Neudr. 1907a/1977b]

dem größeren Mangel des Gemeinschaftsgefühls. Die gleichen Erlebnisse, die gleichen Traumen, die gleichen Situationen und die gleichen Lebensfragen, wenn es eine absolute Gleichheit in ihnen gäbe, wirken sich bei jedem anders aus. Dabei sind der Lebensstil und dessen Gehalt an Gemeinschaftsgefühl von ausschlaggebender Bedeutung. Was in manchen Fällen irreführen und an der Richtigkeit dieser Erfahrung zweifeln machen kann, ist der Umstand, dass gelegentlich Menschen mit sichergestelltem Mangel an Gemeinschaftsgefühl (eine Festellung, die ich nur sehr erfahrenen Untersuchern zutrauen möchte) vorübergehend wohl Erscheinungen des Minderwertigkeitsgefühls zeigen, aber keinen Minderwertigkeitskomplex. Diese Erfahrungen kann man gelegentlich bei Menschen machen, die wenig Gemeinschaftsgefühl besitzen, aber die Gunst der äußeren Umstände für sich haben. Im Falle des Minderwertigkeitskomplexes wird man stets aus dem Vorleben des Betreffenden, aus seiner bisherigen Haltung, aus seiner Verwöhnung in der Kindheit, aus dem Vorhandensein minderwertiger Organe, aus dem Gefühl der Vernachlässigung in der Kindheit Bestätigungen finden. Man wird sich auch der anderen, weiterhin anzuführenden Mittel der Individualpsychologie bedienen, des Verständnisses für die ältesten Kindheitserinnerungen, der individualpsychologischen Erfahrung über den Lebensstil im Ganzen und dessen *[77]* Beeinflussung durch die Stellung in der Kinderreihe und der individualpsychologischen Traumdeutung. Auch ist im Falle eines Minderwertigkeitskomplexes die sexuelle Haltung und Entwicklung eines Individuums nur ein Teil des Ganzen und in den Minderwertigkeitskomplex völlig einbezogen. *[78]*

7. Der Überlegenheitskomplex

Der Leser wird mit Recht nun die Frage aufwerfen, wo denn im Falle des Minderwertigkeitskomplexes das Streben nach Überlegenheit zu finden ist. Denn in der Tat, wenn es uns nicht gelänge, dieses Streben in den überaus zahlreichen Fällen von Minderwertigkeitskomplexen nachzuweisen, so hätte die individualpsychologische Wissenschaft einen derartigen Widerspruch zu verzeichnen, dass sie daran scheitern müsste. Ein großer Teil dieser Frage ist aber bereits beantwortet. Das Streben nach Überlegenheit wirft das Individuum von der gefährlichen Stelle zurück, sobald ihm durch seinen Mangel an Gemeinschaftsgefühl, der sich in offener oder versteckter Mutlosigkeit äußert, eine Niederlage zu drohen scheint. Das Streben nach Überlegenheit wirkt sich auch darin aus, dass es das Individuum auf der Rückzugslinie vom Gemeinschaftsproblem festhält oder ihm eine Ausbiegung aufdrängt. Festgehalten im Widerspruch seines »Ja – Aber« zwingt es ihm eine Meinung auf, die vielmehr dem »Aber« Rechnung trägt und seine Gedankenwelt so sehr im Banne hält, dass es sich nur oder hauptsächlich mit den Resultaten der Schockwirkung beschäftigt. Dies umso mehr, als es sich dabei immer um Individuen handelt, die von Kindheit an ohne richtiges Gemeinschaftsgefühl sich fast ausschließlich mit ihrer Person, mit ihrer Lust oder Unlust beschäftigt haben. Man kann in diesen Fällen beiläufig drei Typen unterscheiden, deren unharmonischer Lebensstil einen Anteil des Seelenlebens besonders deutlich entwickelt hat. Der eine Typus betrifft Menschen, bei denen die Denksphäre die Ausdrucksformen beherrscht. Der zweite Typus ist durch Überwuchern des Gefühls- und Trieblebens gekennzeichnet. Ein dritter Typus ent[79]wickelt sich mehr in der Richtung der Aktivität. Ein vollständiges Fehlen einer dieser drei Seiten findet sich natürlich niemals. Jeder Fehlschlag wird deshalb in der anhaltenden Schockwirkung auch diese Seite seines Lebensstils besonders deutlich zeigen. Während im Allgemeinen beim Verbrecher und beim Selbstmörder mehr der Anteil der Aktivität hervorgetrieben erscheint, zeichnet sich ein Teil der Neurosen durch Betonung der Gefühlsseite aus, wenn nicht wie zumeist in der Zwangsneurose und in den Psychosen die meist stärkere Akzentuation des gedanklichen Materials hervortritt (*Adler, »Die Zwangsneurose«*[34]). Der Süchtige ist wohl immer ein Gefühlsmensch. Die Loslösung von der Erfüllung eines Lebensproblems aber zwingt der menschlichen Gemeinschaft eine Aufgabe auf und macht sie zum Objekt der Ausbeutung. Der Mangel an Mitarbeit der einen muss durch vermehrte Leistung der anderen, durch die Familie oder durch die Gesellschaft, ersetzt werden. Es ist ein stiller, unverstandener Kampf gegen das Ideal der Gemeinschaft, der da geführt wird, ein ständiger Protest, der nicht der Weiterentwicklung des Gemeinschaftsgefühls dient, sondern seine Durchbrechung bezweckt. Immer aber ist die persönliche Überlegenheit in Gegensatz zur Mitarbeit gesetzt. Und man kann auch aus diesem Punkte ersehen, dass es sich bei Fehlschlägen um Menschen handelt, deren Entwicklung zum Mitmenschen aufgehalten wurde, denen schon das richtige Sehen, das richtige Hören, Sprechen und Urteilen fehlt. Anstelle des Common Sense besitzen sie eine »private Intelligenz«, die sie zur Sicherung ihrer Abwegigkeit klug benützen. Ich habe das verwöhnte Kind als Parasiten geschildert, der stets bestrebt ist, den anderen in Kontribution zu setzen. Wird ein Lebensstil daraus, so lässt es sich verstehen, dass den weitaus meisten der Fehlschläge der Beitrag der anderen als ihr Eigentum erscheint, mag es sich nun um Zärtlichkeit, um Besitz, um materielle oder geistige Arbeit handeln. Die Gemeinschaft, mag sie sich gegen diese Übergriffe mit noch so starken Mitteln oder Worten wehren, muss aus ihrem innersten Drang, weniger aus ihrem Verständnis naturgemäß Milde und Schonung üben, weil es ihre ewige Aufgabe ist, Irrtümer nicht zu strafen oder zu rächen, sondern aufzuklären und zu beheben. Immer aber ist [80] es ein Protest gegen den Zwang des Mitlebens, der Individuen, ungeschult im Gemeinschaftsgefühl, unerträglich, ihrer privaten Intelligenz zuwiderlau-

---

34 [Adler 1931f; in dieser Studienausgabe Bd. 3]

fend, ihrem Streben nach persönlicher Überlegenheit bedrohlich erscheint. Es ist für die Macht des Gemeinschaftsgefühls bezeichnend, dass jedermann die Abwegigkeiten und Fehlschläge höheren und niedrigeren Grades als normwidrig, als unrichtig erkennt, als ob jeder dem Gemeinschaftsgefühl seinen Tribut zollen müsste. Selbst Autoren, die in wissenschaftlicher Verblendung, gelegentlich mit genialen Zügen ausgestattet, den künstlich gezüchteten Willen zur persönlichen Macht in einer Verkleidung sehen, als bösen Urtrieb, als Übermenschentum, als sadistischen Urtrieb betrachten, sehen sich gezwungen, dem Gemeinschaftsgefühl in seiner idealen Zuspitzung ihre Reverenz zu machen. Selbst der Verbrecher, schon mit seinem Ziel im Auge, muss planen und nach einer Rechtfertigung für seine Tat suchen, bis er die Grenze, die ihn noch von der Gemeinschaftslosigkeit trennt, überschreiten kann. Vom ewig fixen Standpunkt des idealen Gemeinschaftsgefühls aus gesehen, stellt sich jede Abwegigkeit als ein trickhafter Versuch dar, der nach dem Ziel einer persönlichen Überlegenheit schielt. Einer Niederlage auf dem Boden der Gemeinschaft entronnen zu sein, ist für die meisten dieser Menschen mit einem Gefühl der Überlegenheit verknüpft. Und wo die Furcht vor einer Niederlage sie dem Kreis der Mitarbeiter ständig fernezuhalten trachtet, erleben oder genießen sie ihr Fernbleiben von den Aufgaben des Lebens als eine Erleichterung und als ein Privilegium, das sie vor den anderen voraushaben. Selbst wo sie leiden, wie in der Neurose, sind sie ganz in die Mittel ihrer Vorzugsstellung verwickelt, in ihr Leiden, ohne zu erkennen, wie für sie der Leidensweg zur Befreiung von den Lebensaufgaben führen soll. Je größer ihr Leiden ist, umso weniger sind sie angefochten, umso mehr sind sie frei vom wirklichen Sinn des Lebens. Dieses Leiden, das so untrennbar mit der Erleichterung und Befreiung von den Lebensfragen verbunden ist, kann nur dem als Selbstbestrafung erscheinen, der nicht gelernt hat, Ausdrucksformen als Teil des Ganzen zu erfassen, mehr noch, als Antwort auf die Fragen der fordernden Gemeinschaft. Er wird das neurotische Leiden als selbstständigen Anteil so ansehen, wie es der Neurotiker sieht. [81]

Am schwersten wird sich der Leser oder der Gegner meiner Anschauungen damit abfinden können, dass selbst Unterwürfigkeit, Knechtseligkeit, Unselbstständigkeit, Faulheit und masochistische Züge deutliche Zeichen eines Minderwertigkeitsgefühls, das Gefühl einer Erleichterung oder gar eines Privilegiums aufkommen lassen. Dass sie Proteste sind gegen eine aktive Lösung der Lebensfragen im Sinne der Gemeinschaft, ist leicht zu verstehen. Ebenso dass sie trickhafte Versuche darstellen, einer Niederlage zu entgehen, wo Gemeinschaftsgefühl in Anspruch genommen wird, von dem sie, wie aus ihrem ganzen Lebensstil hervorgeht, zu wenig besitzen. Zumeist fällt dabei den andern eine Fleißaufgabe zu, oder sie diktieren sie sogar – wie im Masochismus – oft gegen den Willen der anderen. In allen Fällen von Fehlschlägen ist die Sonderstellung, die sich das Individuum eingeräumt hat, klar zu sehen, eine Sonderstellung, die es auch mit Leiden, mit Klagen, mit Schuldgefühlen dann und wann bezahlt, ohne aber von dem Platze zu rücken, der ihm mangels seiner Vorbereitung zum Gemeinschaftsgefühl als gelungenes Alibi erscheint, wenn die Frage an ihn herantritt: »Wo warst du denn, als ich die Welt verteilte?«

Der Überlegenheitskomplex, wie ich ihn beschrieben habe, erscheint meist klar gekennzeichnet in Haltung, Charakterzügen und Meinungen von der eigenen übermenschlichen Gabe und Leistungsfähigkeit. Auch in den übertriebenen Ansprüchen an sich und an die anderen kann er sichtbar werden: Die Nase hoch tragen, Eitelkeiten in Bezug auf äußere Erscheinung, sei diese nobel oder vernachlässigt, aus der Art fallende Trachten, übertrieben männliches Auftreten bei Frauen, weibliches bei Männern, Hochmut, Gefühlsüberschwang, Snobismus, Prahlsucht, tyrannisches Wesen, Nörgelsucht, die von mir als charakteristisch beschriebene Entwertungstendenz, übertriebener Heroenkult sowie eine Neigung, sich an prominente Personen anzubiedern oder über Schwache, Kranke, über Personen von geringeren Dimensionen zu gebieten, Betonung der besonderen Eigenart, Missbrauch von wertvollen Ideen und Strömungen behufs Entwertung der anderen usw. können die Aufmerksamkeit auf einen aufzufindenden Überlegenheitskomplex lenken. Ebenso Affektsteigerungen wie Zorn, Rachsucht, Trauer, *[82]* Enthusiasmus, habituell schallendes Lachen, Weghören und Wegblicken beim Zusammentreffen mit anderen, das Lenken des Gesprächs auf die eigene Person, habitueller Enthusiasmus bei oft nichtigen Angelegenheiten zeigen Minderwertigkeitsgefühl recht häufig, auslaufend in einen Überlegenheitskomplex. Auch gläubische Annahmen, Glaube an telepathische oder ähnliche Fähigkeiten, an prophetische Eingebungen erwecken mit Recht den Verdacht auf einen Überlegenheitskomplex. Ich möchte diejenigen, die der Gemeinschaftsidee ergeben sind, noch davor warnen, diese Idee zu einem Überwertigkeitskomplex zu benützen oder sie unbesonnen jedermann an den Kopf zu werfen. Dasselbe gilt von der Kenntnis des Minderwertigkeitskomplexes und seines verhüllenden Überbaus. Man macht sich selbst der beiden verdächtig, wenn man vorschnell damit herumwirft, und man erreicht damit nicht mehr als eine – oft berechtigte – Gegnerschaft. Auch soll man bei richtiger Feststellung solcher Tatsachen die allgemeine menschliche Fehlerhaftigkeit nicht vergessen, die es mit sich bringt, dass auch vornehme und wertvolle Charaktere dem Fehler des Überwertigkeitskomplexes verfallen können. Ganz davon zu schweigen, dass, wie *Barbusse* so schön sagt, »auch der gütige Mensch sich gelegentlich des Gefühls der Verachtung nicht entschlagen kann«[35]. Anderseits können uns diese klei-

---

35 [Henri Barbusse, französischer Schriftsteller und Politiker. Sein Kriegstagebuch »Das Feuer« (1916) wurde weltberühmt; ein Vorläufer von »Im Westen nichts Neues« von E. M. Remarque. Er war ein wichtiger Vertreter des französischen intellektuellen Kommunismus.]

nen und deshalb wenig frisierten Züge leiten, auf Verfehlungen in den großen Lebensfragen den individualpsychologischen Scheinwerfer zu lenken, um dort zu verstehen und zu erklären. Worte, Phrasen, selbst sichergestellte seelische Mechanismen tragen nichts bei zum Verständnis des Einzelnen. Ebenso unsere Kenntnis vom Typischen. Aber sie können im Vermutungsfalle dazu dienen, ein bestimmtes Gesichtsfeld zu beleuchten, in dem wir das Einmalige einer Persönlichkeit zu finden hoffen, das Einmalige, das wir in der Beratung auch zu erklären haben, immer darauf achtend, welchen Grad von Gemeinschaftsgefühl wir zu ergänzen haben.

Dampft man zum Zweck einer kurzen Übersicht die leitenden Ideen im Entwicklungsprozess der Menschheit ein, bis ihre Quintessenz zutage kommt, so findet man zuletzt drei formale Bewegungslinien, die jeweils und aufeinanderfolgend allem menschlichen Tun seinen Wert verleihen. Nach einem vielleicht idyllischen Jahrhunderttausend, als in[83]folge des »Vermehret Euch« die Futterplätze zu enge wurden, erfand sich die Menschheit als Ideal der Erlösung den Titanen, den Herkules oder den Imperator. Bis auf den heutigen Tag – im Heroenkult, in der Rauflust, im Krieg – findet man in allen Schichten den starken Nachklang verklungener Zeiten, bei Hoch und Niedrig als besten Weg gepriesen zum Aufschwung der Menschheit. Aus der Enge der Futterplätze geboren führt dieser muskuläre Drang folgerichtig zur Knebelung und Ausrottung der Schwächeren. Der Schwergewichtler liebt eine einfache Lösung: Wo wenig Futter, da nimmt er es für sich in Anspruch. Er liebt [die] einfache, klare Rechnung, da sie zu seinen Gunsten ausfällt. Im Querschnitt unserer Kultur nimmt dieser Gedankengang einen breiten Raum ein. Frauen sind von den unmittelbaren Leistungen dieser Art fast ganz ausgeschlossen, kommen nur als Gebärerinnen, Bewunderinnen, Pflegerinnen in Betracht. Die Futtermittel sind aber zu einer unheimlichen Höhe gestiegen. Steigen noch immer. Ist dieser Geist des unkomplizierten Machtstrebens schon ein Widersinn?

Bleibt noch die Sorge für die Zukunft, für den Nachwuchs auch. Der Vater rafft für seine Kinder. Sorgt für spätere Generationen. Sorgt er für die fünfte Generation, so sorgt er gleichzeitig für die Nachkommen von mindestens 32 Personen seiner Generation, die den gleichen Anspruch an seinen Nachkommen haben.

Waren verderben. Man kann sie in Gold verwandeln. Man kann Warenwert in Gold verleihen. Man kann die Kraft anderer kaufen. Man kann ihnen Befehle geben, mehr noch, man kann ihnen eine Gesinnung, einen Sinn des Lebens einprägen. Man kann sie zur Verehrung der Kraft, des Goldes erziehen. Man kann ihnen Gesetze geben, die sie in den Dienst der Macht, des Besitzes stellen.

Auch in dieser Sphäre ist die Frau nicht schöpferisch am Werk. Tradition und Erziehung sind ihr als Wegsperren in den Weg gelegt. Sie kann bewundernd teilnehmen oder enttäuscht zur Seite stehen. Sie kann der Macht huldigen oder sich, was zumeist zutrifft, gegen ihre Ohnmacht wehren. Wobei zu bedenken ist, dass die Gegenwehr der Einzelnen zumeist auf Abwege gerät.

Die meisten Männer und Frauen können Kraft und Besitz zugleich verehren, die einen in tatenloser Bewunderung, die andern in hoffnungs*[84]*vollem Streben. Die Frau ist in eine größere Distanz zur Erreichung dieser Kulturideale gestellt.

Dem Kraft- und Besitzphilister gesellt sich nun in harmonischem Streben nach persönlicher Überlegenheit der Bildungsphilister. Wissen ist (auch) Macht. Die Unsicherheit des Lebens hat bisher – allgemein – keine bessere Lösung gefunden als Streben nach Macht. Nun ist es Zeit nachzudenken, ob dies der einzige, der beste Weg zur Sicherung des Lebens, zur Entwicklung der Menschheit ist. Man kann auch aus der Struktur des Frauenlebens lernen. Denn die Frau ist auch bis heute nicht Teilhaber der Macht des Bildungsphilisteriums.

Und doch ist es für Mann und Frau leicht einzusehen, dass die Frau bei gleichwertiger Vorbereitung erfolgreich an der Macht des Philisteriums teilhaben könnte. Die platonische Idee von der Überlegenheit der Muskelkraft muss doch wohl schon im Unverstandenen (Unbewussten) an Bedeutung verloren haben. Wie will man sonst die stille und offene Revolte der Frauenwelt (den männlichen Protest) in ihren tausend Varianten zum Nutzen der Allgemeinheit wenden?

Schließlich zehren wir doch alle wie die Parasiten an den unsterblichen Leistungen der Künstler, Genies, Denker, Forscher und Entdecker. Sie sind die eigentlichen Führer der Menschheit. Sie sind der Motor der Weltgeschichte, wir sind die – Verteiler. Zwischen Mann und Frau hat bisher die Kraft, der Besitz, der Bildungsdünkel entschieden. Daher der Rummel und die vielen Bücher über Liebe und Ehe.

Die großen Leistungen aber, von denen wir leben, haben sich immer als höchster Wert durchgesetzt. Ihr Sieg wird meist nicht in prunkvollen Worten gefeiert. Aber genossen wird er von allen. An diesen großen Leistungen haben wohl auch Frauen teil. Kraft, Besitz und Bildungsdünkel haben sicher ein Mehr verhindert. Durch die ganze Entwicklung der Kunst aber tönt eine männliche Stimme. Dort ist die Frau Stellvertreterin des Mannes und daher zweiten Ranges. So lange, bis eine von ihnen die weibliche Stimme darin entdecken wird, um sie zu entwickeln. In zwei Kunstgattungen ist es geschehen, in der Schauspielkunst und in der Tanzkunst. Da kann sie sich als Frau geben. Da hat sie auch Spitzenleistungen erreicht. *[85]*

8. Typen der Fehlschläge

Ich gehe nur mit großer Vorsicht an eine Typenlehre heran, da sich dabei leicht bei dem Lernenden die Täuschung einschleicht, als ob ein Typus etwas fest Gefügtes, etwas Selbstständiges sei, dem mehr zugrunde liegt als eine im Großen und Ganzen ähnliche Struktur. Macht er dabei halt und glaubt, wenn er das Wort »Verbrecher« hört oder »Angstneurose« oder »Schizophrenie«, dass er schon etwas vom individuellen Fall erfasst hat, dann schneidet er sich nicht nur die Möglichkeit individueller Forschung ab, sondern er wird aus den Missverständnissen, die zwischen ihm und dem Behandelten entstehen, nie herauskommen. Vielleicht die besten Einsichten, die ich aus der Beschäftigung mit dem Seelenleben gewonnen habe, stammen aus meiner Vorsicht in der Benützung der Typenlehre. Eine Benützung, die freilich nicht ganz umgangen werden kann, die uns das Allgemeine, etwa die generelle Diagnostik, ermöglicht, uns aber über den speziellen Fall und seine Behandlung wenig sagen kann. Am besten tut, wer sich stets erinnert, dass wir es in jedem Falle eines Fehlschlages mit Symptomen zu tun haben, Symptomen, die aus einem speziellen, zu suchenden Minderwertigkeitsgefühl zu einem Überlegenheitskomplex erwachsen sind, angesichts eines exogenen Faktors, der mehr Gemeinschaftsgefühl erfordert hat, als das Individuum aus seiner Kindheit vorrätig hat. Beginnen wir mit den »schwer erziehbaren Kindern«. Man spricht von diesem Typus natürlich nur, wenn es sich durch längere Zeit gezeigt hat, dass ein Kind sich nicht als gleichberechtigter Teilnehmer zur Mitarbeit einstellt. Es fehlt das Gemeinschaftsgefühl, obwohl man gerechterweise gezwungen ist festzustellen, dass ein für durchschnitt[86]liche Verhältnisse zureichendes Gemeinschaftsgefühl nicht selten infolge ungerechter Anspannung im Hause oder in der Schule sich als nicht mehr ausreichend erweist. Dieser Fall ist häufig und allgemein in seinen Erscheinungen bekannt. Wir können daraus etwas über den Wert der individualpsychologischen Forschung erkennen, um für schwierigere Fälle vorbereitet zu sein. Eine Prüfung des Individuums, experimentell, grafologisch, kurz, losgelöst von seiner Umgebung, kann zu großen Irrtümern Anlass geben und berechtigt keinesfalls, dem so losgelösten Individuum spezielle Vorschläge zu machen oder es irgendwie zu klassifizieren. An solchen und ähnlichen Tatsachen wird es klar, dass der Individualpsychologe sich eine zureichende Kenntnis aller möglichen sozialen Verhältnisse und Missstände verschaffen muss, um richtig sehen zu können. Man kann noch weiter gehen und fordern, dass der Individualpsychologe eine Meinung von seinen Aufgaben, eine Meinung von den Forderungen des Lebens, eine Weltanschauung besitzen muss, die dem Wohle der Allgemeinheit zustrebt.

Ich habe eine Einteilung der schwer erziehbaren Kinder vorgeschlagen, die sich in mancher Hinsicht als nützlich bewährt: in mehr *passive*, wie faule, indolente, gehorsame aber abhängige, in schüchterne, ängstliche, lügenhafte und ähnliche Kinder und in *mehr aktive*, wie herrschsüchtige, ungeduldige, aufgeregte und zu Affekten neigende, in störende, grausame, prahlerische, in Davonläufer, diebische, sexuell leicht erregte usw. Man soll dabei nicht Haare spalten, sondern im einzelnen Fall versuchen, sich Gewissheit zu verschaffen, welchen Grad der Aktivität man ungefähr feststellen kann. Dies ist umso wichtiger, als man im Falle eines ausgewachsenen Fehlschlags ungefähr den gleichen Grad von fehlgeschlagener Aktivität erwarten und beobachten kann wie in der Kindheit. Den ungefähren Grad von Aktivität, der hier Mut heißt, wird man bei Kindern mit genügendem Gemeinschaftsgefühl finden. Bestrebt man sich, diesen Grad der Aktivität im Temperament, in der Schnelligkeit oder Langsamkeit des Vorwärtsgehens aufzusuchen, so soll man nicht vergessen, dass auch diese Ausdrucksformen Teile des ganzen Lebensstiles sind, deshalb bei gelungener Besserung abgeändert erscheinen. Man wird nicht überrascht [87] sein, unter den Neurotikern einen viel größeren Prozentsatz der *passiven* Kinderfehler, unter den Verbrechern der *aktiven* aufdecken zu können. Dass ein späterer Fehlschlag ohne Schwererziehbarkeit zustande kommen könnte, möchte ich einer fehlerhaften Beobachtung zuschreiben. Freilich können ausnahmsweise günstige äußere Verhältnisse das Auftauchen eines Kinderfehlers verdecken, der bei strengerer Prüfung sofort erscheint. Wir ziehen in jedem Fall die Prüfungen, die das Leben anstellt, allen experimentellen vor, weil dabei der Zusammenhang mit dem Leben nicht vernachlässigt ist.

Kinderfehler, die in den Bereich der medizinischen Psychologie gehören, finden sich, abgesehen von Fällen brutaler Behandlung, fast ausschließlich bei verwöhnten, abhängigen Kindern und können mit größerer oder geringerer Aktivität verbunden sein. So Bettnässen, Esssschwierigkeiten, nächtliches Aufschreien, Verkeuchen, Stuhlverhaltung, Stottern usw. Sie äußern sich wie ein Protest gegen das Erwachen zur Selbstständigkeit und zur Mitarbeit und erzwingen die Unterstützung durch andere. Auch kindliche Masturbation, längere Zeit trotz der Entdeckung fortgesetzt, kennzeichnet diesen Mangel an Gemeinschaftsgefühl. Man wird nie genug getan haben, wenn man symptomatisch vorgeht und den Fehler allein auszurotten versucht. Der sichere Erfolg kann nur von einer Hebung des Gemeinschaftsgefühls erwartet werden.

Zeigen schon die mehr passiven Kinderfehler und Schwierigkeiten einen der Neurose verwandten Zug, die starke Betonung des »Ja«, die stärkere des »Aber«, so tritt der Rückzug von den Lebensproblemen in der Neurose ohne offene Betonung des Überwertigkeitskomplexes deutlicher hervor. Man kann stets ein Gebanntsein hinter der Front des Lebens beobachten, ein Entferntsein von der Mitarbeit oder ein Suchen nach Erleichterung und nach Ausreden für den Fall mangelnden Gelingens. Die dauernde Enttäuschung, die Furcht vor neuen Enttäuschungen und Niederlagen erscheint in dem Festhalten von Schocksymptomen, die das Fernbleiben von Lösungen der Gemeinschaftsprobleme sichern. Gelegentlich, wie häufig in der Zwangsneurose, gelangt der

Kranke bis zu einem abgeschwächten Fluchen, das sein Missfallen an den anderen verrät. Im Verfolgungswahn wird die Empfindung des Kranken von der Feindseligkeit des Lebens noch deutlicher sicht[88]bar, so es einer im Fernbleiben von Lebensproblemen noch nicht gesehen hat. Gedanken, Gefühle, Urteile und Anschauungen laufen immer in der Richtung des Rückzuges, so dass jeder deutlich merken könnte: *Die Neurose ist ein schöpferischer Akt und kein Rückfall in infantile oder atavistische Formen.* Dieser schöpferische Akt, dessen Urheber der Lebensstil ist, das selbst geschaffene Bewegungsgesetz, immer in irgendeiner Form auf Überlegenheit hinzielend, ist es auch, der in den mannigfaltigen Formen, wieder entsprechend dem Lebensstil, der Heilung Hindernisse in den Weg zu legen trachtet, bis die Überzeugung, der Common Sense beim Patienten die Oberhand gewinnt. Nicht selten ist das heimliche Ziel der Überlegenheit, wie ich aufgedeckt habe, in den halb trauervollen, halb tröstenden Ausblick hineinversteckt: was der Patient alles zustande gebracht hätte, wenn sein einzigartiger Aufschwung nicht durch eine Kleinigkeit, meist durch die Schuld der anderen, vereitelt worden wäre. Minderwertigkeitsgefühle höheren Grades, Streben nach persönlicher Überlegenheit und mangelndes Gemeinschaftsgefühl sind bei einiger Erfahrung in der Vorzeit des Fehlschlages stets zu finden. Der Rückzug von den Lebensproblemen wird vollständig im Selbstmord. In seiner seelischen Struktur liegt Aktivität, keineswegs Mut, ein aktiver Protest gegen nützliche Mitarbeit. Der Streich, der den Selbstmörder trifft, lässt andere nicht unverschont. Die vorwärtsstrebende Gemeinschaft wird sich immer durch Selbstmord verletzt fühlen. Die exogenen Faktoren, die das Ende des zu geringen Gemeinschaftsgefühls herbeiführen, sind die von uns genannten drei großen Lebensprobleme, Gesellschaft, Beruf und Liebe. In allen Fällen ist es der Mangel an Anerkennung, der Selbstmord oder Todeswünsche herbeiführt, die erlebte oder gefürchtete Niederlage in einer der drei Lebensfragen, gelegentlich eingeleitet durch eine Phase der Depression oder der Melancholie. Der Beitrag der Individualpsychologie – als ich im Jahre 1912 meine Untersuchung über letztere seelische Erkrankung abgeschlossen hatte und feststellen konnte, dass jede echte Melancholie (s. *Adler, »Praxis und Theorie der Individualpsychologie«*)[36] wie Selbstmorddrohungen und Selbstmord den feindlichen Angriff auf andere bei zu geringem Gemeinschaftsgefühl darstellt – hat in der Folge [89] den Weg zu besserem Verständnis dieser Psychose geebnet. So wie der Selbstmord, in den diese Psychose leider häufig mündet, ist sie die Setzung eines Verzweiflungsaktes anstelle gemeinnütziger Mitarbeit. Verlust des Vermögens, einer Arbeitsstelle, Enttäuschung in der Liebe, Zurücksetzungen aller Art können diesen Verzweiflungsakt bei entsprechendem Bewegungsgesetz in einer Form herbeiführen, in der der Betroffene auch vor der Opferung von Angehörigen oder anderen nicht zurückschreckt. Dem psy-

---

36 [wahrscheinlich Adler 1914d/1920a; in dieser Studienausgabe Bd. 3]

chologisch Feinhörigen wird nicht entgehen, dass es sich hier um Menschen handelt, die vom Leben leichter als andere enttäuscht werden, weil sie zu viel erwarten. Dem kindlichen Lebensstil nach dürfte man mit Recht erwarten, in ihrer Kindheit einen hohen Grad von Erschütterbarkeit zu finden mit einer lang andauernden Verstimmung oder mit einem Hang zur Selbstbeschädigung, wie zur Bestrafung der anderen. Die im Vergleich mit der Norm viel größere Schockwirkung löst, wie neuere Untersuchungen bestätigt haben, auch körperliche Veränderungen aus, die wohl unter dem Einfluss des vegetativen und endokrinen Systems stehen dürften. Bei genauerer Untersuchung wird sich wohl, wie zumeist in meinen Fällen, nachweisen lassen, dass Organminderwertigkeiten und noch mehr ein verwöhnendes Regime in der Kindheit das Kind zu einem derartigen Lebensstil verleitet und die Entwicklung eines genügenden Gemeinschaftsgefühls eingeengt haben. Nicht selten ist bei ihnen ein offener oder versteckter Hang zu Zornausbrüchen, zur Meisterung aller kleinen und größeren Aufgaben in ihrer ganzen Umgebung, ein Pochen auf ihre Würde nachzuweisen.

Ein 17-jähriger Junge, der Jüngste in der Familie, von der Mutter außerordentlich verwöhnt, blieb, als die Mutter eine Reise antreten musste, in der Obhut einer älteren Schwester zurück. Eines Abends, als die Schwester ihn allein zu Hause ließ, er gerade in der Schule mit scheinbar unüberwindlichen Schwierigkeiten zu kämpfen hatte, beging er Selbstmord. Er ließ folgendes Schreiben zurück: »Teile der Mutter nicht mit, was ich getan habe. Ihre derzeitige Adresse ist die folgende. [...] Sage ihr, wenn sie zurückkommt, dass mich das Leben nicht mehr gefreut hat, und dass sie mir alle Tage Blumen auf mein Grab legen soll.« *[90]*

Eine alte, unheilbar Kranke beging Selbstmord, weil ihr Nachbar sich von seinem Radio nicht trennen wollte.

Der Chauffeur eines reichen Mannes erfuhr bei dessen Tod, dass er einen ihm versprochenen Erbteil nicht erhalten sollte, brachte seine Frau und seine Tochter um und beging Selbstmord.

Eine 56-jährige Frau, die als Kind und später von ihrem Manne stets verwöhnt worden war, auch in der Gesellschaft eine hervorragende Rolle spielte, litt sehr unter dem Tod ihres Mannes. Ihre Kinder waren verheiratet und nicht sehr geneigt, sich der Mutter ganz zu widmen. Bei einem Unfall zog sie sich einen Schenkelhalsbruch zu. Sie blieb auch nach der Heilung der Gesellschaft ferne. Irgendwie kam ihr der Gedanke, auf einer Weltreise freundliche Anregungen zu finden, die sie zu Hause entbehrte. Zwei Freundinnen fanden sich bereit, mit ihr zu fahren. In größeren Städten des Kontinents ließen die Freundinnen sie wegen ihrer Schwerbeweglichkeit immer allein. Sie geriet in eine außerordentliche Verstimmung, die sich zu einer Melancholie steigerte, und rief eines ihrer Kinder herbei. Anstatt dessen kam eine Pflegeschwester, die sie nach Hause brachte. Ich sah die Frau nach dreijährigem Leiden, das keine Besserung gezeigt hatte. Ihre hauptsächliche Klage war, wie sehr die Kinder unter ihrer Krankheit leiden müssten. Die Kinder wechselten in ihren Besuchen ab, offenbarten aber, durch die Dauer des Leidens ihrer Mutter abgestumpft, kein übergroßes Interesse. Die Kranke äußerte stets Selbstmordideen und hörte nicht auf, von der übergroßen Sorgfalt der Kinder zu sprechen. Es war leicht zu sehen, dass die Frau mehr an Sorgfalt erfuhr als vor ihrer Erkrankung, auch dass ihre Anerkennung der Sorgfalt der Kinder mit der Wahrheit, besonders mit jener Hingebung, die sie als verzärtelte Frau erwartete, in Widerspruch standen. Versetzt man sich in ihre Person, so lässt sich begreifen, wie schwer es dieser Frau ankam, etwa auch noch auf diese durch die Krankheit so schwer erkaufte Sorgfalt zu verzichten.

Eine andere Art von Aktivität, nicht gegen die eigene Person gerichtet, sondern gegen andere, wird frühzeitig von Kindern erworben, die der Meinung verfallen, als ob die anderen ihre Objekte wären, und die dieser Meinung dadurch Ausdruck geben, dass sie durch ihre Hal[91]tung das Gut, die Arbeit, die Gesundheit und das Leben der anderen bedrohen. Wie weit sie dabei gehen, hängt wieder vom Grad ihres Gemeinschaftsgefühls ab. Und man wird im Einzelfall immer wieder diesen Punkt zu berücksichtigen haben. Es ist begreiflich, dass diese durch Gedanken, Gefühle und Stimmungen, durch Charakterzüge und Handlungen ausgedrückte Anschauung vom Sinn des Lebens, die nie in wohlgefassten Worten zutage tritt, ihnen das wirkliche Leben mit seiner Forderung nach Gemeinschaft schwierig macht. Die Empfindung der Feindlichkeit des Lebens bleibt bei dieser stets sofort Befriedigung verlangenden, als berechtigt gefühlten Erwartung nicht aus. Dazu kommt, dass diese Stimmung sich enge mit dem Gefühl des Beraubtseins verbündet, wodurch Neid, Eifersucht, Habgier und ein Streben nach Überwältigung des gewählten Opfers dauernd und in hohem Grade wach bleiben. Da das Streben nach nützlicher Entwicklung im mangelhaften Gemeinschaftsgefühl zurückbleibt, die starken Erwartungen, genährt durch den Überlegenheitstaumel, unerfüllt bleiben, sind Affektsteigerungen oft der Anlass zu Angriffen auf andere. Der Minderwertigkeitskomplex wird dauernd, sobald das Scheitern auf der Linie der Gemeinschaft, in der Schule, in der Gesellschaft, in der Liebe fühlbar wird. Die Hälfte der zur Verbrechensausübung gelangenden Menschen sind ungelernte Arbeiter und haben schon in der Schule versagt. Eine große Anzahl der eingelieferten Verbrecher leidet an Geschlechtskrankheiten, einem Zeichen unzureichender Lösung des Liebesproblems. Ihre Genossen suchen sie nur unter ihresgleichen und bekunden so die Enge ihrer freundschaftlichen Gefühle. Ihr Überlegenheitskomplex stammt aus der Überzeugung, ihren Opfern überlegen zu sein und bei richtiger Ausführung den Gesetzen und ihren Organen ein Schnippchen schlagen zu können. In der Tat, es gibt wohl keinen Verbrecher, der nicht mehr auf dem Kerbholz hätte, als man ihm nachweisen kann, ganz abgesehen von den immerhin zahlreichen Verbrechen, die nie aufgedeckt werden. Der Verbrecher begeht seine Tat in der Illusion, nicht entdeckt zu werden, wenn er es nur richtig anfasst. Wird er überführt, so ist er ganz von der Überzeugung in Beschlag genommen, eine Kleinigkeit versäumt zu haben, derzufolge er entdeckt wurde. Verfolgt man die Spuren der Verbrechensneigung zurück *[92]* in das kindliche Leben, so findet man neben der frühzeitigen übel angewandten Aktivität mit ihren feindseligen Charakterzügen und neben dem Mangel an Gemeinschaftsgefühl Organminderwertigkeiten, Verwöhnung und Vernachlässigung als die verleitenden Anlässe zur Entwicklung des verbrecherischen Lebensstils. Verwöhnung ist der vielleicht häufigste Anlass. So wie eine Besserung des Lebensstils niemals ausgeschlossen werden kann, ist es auch nötig, jeden einzelnen Fall auf den Grad seines Gemeinschaftsgefühls zu untersuchen und die Schwere des exogenen Faktors in Betracht zu ziehen. Niemand unterliegt der Gefahr der Versuchung so leicht wie ein verzärteltes Kind, das darauf trainiert ist, alles zu bekommen, was es will. Die Größe der Versuchung muss genau erfasst werden, die für den mit Verbrechensneigung Behafteten sich umso gefährlicher auswirkt, als er über Aktivität verfügt. Auch im Falle des Verbrechens ist es klar, dass wir das Individuum in seiner Bezogenheit zu den gesellschaftlichen Zuständen erfassen müssen. In vielen Fällen könnte das vorhandene Gemeinschaftsgefühl genügen, einen Menschen vom Verbrechen fernzuhalten, wenn nicht allzu große Anforderungen an sein Gemeinschaftsgefühl gestellt werden. Dieser Umstand erklärt es auch, warum unter schlechten Verhältnissen die Zahl der Verbrechen eine namhafte Steigerung erfährt. Dass dieser Umstand nicht die Ursache des Verbrechens ist, zeigt die Tatsache, dass in den Vereinigten Staaten in der Zeit der Prosperität ebenfalls ein Anstieg der Verbrechenszahl zu verzeichnen war, da die Verlockungen zu leichtem und raschem Reichtumserwerb zahlreich waren. Dass man beim Suchen nach Ursachen der Verbrechensneigung auch auf das schlechte Milieu in der Kindheit stößt, dass man in bestimmten Bezirken einer Großstadt eine Anhäufung von Verbrechen findet, lässt keineswegs den Schluss zu, als hätte man damit die Ursache gefunden. Es ist vielmehr leicht einzusehen, dass unter diesen Bedingungen eine gute Entwicklung des Gemeinschaftsgefühls nicht leicht zu erwarten ist. Man darf auch nicht daran vergessen, wie mangelhaft die Vorbereitung eines Kindes für sein späteres Leben ist, wenn es frühzeitig, sozusagen im Protest gegen das Leben, in Entbehrungen und Mangel aufwächst und täglich das bessere Leben der anderen vor sich, in seiner nächsten Nähe sieht, dabei auch in der Ent*[93]*wicklung seines Gemeinschaftsgefühls keinerlei Förderung erfährt. Eine sehr gute, lehrreiche Illustration dazu gibt die Untersuchung des Dr. *Young* über die Verbrechensgestaltung in einer eingewanderten Sekte. In der ersten Generation, die abgeschlossen und dürftig lebte, gab es keinen Verbrecher. In der zweiten Generation, deren Kinder bereits die öffentlichen Schulen besuchten, aber noch immer in den Traditionen ihrer Sekte, in Frömmigkeit und Dürftigkeit erzogen waren, zeigte sich bereits eine größere Zahl von Verbrechern. In der dritten Generation gab es eine erschreckend große Zahl von solchen. Auch der »geborene Verbrecher« ist eine abgetane Kategorie. Man wird zu solchen Irrtümern oder zur Idee des Verbrechers aus Schuldgefühl nur kommen können, wenn man unsere Ermittlungen nicht berücksichtigt, die immer wieder auf das schwere Minderwertigkeitsgefühl in der Kindheit, auf die Ausgestaltung des Überlegenheitskomplexes und auf das mangelhaft entwickelte Gemeinschaftsgefühl hinweisen. Man findet eine große Zahl von Organminderwertigkeitszeichen unter den Verbrechern, und in der Schockwirkung einer Verurteilung stärkere Schwankungen des Stoffgrundumsatzes als Wahrscheinlichkeitszeichen einer Konstitution, die schwerer als andere zum Äquilibrium gelangt. Man findet eine übergroße Zahl von Menschen, die verzärtelt wurden oder sich nach Verwöhnung sehnen. Und man findet ehemals vernachlässigte Kinder unter ihnen. Man wird sich immer von diesen Tatsachen überzeugen können, wenn man nur nicht mit einer Phrase, mit einer engen Formel an die Prüfung geht. Die Tatsache der Organminderwertigkeiten zeigt sich oft auffallend in der gelegentlichen Hässlichkeit von Verbrechern. Der stets zu erhärtende Verdacht auf Verwöhnung wird wach angesichts der vielen hübschen Menschen, die man unter ihnen findet.

N. war solch ein hübscher Bursche, der nach sechsmonatiger Haft auf Bewährung aus dem Gefängnis entlassen wurde. Sein Delikt war Diebstahl einer ansehnlichen Summe aus der Kasse seines Chefs. Trotz der großen Gefahr, bei einem weiteren Straffall seine dreijährige Haft absitzen zu müssen, stahl er nach kurzer Zeit wieder eine kleine Summe. Bevor die Sache ruchbar wurde, sandte man ihn zu mir. Er war der älteste Sohn einer sehr ehrbaren Familie, der verwöhnte Liebling seiner Mutter. Er zeigte sich äußerst ehrgeizig und wollte überall den Führer spielen. Freunde suchte er nur solche, die unter seinem Niveau standen, und ver[94]riet so sein Minderwertigkeitsgefühl. In seinen ältesten Kindheitserinnerungen war er stets der Empfangende. In der Stellung, in der er den großen Diebstahl verübte, sah er die reichsten Leute um sich, in einer Zeit, da sein Vater um seine Stellung gekommen war und für die Familie nicht wie sonst sorgen konnte. Flugträume und geträumte Situationen, in denen er der Held war, kennzeichnen sein ehrgeiziges Streben und zugleich sein Prädestinationsgefühl in Bezug auf sicheres Gelingen. Bei einer verlockenden Gelegenheit erfolgte der Diebstahl in dem Gedanken, sich nun dem Vater überlegen zeigen zu können. Der zweite, kleine Diebstahl erfolgte im Protest gegen die Bewährungsfrist und gegen die untergeordnete Stellung, die er nun innehatte. Als er im Gefängnis war, träumte er einst, dass man ihm seine Lieblingsspeise vorgesetzt hätte, erinnerte sich aber im Traume, dass dies doch im Gefängnis nicht möglich sei. Man wird außer der Gier in diesem Traume leicht auch seinen Protest gegen das Urteil wahrnehmen können.

Weniger Aktivität wird man in der Regel bei Süchtigen finden. Umgebung,

Verleitung, Bekanntschaft mit Giften wie Morphium und Kokain in Krankheiten oder im ärztlichen Beruf finden sich als Gelegenheiten, die sich aber nur in Situationen auswirken, in denen der Betroffene vor einem unlösbar erscheinenden Problem steht. Ähnlich wie beim Selbstmord fehlt selten der verschleierte Angriff auf andere, denen die Sorge um den Befallenen zufällt. In der Trunksucht dürfte, wie ich gezeigt habe, eine besondere Geschmackskomponente oft eine Rolle spielen, wie ja auch die totale Abstinenz sicherlich durch den Mangel an Wohlgefallen am Alkohol wesentlich erleichtert wird. Der Beginn der Süchtigkeit zeigt recht häufig ein schweres Minderwertigkeitsgefühl, wenn nicht einen entwickelten Überlegenheitskomplex, der sich vorher schon einigermaßen deutlich in Schüchternheit, Alleinsein, Überempfindlichkeit, Ungeduld, Reizbarkeit, in nervösen Symptomen wie Angst, Depression, sexueller Insuffizienz oder in einem Überlegenheitskomplex wie Prahlsucht, boshafter, kritischer Neigung, Machtlüsternheit usw. ausprägt. Auch übermäßiges Rauchen und Sucht nach starkem schwarzen Kaffee kennzeichnen oft die Stimmungslage einer mutlosen Entschlusslosigkeit. Wie mittels eines Tricks wird das lastende Minderwertigkeitsgefühl zeitweise beiseitegeschoben oder sogar, wie zum Beispiel bei kriminellen Handlungen, in verstärkte Aktivität umgebaut. Alles Misslingen kann in allen Fällen von Süchtigkeit dem unbesiegbaren Laster zugeschoben werden, sei es in gesellschaftlicher Beziehung, im Beruf oder in der Liebe. Auch die un[95]mittelbaren Giftwirkungen geben dem Befallenen oft ein Gefühl der Entlastung.

Ein 26-jähriger Mann, der acht Jahre nach einer Schwester zur Welt kam, wuchs unter günstigen Verhältnissen, außerordentlich verwöhnt und eigenwillig auf. Er erinnerte sich, dass er oft als Puppe verkleidet von Mutter und Schwester in den Armen gehalten wurde. Als er, vierjährig, für zwei Tage in die strengere Zucht seiner Großmutter kam, schnürte er bei ihrer ersten ablehnenden Bemerkung sein Bündel und wollte sich auf den Heimweg machen. Der Vater trank, worüber sich die Mutter sehr aufregte. In der Schule wirkte sich der Einfluss seiner Eltern allzu sehr zu seinen Gunsten aus. Wie er es als vierjähriger Knabe getan, verließ er auch das Elternhaus, als mit der Zeit die Verwöhnung durch die Mutter nachließ. In der Fremde konnte er, wie so oft die verwöhnten Kinder, nicht rechten Fuß fassen und geriet bei gesellschaftlichen Zusammenkünften, im Berufsleben und Mädchen gegenüber stets in ängstliche Verstimmung und Aufregung. Er hatte sich mit einigen Leuten besser verstanden, die ihm das Trinken beibrachten. Als seine Mutter davon erfuhr und besonders davon hörte, dass er in trunkenem Zustand mit der Polizei in Konflikt geraten war, suchte sie ihn auf und bat ihn in bewegenden Worten, vom Trinken abzulassen. Die Folge war, dass er nicht nur weiter im Trinken Erleichterung suchte, sondern damit auch die alte Sorge und Verwöhnung durch die Mutter noch über die frühere Höhe hinaus steigerte.

Ein 24-jähriger Student klagte über ununterbrochenen Kopfschmerz. Schon in der Schule zeigten sich schwere nervöse Symptome von Platzangst. Es wurde ihm gestattet, das Abitur zu Hause abzulegen. Er war nachher in einem viel besseren Zustand. Im ersten Jahr des Universitätsstudiums verliebte er sich in ein Mädchen und heiratete. Kurz nachher setzten die Kopfschmerzen ein. Als Ursache bei diesem überaus ehrgeizigen, unglaublich verwöhnten Manne fand sich dauernde Unzufriedenheit mit seiner Frau und Eifersucht, die wohl deutlich aus seiner Haltung, auch aus seinen Träumen hervorging, die er sich aber nie recht deutlich gemacht hatte. So träumte er einst, dass er seine Frau wie zur Jagd gekleidet sah. Er hatte als Kind an Rachitis gelitten und erinnerte sich, dass er, wenn sich die Kinderfrau von ihm, der immer andere mit sich beschäftigte, Ruhe verschaffen wollte, ihn noch mit vier Jahren auf den Rücken legte, eine Lage, aus der er sich bei seiner Fettleibigkeit nicht allein erheben konnte. Als Zweitgeborener lebte er immer mit dem älteren Bruder in Konflikt und wollte immer der Erste sein. Günstige Umstände verhalfen ihm später zu einer hohen Stelle, der er wohl geistig, aber nicht seelisch gewachsen war. In den unabwendbaren Aufregungen seiner Stellung griff er zum Morphium, dem er, mehrmals davon befreit, immer wieder zum Opfer fiel. Wieder kam als erschwerender Umstand für ihn seine grundlose Eifersucht ins Spiel. Als er in seiner Stellung unsicher wurde, beging er Selbstmord. *[96]*

9. Die fiktive Welt des Verwöhnten

Verwöhnte Personen haben keinen guten Ruf. Sie hatten ihn niemals. Eltern lieben es nicht, der Verwöhnung beschuldigt zu werden. Jede verwöhnte Person weigert sich, als solche angesehen zu werden. Man stößt immer wieder auf Zweifel, was man unter Verwöhnung verstehen soll. Aber wie durch Intuition fühlt jeder sie als Last und als Hindernis einer richtigen Entwicklung.

Nichtsdestoweniger liebt es jeder, Objekt der Verzärtelung zu sein. Manche ganz besonders. Viele Mütter können nicht anders als verwöhnen. Glücklicherweise wehren sich viele Kinder so stark dagegen, dass der Schaden geringer ausfällt. Es ist eine harte Nuss mit psychologischen Formeln. Wir können sie nicht als strenge Richtlinien benützen, die blindlings zur Auffindung von Grundlagen einer Persönlichkeit Verwendung finden könnten oder zur Erklärung von Stellungnahmen und Charakteren. Wir müssen vielmehr in jeder Richtung eine Million von Varianten und Nuancen erwarten, und was wir gefunden zu haben glauben, muss stets mit gleichlaufenden Tatsachen verglichen und bestätigt werden. Denn wenn ein Kind sich gegen Verwöhnung stemmt, geht es gewöhnlich zu weit in seinem Widerstand und überträgt seine Gegenwehr auch auf Situationen, in denen freundliche Hilfe von außen einzig vernünftig wäre.

Wenn die Verwöhnung später im Leben Platz greift und nicht, wie so oft in solchen Fällen, mit Knebelung des freien Willens verknüpft ist, kann sie wohl dem Verwöhnten gelegentlich zum Überdruss werden. Aber sein in der Kindheit erworbener Lebensstil wird dadurch nicht mehr geändert. *[97]*

Die Individualpsychologie behauptet, dass es keinen andern Weg gibt, einen Menschen zu verstehen als die Betrachtung der Bewegungen, die er macht, um seine Lebensprobleme zu lösen. Das Wie und das Warum sind dabei sorgfältig zu beobachten. Sein Leben beginnt mit dem Besitz menschlicher Möglichkeiten, Entwicklungsmöglichkeiten, die sicherlich verschieden sind, ohne dass wir imstande wären, diese Verschiedenheiten aus anderem als aus seinen Leistungen zu erkennen. Was wir im Beginn des Lebens zu sehen bekommen, ist bereits stark beeinflusst durch äußere Umstände vom ersten Tag seiner Geburt. Beide Einflüsse, Heredität und Umwelt, werden zu seinem Besitz, den das Kind verwendet, gebraucht, um seinen Weg der Entwicklung zu finden. Weg aber und Bewegung können nicht ohne Richtung und Ziel gedacht oder eingeschlagen werden. *Das Ziel der menschlichen Seele ist Überwindung, Vollkommenheit, Sicherheit, Überlegenheit.*

Das Kind im Gebrauch der erlebten Einflüsse von Körper und Umwelt ist mehr oder weniger auf seine eigene schöpferische Kraft, auf sein Erraten eines Weges angewiesen. Die seiner Haltung zugrunde liegende Meinung vom Leben, weder in Worte gefasst noch gedanklich ausgedrückt, ist sein eigenes Meisterstück. So kommt das Kind zu seinem Bewegungsgesetz, das ihm nach einigem Training zu jenem Lebensstil verhilft, in dem wir das Individuum sein ganzes Leben hindurch denken, fühlen und handeln sehen. Dieser Lebensstil ist fast immer in einer Situation erwachsen, in der dem Kinde die Unterstützung von außen gewiss ist. Unter mannigfachen Umständen erscheint ein solcher Lebensstil sich nicht als ganz geeignet zu bewähren, wenn draußen im Leben ein Handeln ohne liebevolle Hilfe nötig erscheint.

Da taucht nun die Frage auf, welche Haltung im Leben richtig ist, welche Lösung der Lebensfragen erwartet werden muss. Die Individualpsychologie trachtet so viel als möglich zur Lösung dieser Frage beizutragen. Niemand ist mit der absoluten Wahrheit gesegnet. Eine konkrete Lösung, die allgemein als richtig befunden werden müsste, muss wenigstens in zwei Punkten stichhaltig sein. Ein Gedanke, ein Gefühl, eine Handlung ist nur dann als richtig zu bezeichnen, wenn sie richtig ist sub specie aeternitatis (= auf ewige Sicht). Und ferner muss in ihr das Wohl der Gemeinschaft unanfechtbar beschlossen sein. Dies *[98]* gilt sowohl für Traditionen, als für neu auftauchende Probleme. Und gilt auch für lebenswichtige wie für kleinere Fragen des Lebens. Die drei großen Lebensfragen, die jeder zu lösen hat und in seiner Art lösen muss, die Fragen der Gemeinschaft, der Arbeit und der Liebe, können nur von solchen Menschen annähernd richtig gelöst werden, die in sich das lebendig gewordene Streben nach einer Gemeinschaft tragen. Keine Frage, dass in neu auftauchenden Problemen eine Unsicherheit, ein Zweifel bestehen kann. Aber nur der Wille zur Gemeinschaft kann vor großen Fehlern bewahren.

Wenn wir bei solcher Untersuchung auf Typen stoßen, so sind wir nicht der Verpflichtung enthoben, das Einmalige des Einzelfalles zu finden. Dies gilt auch für verwöhnte Kinder, dieser sich auftürmenden Bürde für Elternhaus, Schule und Gesellschaft. Wir haben den Einzelfall zu finden, wenn es sich um schwer erziehbare Kinder handelt, um nervöse oder wahnsinnige Personen, um Selbstmörder, Delinquenten, Süchtige, Perverse usf. Sie alle leiden an einem Mangel des Gemeinschaftsgefühls, der fast immer auf Verwöhnung in der Kindheit oder auf einen extremen Wunsch nach Verwöhnung und Erleichterung zurückzuführen ist.

Die aktive Haltung eines Menschen kann nur aus der richtig verstandenen Bewegung gegenüber den Lebensfragen erkannt werden. Ebenso ihr Mangel. Es bedeutet nichts für den Einzelfall, wenn man, wie es die Besitzpsychologen tun, irgendwelche fehlerhafte Symptome auf die dunklen Regionen einer unsicheren Erblichkeit zurückzuführen trachtet oder auf allgemein als ungeeignet angesehene Einflüsse der Umwelt, die das Kind ja doch mit einer gewissen Willkür aufnimmt, verdaut und beantwortet. Die Individualpsychologie ist die Psychologie des Gebrauches und betont die schöpferische Aneignung und Ausnützung aller dieser Einflüsse. Wer die stets verschiedenen Fragen des Lebens als gleichbleibend ansieht, ihre Einmaligkeit in jedem Falle nicht wahrnimmt, kann leicht dazu verleitet werden, an wirkende Ursachen, Triebe, Instinkte als dämonische Lenker des Schicksals zu glauben. Wer nicht wahrnimmt, dass für jedes Geschlecht stets neue Fragen auftauchen, die niemals vorher bestanden haben, kann an die Wirksamkeit eines erblichen Unbewussten denken. Die Individualpsychologie [99] kennt zu genau das Tasten und Suchen, die künstlerische Leistung des menschlichen Geistes bei der Lösung seiner Probleme, sei sie richtig oder unrichtig. Es ist die Leistung des Einzelmenschen aus seinem Lebensstil heraus, die eine individuelle Lösung seiner Probleme bedingt.

Viel von dem Wert der Typenlehre fällt hinweg, wenn man die Armut der menschlichen Sprache kennt. Wie verschieden sind die Beziehungen, die wir mit »Liebe« bezeichnen. Sind zwei in sich gekehrte Menschen jemals gleich? Ist es denkbar, dass das Leben zweier identischer Zwillinge, die – nebenbei – sehr oft den Wunsch und das Streben haben, identisch zu sein, hier unter dem wechselnden Mond je gleichförmig verlaufen kann? Wir können das Typische benützen, müssen es sogar, ebenso wie die Wahrscheinlichkeit, dürfen aber selbst bei Ähnlichkeiten nicht vergessen, welche Verschiedenheit das ja doch einmalige Individuum aufweist. Wir können uns in unserer Erwartung der Wahrscheinlichkeit bedienen, um das Gesichtsfeld zu beleuchten, in dem wir das Einmalige zu finden hoffen, müssen aber auf diese Hilfe verzichten, sobald uns Widersprüche entgegentreten.

Bei dem Suchen nach den Wurzeln des Gemeinschaftsgefühls, die Möglichkeit einer Entwicklung desselben beim Menschen vorausgesetzt, stoßen wir sofort auf die Mutter als den ersten und wichtigsten Führer. Die Natur hat sie dazu bestellt. Ihre Beziehung zu dem Kinde ist die einer innigen Kooperation (Lebens- und Arbeitsgemeinschaft), bei der beide gewinnen, nicht wie manche glauben, eine einseitige, sadistische Ausbeutung der Mutter durch das Kind. Der Vater, die andern Kinder, die Verwandten und Nachbarn haben dieses Werk der Kooperation zu fördern, indem sie das Kind als einen gleichberechtigten Mitarbeiter zum Mitmenschen, nicht zum Gegenmenschen anleiten. Je mehr das Kind den Eindruck gewinnt von der Verlässlichkeit und Mitarbeit der andern, umso eher wird es zum Mitleben und zum selbstständigen Mitarbeiten geneigt sein. Es wird alles, was es besitzt, in den Dienst der Kooperation stellen.

Wo aber die Mutter allzu deutlich von übertriebener Zärtlichkeit überfließt und dem Kind die Mitarbeit in seinem Verhalten, Denken und Handeln, wohl auch im Sprechen, überflüssig macht, wird das Kind eher geneigt sein, sich parasitär (ausbeutend) zu entwickeln und alles [100] von den andern zu erwarten. Es wird sich immer in den Mittelpunkt drängen und bestrebt sein, alle andern in seinen Dienst zu stellen. Es wird egoistische Tendenzen entfalten und es als sein Recht ansehen, die andern zu unterdrücken, von ihnen immer verwöhnt zu werden, zu nehmen und nicht zu geben. Ein oder zwei Jahre eines solchen Trainings genügen, um der Entwicklung des Gemeinschaftsgefühls und der Neigung zur Mitarbeit ein Ende zu setzen.

Einmal in Anlehnung an andere, ein andermal in der Sucht, andere zu unterdrücken, stoßen sie sehr bald auf den für sie unüberwindlichen Widerstand einer Welt, die Mitmenschlichkeit, Mitarbeit verlangt. Ihrer Illusionen beraubt, beschuldigen sie die anderen und sehen im Leben immer nur das feindliche Prinzip. Ihre Fragen sind pessimistischer Art. »Was hat das Leben für einen Sinn?« »Warum soll ich meinen Nächsten lieben?« Wenn sie sich den legitimen Forderungen einer aktiven Gemeinschaftsidee fügen, so nur, weil sie anderseits den Rückstoß, die Strafe fürchten. Vor die Frage der Gemeinschaft, der Arbeit, der Liebe gestellt, finden sie nicht den Weg des sozialen Interesses, erleiden einen Schock, verspüren dessen Wirkung körperlich und geistig und treten den Rückzug an, bevor oder nachdem sie ihre sinngemäße Niederlage erlitten haben. Aber immer bleiben sie bei ihrer von Kindheit an gewohnten Haltung, dass ihnen ein Unrecht geschehen sei.

Man kann nun auch verstehen, dass alle Charakterzüge nicht nur nicht angeboren sind, sondern in erster Linie Beziehungen ausdrücken, die ganz dem Lebensstil eingeordnet sind. Sie sind Mitprodukt aus des Kindes schöpferischem Wirken. Das verwöhnte Kind, zur Selbstliebe verleitet, wird egoistische, neidische, eifersüchtige Züge in höherem, wenn auch verschiedenem Maße entwickeln, wird, wie in Feindesland lebend, Überempfindlichkeit, Ungeduld, Mangel an Ausdauer, Neigung zu Affektausbrüchen und ein gieriges

Wesen zeigen. Die Neigung zum Rückzug und eine übergroße Vorsicht sind dabei gewöhnliche Erscheinungen.

Die Gangart, bildlich gesprochen, einer verwöhnten Person ist in günstigen Situationen manchmal nicht leicht zu durchschauen. Viel leichter in ungünstiger Lage, wenn das Individuum auf den Bestand seines Gemeinschaftsgefühls einer Prüfung ausgesetzt ist. Dann findet man es in *[101]* einer zögernden Haltung, oder es macht in einer größeren Distanz zu seinem Problem halt. Das Individuum erklärt diese Distanz mit Scheingründen, die zeigen, dass es sich dabei nicht um die Vorsicht des Klugen handelt. Oft wechselt es seine Gesellschaft, seine Freunde, seine Liebespartner, seinen Beruf, ohne bis zu einem gedeihlichen Ende zu gehen. Gelegentlich stürmen solche Menschen im Beginn einer Aufgabe mit solcher Hast vorwärts, dass der Kenner sofort auf den Gedanken kommt, wie wenig Selbstvertrauen darin steckt und wie bald der Eifer nachlassen wird. Andere von den Verwöhnten werden zu Sonderlingen, möchten sich am liebsten in die Wüste zurückziehen, um allen Aufgaben auszuweichen. Oder sie lösen eine Aufgabe nur teilweise und schränken so ihren Wirkungskreis entsprechend ihrem Minderwertigkeitskomplex stark ein. Wenn sie über einen gewissen Fonds von Aktivität verfügen, der gewiss nicht »Mut« zu nennen ist, so schweifen sie leicht in einer etwas drückenden Lage ins Gebiet des sozial Unnützlichen, ja Schädlichen ab, werden Verbrecher, Selbstmörder, Trinker oder Perverse.

Es ist nicht für jeden leicht, sich mit dem Leben einer sehr verwöhnten Person zu identifizieren, das heißt sie ganz zu verstehen. Man muss schon wie ein guter Schauspieler diese Rolle innehaben und im ganzen Lebenskreis verstehen, wie man sich zum Mittelpunkt macht, wie man nach jeder Situation Ausblick halten muss, in der man andere niederdrückt, niemals Mitarbeiter ist, wo man alles erwarten, aber nichts geben muss. Man muss erkannt haben, wie sie die Mitarbeit anderer für sich auszubeuten trachten, Freundschaft, Arbeit und Liebe, wie sie nur für ihr eigenes Wohl, für ihre eigene, persönliche Überheblichkeit Interesse haben und immer nur an Erleichterungen ihrer Aufgaben zuungunsten anderer denken, um zu verstehen, dass nicht Vernunft sie leitet. Das seelisch gesunde Kind entwickelt Mut, allgemeingültige Vernunft und aktive Anpassungsfähigkeit. Das verwöhnte Kind hat nichts oder wenig von all diesem, dafür Feigheit und Tricks. Dazu einen außerordentlich eingeengten Pfad, so dass es immer in den gleichen Fehler verfallen erscheint. Ein tyrannisches Kind erscheint immer tyrannisch. Ein Taschendieb bleibt immer bei seinem Handwerk. Der Angstneurotiker beantwortet alle Aufgaben des Lebens mit Angst. Der Süchtige *[102]* bleibt bei seinem Gift. Der sexuell Perverse zeigt keine Neigung zu Abweichungen von seiner Perversion. In dem Ausschluss anderer Leistungen, in dem engen Pfad, auf dem ihr Leben abläuft, zeigt sich wieder deutlich ihre Lebensfeigheit, ihr mangelndes Selbstvertrauen, ihr Minderwertigkeitskomplex, ihre Ausschaltungstendenz.

Die geträumte Welt verwöhnter Personen, ihre Perspektive, ihre Meinung und Auffassung vom Leben, unterscheidet sich ungeheuer von der wirklichen Welt. Ihre Anpassung an die Evolution der Menschheit ist mehr oder weniger erwürgt, und dies bringt sie unaufhörlich in Konflikte mit dem Leben, an deren schädlichen Resultaten die andern mitleiden. Wir finden sie in der Kindheit unter den überaktiven und passiven Kindern, später unter den Verbrechern, Selbstmördern, Nervösen und Süchtigen, immer voneinander verschieden. Meist unbefriedigt sehen sie mit verzehrendem Neid auf die Erfolge der andern, ohne sich aufzuraffen. Immer bannt sie die Furcht vor einer Niederlage, vor der Aufdeckung ihrer Wertlosigkeit, meist sieht man sie auf dem Rückzug vor den Aufgaben des Lebens, für den sie um Ausreden nie verlegen sind.

Dass manche von ihnen Erfolge im Leben erringen, soll nicht übersehen werden. Es sind diejenigen, die überwunden und aus ihren Fehlern gelernt haben.

Die Heilung und Umwandlung solcher Personen kann nur auf dem Wege des Geistes, durch die wachsende Überzeugung von den Fehlern im Aufbau des Lebensstiles gelingen. Wichtiger wäre die Vorbeugung: Die Familie, besonders die Mutter, müsste es verstehen, ihre Liebe zum Kinde nicht bis zur Verwöhnung zu steigern. Mehr wäre zu erwarten von einer Lehrerschaft, die gelernt hat, diesen Fehler zu erkennen und zu korrigieren. Es wird dann klarer werden, als es bis jetzt erscheint, dass kein Übel größer ist als die Verwöhnung der Kinder mit ihren Folgen. *[103]*

10. Was ist wirklich eine Neurose?[37]

Wer sich jahrelang mit diesem Problem beschäftigt hat, der wird verstehen, dass man auf die Frage, was ist nun wirklich Nervosität, eine klare und offene Antwort geben muss. Wenn man die Literatur durchwandert, um Aufschlüsse zu bekommen, so wird man sich vor einem solchen Wirrsal von Definitionen finden, dass man zum Schlusse wohl kaum zu einer einheitlichen Anschauung gelangen wird.

Wie immer, wenn in einer Frage Unklarheiten bestehen, gibt es eine Menge von Erklärungen und viel Kampf. So auch in unserem Falle. Neurose ist – Reizbarkeit, reizbare Schwäche, Erkrankung der endokrinen Drüsen, Folge von Zahn-, Naseninfektion, Genitalerkrankung, Schwäche des Nervensystems, Folge einer hormonalen, einer harnsauren Diathese, des Geburtstraumas, des Konfliktes mit der Außenwelt, mit der Religion, mit der Ethik, Konflikt zwischen dem bösen Unbewussten und dem kompromissgeneigten Bewusstsein, der Unterdrückung sexueller, sadistischer, krimineller Triebe, des Lärmes und

---

37 [Original: Adler 1933h]

der Gefahren der Großstadt, einer weichlichen, einer strengen Erziehung, der Familienerziehung überhaupt, gewisser bedingter Reflexe usw.

Vieles aus diesen Anschauungen ist zutreffend und kann zur Erklärung von mehr oder weniger bedeutsamen Teilerscheinungen der Neurose herangezogen werden. Das meiste davon findet sich häufig bei Personen, die nicht an einer Neurose leiden. Das wenigste davon liegt auf dem Wege zu einer Klärung der Frage: Was ist wirklich eine Neurose? Die ungeheure Häufigkeit dieser Erkrankung, ihre außerordentlich schlimme soziale Auswirkung, die Tatsache, dass nur ein kleiner Teil [104] der Nervösen einer Behandlung unterzogen wird, sein Leiden aber lebenslang als unerhörte Qual mit sich herumträgt, dazu das große, aufgepeitschte Interesse der Laienwelt für diese Frage, rechtfertigt eine kühle, wissenschaftliche Beleuchtung vor einem größeren Forum. Man wird dabei auch ersehen, wie viel medizinisches Wissen zum Verständnis und zur Behandlung dieser Erkrankung nötig ist. Es soll auch der Gesichtspunkt nicht außer Acht gelassen werden, dass eine Verhütung der Neurose möglich und erforderlich ist, aber nur bei klarer Erkenntnis der zugrunde liegenden Schäden erwartet werden kann. Die Maßregeln zur Verhütung, Vorbeugung und Erkenntnis der kleinen Anfänge stammen aus dem ärztlichen Wissen. Aber die Mithilfe der Familie, der Lehrer, Erzieher und anderer Hilfspersonen ist dabei unentbehrlich. Dies rechtfertigt eine weite Verbreitung der Kenntnisse über das Wesen und über die Entstehung der Neurose.

Man muss willkürliche Definitionen, wie sie seit jeher bestehen, unbedingt beiseite schaffen, zum Beispiel, dass sie ein Konflikt zwischen dem Bewussten und dem Unbewussten ist. Darüber kann man schwer diskutieren, denn schließlich hätten die Autoren, die dieser Auffassung huldigen, einsehen müssen, dass man ohne Konflikte überhaupt nicht auskommt, so dass etwas Beleuchtendes über das Wesen der Neurose dadurch nicht gesagt ist, auch dann nicht, wenn uns jemand verleiten will, in einer hochmütig wissenschaftlichen Anschauung jene organischen Veränderungen, Chemismen, ausfindig zu machen. Damit wird er schwerlich etwas beitragen können, weil wir über Chemismen nichts aussagen können. Auch die anderen landläufigen Definitionen sagen nichts Neues. Was man unter Nervosität versteht, ist Reizbarkeit, Misstrauen, Scheu usw., kurz, irgendwelche Erscheinungen, die sich durch negative Charakterzüge auszeichnen, durch Charakterzüge, die nicht ins Leben hineinpassen und mit Affekten beladen erscheinen. Alle Autoren geben zu, dass die Nervosität mit einem gesteigerten Affektleben zusammenhängt. Als ich vor vielen Jahren daranging, zu beschreiben, was wir unter dem nervösen Charakter verstehen, da zog ich die Überempfindlichkeit des Nervösen an den Tag. Dieser Charakterzug findet sich wohl bei jedem Nervösen, wenngleich in manchen seltenen Fällen dieser Zug nicht ganz leicht entdeckt werden kann, weil er verhüllt ist, aber wenn [105] man näher zusieht, kann man entdecken, dass es doch Menschen mit großer Empfindlichkeit sind. Weitere Forschungen der Individualpsychologie haben ergeben, woher die Empfindlichkeit stammt. Einer, der sich zu Hause fühlt auf dieser armen Erdkruste, davon durchdrungen ist, dass nicht nur die Annehmlichkeiten des Lebens zu ihm gehören, sondern auch die Unannehmlichkeiten, der darauf gefasst ist, etwas beizutragen, der wird keine Überempfindlichkeiten an den Tag legen. Die Überempfindlichkeit ist der Ausdruck des Minderwertigkeitsgefühls. So ergeben sich sehr leicht andere Charakterzüge des Nervösen, wie zum Beispiel die Ungeduld, die auch der, der sich sicher fühlt, der Selbstvertrauen hat, der dahin entwickelt ist, sich mit den Fragen des Lebens auseinanderzusetzen, nicht an den Tag legt. Wenn man diese zwei Charakterzüge im Auge hat, wird man verstehen, dass es Menschen sind, die in gesteigerten Affekten leben. Wenn man hinzunimmt, dass dieses Unsicherheitsgefühl gewaltig nach einem Ruhestand, nach Sicherheit strebt, kann man verstehen, warum das Streben des Nervösen nach Überlegenheit, nach Vollkommenheit aufgepeitscht ist, dass man diesen Zug, der zur Höhe strebt, als Ehrgeiz findet, der nur die eigene Person berücksichtigt. Das ist bei einem Menschen verständlich, der sich in Not befindet. Manchmal nimmt dieses Streben zur Höhe auch Formen an, zum Beispiel Gier, Geiz, Neid, Eifersucht, die von vornherein von der Allgemeinheit abgelehnt werden; da handelt es sich um Menschen, die gewaltsam über die Schwierigkeiten hinauszuwachsen bestrebt sind, weil sie sich deren glatte Lösung nicht zutrauen. Dazu kommt, dass das verstärkte Minderwertigkeitsgefühl Hand in Hand geht mit einer mangelhaften Entwicklung des Mutes, dass sich anstelle dessen eine Häufung von trickhaften Versuchen einstellt, um das Problem des Lebens herumzukommen, sich das Leben zu erleichtern, anderen zuzuschieben; dies hängt mit dem mangelhaften Interesse an den anderen zusammen. Wir sind weit entfernt davon, diese vielen Menschen, die niedrigere oder höhere Grade dieses Verhaltens zeigen, zu kritisieren oder zu verurteilen, wir wissen, dass auch die schwersten Verfehlungen nicht unter bewusster Verantwortung zustande gekommen sind, sondern dass der Betreffende ein Spielball seiner schlechten Stellungnahme dem Leben gegenüber *[106]* geworden ist. Diese Menschen haben ein Ziel vor Augen, bei dessen Verfolgung sie in Widerspruch mit der Vernunft geraten. Über das Wesen der Nervosität, über ihr Zustandekommen, ihre Struktur ist damit noch nichts gesagt. Wir sind einen Schritt weitergegangen und konnten, im Hinblick auf den mangelnden Mut des Nervösen, seine zögernde Haltung den Aufgaben des Lebens gegenüber, die geringe Auswirkung des Lebensprozesses gegenüber den Fragen des Lebens feststellen. Es ist sicher, dass wir das geringe Vermögen zur Aktivität bis in die Kindheit zurückverfolgen können. Wir Individualpsychologen sind davon nicht überrascht, weil die Lebensform in den ersten Lebensjahren entwickelt und unabänderlich ist und einer Änderung nur zugänglich ist, wenn der Betreffende den Irrtum in der Entwicklung versteht und die Fähigkeit besitzt, sich der Allgemeinheit zum Zwecke der Wohlfahrt der gesamten Menschheit wieder anzuschließen.

Besitzt ein Kind eine höhere Aktivität in schlechtem Sinne, dann kann man voraussetzen, dass dieses Kind, wenn es später ein Fehlschlag wird, kein Nervöser wird, sondern sich dann in einer anderen Form eines Fehlschlages – Verbrecher, Selbstmörder, Trunkenbold – manifestiert. Er kann sich als schwer erziehbares Kind des schlimmen Genres präsentieren, aber er wird nicht die Züge eines Nervösen aufweisen. Wir sind nun näher herangekommen und können feststellen, dass der Aktionsradius eines solchen Menschen keine besondere Ausbreitung erfährt. Der Nervöse hat einen geringen Aktionsradius, verglichen mit dem mehr normaler Menschen. Die Frage ist wichtig, woher die größere Aktivität kommt. Wenn wir feststellen, dass es möglich ist, den Aktionsradius eines Kindes zu entwickeln und zu unterdrücken, wenn wir verstanden haben, dass es Mittel gibt, in einer fehlgeschlagenen Erziehung den Aktionsradius des Kindes bis auf ein Minimum einzuengen, verstehen wir auch, dass uns die Frage der Vererbung nicht interessiert, sondern dass das, was wir sehen, Produkt der schöpferischen Fähigkeiten des Kindes ist. Die Körperlichkeit und die Einwirkung der Außenwelt sind Bausteine, die das Kind zum Aufbau seiner Persönlichkeit benützt. Was wir an den Symptomen der Nervosität beobachten, die wir einteilen in körperliche Erschütterungen gewisser Organe und in seelische Erschütterungen, Angsterscheinungen, Zwangs[107]gedanken, Depressionserscheinungen, die spezielle Bedeutung zu haben scheinen, nervöse Kopfschmerzen, Errötungszwang, Waschzwang und ähnliche seelische Ausdrucksformen, alle sind Dauersymptome. Sie verharren durch längere Zeit und wenn man sich nicht in das Dunkel fantastischer Anschauungen begeben und annehmen will, dass sie sich ohne Sinn entwickelt haben, wenn man nach dem Zusammenhang sucht, wird man finden, dass jene Aufgabe, die dem Kind vorliegt, für das Kind zu schwer gewesen ist, dass sie aber dauernd besteht. Dadurch erscheint die Konstanz von nervösen Symptomen festgestellt und erklärt. Der Ausbruch der nervösen Symptome erfolgt vor einer bestimmten Aufgabe. Wir haben umfängliche Untersuchungen angestellt, um herauszufinden, worin die Schwierigkeit der Lösung von Problemen besteht, und die Individualpsychologie hat damit das ganze Gebiet dauernd beleuchtet, indem sie festgestellt hat, dass die Menschen immer Probleme vor sich haben, zu denen eine soziale Vorbereitung gehört. Die muss das Kind in frühester Kindheit erwerben, denn eine Steigerung ist nur aus dem Verständnis möglich. Wenn wir uns die Aufgabe gestellt haben, deutlich zu machen, dass tatsächlich immer ein solches Problem erschütternd wirkt, dann können wir von Schockwirkungen sprechen. Sie können von verschiedener Art sein. Einmal ist es die Frage der Gesellschaft. Eine Enttäuschung in der Freundschaft. Wer hat sie nicht erlebt, wer war dadurch nicht erschüttert? Die Erschütterung ist noch immer kein Zeichen von Nervosität. Sie ist nur dann ein Zeichen von Nervosität und wird Nervosität, wenn sie anhält, wenn sie einen Dauerzustand bildet, wenn der Betreffende sich mit Misstrauen von jedem Du abwendet, wenn er deutlich zeigt, dass er durch Scheu, Schüchternheit, körperliche Symptome, Herzklopfen, Schwitzen, Magen-Darm-Erscheinungen, Harndrang immer abgehalten wird, sich irgendwo anderen Menschen zu nähern, ein Zustand, der in der individualpsychologischen Beleuchtung klar spricht und sagt, dass dieser Mensch das Kontaktgefühl mit anderen nicht genügend entwickelt hat, was auch daraus hervorgeht, dass ihn seine Enttäuschung zur Isolierung gebracht hat. Nun sind wir dem Problem schon näher gerückt und können uns ein Verständnis über die Nervosität verschaffen. Wenn einer zum Beispiel im Beruf Geld verliert und erschüttert *[108]* ist, so ist das noch keine Nervosität. Eine nervöse Erscheinung wird es erst, wenn er dabei stehen bleibt und nur erschüttert ist und sonst gar nichts. Das lässt sich nur erklären, wenn man versteht, dass dieser Mensch keinen genügenden Grad von Mitarbeit erworben hat, dass er nur bedingungsweise vorwärtsgeht, wenn ihm alles gelingt. Dasselbe gilt auch für die Liebesfrage. Sicherlich ist die Lösung der Liebesfrage keine Kleinigkeit. Es bedarf schon einer gewissen Erfahrung, Verständnisses, einer gewissen Verantwortung. Wenn da einer durch diese Frage in eine Aufregung und Irritation gerät, wenn er, einmal zurückgeschlagen, nie mehr vorwärtsgeht, wenn sich in diesem Rückzug vor dem genannten Problem auch alle Emotionen einfinden, die den Rückzug sichern, wenn er ein solches Urteil für das Leben gewinnt, dass er an dem Rückzug festhält, dann erst ist es Nervosität. Jeder wird im Trommelfeuer Schockwirkungen erleben, aber zur Dauer werden sie nur dann führen, wenn er nicht für die Aufgaben des Lebens vorbereitet ist. Er bleibt stecken. Dieses Steckenbleiben haben wir begründet, indem wir sagten: Das sind Menschen, die zur Lösung aller Probleme nicht richtig vorbereitet sind, das sind keine richtigen Mitarbeiter von Kindheit an. Aber wir müssen noch etwas mehr sagen: Es ist ja doch ein Leiden, das wir in der Nervosität zu beobachten haben, es ist keine Annehmlichkeit. Wenn ich jemandem die Aufgabe stellte, er solle Kopfschmerzen erzeugen, wie sie angesichts eines Problems zustande kommen, zu dessen Lösung er nicht vorbereitet ist, wird er nicht imstande sein, es zu tun. Deswegen müssen wir alle Auseinandersetzungen, einer erzeuge sein Leiden, er wolle krank sein, alle diese unrichtigen Anschauungen müssen wir a limine[38] beseitigen. Es ist keine Frage, dass der Betreffende leidet, aber er zieht diese Leiden noch immer jenen größeren vor, um nicht bei der Lösung wertlos zu erscheinen. Er nimmt lieber alle nervösen Leiden in Kauf als die Enthüllung seiner Wertlosigkeit. Beide, der nervöse und der nichtnervöse Mensch werden einer Feststellung ihrer Wertlosigkeit den größten Widerstand entgegensetzen, aber der Nervöse weit mehr. Vergegenwärtigt man sich die Überempfindlichkeit, Ungeduld, Affektsteigerung, den persönlichen Ehrgeiz, so wird man begreifen können, dass ein solcher Mensch nicht vorwärtszubringen ist, solange er sich in Gefahr *[109]* glaubt, dass sich seine Wertlosigkeit enthüllen werde.

---

38 [lat.: von vornherein]

Welche Stimmungslage erfolgt nun, nachdem diese Schockwirkungen eingetreten sind? Er hat sie nicht erzeugt, er wünscht sie nicht, sie sind aber da als die Folgen einer seelischen Erschütterung, als Folgen eines Gefühls der Niederlage, als Folgen der Furcht, in seiner Wertlosigkeit enthüllt zu sein. Diese Wirkung, die da entsteht, zu bekämpfen, hat er keine rechte Neigung; er versteht sich auch nicht leicht dazu, sich aus ihr zu befreien. Er würde sie wegwünschen, er wird darauf bestehen: Ich möchte ja gesund werden, ich will von den Symptomen befreit sein. Deshalb geht er auch zum Arzt. Was er aber nicht weiß, ist, dass er etwas noch mehr fürchtet: als etwas Wertloses dazustehen; es könnte sich etwa das düstere Geheimnis entpuppen, dass er nichts wert sei. Wir sehen nun, was eigentlich Nervosität ist: ein Versuch, dem größeren Übel auszuweichen, ein Versuch, den Schein des Wertes um jeden Preis aufrechtzuerhalten, alle Kosten zu zahlen, aber gleichzeitig zu wünschen, dieses Ziel zu erreichen, auch ohne Kosten zu zahlen. Leider ist das unmöglich. Es geht nicht anders, als dass man dem Betreffenden eine bessere Vorbereitung für das Leben verschafft, dass man ihn besser einbettet, dass man ihn ermutigt, was nicht durch ein Aufpeitschen, durch Strafen, Härte, Zwang erreicht werden kann. Man weiß, wie viele Menschen fähig sind, wenn sie über eine gewisse Aktivität verfügen, sich lieber umzubringen, als die Probleme zu lösen. Das ist deutlich. Deshalb können wir von einem Zwang nichts erwarten, es muss eine systematische Vorbereitung eintreten, bis der Betreffende sich sicher fühlt, so dass er an die Lösung des Problems schreiten kann. Andererseits ist es ein Mensch, der glaubt, vor einem tiefen Abgrund zu stehen, der fürchtet, wenn er angetrieben wird, in den Abgrund zu stürzen, das heißt, dass seine Wertlosigkeit sich enthüllen würde.

Ein 35-jähriger Rechtsanwalt klagt über Nervosität, ununterbrochenen Schmerz in der Hinterhauptgegend, allerlei Beschwerden in der Magengegend, Stumpfheit im ganzen Kopf und allgemeine Schwäche und Müdigkeit. Dabei ist er immer in Aufregung und ruhelos. Oft hat er Angst, das Bewusstsein zu verlieren, wenn er mit fremden Menschen sprechen soll. Zu Hause, in der Familie seiner Eltern, fühlt er sich erleichtert, obwohl ihm auch dort die Atmosphäre nicht behagt. Er ist überzeugt, dass er dieser Symptome wegen keinen Erfolg haben kann.

Die klinische Untersuchung ergab ein negatives Resultat bis auf eine Skoliose, die bei Verlust des Muskeltonus infolge der Depression zur Erklärung des Hinter[110]hauptschmerzes und der Rückenschmerzen herangezogen werden kann. Die Müdigkeit kann ohne Weiteres seiner Ruhelosigkeit zugeschrieben werden, ist aber sicher auch wie das stumpfe Gefühl im Kopfe als eine Teilerscheinung der Depression zu verstehen. Die Beschwerden in der Magengegend sind aus der allgemeinen Diagnostik, die wir hier anwenden, schwerer zu verstehen, könnten als Nervenirritation infolge der Skoliose entstanden sein, aber auch der Ausdruck einer Prädilektion sein, die Antwort eines minderwertigen Organs auf eine seelische Irritation. Für Letzteres spricht die Häufigkeit von

Magenstörungen in der Kindheit und eine ähnliche Klage des Vaters, ebenfalls ohne organischen Befund. [Der] Patient weiß auch, dass gelegentliche Aufregungen immer von Verschlechterung seines Appetits, manchmal mit Erbrechen, begleitet waren.

Eine vielleicht als Kleinigkeit angesehene Klage lässt uns den Lebensstil des Patienten etwas genauer erkennen. Seine Ruhelosigkeit spricht deutlich dafür, dass er den Kampf um »seinen Erfolg« nicht ganz aufgegeben hat. Für die gleiche Schlussfolgerung, wenn auch in eingeschränkterem Maße, spricht seine Mitteilung, dass er sich auch zu Hause nicht wohlfühlt. In eingeschränkterem Maße deshalb, weil ihn seine Angst, fremden Menschen zu begegnen, also ins Leben hinauszutreten, auch zu Hause nicht verlassen kann. Die Furcht, das Bewusstsein zu verlieren, lässt uns aber einen Blick in die Werkstätte seiner Neurose tun: Er sagt es, weiß es aber nicht, wie er seine Aufregung, wenn er Fremde sehen muss, durch einen vorgefassten Gedanken, bewusstlos zu werden, künstlich steigert. Es sind zwei Gründe namhaft zu machen, warum der Patient es nicht weiß, dass er künstlich, als ob in einer Absicht, die Aufregung bis zu einer Konfusion steigert. Der eine Grund liegt auf der Hand, wenngleich nicht allgemein verstanden: Der Patient blickt gleichsam schielend nur auf seine Symptome und nicht auf den Zusammenhang mit seiner Gangart. Der andere Grund ist: dass der unerbittliche Rückzug, die »Avance rückwärts«, wie ich es vor langer Zeit als wichtigstes neurotisches Symptom beschrieben habe (in »Über den nervösen Charakter«, 4. Aufl., J. F. Bergmann, München)[39], in unserem Falle verbunden mit schwachen Versuchen sich aufzuraffen, nicht unterbrochen werden darf. Die Erregung, in die der Patient gerät – was freilich auch bewiesen werden muss, denn bisher ist es nur unter Zuhilfenahme der allgemeinen Diagnostik, der individualpsychologischen Erfahrung und mittels medizinisch-psychologischer Intuition erraten –, wenn er mit den drei Lebensfragen Gemeinschaft, Beruf, Liebe zusammenstößt, für die er offensichtlich nicht vorbereitet ist, ergreift ja nicht nur den Körper, um dort funktionelle Veränderungen hervorzurufen, sondern auch die Psyche. Es kommt infolge der mangelhaften Vorbereitung dieser Persönlichkeit zu funktionellen Störungen in Körper und Seele. Der Patient, vielleicht von früher her schon durch kleinere Fehlschläge belehrt, schreckt vor dem »exogenen« Faktor zurück, fühlt sich nun dauernd von einer Niederlage bedroht, umso mehr, wenn er als verwöhntes Kind (ein neuer Beweis, den wir in der Folge zu führen haben werden) sein selbst aufgebautes Ziel einer persönlichen Überlegenheit ohne Interesse für die anderen mehr und mehr unerreichbar findet. In dieser Stimmungslage von erhöhten Emotionen, die immer der Angst vor einer endgültigen Niederlage entspringen, wenngleich Angst im gewöhnlichen

---

39 [Adler, A. 1912a; in dieser Studienausgabe Bd. 2, 4. Aufl. 1912a/1928k, 1912a/1972a, 1912a/1997]

Sinne des Wortes nicht *[111]* immer deutlich hervortreten muss, entstehen ja nach der körperlichen, meist angeborenen, und nach der seelischen, immer erworbenen Konstitution, immer miteinander vermengt und sich gegenseitig beeinflussend, jene Symptome, die wir in der Neurose du Psychose finden.

Ist dies aber schon die Neurose? Die Individualpsychologie hat wahrlich viel getan, die Tatsache aufzuklären, dass man zur Lösung der Lebensaufgaben schlecht oder gut vorbereitet sein kann, und dass dazwischen viele tausend Varianten zu finden sind. Viel auch, um verstehen zu lassen, dass die gefühlte Unfähigkeit zur Lösung Körper und Seele anlässlich des exogenen Faktors tausendfältig vibrieren macht. Sie hat auch gezeigt, dass die mangelnde Vorbereitung aus der frühesten Kindheit stammt und sich weder durch Erlebnisse noch durch Emotionen, sondern nur durch Erkenntnisse bessern lässt. Und sie hat als den integrierenden Faktor im Lebensstil das Gemeinschaftsgefühl entdeckt, das zur Lösung aller Lebensfragen in ausschlaggebender Weise vorhanden sein muss. Die körperlichen und seelischen Erscheinungen, die das Gefühl des Versagens begleiten und charakterisieren, habe ich als Minderwertigkeitskomplex beschrieben. Freilich sind die Schockwirkungen im Falle des Minderwertigkeitskomplexes bei schlechter vorbereiteten Individuen größer als bei besser vorbereiteten, bei mutigeren Menschen geringer als bei entmutigten und stets Hilfe von außen suchenden. Konflikte, die ihn mehr oder weniger erschüttern, hat jedermann. Körperlich und seelisch fühlt sie jedermann. Unsere Körperlichkeit, die äußeren sozialen Verhältnisse ersparen keinem das Gefühl der Minderwertigkeit gegenüber der Außenwelt. Hereditäre Organminderwertigkeiten sind allzu häufig, als dass sie durch die harten Anforderungen des Lebens nicht getroffen würden. Die Umweltfaktoren, die auf das Kind einwirken, sind nicht von der Art, ihm den Aufbau eines »richtigen« Lebensstils leicht zu ermöglichen. Verwöhnung, vermeintliche oder wirkliche Vernachlässigung, besonders Erstere, verleiten das Kind allzu oft, sich in Widerspruch zum Gemeinschaftsgefühl zu setzen. Dazu kommt noch, dass das Kind sein Bewegungsgesetz zumeist ohne richtige Anleitung findet, nach dem trügerischen Gesetz von Versuch und Irrtum, in eigner, nur durch die menschlichen Grenzen eingeengter Willkür, immer aber auch einem Ziel der Überlegenheit in millionenfachen *[112]* Varianten zustrebend. Die schöpferische Kraft des Kindes benützt, »gebraucht« alle Eindrücke und Empfindungen als Impulse zu einer endgültigen Stellungnahme, zur Entwicklung seines individuellen Bewegungsgesetzes. Man hat diese von der Individualpsychologie hervorgehobene Tatsache später als »Einstellung« oder als »Gestalt« bezeichnet, ohne dem Ganzen des Individuums und seiner Verbundenheit mit den drei großen Fragen des Lebens gerecht zu werden, auch ohne die Leistung der Individualpsychologie dabei anzuerkennen. Ist nun der Konflikt eines »schlimmen« Kindes, eines Selbstmörders, eines Verbrechers, eines erzreaktionären Menschen, eines sinnlos ultraradikalen Kämpfers, eines saumselig Dahinlebenden, eines durch die Not, die ihn umgibt, in seiner Behaglichkeit gestörten Prassers, ist dieser Konflikt samt den körperlichen und seelischen Folgen bereits »die Neurose«? Sie alle treffen in ihrem verfehlten, beharrlichen Bewegungsgesetz die von der Individualpsychologie betonte »Wahrheit«, geraten in Widerspruch mit dem sub specie aeternitatis »Richtigen«, mit der unerbittlichen Forderung einer idealen Gemeinschaft. Sie verspüren die freilich tausendfachen Folgen dieses Zusammenstoßes, freilich in tausendfachen Varianten, körperlich und seelisch. Aber ist dies die Neurose? Gäbe es nicht die unerbittlichen Forderungen der idealen Gemeinschaft, könnte jeder im Leben seinem verfehlten Bewegungsgesetz genügen – man kann fantasievoller auch sagen: seinen Trieben, seinen bedingten Reflexen – so gäbe es keinen Konflikt. Niemand kann eine derart sinnlose Forderung aufstellen. Sie regt sich nur schüchtern, wenn einer die Verbundenheit von Individuum und Gemeinschaft übersieht oder zu trennen versucht. Jeder beugt sich mehr oder weniger willig dem ehernen Gesetz der idealen Gemeinschaft. Nur das zum äußersten verwöhnte Kind wird erwarten und verlangen: »res mihi subigere conor«, wie *Horaz*[40] tadelnd hervorhebt. Frei übersetzt: die Gemeinschaftsbeiträge für mich auszunützen, ohne etwas beizutragen. »Warum ich meinen Nächsten lieben soll«, geht aus der untrennbaren Verbundenheit der Menschen hervor und aus dem unerbittlich richtenden Ideal der Gemeinschaft (s. auch »Der Sinn des Lebens«).[41] Nur wer einen genügenden Anteil dieses Zieles zur Gemeinschaft in sich, in seinem [113] Bewegungsgesetz trägt und ihn lebt wie Atmen, wird auch die ihm zukommenden Konflikte im Sinne der Gemeinschaft zu lösen imstande sein.

Wie jedermann erlebt auch der Neurotiker seine Konflikte. Sein Lösungsversuch aber unterscheidet ihn klar von allen anderen. Bei der Tausendfältigkeit von Varianten sind Teilneurosen und Mischformen stets zu finden. In seinem Bewegungsgesetz ist der Rückzug vor Aufgaben, die durch eine gefürchtete Niederlage seine Eitelkeit, sein vom Gemeinschaftsgefühl allzu stark getrenntes Streben nach persönlicher Überlegenheit, sein Streben, der Erste zu sein, gefährden könnten, von Kindheit her trainiert. Sein Lebensmotto: »Alles oder nichts«, meist wenig gemildert, die Überempfindlichkeit des stets von Niederlagen Bedrohten, seine Ungeduld, die Affektsteigerung des wie in Feindesland Lebenden, seine Gier bringen häufiger und stärkere Konflikte hervor als nötig wären und machen ihm den durch seinen Lebensstil vorgeschriebenen Rückzug leichter. Die von Kindheit her trainierte und erprobte Taktik des Rückzuges kann leicht eine »Regression« auf infantile Wünsche vortäuschen. Aber nicht auf solche Wünsche kommt es dem Neurotiker an, sondern

---

40 [Vollständig heißt das Zitat: *et mihi res, non me rebus, subiungere conor.* – »Ich versuche mir die Dinge, nicht mich den Dingen zu unterwerfen.« (Horaz, Epistulae, 1. Buch, 1, 19)]

41 [Adler 1931g, S. 161 ff.; Neudr.: 1931g/1982b]

auf seinen Rückzug, den er gerne mit Opfern aller Art bezahlt. Auch hier liegt eine trügerische Verwechslung mit »Formen der Selbstbestrafung« nahe. Aber: Nicht auf die Selbstbestrafung kommt es ihm an, sondern auf das Gefühl der Erleichterung durch den Rückzug, der ihn vor einem Zusammenbruch seiner Eitelkeit, seines Hochmutes bewahrt.

Vielleicht wird man jetzt endlich verstehen, was das Problem der »Sicherung« in der Individualpsychologie bedeutet. Es kann nur im ganzen Zusammenhang erkannt werden. Nicht als »sekundär«, sondern als hauptsächlich. Der Neurotiker »sichert« sich durch seinen Rückzug und »sichert« seinen Rückzug durch Steigerung der Schockerscheinungen körperlicher und seelischer Art, die im Zusammenstoß mit einem die Niederlage androhenden Problem entstanden sind.

Er zieht sein Leiden dem Zusammenbruch seines persönlichen Hochgefühls vor, von dessen Stärke bisher nur die Individualpsychologie Kenntnis hat. Dieses Hochgefühl, das in der Psychose nur oft deutlicher hervortritt, sein Überlegenheitskomplex, wie ich es genannt habe, ist *[114]* so stark, dass der Neurotiker selbst es nur mit schaudernder Ehrfurcht von ferne ahnt und dass er gerne seine Aufmerksamkeit von ihm abwendet, wenn er es in der Wirklichkeit erproben soll. Es treibt ihn nach vorne. Er aber muss des Rückzuges wegen alles verwerfen, alles vergessen, was den Rückzug hindern könnte. Er gibt nur Raum dem Rückzugsgedanken, den Rückzugsgefühlen und den Rückzugshandlungen. Der Neurotiker wendet sein ganzes Interesse dem Rückzug zu. Jeder Schritt vorwärts wird von ihm als ein Fall in den Abgrund mit allen Schrecken ausgestattet. Deshalb trachtet er mit aller Macht, mit allen seinen Gefühlen, mit allen seinen erprobten Rückzugsmitteln, sich im Hinterland festzuhalten. Die Ausstattung seiner Schockerlebnisse, für die er sein ganzes Interesse aufwendet, wobei er vom einzig wichtigen Faktor abgewendet bleibt, von seiner Furcht vor der Erkenntnis, wie weit er von seinem egoistischen Hochziel entfernt ist, der große Aufwand meist metaphorisch eingekleideter und aufgepeitschter Gefühle, wie der Traum sie liebt, um entgegen dem Common Sense beim eigenen Lebensstil zu verharren, gestatten ihm, sich an den nun fertigen Sicherungen festzuhalten, um nicht der Niederlage entgegengetrieben zu werden. Die Meinung und das Urteil der anderen, die bei Ausbruch der Neurose mildernde Umstände gelten lassen, aber ohne sie den zitternden Nimbus des Neurotikers nicht anerkennen würden, wird zur größten Gefahr. Kurz gesagt: *Die Ausnützung der Schockerlebnisse zum Schutze des bedrohten Nimbus*, das ist die Neurose. Oder noch kürzer: Die Stimmungslage des Neurotikers gestaltet sich zu einem »Ja – Aber«. Im »Ja« steckt die Anerkennung des Gemeinschaftsgefühls, im »Aber« der Rückzug und seine Sicherungen. Man schadet der Religion nur, wenn man sie oder ihr Fehlen für die Neurose verantwortlich macht. Man schadet jeder politischen Partei, wenn man ihre Anerkennung als Heilung der Neurose anpreist.

Als unser Patient die Universität verlassen hatte, versuchte er als Hilfskraft in einer Rechtsanwaltskanzlei unterzukommen. Er blieb dort nur wenige Wochen, weil ihm sein Wirkungskreis zu dürftig vorkam. Nachdem er mehrmals aus diesem Grund und aus anderen Gründen gewechselt hatte, beschloss er, sich lieber theoretischen Studien hinzugeben. Man lud ihn zu Vorlesungen über Rechtsfragen ein, aber er lehnte ab, »weil er vor einem größeren Kreis nicht sprechen könne«. In dieser Zeit, er war damals 32 Jahre alt, stellten sich seine Symptome ein. Ein *[115]* Freund, der ihm helfen wollte, erbot sich, mit ihm zugleich das Referat zu erstatten. Unser Patient stellte die Bedingung, als Erster zu sprechen. Er betrat die Plattform zitternd und verwirrt und fürchtete, das Bewusstsein zu verlieren. Er sah nur schwarze Flecken vor den Augen. Kurz nach der Vorlesung fanden sich seine Magenbeschwerden ein, und er stellte sich vor, er müsse sterben, wenn er noch einmal vor vielen Leuten sprechen müsste. In der nächsten Zeit beschäftigte er sich nur damit, Kindern Unterricht zu geben.

Ein Arzt, den er befragte, erklärte ihm, er müsse sich sexuell betätigen, um gesund zu werden. Wir könnten das Unsinnige eines solchen Rates voraussehen. Der Patient, der sich bereits am Rückzug befand, beantwortete diesen Rat mit Syphilisfurcht, mit ethischen Bedenken und mit der Furcht, betrogen und der Vaterschaft eines illegitimen Kindes bezichtigt zu werden. Seine Eltern rieten ihm zu einer Heirat und hatten damit scheinbar Erfolg, als sie ihm auch das Mädchen zur Ehe brachten. Es trat eine Schwangerschaft ein und die Frau verließ das Haus, um zu ihren Eltern zurückzukehren, da sie, wie sie sagte, die fortwährende Kritik von oben herab nicht länger ertragen konnte.

Wir sehen schon jetzt, wie hochmütig unser Patient sein konnte, wenn sich ihm eine leichte Gelegenheit bot – wie er aber sofort den Rückzug antrat, wenn ihm die Sache unsicher schien. Um Weib und Kind kümmerte er sich nicht. Er war immer nur darum besorgt, nicht minderwertig zu scheinen, und diese Besorgnis war stärker als sein Streben nach dem so sehnlichst gesuchten Erfolg. Er scheiterte, als er an die Front des Lebens kam, geriet in eine andauernde Gefühlswelle höchster Angst und verstärkte seinen Rückzug durch Aufrichtung von Schreckgespenstern, weil ihm der Rückzug dadurch erleichtert war.

Stärkere Beweise? Wir wollen sie in zweifacher Art erbringen. Erstens, indem wir in die Zeit seiner frühen Kindheit zurückgreifen wollen, um festzustellen, dass er zu dem Lebensstil verleitet wurde, den wir bei ihm gefunden haben. Zweitens, indem wir weitere gleichlaufende Beiträge aus seinem Leben herbeitragen wollen. Ich würde es in jedem Falle als den stärksten Beweis der Richtigkeit eines Befundes dieser Art ansehen, wenn sich herausstellte, dass die weiteren Beiträge zur Charakteristik einer Person mit der bereits gefundenen vollkommen übereinstimmen. Sollten sie es nicht, dann müsste die Auffassung des Untersuchenden entsprechend geändert werden.

Die Mutter war, wie der Patient angibt, eine weiche Frau, an der er sehr hing, und die ihn gründlich verzärtelte, auch immer von ihm ganz große Leistungen erwartete. Der Vater war weniger zur Verwöhnung geneigt, gab aber unter allen Umständen nach, wenn der Patient unter Weinen seine Wünsche vorbrachte. Unter den Geschwistern zog er einen jüngeren Bruder vor, der ihn vergötterte, ihm jeden Wunsch erfüllte, ihm wie ein Hündchen nachlief und sich von ihm immer leiten ließ. [Der] Patient war die Hoffnung seiner Familie und konnte sich auch bei den anderen Geschwistern immer durchsetzen. Eine ungewöhnlich leichte, warme Situation also, die ihn für die Außenwelt ungeeignet machte.

Dies zeigte sich sofort, als er zum ersten Mal in die Schule sollte. Er war der jüngste in der Klasse und nahm dies zum Anlass, seine Abneigung gegen diese Außenposition durch zweimaligen Schulwechsel zu bekunden. Dann aber lernte er *[116]* mit ungeheurem Eifer, um alle anderen Schüler zu übertreffen. Wenn ihm dies nicht gelang, so trat er einen Rückzug an, blieb häufig wegen Kopf- und Magenschmerzen aus der Schule weg oder kam häufig zu spät. War er gleich in dieser Zeit nicht unter den besten Schülern, so schrieben er und die Eltern diesen Umstand seinen häufigen Absenzen zu, während unser Patient gleichzeitig stark betonte, dass er mehr wusste und mehr gelesen hatte als alle anderen Schüler. Bei den geringsten Anlässen steckten ihn die Eltern ins Bett und pflegten ihn vorsorglich. Er war immer ein ängstliches Kind gewesen und schrie oft im Schlafe auf, um seine Mutter auch des Nachts mit sich zu beschäftigen.

Es versteht sich, dass er über die Bedeutung und über den Zusammenhang aller dieser Erscheinungen nicht im Klaren war. Sie alle waren der Ausdruck, die Aussprache seines Lebensstils. Er wusste auch nicht, dass er deshalb bis spät in den Morgen hinein im Bette las, um am nächsten Tage das Privilegium zu genießen, spät aufstehen zu können und so eines Teiles seiner Tagesarbeiten ledig zu werden. Mädchen gegenüber war seine Scheu noch größer als gegenüber Männern, und dieses Verhalten überdauerte die ganze Zeit seiner Entwicklung zum Manne. Dass es ihm in jeder Lebenssituation an Mut gebrach, dass er um keinen Preis seine Eitelkeit aufs Spiel setzen wollte, kann leicht verstanden werden. Die Unsicherheit, von Mädchen gut aufgenommen zu werden, kontrastierte stark mit der Sicherheit, mit der er die Hingabe der Mutter erwarten durfte. In seiner Ehe wollte er die gleiche Herrschaft errichten, deren er sich bei Mutter und Brüdern erfreute, und musste natürlich scheitern.

Ich konnte feststellen, dass in den ältesten Kindheitserinnerungen, freilich oft gut verborgen, der Lebensstil eines Individuums zu finden ist. Unseres Patienten älteste Erinnerung lautete: »Ein kleiner Bruder war gestorben, und der Vater saß vor dem Hause und weinte bitterlich.« Wir erinnern uns, wie der Patient vor einer Vorlesung nach Hause flüchtete und zu sterben vorgab.

Wie einer zur Frage der Freundschaft steht, charakterisiert sehr gut seine Fähigkeit zum Gemeinschaftsmenschen. Unser Patient gibt an, dass er immer nur kurze Zeit Freunde besessen habe und dass er sie immer beherrschen wollte. Man wird dies wohl nur Ausbeutung der Freundschaft anderer nennen können. Als er auf diesen Umstand freundlich hingewiesen wurde, antwortete er: »Ich glaube nicht, dass irgendeiner sich für die Gemeinschaft einsetzt, jeder tut es nur für sich.« Wie er sich für den Rückzug rüstet, geht auch aus folgenden Tatsachen hervor: Er möchte gerne Artikel oder ein Buch schreiben. Aber wenn er sich zum Schreiben hinsetzt, kommt er in eine solche Erregung, dass er nicht denken kann. Er erklärt, nicht schlafen zu können, wenn er vorher nicht liest. Aber wenn er liest, bekommt er einen Druck im Kopfe, so dass er nicht schlafen kann. Sein Vater starb vor kurzer Zeit, gerade als der Patient eine andere Stadt besuchte. Kurz hernach sollte er dort eine Stelle annehmen. Er lehnte ab unter Vorgabe, er würde sterben, wenn er diese Stadt betreten müsste. Als man ihm in seiner Stadt eine Stelle anbot, schlug er sie aus mit der Motivierung, er würde die erste Nacht nicht schlafen können und am nächsten Tag deshalb versagen. Erst müsse er ganz gesund werden. Dass auch im Traum des Patienten sein Bewegungsgesetz, dieses »Ja – Aber« des Neurotikers, wiederzufinden ist, dafür ein Beispiel. Man kann mit der Technik *[117]* der Individualpsychologie die Dynamik eines Traumes finden. Sie sagt uns nichts Neues, nichts, was wir nicht sonst auch aus dem Verhalten des Patienten erkennen konnten. Man kann aus den richtig verstandenen Mitteln und aus der Auswahl der Inhalte erkennen, wie der Träumer, geleitet durch sein Bewegungsgesetz, bemüht ist, entgegen dem Common Sense seinen Lebensstil durch künstliche Erweckung von Gefühlen und Emotionen durchzusetzen. Und man findet auch oft Hinweise darauf, wie der Patient seine Symptome unter dem Druck der Furcht vor einer Niederlage erzeugt. Ein Traum dieses Patienten lautet: »Ich sollte Freunde besuchen, die jenseits einer Brücke wohnten. Das Geländer war mit Farbe frisch gestrichen. Ich wollte ins Wasser schauen und lehnte mich ans Geländer. Dieses stieß gegen meinen Magen, der zu schmerzen begann. Ich sagte zu mir selbst: Du sollst nicht ins Wasser hinabschauen. Du könntest hinunterfallen. Aber ich wagte es doch, ging abermals bis zum Geländer, blickte hinab und ging rasch zurück, indem ich überlegte, es sei doch besser, in Sicherheit zu sein.«

Der Besuch der Freunde und das frisch gestrichene Geländer deuten auf die Hinweise betreffs des Gemeinschaftsgefühls und des Neuaufbaues eines besseren Lebensstils. Die Furcht des Patienten, von seiner Höhe herabzufallen, sein »Ja – Aber«, sind klar genug hervorgehoben. Die Magenbeschwerden als Folge eines Furchtgefühls sind, wie früher beschrieben, konstitutionell immer zur Hand. Der Traum zeigt uns die ablehnende Haltung des Patienten gegenüber den bisherigen Bemühungen des Arztes und den Sieg des alten Lebensstils unter Zuhilfenahme eines eindringlichen Bildes einer Gefahr, wenn die Sicherheit des Rückzuges in Frage gestellt ist.

Die Neurose ist die dem Verständnis des Patienten entzogene, automatische

Ausnutzung von Symptomen, die aus Schockwirkungen entstanden sind. Diese Ausnutzung liegt solchen Menschen näher, die für ihren Nimbus allzu sehr fürchten und die schon in der Kindheit, meist als verwöhnte Kinder, auf diesen Weg der Ausnutzung gelockt wurden. Noch einiges über die körperlichen Erscheinungen, wo die Fantasien einiger Autoren Triumphe feiern. Die Sache steht so: Der Organismus ist ein Ganzes und hat als Gabe und Geschenk der Evolution das Streben zum Gleichgewicht, das sich unter schwierigen Umständen so weit als möglich durchsetzt. Zur Erhaltung des Gleichgewichts gehört die Abänderbarkeit des Herzschlages, die Tiefe des Atmens, die Zahl der Atemzüge, die Gerinnbarkeit des Blutes, die Beteiligung der endokrinen Drüsen; da zeigt sich immer deutlicher, dass insbesondere seelische Erregungen das vegetative System und das endokrine System in Erregung versetzen und zu vermehrter oder veränderter Sekretion veranlassen. Wir können heute noch am ehesten Veränderungen der Schilddrüse infolge der Schockwirkungen verstehen, die manchmal so*[118]*gar lebensgefährlich werden können. Ich habe solche Patienten gesehen. Der größte Forscher auf diesem Gebiet, Zondek, hat sich meiner Mithilfe versichert, um festzustellen, welche seelischen Einwirkungen mit im Spiele sind. Es ist ferner keine Frage, dass alle Fälle von Basedow-Erkrankungen als eine Folge von seelischen Erschütterungen auftreten. Es sind gewisse Menschen, bei denen seelische Erschütterungen die Schilddrüse irritieren.

Auch Fortschritte der Forschung über die Irritation der Nebenniere sind gemacht worden. Man kann von einem Sympathiko-Adrenalin-Komplex sprechen; besonders bei Zornaffekten ist die Beimengung von Nebennierensekret vermehrt. Der amerikanische Forscher Cannon hat an Tierversuchen gezeigt, dass bei Zornausbrüchen eine Vermehrung des Adrenalingehaltes eintritt. Das führt zur Verstärkung der Herztätigkeit und anderen Veränderungen, so dass man verstehen kann, dass Kopfschmerzen, Gesichtsschmerzen, vielleicht epileptische Anfälle durch einen psychischen Anlass hervorgerufen werden können. Dabei handelt es sich immer um Menschen, die durch ihr Problem immer wieder aufs Neue gereizt werden. Es ist klar, dass es sich da um die Dauer von Problemen handelt. Wenn man es mit einem 20-jährigen nervösen Mädchen zu tun hat, wird man wohl annehmen können, dass hier Berufsfragen, wenn nicht Liebesfragen drohend vor ihr stehen. Bei einem 50-jährigen Mann oder einer Frau wird man unschwer erraten, dass es das Problem des Alters ist, das der Betreffende glaubt, nicht lösen zu können, oder tatsächlich nicht lösen kann. Wir empfinden die Tatsachen des Lebens niemals direkt, sondern nur durch unsere Auffassung, sie ist maßgebend.

Die Heilung kann nur auf intellektuellem Wege, durch die wachsende Einsicht des Patienten in seinen Irrtum und durch die Entwicklung seines Gemeinschaftsgefühls zustande kommen. *[119]*

11. Sexuelle Perversionen[42]

Ich hoffe, dass die hier nur schematische Darstellung der sexuellen Perversionen[43] keine Enttäuschung zur Folge haben wird. Ich darf dies umso eher erwarten, als der größte Teil meiner Leser mit den Grundanschauungen der Individualpsychologie vertraut ist, so dass das spurweise Anklingen eines Problems wie eine ausführliche Behandlung desselben entgegengenommen werden wird. Hier kommt es viel mehr darauf an, den Einklang unserer Weltanschauung mit der Struktur der sexuellen Perversion zu zeigen. In unserer Zeit ist das keine ungefährliche Angelegenheit, denn gerade heute ist die Strömung übermächtig, die die sexuellen Perversionen auf angeborene Faktoren zurückführen möchte. Das ist so bedeutsam, dass man diesen Gesichtspunkt nicht aus den Augen lassen darf; nach unserer Anschauung handelt es sich um Kunstprodukte, die in die Erziehung eingeflossen sind, ohne dass der Betroffene es weiß. Daraus sieht man den großen Gegensatz, in dem wir zu anderen stehen, und die Schwierigkeiten, die für uns nicht geringer werden, wenn andere, wie zum Beispiel Kraepelin, eine ähnliche Auffassung betonen.

Um unser Verhältnis zu anderen zu beleuchten, will ich einen Fall erzählen, der aber nichts mit sexuellen Perversionen zu tun hat, sondern nur als Beispiel für meinen Standpunkt der psychologischen Auffassung dienen soll. Es handelt sich um eine Frau, die in glücklicher Ehe lebt und zwei Kinder hat. Sie steht seit sechs Jahren im Kampf mit ihrer Umgebung. Es handelt sich um folgendes Problem: Sie be*[120]*hauptet, dass eine langjährige Freundin, die sie schon seit ihrer Kindheit kennt und wegen ihrer Fähigkeiten bewundert hatte, sich seit sechs Jahren als herrschsüchtige Frau entpuppt und immer auf Quälereien aus sei. Sie selbst habe darunter am meisten zu leiden und sie führt eine Anzahl von Beweisen dafür an, die von den anderen geleugnet werden. Sie behauptet:»Es könnte sein, dass ich in manchen Dingen zu weit gegangen bin, aber im Grunde habe ich doch recht. Vor sechs Jahren hat diese Freundin in Abwesenheit einer anderen Freundin abfällige Bemerkungen über Letztere gemacht, während sie in deren Anwesenheit immer die Liebenswürdige spielte.« Sie fürchtet nun, dass die Freundin auch ähnliche Bemerkungen über sie machen könnte. Ein anderer Beweis: Die Freundin bemerkte:»Der Hund ist zwar gehorsam, aber dumm.« Dabei warf sie einen Blick auf unsere Patientin, der sagen sollte:»So wie du.« Die Umgebung der Patientin war über die Auslegung dieses Ausspruches, dem sie kein Gewicht beilegte, außerordentlich entrüstet und stand fest auf der Seite der Angeschuldigten.

Den anderen gegenüber zeigte sich diese Frau von der schönsten Seite. Zur

---

42 [Original: Adler 1932j]
43 *Anm. Adlers:* Siehe. Dreikurs »Seelische Impotenz«, Leipzig [Dreikurs 1931] und Adler »Das Problem der Homosexualität« [Adler 1917b/1930d]

Bekräftigung ihrer Anschauung sagte die Patientin: »Seht doch nur, wie sie ihren Hund behandelt. Sie quält ihn und lässt ihn Kunststücke machen, die dem Hund ungeheuer schwerfallen.« Die Umgebung meinte: »Das ist doch nur ein Hund, das kann man nicht mit dem Verhalten zu Menschen vergleichen, zu Menschen ist sie gütig.« Die Kinder meiner Patientin hingen sehr an der Freundin und stellten sich gegen die Anschauung der Mutter. Auch der Mann leugnete, dass eine andere Auffassung möglich sei. Die Patientin fand immer neue Beweise für die Herrschsucht der Freundin, die sich besonders gegen sie richteten. Ich stand nicht an, der Patientin zu erklären, dass ich den Eindruck habe, dass sie im Recht sei. Sie war begeistert. Es ergab sich dann noch manches, was für die Herrschsucht der Frau sprach, und mein Eindruck wurde mir schließlich von dem Mann bestätigt. Da sah man auf einmal: Die arme Frau hat ja recht, sie macht nur einen schlechten Gebrauch davon. Anstatt zu verstehen, dass es so etwas wie verkappte Herabsetzungstendenz gibt und dass man einem Menschen etwas zugutehalten muss, wandte sie sich vollkommen gegen diese *[121]* Frau, fand alles tadelnswert und ärgerte sich. Sie hatte eine feinere Epidermis, sie konnte besser erraten, wenn auch nicht verstehen, was in der Freundin vorging.

Was ich damit sagen will, ist: Es ist oft das Fatalste in der Welt, wenn man recht hat. Es klingt überraschend – aber jeder hat es vielleicht in seinem eigenen Leben erfahren, dass er recht gehabt hatte und dass daraus Unheil entsprungen ist. Sie brauchen nur daran zu denken, was geschehen könnte, wenn diese Frau jemandem in die Hände fiele, der keine feine Epidermis hat: Er würde von Querulantenwahn, paranoiden Ideen sprechen und würde sie so behandeln, dass es ihr immer schlechter gehen würde. Es ist schwer, seinen Standpunkt aufzugeben, wenn man recht hat. In dieser Lage befinden sich alle Forscher, die überzeugt sind, recht zu haben, und sich nun verteidigen müssen. Wir dürfen uns nicht wundern, wenn auch um unsere Anschauungen große Kämpfe entbrennen. Wir müssen uns nur hüten, nur recht zu haben und einen schlechten Gebrauch davon zu machen. Wir wollen uns dadurch nicht irritieren lassen, dass es so viele Forscher gibt, die unsere Anschauungen bekämpfen. In der Wissenschaft muss man außerordentlich viel Geduld haben. Wenn heute in Bezug auf sexuelle Perversionen der Hereditätsgedanke vorwaltet, ob es sich nun um einfache Hereditarier handelt, die vom dritten Geschlecht sprechen oder davon, dass das andere Geschlecht einem eingeboren ist, oder um solche, die meinen, dass angeborene Faktoren zur Entfaltung kommen und dass man nichts dagegen machen könne, oder ob man von angeborenen Komponenten spricht, alle diese Faktoren können uns nicht bestimmen, unsere Anschauung zu verlassen. Es zeigt sich, dass die Organiker bei der Suche nach organischen Veränderungen, nach organischen Anomalien außerordentlich schlecht abschneiden.

Was die Homosexualität anbelangt, möchte ich eine Mitteilung vorlegen, die im vorigen Jahr erschienen ist und jenes Problem betrifft, das 1927 aufgeworfen wurde, als *Laqueur*[44] fand, dass man im Harn aller Menschen Hormone des anderen Geschlechts findet. Wer nur schwach in unserer Anschauung ist, auf den wird dieses Faktum überraschend wirken. Er könnte sich denken, dass, wenn sich Perversionen *[122]* entwickeln, sie aus der Zweigeschlechtlichkeit stammen. Die Untersuchungen von Bran[45] an neun Homosexuellen haben ergeben, dass sich dieselben Hormone bei ihnen fanden wie bei Nichthomosexuellen. Das ist ein Schritt vorwärts in unserer Richtung. Die Homosexualität hängt nicht von den Hormonen ab.

Ich will ein Schema vorlegen, nach dem alle Richtungen der Psychologie eingeteilt werden können. Es gibt *Besitzpsychologien*, die sich damit befassen festzustellen, was ein Mensch auf die Welt mitbringt und besitzt, die aus diesem Besitz alles Seelische ableiten wollen. Vom Standpunkt des Common Sense ist das eine fatale Angelegenheit. Sonst ist man im Leben nicht geneigt, alle Folgerungen aus dem Besitz zu ziehen, sondern daraus, welchen *Gebrauch* einer von dem Besitz machen kann. Uns interessiert der Gebrauch viel mehr als der Besitz. Wenn einer ein Schwert besitzt, so ist damit nicht gesagt, dass er davon den richtigen Gebrauch macht; er kann es wegwerfen, kann dreinhauen, es schleifen usw. Uns interessiert der Gebrauch. Deshalb möchte ich sagen: Es gibt andere Richtungen der Psychologie, die man als *Gebrauchspsychologien* betrachten müsste. Die Individualpsychologie, die die Stellungnahme eines Menschen zu den Lebensfragen berücksichtigt, um ihn zu verstehen, berücksichtigt den Gebrauch. Für richtig denkende Menschen brauche ich nicht hinzuzufügen, dass niemand einen Gebrauch machen kann, der über seine Fähigkeiten hinausgeht, dass er immer im Rahmen menschlicher Fähigkeiten bleibt, über deren Tragweite wir nichts Endgültiges aussagen können. Es ist bedauerlich und zeugt von dem triumphalen Einzugsmarsch des Ignorantentums in das Feld der Psychologie, dass man über Gemeinplätzliches noch reden muss.

Bezüglich des Gebrauchs der Fähigkeiten ist zu sagen: Es war eigentlich der stärkste Schritt, den die Individualpsychologie gemacht hat, dass sie das Bewegungsgesetz im Seelenleben eines Menschen als das Ausschlaggebende für seine Eigenart erklärt hat. Obgleich es notwendig war, die Bewegung einfrieren zu lassen, um sie als Form zu sehen, haben wir immer alles von dem Gesichtspunkt aus, dass alles Bewegung ist, gesehen und gefunden, dass es so sein muss, um zur Lösung von Fragen, zur Überwindung von Schwierigkeiten zu gelangen. Da *[123]* kann man nicht sagen, dass das Lustprinzip dem widersprechen würde; auch das Streben nach Lust ist eine Überwindung eines Mangels oder einer Unlustempfindung. Wenn das richtig ist, dann werden wir

---

44 [Laqueur 1927]
45 [Bran 1920]

die sexuellen Perversionen auch in diesem Licht sehen müssen. So wird erst einmal das Feld der Bewegung beleuchtet, wie es die Individualpsychologie verlangt. Ich möchte betonen, dass, wenn wir dabei zu Formeln, Grundanschauungen der Struktur der Perversionen kommen, für den einzelnen Fall damit lange nicht genug getan ist. Jeder einzelne Fall stellt etwas Einmaliges dar, etwas nie Wiederkehrendes. Wenn man zum Beispiel an eine Therapie geht, sind allgemeine Redensarten zu verwerfen. Aus der Tatsache der Gebrauchspsychologie folgt, dass das Individuum, losgelöst aus dem normalen, sozialen Verband, nichts von seiner Eigenart verraten könnte. Wir werden erst dann über seine Eigenart etwas aussagen können, wenn wir es einer Prüfung unterwerfen und nun den Gebrauch, den es von seinen Fähigkeiten macht, beobachten. In diesem Sinne ist die Individualpsychologie der viel engeren Experimentalpsychologie angenähert, nur dass das Leben da die Experimente anstellt. Die exogenen Faktoren, die sich vor das Individuum stellen, sind für unsere Betrachtung von größter Bedeutung; wir müssen verstehen lernen, welche Bezogenheit gerade dieses einmalige Individuum zu dem bevorstehenden Problem hat. Wir müssen zwei Seiten betrachten und lernen, in welcher Art dieses Individuum sich gegenüber dem äußeren Problem bewegt. Wir suchen, wie es Herr über das Problem zu werden trachtet. Die Gangart, das Bewegungsgesetz des Individuums einer stets sozialen Aufgabe gegenüber ist das Beobachtungsfeld der Individualpsychologie. Wir stehen hier vor millionenfachen Verschiedenheiten. Man kann sich in der ungeheuren Verschiedenheit nur zurechtfinden, wenn man vorläufig etwas Typisches annimmt, im sicheren Bewusstsein, dass das, was man als typisch annimmt, immer Varianten zeigt, die in der Folge sichergestellt werden müssen. Das Verständnis für das Typische beleuchtet nur das Untersuchungsfeld, und nun beginnt die schwierige Aufgabe, das Individuelle herauszufinden. Dazu gehört eine feine Epidermis; man kann sie erwerben. Ferner muss die individuell erfasste Schwere und Wucht des vor[124]liegenden Problems richtig verstanden werden, was nur gelingt, wenn man genug soziale Erfahrung besitzt und ein feines Einfühlungsvermögen in den richtig erfassten Lebensstil des Individuums, das heißt in das Ganze seiner Eigenart. In diesem Bewegungsgesetz, das wir wahrnehmen, können wir vier typische Formen[46] unterscheiden, die ich in meinen zwei letzten Arbeiten in der Zeitschrift für Individualpsychologie (*s. Adler, 10. Jahrgang der Zeitschrift für Individualpsychologie*)[47] beschrieben habe.

Abgesehen von den anderen Bewegungsformen gegenüber den Aufgaben des Liebeslebens finden wir in auffallender Weise bei den Perversionen die *ver-*

---

46 [Adler unterscheidet »Distanz zur Lösung des Problems«, »zögernde Attitüde«, »Ausbiegung vor dem Problem, das Aufsuchen eines Nebenkriegsschauplatzes« und »die verkürzte [bzw. verminderte] Aufmarschbreite«; s. auch Künkel (1928/1975)]
47 [Adler, A. 1932h; 1932i; in dieser Studienausgabe Bd. 3]

engte Aufmarschbreite. Es zeigt sich, dass die Aufmarschbreite nicht in normalem Ausmaße vorhanden ist, dass sie außerordentlich eingeengt ist, dass nur ein Teil des Problems gelöst wird, wie zum Beispiel beim Fetischismus. Wichtig ist auch das Verständnis für die Tatsache, dass alle diese Bewegungsformen durch Ausschaltung der Norm auf ein Ziel der Überwindung von Minderwertigkeitsgefühlen gerichtet sind. Wenn wir die Bewegung betrachten, den Gebrauch, den einer von seinen Fähigkeiten macht, wobei ihn seine Meinung leitet, der Sinn, den er dem Leben unterschiebt, ohne es zu wissen, ohne es in Worte und Begriffe gebracht zu haben, wenn wir von diesem Standpunkt ausgehen, können wir erraten, welches Ziel der Überwindung ihm vorschweben muss, welche Genugtuung, die ihm als Überwindung erscheint, wenn er sich dem Liebesproblem nicht ganz hingibt, in einer Distanz bleibt oder langsamer vorgeht und die Zeit vertrödelt. Da könnte man auf das Beispiel des *Fabius Maximus Cunctator*[48] hinweisen, der eine Schlacht gewann, weil er lange gezögert hatte, was aber wieder nur zeigt, dass man nicht starr an einer Regel festhalten darf. Dieses Ziel der Überwindung wird auch in den sexuellen Neurosen (Frigidität, Ejaculatio praecox usw.) klar. Das Problem wird berührt, aber in einer Distanz, in zögernder Haltung, ohne Kooperation, was nicht zur Lösung des Problems führt. In dieser Bewegungsform finden wir auch die Tendenz zur Ausschaltung, die am stärksten bei der reinen Homosexualität zutage tritt. Auch in anderen Fällen ist sie wirkend, wie beim Fetischismus und Sadismus. In Letzterem finden wir eine starke Aggression, die nicht zur Lösung *[125]* des Problems führt, und können eine eigenartige Form des Zögerns, der Ausschaltung wahrnehmen, in der eine Sexualerregung zur Unterdrückung des anderen führt, einen starken Ansturm, der zu einer mangelhaften, das heißt einseitigen Lösung eines Problems Anlass gibt. Ebenso beim Masochismus, bei dem das Ziel der Überlegenheit in zweierlei Richtungen verstanden werden muss. Es ist klar, dass der Masochist seinem Partner Befehle gibt und dass er sich trotz seines Schwächegefühls als Befehlshaber des anderen empfindet. Gleichzeitig schaltet er die Möglichkeiten einer Niederlage bei normaler Aufmarschbreite aus. Er kommt durch einen Trick zur Überwindung der *ängstlichen Spannung.*

Wenn wir die individuelle Stellungnahme des Individuums betrachten, so finden wir Folgendes: Wenn einer eine bestimmte Bewegungsform einhält, ergibt es sich von selbst, dass er andere Formen der Lösung des Problems ausschaltet. Diese Ausschaltung ist keine zufällige; ebenso wie dieser Bewegungsvorgang trainiert ist, so ist auch die Ausschaltung trainiert. Es gibt keine sexuelle Perversion ohne Training. Das sieht freilich nur der, der auf die Bewegung achtet. Noch einen zweiten Gesichtspunkt werden wir scharf hervorheben müssen. Der normale Bewegungsvorgang wäre der, auf ein Problem

---

48 [cunctator = lat.: der Zögerer]

loszugehen, um es in seiner Gänze zu lösen. Wir finden diese Vorbereitung gar nicht, wenn wir die vorhergehende Bewegung des Individuums betrachten. Wenn wir bis in die ersten Kinderjahre des Individuums zurückgehen, finden wir, dass in dieser Zeit, angeregt durch Einflüsse von außen, aus angeborenen Fähigkeiten und Möglichkeiten ein Prototyp gebildet wird. Was aber dieses Kind aus allen Einflüssen und dem Erlebnis seiner Organe (s. *Holub, »Die Lehre von der Organminderwertigkeit«*)[49] macht, können wir vorher nicht wissen. Hier arbeitet das Kind im Reiche der Freiheit mit eigener schöpferischer Kraft. Man findet Wahrscheinlichkeiten in Hülle und Fülle; ich war immer bemüht, sie hervorzuheben und gleichzeitig ihre kausale Bedingtheit zu leugnen. Es ist nicht richtig, dass ein Kind, das mit einer Schwäche der endokrinen Organe zur Welt kommt, ein Neurotiker werden muss, aber es gibt eine gewisse Wahrscheinlichkeit, dass im Allgemeinen gewisse Erlebnisse in annähernd [126] ähnlicher Richtung sich manifestieren, wenn nicht die richtigen erzieherischen Einflüsse zugunsten des sozialen Kontaktes wirksam werden. Auch die Einflüsse des Milieus sind nicht derart, dass wir voraussagen könnten, was das Kind daraus machen wird. Hier gibt es tausend Möglichkeiten im Reiche der Freiheit und des Irrtums. Jeder wird einen Irrtum gestalten, weil niemand der absoluten Wahrheit habhaft werden kann. Es zeigt sich Folgendes: Der Prototyp muss, um ein annähernd normaler Mensch zu werden, mit einem gewissen Impuls zur Mitarbeit versehen sein. Es hängt die ganze Entwicklung eines Menschen davon ab, wie viel Kontaktgefühl in seinem dritten, vierten, fünften Lebensjahr entwickelt ist. In dieser Zeit schon zeigt sich der Grad der Anschlussfähigkeit. Wenn man die Fehlschläge daraufhin betrachtet, so sieht man, dass alle fehlerhaften Bewegungsformen aus einem Mangel an Kontaktfähigkeit zu erklären sind. Noch mehr: Wegen seiner Eigenart ist der Betreffende gezwungen, gegen jede andere Form *zu protestieren*, für die er nicht vorbereitet ist. Wir müssen im Urteil gegen diese Menschen tolerant sein, weil sie es nicht gelernt haben, das genügende Maß von sozialem Interesse zu entwickeln. Wer dies verstanden hat, versteht auch, dass das Liebesproblem ein soziales Problem ist, das von einem nicht gelöst werden kann, der für den anderen wenig Interesse aufbringt, auch nicht von einem gelöst werden kann, der es nicht in sich trägt, dass er an der Entwicklung der Menschheit mitbeteiligt ist. Der wird ein anderes Bewegungsgesetz haben als ein Mensch, der zur Lösung der Liebesfrage geeignet ist. So können wir von allen Perversen feststellen, dass sie nicht zu Mitgehenden geworden sind.

Wir können auch die Fehlerquellen herausfinden, die uns verstehen lassen, warum das Kind im Mangel an Kontaktfähigkeit irrtümlich stecken geblieben ist. Diejenige Erscheinung im gesellschaftlichen Leben, die den stärksten Anlass zur mangelhaften Kontaktfähigkeit gibt, ist die *Verwöhnung*. Verwöhnte

---

49 [Holub 1929)]

Kinder haben nur mit der verwöhnenden Person Kontakt und sind infolgedessen genötigt, alle anderen Personen auszuschalten. Für jede einzelne Perversion sind noch andere Einflüsse nachzuweisen. Man kann sagen: Hier hat unter der Einwirkung dieses Erlebnisses das Kind sein Bewegungsgesetz so ge*[127]*staltet, dass es die Frage seiner Beziehung zum anderen Geschlecht in dieser Richtung durchgeführt hat. Alle Perversen zeigen ihr Bewegungsgesetz nicht nur dem Liebesproblem gegenüber, sondern bei allen Prüfungen, für die sie nicht vorbereitet sind. Deswegen finden wir bei sexuellen Perversionen alle Charakterzüge der Neurose, wie Überempfindlichkeit, Ungeduld, Neigung zu Affektausbrüchen, Gier, wie sich ja auch alle Perversen damit rechtfertigen, dass sie wie unter Zwang stehen. Es ist eine gewisse Besitzgier, die darauf ausgeht, den Plan, der ihnen durch ihre Eigenart gegeben ist, durchzuführen, so dass man einen so starken Protest gegen eine andere Form findet, dass für den anderen auch Gefahren nicht ganz ausgeschlossen sind (Lustmord, Sadismus).

Ich möchte zeigen, wie sich das Training für eine bestimmte Form der sexuellen Perversion ermitteln lässt, eine Beobachtung, die uns zeigt, dass gewisse Perversionen aufgrund eines solchen Trainings entstehen können. Man muss das Training nicht am Material suchen, man muss verstehen, dass das Training auch gedanklich und im Traum durchgeführt werden kann. Das ist ein starker Hinweis der Individualpsychologie, weil viele glauben, dass zum Beispiel ein perverser Traum ein Beweis für angeborene Homosexualität ist, während wir aus unserer Auffassung des Traumlebens feststellen können, dass dieser homosexuelle Traum zum Training gehört, genau so wie er dazu gehört, das Interesse für das gleiche Geschlecht zu entwickeln, für das andere auszuschalten. Dieses Training möchte ich an einem Falle zeigen, in einer Zeit, wo von sexuellen Perversionen noch nicht die Rede sein kann. Ich lege zwei Träume vor, um zu zeigen, dass man das Bewegungsgesetz auch im Traumleben findet. Wenn man mit individualpsychologischen Kenntnissen ausgestattet ist, wird man nicht davor zurückschrecken, in jedem kleinen Bruchstück die ganze Lebensform zu erforschen. Wir müssen aber auch im Trauminhalt die ganze Lebensform finden, nicht nur in den Traumgedanken, die freilich bei richtigem Verständnis und bei richtiger Bezugnahme auf den Lebensstil zum Verständnis der Stellungnahme eines Individuums zu einem vorliegenden Problem außerordentlich förderlich sind, einer Stellungnahme, die durch seinen fixierten Lebensstil erzwungen ist. Ich möchte *[128]* dem Gedanken Ausdruck geben, dass es uns so geht wie bei einer Detektivarbeit. Wir sind nicht mit allen Materialien, die wir zu unserer Aufgabe benötigen, gesegnet, wir müssen die Fähigkeit des Erratens außerordentlich steigern, um die Einheit des Individuums festzustellen.

Erster Traum: »Ich versetze mich in die zukünftige Kriegszeit. Alle Männer, sogar alle Knaben über zehn Jahre müssen einrücken.« Aus dem ersten Satz kann der Individualpsychologe schließen, dass das ein Kind ist, das sein Augenmerk auf die Gefahren des Lebens richtet, auf die Rücksichtslosigkeit der anderen.

»Nun geschieht es, dass ich eines Abends, als ich aus dem Schlaf erwache, sehe, dass ich mich im Spitalsbett befinde. Am Bette sitzen meine Eltern.«

Aus der Auswahl des Bildes sieht man die Verwöhnung.

»Ich fragte sie, was los sei. Sie sagten, es sei Krieg. Sie wollten, dass mir der Krieg nicht so arg würde, deshalb haben sie mich operieren lassen, damit ich ein Mädchen werde.«

Daraus kann man sehen, wie die Eltern um ihn besorgt sind. Das heißt, wenn ich in Gefahr bin, so halte ich mich an meine Eltern. Das ist die Ausdrucksform eines verzärtelten Kindes. Wir werden keinen Schritt weitergehen, als wir unbedingt dürfen. Wir haben die Verpflichtung, bei unserer Arbeit so skeptisch wie möglich zu sein. Das Verwandlungsproblem taucht auf. Wenn man von wissenschaftlichen Versuchen absieht, die noch fraglich sind, so muss man sagen, dass die Verwandlung eines Knaben in ein Mädchen eine laienhafte Anschauung ist. Hier beweist sie die Unsicherheit in Beziehung auf das Geschlechtsleben; es zeigt uns, dass der Träumer in der Überzeugung von seiner Geschlechtsrolle nicht ganz sicher ist. Das wird manchen überraschen, wenn er hört, dass es ein zwölfjähriger Junge ist. Wir werden beobachten können, wie er zu dieser Auffassung kommt. Ihm erscheint das Leben durch Aufgaben wie die des Krieges unannehmbar; er protestiert dagegen.

»Die Mädchen müssen nicht in den Krieg ziehen. Wenn ich doch einrücken müsste, könnte mir der Geschlechtsteil nicht weggeschossen werden, da ich ja keinen wie die Buben habe.« *[129]*

Im Krieg könnte einer um den Geschlechtsteil kommen. Ein wenig einleuchtendes Argument zugunsten der Kastration oder gar zum Ausdruck des Gemeinschaftsgefühls in der Ablehnung des Krieges.

»Ich kam nach Hause, doch wie durch ein Wunder hatte der Krieg aufgehört.«

Also war die Operation überflüssig. Was wird er nun tun? »Vielleicht ist es nicht notwendig, dass ich mich wie ein Mädchen verhalte, vielleicht gibt es keinen Krieg.«

Man sieht, er trennt sich nicht ganz von seiner Knabenrolle. Das müssen wir in seinem Bewegungsgesetz vermerken. Er trachtet, ein Stückchen auf der männlichen Seite weiterzugehen.

»Zu Hause wurde ich sehr traurig und weinte viel.«

Kinder, die viel weinen, sind verzärtelte Kinder.

»Als meine Eltern mich fragten, warum ich weine, sagte ich, ich habe Angst, da ich zum weiblichen Geschlecht zähle, dass ich, wenn ich älter werde, Geburtswehen bekommen würde.«

Mit der weiblichen Rolle ist es auch nichts. Wir waren auf dem richtigen

Wege, sein Ziel dahin festzustellen, dass der Junge allen Unannehmlichkeiten ausweichen will. Ich habe bei sexuell Perversen gefunden, dass sie verzärtelte, oft in Ungewissheit gehaltene Kinder sind, zumindest eine große Sehnsucht nach Anerkennung, sofortigem Erfolg, persönlicher, gieriger Überlegenheit haben. Da kann es vorkommen, dass das Kind nicht weiß, ob es ein Knabe oder ein Mädchen ist... Was soll er machen? Auf der Männerseite gibt es keine Hoffnung, auf der anderen auch nicht.

»Am nächsten Tag gehe ich in meinen Verein, denn ich bin in Wirklichkeit in einem Pfadfinderverein.«

Wir können uns schon vorstellen, wie er sich dort benehmen wird.

»Ich träumte, in unserem Verein ist ein einziges Mädchen. Das war abgesondert von den Buben.«

Suche nach Trennung der Geschlechter.

»Die Buben riefen mich zu ihnen. Ich sagte, ich sei ein Mädchen, ging zu dem einzigen Mädchen. Mir kam es so sonderbar vor, dass ich kein Bub mehr sei, und ich dachte nach, wie ich mich benehmen müsste als Mädchen.« *[130]*

Auf einmal taucht die Auffassung auf: *wie ich mich benehmen müsste als Mädchen.*

Dies ist das Training. Nur wer das Training bei allen sexuellen Perversionen beobachtet hat, wie es unter Ausschaltung der Norm erzwungen wird, nur der versteht, dass die sexuelle Perversion ein Kunstprodukt ist, das jeder selber schafft, zu dem jeder durch seine psychische Konstitution, die er selbst geschaffen hat, angeleitet wird, gelegentlich verleitet durch seine angeborene physische Konstitution, die ihm die Schwenkung leichter macht.

»Im Nachdenken wurde ich durch einen Krach gestört. Ich wachte auf und merkte, dass ich mit dem Kopf an die Wand geraten sei.«

Der Träumer hat oft die Haltung, die seinem Bewegungsgesetz entspricht. (s. *Adler*, »Schlafstellungen« in »Praxis und Theorie der Individualpsychologie«[50]). Mit dem Kopf an die Wand rennen, ist eine landläufige Redensart. Sein Verhalten mutet uns so an.

»Der Traum hat mir so einen Eindruck hinterlassen, ... «

Die Absicht des Traumes ist, einen Eindruck zu hinterlassen.

»... dass ich in der Schule noch im Zweifel war, ob ich ein Bub oder ein Mädel bin. In den Pausen musste ich aufs Klosett gehen, um nachzusehen, ob ich nicht doch ein Mädchen bin.«

Zweiter Traum: »Ich träumte, ich treffe das einzige Mädchen in unserer Klasse. Dasselbe Mädchen, von dem ich vorhin geträumt hatte. Sie wollte mit mir spazieren gehen. Ich antwortete ihr: Ich gehe jetzt nur mit Buben. Sie sagte: Ich bin auch ein Bub. Ich verlangte von ihr, da mir das nicht glaubhaft erschien, sie möge es mir beweisen. Da zeigte sie mir, dass sie ein Geschlechtsteil wie die

---

50 [Adler 1914p/1920a; in dieser Studienausgabe Bd. 3]

Buben habe. Ich fragte sie, wie das möglich sei. Sie erzählte mir, sie sei operiert worden. Bei den Buben war es leichter, sie in ein Mädchen zu verwandeln, umgekehrt ist das schwieriger, da musste man etwas dazugeben. So hatte sie aus Kautschuk ein Knabengeschlechtsteil angenäht. Doch eben wurde unsere Diskussion durch ein lautes Aufstehen gestört. Meine Eltern haben mich aufgeweckt. Ich konnte nur mit Mühe und Not fünf Minuten Faulenzen erbitten, aber da ich kein Zauberer bin, konnte ich den Traum nicht wieder hervorrufen.« [131]

Man wird bei einem gewissen Typus von verwöhnten Kindern die Neigung für Zauberkunststücke finden; das Zaubern erscheint ihnen das Wichtigste, sie wollen alles ohne Anstrengung und Mühe haben und haben für Telepathie viel übrig.

Nun werden wir hören, wie der Junge versucht, sich diesen Traum zu erklären:

»Ich hatte in Kriegsbeschreibungen gelesen: Geschlechtsteile fliegen durch die Luft. Ich habe gehört, wenn man das Geschlechtsteil verliert, stirbt man.«

Man sieht die Wichtigkeit, die der Junge dem Geschlechtsteil beimisst.

»Auf dem Titelblatt einer Zeitung habe ich gelesen: Zwei Hausgehilfinnen in zwei Stunden in Soldaten verwandelt.«

Es dürfte sich um eine Missbildung der Geschlechtsorgane gehandelt haben, die verkannt wurde.

Zum Schluss möchte ich einem Gedanken Ausdruck geben, der alle hierher gehörigen Diskussionen auf eine einfachere Basis stellt. Es gibt wirkliche Hermaphroditen, bei denen tatsächlich die Entscheidung schwer wird, ob man es mit Mädchen oder Knaben zu tun hat. Man überlässt ihnen den Gebrauch, den sie von dem Hermaphroditismus machen wollen. Bei den Pseudohermaphroditen finden wir Missbildungen, die die Ähnlichkeit mit dem anderen Geschlecht vortäuschen. Tatsache ist, dass jeder Mensch spurweise Anteile des anderen Geschlechts in sich trägt, wie auch Sexualhormone des anderen Geschlechts im Urin. Da kommt man auf einen Gedanken, der kühn erscheint; dass in jedem Menschen ein Zwilling steckt. Es gibt die verschiedensten Formen von Andeutung der Zwillingschaft, und das Problem der Gleichzeitigkeit zweier Geschlechtsformen im Menschen wird sich in der Zukunft im Zwillingsproblem auflösen. Wir verstehen, dass jeder Mensch aus männlichem und weiblichem Material geboren wird. Es ist nicht ausgeschlossen, dass wir bei der Zwillingsforschung auf Probleme stoßen, die uns bezüglich des Hermaphroditismus, der in jedem Menschen angedeutet ist, größere Klarheit geben.

Bezüglich der Behandlung: Man wird immer hören, dass eine Perversion unheilbar ist. Unmöglich ist die Heilung nicht, aber schwer. Die Schwierigkeit der Heilung erklärt sich daraus, dass es Menschen sind, [132] die im Verlaufe des Lebens auf die Perversion trainiert haben, weil sie ein eingeengtes Bewegungsgesetz haben, das ihnen den Verlauf vorschreibt. Sie müssen in dieser

Richtung gehen, weil sie von frühester Jugend an den Kontakt nicht gefunden haben, um den richtigen Gebrauch von Körper und Seele zu machen. Der richtige Gebrauch kann nur unter Voraussetzung eines entwickelten Gemeinschaftsgefühls gemacht werden – eine Erkenntnis, die die Heilung auch einer größeren Zahl von Perversen als wahrscheinlich erscheinen lässt. *[133]*

12. Erste Kindheitserinnerungen[51]

Man mag von der Einheit des Ich noch so wenig wissen, man wird sie nicht los. Man kann das einheitliche Seelenleben nach verschiedenen, mehr oder weniger wertlosen Gesichtspunkten zergliedern, man kann zwei, drei, vier verschiedene räumliche Anschauungen miteinander, gegeneinander auftreten lassen, um das einheitliche Ich begreifen zu wollen, man kann es vom Bewussten, vom Unbewussten, vom Sexuellen, von der Außenwelt her aufzurollen versuchen – zum Schlusse wird man nicht umhin können, es wieder, wie den Reiter auf dem Ross, in seine allumfassende Wirksamkeit einsetzen zu müssen. Immerhin ist der Fortschritt, den die Individualpsychologie angebahnt hat, nicht mehr zu verkennen. Das »Ich« hat in der Anschauung der modernen Psychologie seine Würde durchgesetzt, und ob man es nun aus dem Unbewussten oder aus dem »Es« delogiert zu haben glaubt, das »Es« benimmt sich zum Schlusse manierlich oder unmanierlich wie ein »Ich«. Auch dass das sogenannte Bewusste oder das Ich voll steckt von »Unbewusstem« oder, wie ich gezeigt habe, von Unverstandenem, dass es immer verschiedene Grade von Gemeinschaftsgefühl aufweist, wird mehr und mehr von der Psychoanalyse, die in der Individualpsychologie »einen Gefangenen gemacht hat, der sie nicht mehr loslässt«, begriffen und in ihr künstliches System gebracht.

Dass ich schon frühzeitig in meinen Bestrebungen, die undurchbrechbare Einheit des Seelenlebens klarzumachen, auf die Funktion und Struktur des Gedächtnisses stoßen musste, ist begreiflich. Ich konnte die Feststellungen älterer Autoren bestätigen, dass das Gedächtnis keinesfalls als ein Sammelplatz von Eindrücken und Empfindungen anzusehen ist, *[134]* dass nicht Eindrücke als »Mneme« haften, sondern dass wir es in dieser Funktion mit einer Teilkraft des einheitlichen Seelenlebens zu tun haben, des Ichs, das die Aufgabe hat, wie auch die Wahrnehmung sie hat, Eindrücke dem fertigen Lebensstil anzupassen und sie in seinem Sinne zu verwenden. Wollte man sich einer kannibalischen Ausdrucksweise bedienen, so könnte man sagen, die Aufgabe des Gedächtnisses ist, Eindrücke aufzufressen und zu verdauen. Dass man dabei nicht gerade an eine sadistische Neigung des Gedächtnisses zu glauben braucht, muss ich meinen Lesern nicht besonders auftragen. Der Ver-

---
51 [Original: Adler 1933f]

dauungsprozess aber obliegt dem Lebensstil. Was ihm nicht schmeckt, wird verworfen, vergessen oder als warnendes Exempel aufbewahrt. Der Lebensstil entscheidet. Ist er für Warnungen eingenommen, so verwendet er unverdauliche Eindrücke zu diesem Zweck. Man wird dabei an den Charakterzug der Vorsicht erinnert. Manches wird halb verdaut, zu einem Viertel, zu einem Tausendstel. Der Verdauungsprozess kann aber auch in die Richtung gehen, nur die an den Eindrücken haftenden Gefühle oder Stellungnahmen, gelegentlich vermengt mit Wort- oder Begriffserinnerungen oder Anteilen derselben, zu verdauen. Wenn ich den Namen einer mir sonst bekannten Person – es muss nicht immer eine missliebige sein, sie muss mich nicht immer an Unliebsames erinnern, sie kann auch, was Namen oder Person betrifft, gerade in dieser Zeit oder immer außerhalb meines, durch den Lebensstil erzwungenen, Interesses liegen – vergesse, so weiß ich oft alles, was an dieser Person mir wichtig erscheint. Sie steht vor mir. Ich kann sie finden, vieles über sie aussagen. Gerade weil ich den Namen nicht erinnere, steht sie voll und ganz im Gesichtsfeld meines Bewusstseins. Das heißt: Mein Gedächtnis kann in einer der oben geschilderten oder in anderer Absicht Anteile des ganzen Eindruckes oder das Ganze des Eindruckes verschwinden lassen. Eine künstlerische Fähigkeit, die dem Lebensstil eines Menschen entspricht. Das Ganze des Eindruckes umfasst also viel mehr als das in Worte gekleidete Erlebnis. Die individuelle Apperzeption liefert dem Gedächtnis die Wahrnehmung entsprechend der Eigenart des Individuums. Die Eigenart des Individuums übernimmt den so geformten Eindruck und stattet ihn mit Gefühlen und mit einer Stellungnahme aus. Letztere beide gehorchen wieder dem Bewegungsge[135]setz des Individuums. In diesem Verdauungsprozess bleibt übrig, was wir Erinnerung nennen wollen, ob es sich nun in Worten, in Gefühlen oder in Stellungnahme zur Außenwelt ausdrückt. Dieser Prozess umfasst ungefähr das, was wir unter »Funktion des Gedächtnisses« verstehen. Eine ideale, objektive Reproduktion, unabhängig von der Eigenart des Individuums, existiert demnach nicht. Wir müssen deshalb damit rechnen, ebenso viele Formen von Gedächtnissen zu finden als wir Formen von Lebensstilen anerkennen.

Eines der häufigsten Beispiele einer bestimmten Lebensform und ihres Gedächtnisses soll diese Tatsache erläutern. Ein Mann klagt in ärgerlicher Weise darüber, dass seine Frau »alles« vergisst. Als Arzt wird man zunächst an eine organische Erkrankung des Gehirns denken. Da dies in diesem Falle ausgeschlossen war, ging ich daran, unter vorläufiger Zurückstellung des Symptoms – eine Notwendigkeit, die viele Psychotherapeuten nicht verstehen –, mich in den Lebensstil der Patientin zu vertiefen. Sie stellte sich als eine ruhige, freundliche, verständige Person heraus, die unter Schwierigkeiten vonseiten ihrer Schwiegereltern ihre Ehe mit dem herrschsüchtigen Manne durchsetzen konnte. Er ließ sie im Verlauf der Ehe oft ihre pekuniäre Abhängigkeit fühlen, ebenso ihre Herkunft aus einem niedrigen Stande. Meist ertrug sie seine tadelnden Belehrungen schweigend. Gelegentlich wurde auch von beiden Seiten die Frage einer Scheidung aufgeworfen. Die Möglichkeit einer ungebrochenen Herrschaft über die Frau hielt den herrschsüchtigen Mann immer wieder davon zurück.

Sie war das einzige Kind freundlicher, liebevoller Eltern, die nie etwas Tadelnswertes an ihrer Tochter fanden. Dass sie von Kindheit an ein Spiel, eine Beschäftigung ohne andere vorzog, erschien ihnen nicht als Fehler, umso weniger, da sie fanden, dass das Mädchen, wenn es einmal in eine freundliche Gesellschaft kam, sich tadellos benahm. Aber auch in der Ehe war sie darauf bedacht, sich ihr Alleinsein, ihre Lesestunden, ihre Muße, wie sie sagte, weder durch den Gemahl noch durch Gesellschaft zu sehr verkürzen zu lassen, während ihr Gatte lieber mehr Gelegenheit gehabt hätte, an ihr seine Überlegenheit zu erweisen. Es war übrigens ein Übereifer darin zu bemerken, wie sie ihre Hausfrauenpflicht erfüllte. Nur dass sie auffallend häufig vergaß, Aufträge ihres Mannes zu erfüllen.

Aus ihren Kindheitserinnerungen ging hervor, dass sie es immer als große Freude empfand, wenn sie allein ihre Obliegenheiten erfüllen konnte. Der geschulte Individualpsychologe sieht auf den ersten Blick, dass ihre Lebensform für Leistungen, die sie allein erfüllen konnte, recht gut geeignet war. Nicht aber für eine Aufgabe zu zweit, wie die Liebe und die Ehe. Ihr Gatte war infolge seiner Eigenart nicht geeignet, ihr diese Fähigkeit beizubringen. Ihr Ziel der Vollkommenheit lag auf der Seite der Einzelarbeit. Dort benahm sie sich tadellos. Und wer nur diese Seite ins Auge fasste, hätte wohl keinen Fehler an ihr entdecken können. Für die Liebe aber und für die Ehe war sie nicht vorbereitet. Dort versagte [136] ihr Mitgehen. Wir können, um nur ein Detail herauszuheben, daraus auch die Form ihrer Sexualität erraten: Frigidität. Jetzt können wir wieder an die Betrachtung des mit Recht zurückgestellten Symptomes gehen. Ja, wir verstehen es bereits. Ihr Vergessen war die wenig aggressive Form ihres Protestes gegen aufgezwungene Mitarbeit, für die sie nicht vorbereitet war, die auch außerhalb ihres Zieles der Vollkommenheit lag.

Es mag nicht jedermanns Sache sein, aus solchen kurzen Schilderungen das komplizierte Kunstwerk eines Individuums zu erkennen und zu verstehen. Die Lehre aber, die Freud und seine Schüler, die alle psychoanalysiert sein müssen, aus der Individualpsychologie zu ziehen trachten, als ob der Patient nach unserer Darstellung »nur« auffallen, mehr Interesse gewinnen wolle, ist mehr als bedenklich und verurteilt sich selbst.

Nebenbei: Es wird oft die Frage aufgeworfen, ob ein Fall als leicht oder als schwer aufzufassen sei. Wir verstehen, dass die Entscheidung ganz von der Größe des vorhandenen Gemeinschaftsgefühls abhängt. Im vorliegenden Fall ist leicht zu verstehen, dass der Irrtum dieser Frau, ihre mangelnde Vorbereitung für Mitarbeit und Mitleben leichter zu vervollkommnen war, da sie sozusagen nur aus Vergesslichkeit diesen wichtigsten Ausbau unterlassen hatte.

Als sie überzeugt, und in Mitarbeit mit dem Arzte, in freundlicher Aussprache und bei gleichzeitiger Erziehung ihres Mannes durch den Arzt, ihren Hexenkreis (Künkel[52] nennt ihn in neckischer Abänderung Teufelskreis, *Freud* Zauberkreis) aufgelöst hatte, verschwand auch ihre Vergesslichkeit, da dieser das Motiv entzogen war.

Wir sind nun vorbereitet zu verstehen, dass jede Erinnerung, soweit ein Erlebnis überhaupt das Individuum berührt, und nicht a limine[53] abgewiesen wird, das Resultat der Bearbeitung eines Eindrucks durch den Lebensstil, durch das Ich darstellt. Dies gilt nicht nur für mehr oder weniger festgehaltene, sondern auch für mangelhafte, für schwer herauszuholende Erinnerungen sowie auch für solche, deren sprachlicher Ausdruck verschwunden ist und nur als Gefühlston oder Stellungnahme festzustellen ist. Damit kommen wir zu einer verhältnismäßig wichtigen Einsicht, die besagt, dass jeder seelische Bewegungsvorgang in seiner Richtung nach dem Ziele der Vollkommenheit dem Verständnis des Betrachters dadurch nahegebracht werden muss, dass er *[137]* das gedankliche, das gefühlsmäßige und das stellungsmäßige Feld in der Erinnerung klarstellen muss. Wie wir bereits wissen, drückt sich das Ich nicht nur in der Sprache, sondern auch in seinen Gefühlen und in seiner Stellungnahme aus, und die Wissenschaft von der Einheit des Ichs verdankt ja der Individualpsychologie die Feststellung des Organdialekts. Wir halten den Kontakt mit der Außenwelt mit allen Fibern unseres Körpers und unserer Seele aufrecht. Uns interessiert an einem Fall die Art, besonders die mangelhafte Art, wie dieser Kontakt aufrechterhalten wird. Und auf diesem Wege kam ich zu der reizvollen und wertvollen Aufgabe, die Erinnerungen eines Menschen, wie immer sie auftreten, als deutbare Anteile seines Lebensstils zu finden und zu verwerten. Dass mich dabei in erster Linie die als die ältesten Erinnerungen angesehenen interessieren, liegt darin, dass sie wirkliche oder fantasierte, richtige oder veränderte Geschehnisse beleuchten, die dem schöpferischen Aufbau des Lebensstils in den ersten Kinderjahren näher liegen, wohl auch zum großen Teile die Bearbeitung von Geschehnissen durch den Lebensstil verraten. Dabei obliegt uns weniger die Aufgabe, das Inhaltliche heranzuziehen, das ja für jedermann als Inhalt einfach zu verstehen ist, sondern dessen wahrscheinlichen Gefühlston zu ermessen, die erfolgende Stellungnahme und die Bearbeitung und Auswahl des Aufbaumaterials, Letzteres, weil wir dabei das Hauptinteresse des Individuums entdecken, einen wesentlichen Bestandteil des Lebensstils. Dabei kommt uns die Hauptfrage der Individualpsychologie außerordentlich zustatten, die Frage, wo will dieses Individuum hinaus, welche Meinung hat dieses Individuum von sich und vom Leben? Wohl leiten uns bei dieser Betrachtung die ehernen Anschauungen der Individualpsychologie vom Ziele

---

52 [Künkel 1928/1975]
53 [lat.: von vornherein]

der Vollkommenheit, vom Minderwertigkeitsgefühl, dessen Erkenntnis (leider nicht dessen Verständnis, wie Freud anerkannt) heute bereits über die ganze Welt verbreitet ist, vom Minderwertigkeits-, vom Überwertigkeitskomplex, vom Gemeinschaftsgefühl und von den wahrscheinlichen Verhinderungen desselben –; aber alle diese fest gefügten Anschauungen dienen uns nur zur Beleuchtung des Gesichtsfeldes, in dem wir das individuelle Bewegungsgesetz des vorliegenden Individuums festzustellen haben. [138]

Bei dieser Arbeit erhebt sich bei uns die skeptische Frage, ob wir in der Deutung von Erinnerungen und ihres Zusammenhangs mit dem Lebensstil angesichts der Vieldeutigkeit einzelner Ausdrucksformen nicht leicht fehlgehen können. Freilich, wer die Individualpsychologie mit rechter Künstlerschaft betreibt, dem versagen sich die Nuancen nicht. Aber auch er wird trachten, Irrtümer aller Art auszuschalten. Der Möglichkeiten gibt es genug. Hat er in der Erinnerung eines Individuums das wirkliche Bewegungsgesetz desselben gefunden, dann muss er das gleiche Bewegungsgesetz in allen anderen Ausdrucksformen wiederfinden. Soweit es sich um die Behandlung von Fehlschlägen aller Art handelt, wird er so viele Bestätigungen nachweisen müssen, bis auch der Patient von der Richtigkeit des Nachweises überzeugt ist. Der Arzt selbst wird je nach seiner Eigenart bald früher, bald später überzeugt sein. Es gibt aber kein anderes Maß, an dem er die Irrtümer, Symptome und den irrtümlichen Lebensgang eines Menschen messen könnte, als das ausreichende Maß eines richtigen Gemeinschaftsgefühls.

Wir sind nun imstande, natürlich mit allergrößter Vorsicht und der größten Erfahrung ausgestattet, die fehlerhafte Richtung des Lebensweges, den Mangel an Gemeinschaftsgefühl, oder auch das Gegenteil, zumeist aus den ältesten Erinnerungen herauszufinden. Uns leitet da besonders unsere Kenntnis vom Mangel an Gemeinschaftsgefühl, von dessen Ursachen und dessen Folgen. Vieles leuchtet hervor aus der Darstellung in einer Wir- oder Ich-Situation. Vieles auch aus der Erwähnung der Mutter. Die Mitteilung von Gefahren oder Unfällen, auch von Züchtigungen und Strafen, deckt die übergroße Neigung auf, das Feindliche des Lebens besonders im Auge zu behalten. Die Erinnerung an die Geburt eines Geschwisters deckt die Situation der Entthronung auf, die an den ersten Besuch im Kindergarten oder in der Schule den großen Eindruck anlässlich neuer Situationen. Die Erinnerung an Krankheit und Tod ist oft mit der Furcht davor, öfters mit Versuchen verknüpft, etwa als Arzt oder als Pflegeperson oder ähnlich diesen Gefahren besser gewappnet entgegenzutreten. Erinnerungen an Landaufenthalt mit der Mutter zeigen oft, ebenso wie Erwähnungen bestimmter Personen wie Mutter, Vater, Großeltern in einer freundlichen Atmosphäre, nicht nur den Vorzug dieser, offenbar verwöhnenden [139] Personen, sondern auch den Ausschluss anderer. Erinnerungen an begangene Untaten, Diebstähle, sexuelle Vorkommnisse weisen gewöhnlich auf die große Anstrengung hin, sie weiterhin aus dem Erleben auszuschalten.

Gelegentlich erfährt man auch andere Neigungen, die, wie eine visuelle, akustische, motorische Neigung, recht gut zur Aufdeckung von Schulmisserfolgen und fehlerhafter Berufswahl sowie zur Anweisung eines Berufs Anlass geben können, der der besseren Vorbereitung fürs Leben besser entspricht.

Einige Beispiele mögen den Zusammenhang ältester Erinnerungen mit dem dauernden Lebensplan zu zeigen versuchen. Ein etwa 32-jähriger Mann, der älteste, verwöhnte Sohn einer Witwe, zeigt sich in jedem Beruf ungeeignet, weil er gleich im Beginne an schweren Angsterscheinungen erkrankt, die sich sofort bessern, wenn man ihn nach Hause bringt. Er ist ein gutmütiger Mensch, der sich aber schwer an andere anschließt. In der Schule zeigte er sich stets vor jeder Prüfung maßlos aufgeregt und blieb oft der Schule fern unter Hinweis auf Müdigkeit und Erschöpfung. Seine Mutter sorgte für ihn in der liebevollsten Weise. Da er nur für diese mütterliche Sorgfalt richtig vorbereitet war, konnte man schon daraus sein Ziel der Überlegenheit erraten, so weit als möglich allen Lebensfragen auszuweichen und damit auch jedem Fehlschlag. Bei der Mutter gab es keinen solchen. Dass er bei seiner Methode blieb, sich in die Obhut der Mutter zu begeben, verlieh ihm das Gepräge eines infantilen Menschen, ohne dass man ihn als körperlich infantil hätte bezeichnen können. Seine seit Kindheit erprobten Mittel des Rückzugs zur Mutter erfuhren eine namhafte Verstärkung, als ihn das erste Mädchen, zu dem er eine Zuneigung gefasst hatte, abwies. Der Schock, der ihn bei diesem »exogenen« Ereignis überfiel, verstärkte seinen Rückzug, so dass er nirgends mehr Ruhe fand als bei seiner Mutter. Seine älteste Kindheitserinnerung lautete: »Als ich etwa vier Jahre alt war, saß ich am Fenster, während meine Mutter Strümpfe strickte, und beobachtete die Arbeiter, die gegenüber ein Haus bauten.«

Man wird sagen: ziemlich belanglos. Durchaus nicht. Seine *Auswahl der ersten Erinnerung* – ob es die älteste ist oder nicht, tut nichts zur Sache – beweist uns, dass ihn dabei irgendein Interesse gelenkt haben muss. Die Aktion seiner Gedächtnistätigkeit, geleitet durch den Lebensstil, greift eine Begebenheit heraus, die mit Stärke seine Eigenart verrät. Dass es eine Situation bei der vorsorglichen Mutter ist, zeigt uns das verwöhnte Kind. Aber noch ein Wichtiges verrät er uns. *Er schaut zu, wie die anderen arbeiten.* Seine Vorbereitung fürs Leben ist die eines Zuschauers. Er hat wenig anderes. Versucht er sich anderswo, so sieht er sich wie vor einem Abgrund und tritt unter der Wirkung eines Schocks – Furcht vor der Tatsache der Wertlosigkeit – den Rückzug an. Lässt man ihn zu Hause bei seiner Mutter, lässt man ihn zuschauen, wie die anderen arbeiten, so scheint ihm nichts zu fehlen. Seine Bewegungslinie zielt auf die Beherrschung der Mutter als das einzige Ziel seiner Überlegenheit. Leider gibt es nur *[140]* wenig Aussichten für einen Zuschauer des Lebens. Nichtsdestoweniger wird man nach Heilung eines solchen Patienten nach einer Beschäftigung Ausschau halten, in der er seine bessere Vorbereitung im Schauen und Betrachten verwerten kann. Da wir es besser verstehen als der Patient, so müssen wir aktiv eingreifen, so weit, um zu verstehen zu geben: Du kannst ja wohl in jedem Beruf vorwärtskommen, aber wenn du deine bessere Vorbereitung ausnützen willst, so suche einen Beruf, in dem das *Betrachten im Vordergrund* steht. Er nahm erfolgreich einen Handel mit Kunstgegenständen auf.

Freud beschreibt in verzerrter Nomenklatur *stets die Fehlschläge verwöhnter Kinder*, ohne auf dieses Geheimnis gekommen zu sein. Das verwöhnte Kind will alles haben, lässt sich nur schwer herbei, die durch die Evolution befestigten normalen Funktionen auszuführen, begehrt die Mutter »in seinem Ödipuskomplex« (wenn auch übertrieben, so doch im seltenen Einzelfall begreiflich, weil das verwöhnte Kind jede andere Person ablehnt). Es hat später allerlei Schwierigkeiten (nicht wegen der Verdrängung des Ödipuskomplexes, sondern wegen der Schockwirkung vor anderen Situationen) und kommt in Ekstase, sogar zu Mordgelüsten gegenüber Personen, die sich seinen Wünschen entgegenstellen. Wie deutlich zu sehen, sind dies Kunstprodukte verfehlter, verwöhnender Erziehung, für ein Verständnis des Seelenlebens nur zu verwenden, wenn man die Folgen der Verwöhnung kennt und berücksichtigt. Sexualität aber ist eine Aufgabe für zwei Personen und kann nur richtig ausgeübt werden, wenn ein genügendes Maß von Gemeinschaftsgefühl vorhanden ist, das den verwöhnten Kindern abgeht. In krasser Verallgemeinerung ist Freud nun gezwungen, die künstlich genährten Wünsche, Fantasien und Symptome sowie deren Bekämpfung durch den verbliebenen Rest des Gemeinschaftsgefühls in angeborene sadistische Triebe zu verlegen, die, wie wir sehen, später erst, als Folgen der Verwöhnung, dem Kinde künstlich aufgezüchtet werden. Dass der erste Akt des neugeborenen Kindes, das Trinken an der Mutterbrust, Kooperation ist – und nicht, wie Freud zugunsten seiner vorgefassten Theorie glaubt, Kannibalismus, ein Zeugnis für den angeborenen sadistischen Trieb –, dass dieser Akt der Mutter ebenso zugutekommt wie dem Kinde, ist hiermit leicht verständlich. Die große Mannigfaltigkeit in den Lebensformen der Menschen verschwindet in der Dunkelheit der *Freud'schen* Auffassung. [141]

Ein weiteres Beispiel soll die Brauchbarkeit unseres Verständnisses der ältesten Kindheitserinnerungen aufweisen. Ein 18-jähriges Mädchen lebt in stetem Zank mit seinen Eltern. Man will sie studieren lassen, da sie sehr gute Schulerfolge aufweist. Sie weigert sich, wie sich herausstellt, weil sie Misserfolge fürchtet, die darauf begründet sind, dass sie nicht die Erste in ihrem Schulexamen war. Ihre älteste Kindheitserinnerung war folgende: Sie hatte auf einem Kinderfest, als sie vier Jahre alt war, einen riesigen Kinderball in der Hand eines anderen Kindes gesehen. Als sehr verwöhntes Kind setzte sie alles daran, auch einen solchen Ball zu erhalten. Ihr Vater lief in der ganzen Stadt umher, einen solchen zu finden, aber es gelang ihm nicht. Einen kleineren Ball wies das Mädchen unter Schreien und Weinen zurück. Erst als ihr der Vater erklärte, wie seine ganze Mühe umsonst war, beruhigte sie sich und nahm den kleineren Ball. Ich konnte aus dieser Erinnerung schließen, dass dieses

Mädchen freundlichen Erklärungen zugänglich sei; man konnte sie von ihrer ehrgeizigen Selbstsucht überzeugen, und man hatte Erfolg.

Wie dunkel oft die Wege des Schicksals sind, zeigt folgender Fall: Ein 42-jähriger Mann wird nach langjähriger Ehe mit einer um zehn Jahre älteren Frau impotent. Seit zwei Jahren spricht er kaum mit seinem Weibe und mit seinen zwei Kindern. Vorher einigermaßen erfolgreich in seinem Beruf, vernachlässigt er seither sein Geschäft und bringt die Familie in eine klägliche Lage. Er war der Liebling seiner Mutter und sehr verwöhnt. Als er drei Jahre alt war, kam eine Schwester. Kurz nachher – die Ankunft der Schwester ist seine älteste Erinnerung – begann er das Bett zu nässen. Auch hatte er schreckhafte Träume in seiner Kindheit, wie wir es bei verwöhnten Kindern oft finden. Keine Frage, dass Bettnässen und Angst aus seinen Versuchen stammten, seine Entthronung rückgängig zu machen, wobei wir nicht übersehen wollen, dass das Bettnässen auch der Ausdruck einer Anklage, mehr vielleicht, ein Akt der Rache gegen seine Mutter war. In der Schule war er ein hervorragend gutes Kind. Er erinnert sich nur ein einziges Mal in eine Rauferei mit einem anderen Knaben, der ihn beleidigt hatte, verwickelt gewesen zu sein. Der Lehrer gab seiner Verwunderung Ausdruck, wie solch ein guter Knabe sich hinreißen lassen konnte.

Wir können verstehen, dass er auf ausschließliche Anerkennung trainiert hatte und sein Ziel der Überlegenheit darin sah, anderen vorgezogen zu werden. Geschah dies nicht, griff er zu Mitteln, die teils Anklage, teils Rache bedeuteten, ohne dass diese Motivation ihm oder anderen klar wurde. In sein egoistisch gefärbtes Ziel der Vollkommenheit war ein großer Anteil eingeflossen, nach außen hin nicht als böse zu erscheinen. Wie er selbst hervorhob, hatte er das ältere Mädchen geheiratet, weil sie ihm wie seine Mutter entgegenkam. Als sie nun über 50 Jahre alt war und mehr in der Pflege der Kinder aufging, brach er die Verbindung mit ihnen allen in scheinbar nicht aggressiver Weise ab. In diesen Abbruch war auch seine Impotenz als Organsprache miteinbezogen. Man hätte in seinen Kinderjahren bereits erwarten können, dass er bei Verlust der Verwöhnung, wie damals, als die Schwester kam, seine wenig deutliche, aber deutlich wirkende Anklage immer wieder erheben würde.

Ein 30-jähriger Mann, der ältere von zwei Kindern, hatte wegen gehäufter Diebstähle eine längere Kerkerstrafe verbüßt. Seine ältesten Erinnerungen stammen aus *[142]* dem dritten Lebensjahr, aus der Zeit kurz nach der Ankunft des jüngeren Bruders. Sie lauteten: »Meine Mutter hat immer den Bruder vorgezogen. Ich lief schon als kleines Kind immer von zu Hause weg. Gelegentlich, wenn mich der Hunger trieb, verübte ich kleine Diebstähle in und außer dem Hause. Meine Mutter strafte mich in der grausamsten Weise. Ich lief aber immer wieder davon. In der Schule war ich bis zum 14. Jahre ein mittelmäßiger Schüler, wollte aber nicht weiter lernen und streifte allein auf den Straßen herum. Das Haus war mir verleidet. Ich hatte keinen Freund und habe nie ein

Mädchen gefunden, das mich geliebt hätte, wonach ich mich immer sehnte. Ich wollte Tanzlokale besuchen, um Bekanntschaften zu machen, hatte aber kein Geld. Da stahl ich ein Auto und verkaufte es zu billigem Preis. Von dieser Zeit an begannen meine Diebstähle ein größeres Format anzunehmen, bis ich ins Gefängnis kam. Vielleicht hätte ich eine andere Laufbahn eingeschlagen, wenn mir das Haus nicht verleidet gewesen wäre, wo ich immer nur Schimpfe bekam. Meine Diebstähle aber wurden dadurch gefördert, dass ich in die Hände eines Hehlers geriet, der mich zu den Diebstählen aneiferte.«

Ich habe darauf aufmerksam gemacht, dass man in der Kindheit von Straffälligen fast in der Mehrheit der Fälle ehemals verwöhnte oder nach Verwöhnung suchende Kinder findet. Und was ebenso wichtig ist, dass man schon in ihrer Kindheit eine stärkere Aktivität wahrnehmen kann, die aber nicht mit Mut zu verwechseln ist. Dass die Mutter fähig war, ein Kind zu verwöhnen, zeigte sie an ihrem zweiten Sohn. Aus der erbitterten Haltung dieses Mannes nach Ankunft des jüngeren Bruders können wir schließen, dass auch er vorher Verwöhnung erlebt hatte. Sein weiteres Schicksal stammte aus seiner erbitterten Anklage gegen die Mutter und aus jener Aktivität, für die er, mangels eines Gemeinschaftsgefühls zureichenden Grades – keine Freunde, kein Beruf, keine Liebe – keine andere Verwendung fand als im Verbrechen. Dass man mit einer Anschauung, als ob das Verbrechen Selbstbestrafung sei, verknüpft mit dem Wunsch, ins Gefängnis zu kommen, vor die Öffentlichkeit treten kann, wie dies neuerlich gewisse Psychiater tun, verrät doch eigentlich einen Mangel an geistigem Schamgefühl, insbesondere, wenn es verbunden ist mit einer offenen Verhöhnung des Common Sense und mit beleidigenden Ausfällen gegen unsere tief begründeten Erfahrungen. Ob die Entstehung solcher Anschauungen nicht aus dem Geist verwöhnter Kinder geboren ist und auf den Geist verwöhnter Kinder im Publikum zurückwirkt, überlasse ich dem Leser zur Entscheidung. [143]

13. Gemeinschaftshindernde Kindheitssituationen und deren Behebung

Man wird bei der Suche nach veranlassenden und verlockenden Situationen in der Kindheit schließlich immer auf jene schweren Probleme stoßen, die ich schon vorher als die bedeutsamsten genannt habe, die geeignet sind, die Entfaltung des Gemeinschaftsgefühls zu erschweren und deshalb auch außerordentlich häufig zu hindern: auf Verwöhnung, angeborene Organminderwertigkeiten und Vernachlässigung. Die Einwirkungen dieser Faktoren sind nicht nur ihrer Ausdehnung und ihres Grades wegen verschieden, auch nicht nur ihrer Dauer, des Beginns und Endes ihrer Wirksamkeit, sondern hauptsächlich der nahezu unausrechenbaren Erregung und Beantwortung wegen, die sie in dem Kinde erzeugen. Die Stellung des Kindes zu diesen Faktoren hängt nicht allein von »trial and error« (Versuch und Irrtum) des Kindes ab, sondern viel mehr noch, wie sich nachweisen lässt, von der Wachstumsenergie des Kindes, seiner schöpferischen Kraft als eines Teiles des Lebensprozesses, deren Entfaltung in unserer, das Kind bedrängenden und fördernden Kultur ebenfalls nahezu unausrechenbar und nur aus den Erfolgen zu entnehmen ist. Will man hier vermutungsweise weitergehen, so hätte man eine Unzahl von Tatsachen ins Auge zu fassen, familiäre Eigenheiten, Licht, Luft, Jahreszeit, Wärme, Lärm, Kontakt mit Personen, die besser oder schlechter geeignet sind, Klima, Bodenbeschaffenheit, Nahrung, das endokrine System, Muskulatur, Tempo der Organentwicklung, embryonales Stadium und noch vieles andere, wie die Handreichungen und Pflege der betreuenden Personen. In dieser verwirrenden Fülle der Tatsachen wird man bald fördernde, bald benachteiligende Faktoren anzunehmen geneigt sein. Wir wollen uns damit [144] begnügen, mit großer Vorsicht statistische Wahrscheinlichkeiten ins Auge zu fassen, ohne die Möglichkeit differierender Resultate zu leugnen. Viel sicherer ist der Weg der Beobachtung der Ergebnisse, zu deren Abänderung große Möglichkeiten vorhanden sind. Die dabei zutage tretende schöpferische Kraft wird sich in einer kleineren oder größeren Aktivität des Körpers und des Geistes hinreichend feststellen lassen. Aber es kann nicht übersehen werden, dass die Neigung zur Kooperation vom ersten Tage an herausgefordert ist. Die ungeheure Bedeutung der Mutter in dieser Hinsicht tritt klar hervor. Sie steht an der Schwelle der Entwicklung des Gemeinschaftsgefühls. Das biologische Erbe des menschlichen Gemeinschaftsgefühls wartet auf ihre Pflege. In kleinen Handreichungen, beim Bade, in allen Darbietungen, die das hilflose Kind benötigt, kann sie den Kontakt des Kindes verstärken oder hemmen. Ihre Beziehung zu dem Kinde, ihr Verständnis und ihre Geschicklichkeit sind maßgebende Mittel. Wir wollen nicht übersehen, dass auch in dieser Hinsicht die menschliche Evolutionshöhe den Ausgleich schaffen und dass das Kind selbst sich über die vorhandenen Hindernisse hinaus den Kontakt durch Schreien und Widerspenstigkeit erzwingen kann. Denn auch in der Mutter wirkt und lebt der biologische Erwerb der Mutterliebe, eines unbesiegbaren Anteils des Gemeinschaftsgefühls. Er kann durch widrige Umstände, durch übergroße Sorgen, durch Enttäuschungen, durch Krankheit und Leiden, durch auffallenden Mangel an Gemeinschaftsgefühl und seine Folgen brachgelegt sein. Aber der evolutionäre Erwerb der Mutterliebe ist gemeiniglich so stark bei Tieren und bei Menschen, dass er leicht den Nahrungstrieb und den Sexualtrieb überwindet. Man darf wohl feststellen, dass die Bedeutung des mütterlichen Kontakts für die Entwicklung des menschlichen Gemeinschaftsgefühls von allergrößter Bedeutung ist. Ein Verzicht auf diesen übermächtigen Hebel der Entwicklung der Menschheit würde uns in die größte Verlegenheit bringen, einen halbwegs zureichenden Ersatz zu finden, ganz abgesehen davon, dass sich das mütterliche Kontaktgefühl als ein unverlierbarer Besitz der Evolution mit Unerbittlichkeit gegen eine Zerstörung zur Wehr setzen würde. *Wahrscheinlich verdanken wir dem mütterlichen Kontaktgefühl den größten Teil des menschlichen Gemein[145]schaftsgefühls, und damit auch den wesentlichen Bestand der menschlichen Kultur.* Freilich genügt die gegenwärtige Auswirkung der Mutterliebe heute oft nicht der Not der Gemeinschaft. Eine ferne Zukunft wird *den Gebrauch dieses Besitzes* dem Gemeinschaftsideal viel mehr anzugleichen haben. Denn häufig ist der Kontakt zwischen Mutter und Kind zu schwach, noch häufiger zu stark. Im ersteren Falle kann das Kind vom Beginne seines Lebens den Eindruck der Feindlichkeit des Lebens bekommen und durch weitere Erfahrungen ähnlicher Art diese *Meinung* zur Richtschnur seines Lebens machen.

Wie ich oft genug gesehen habe, genügt da auch der bessere Kontakt mit dem Vater, mit den Großeltern nicht, diesen Mangel auszugleichen. Man kann im Allgemeinen feststellen, dass der bessere Kontakt eines Kindes mit dem Vater den Fehlschlag der Mutter erweist, nahezu immer eine zweite Phase im Leben eines Kindes bedeutet, das an der Mutter – mit Recht oder Unrecht – eine Enttäuschung erlebt hat. Dass man häufig bei Mädchen den stärkeren Kontakt zum Vater, bei Knaben zur Mutter findet, kann nicht auf die Sexualität bezogen werden, sondern muss auf die obige Feststellung hin geprüft werden, wobei zweierlei sich zeigen wird: dass Väter den Mädchen gegenüber häufig zart auftreten, wie sie es Mädchen und Frauen gegenüber gewöhnt sind, und dass Mädchen wie Knaben in spielerischer Vorbereitung für ihr künftiges Leben wie auch in Spielen überhaupt (*s. Groos, Spiele der Kinder*)[54] diese Vorbereitung auch dem andersgeschlechtlichen Elternteil gegenüber zeigen. Dass da gelegentlich auch der Sexualtrieb hineinspielt, freilich selten in der übertriebenen Art, wie Freud es darstellt, habe ich nur bei sehr verwöhnten Kindern gesehen, die ihre ganze Entwicklung innerhalb der Familie durchführen wollen, oder noch mehr, im ausschließlichen Bunde mit einer einzigen, verwöhnenden Person. Was der Mutter entwicklungsgeschichtlich und sozial als Aufgabe obliegt, ist, das Kind so früh als möglich zum Mitarbeiter, zum Mitmenschen zu machen, der gerne hilft und sich gerne, soweit seine Kräfte nicht ausreichen, helfen lässt. Man könnte über das »wohltemperierte Kind« Bände schreiben. Hier muss es genügen, darauf hinzuweisen, dass sich *[146]* das Kind als gleichberechtigter Partner im Hause mit wachsendem Interesse an Vater und Geschwistern, bald auch an allen Personen seiner Umgebung, fühlen soll. So wird es frühzeitig nicht mehr eine Last, sondern ein Mitspieler sein. Es wird sich bald heimisch fühlen und jenen Mut und jene Zuversicht entwickeln, die ihm aus seinem Kontakt mit der Umgebung erwachsen. Störungen, die es verursacht, sei es in beabsichtigten oder

---

54 [Groos 1899/1932]

unbeabsichtigten Fehlern seiner Funktionen, Bettnässen, Stuhlverhaltungen, Essschwierigkeiten ohne krankhafte Ursache, werden ihm selbst eine lösbare Aufgabe sein, wie auch seiner Umgebung, ganz abgesehen davon, dass sie nie in Erscheinung treten werden, wenn seine Neigung zur Kooperation genügend groß ist. Dasselbe gilt vom Daumenlutschen und vom Nägelbeißen, vom Nasenbohren und vom Verschlingen großer Bissen. Alle diese Erscheinungen treten nur auf, wenn das Kind das Mitgehen, die Aufnahme der Kultur verweigert, und zeigen sich fast ausschließlich bei verwöhnten Kindern, die so die Umgebung zu erhöhter Leistung, zu Fleißaufgaben zwingen wollen, und sind immer auch mit Trotz, offen oder heimlich, verbunden, deutlichen Zeichen eines mangelhaften Gemeinschaftsgefühls. Ich habe seit langer Zeit auf diese Tatsachen hingewiesen. Wenn Freud heute die Grundlage seiner Lehre, die Allsexualität, zu mildern trachtet, so haben an dieser Korrektur die individualpsychologischen Erfahrungen wohl den größten Anteil. Die viel jüngere Anschauung Charlotte Bühlers.[55] bezüglich eines »normalen« Trotzstadiums des Kindes müssen wohl richtig auf unsere Erfahrungen reduziert werden. Dass die Kinderfehler mit Charakterzügen wie Trotz, Eifersucht, Eigenliebe, Mangel an Gemeinschaftsgefühl, selbstischem Ehrgeiz, Rachsucht usw. verknüpft sind, sie das eine Mal mehr, das andere Mal weniger deutlich zeigen, geht aus der oben geschilderten Struktur hervor, bestätigt auch unsere Auffassung des Charakters als einer Leitlinie zum Ziel der Überlegenheit, als einer Spiegelung des Lebensstils und als einer sozialen Stellungnahme, die nicht angeboren ist, sondern gleichzeitig mit dem vom Kinde geschaffenen Bewegungsgesetz fertiggestellt wird. An den wahrscheinlich kleinen Freuden wie Stuhlverhaltung, Daumenlutschen, kindlichen Spielen am Genitale usw. festzuhalten, die vielleicht gelegentlich durch ein stärkeres, zum Verschwinden bestimmter Kitzelgefühle eingeleitet [147] werden, zeigt sich die Eigenart verwöhnter Kinder, die sich keinen Wunsch und keinen Genuss versagen können.

Eine weitere gefährliche Ecke für die Entwicklung des Gemeinschaftsgefühls bildet die Persönlichkeit des Vaters. Die Mutter darf ihm nicht die Gelegenheit nehmen, den Kontakt mit dem Kinde so fest als möglich zu gestalten, wie es im Falle der Verwöhnung oder im Falle des mangelnden Kontaktes, im Falle der Abneigung gegen ihn leicht geschehen kann. Er darf auch nicht zu Zwecken der Drohung oder der Strafe auserkoren werden. Und er muss dem Kinde genügende Zeit und Wärme geben, um nicht durch die Mutter in den Hintergrund gedrängt zu werden. Als besondere Schädlichkeiten kann ich noch anführen, wenn er die Mutter durch übergroße Zärtlichkeit auszustechen trachtet, wenn er zur Korrektur der Verwöhnung durch die Mutter ein strenges Regime einführt und so das Kind noch stärker zur Mutter hindrängt

---

55 [Ch. Bühler 1931]

und wenn er dem Kinde seine Autorität und seine Prinzipien aufzuzwingen versucht. Er kann durch Letzteres vielleicht Unterwerfung, niemals aber Mitarbeit und Gemeinschaftsgefühl erzwingen. Insbesondere ist es die Gelegenheit der Mahlzeiten, die in unserer hastenden Zeit von großer Bedeutung für die Erziehung zum Mitleben sind. Eine fröhliche Stimmung dabei ist unerlässlich. Belehrungen über Essmanieren sollen so spärlich als möglich sein. Man wird sie auf diese Weise am leichtesten erfolgreich machen. Tadel, Zornausbrüche, Verdrossenheit sollen bei diesen Gelegenheiten ausgeschaltet sein. Ebenso muss man sich der Beschäftigung mit Lektüre, mit Grübeleien enthalten. Diese Zeit ist auch die ungeeignetste, um Tadel über schlechte Schulerfolge oder andere Missstände anzubringen. Und man muss trachten, die Gemeinsamkeit bei den Mahlzeiten durchzuführen, was mir besonders beim Frühstück als wichtig erscheint. Dass Kindern das Reden oder Fragen stets freigestellt sein soll, ist eine gewichtige Forderung. Verlachen, Verspotten, Nörgeln, andere Kinder als gutes Beispiel hinstellen schädigt den Anschluss, kann Verschlossenheit, Scheu und ein anderes schweres Minderwertigkeitsgefühl erzeugen. Man soll Kindern ihre Kleinheit, ihren Mangel an Wissen und Können nicht vorhalten, sondern ihnen den Weg zu einem mutigen Training freilegen, sie auch gewähren lassen, wenn sie an etwas Interesse zeigen, ihnen nicht alles aus der Hand neh[148]men, immer auch darauf hinweisen, dass nur der Anfang schwer ist, keine übertriebene Ängstlichkeit Gefahren gegenüber, aber richtige Voraussicht und richtigen Schutz bei solchen zeigen. Nervosität der Eltern, eheliche Zerwürfnisse, Uneinigkeiten in Fragen der Erziehung können leicht die Entwicklung des Gemeinschaftsgefühls schädigen. Allzu kategorisches Hinausweisen des Kindes aus der Gesellschaft der Erwachsenen sollte nach Tunlichkeit vermieden werden. Lob und Tadel muss nur dem gelungenen oder misslungenen Training gelten, nicht der Persönlichkeit des Kindes.

Die Krankheit eines Kindes kann ebenfalls eine gefährliche Klippe für die Entwicklung des Gemeinschaftsgefühls werden. Gefährlicher, wie auch die anderen Erschwerungen, wenn sie sich innerhalb der ersten fünf Jahre einstellt. Wir haben über die Bedeutung der angeborenen Organminderwertigkeiten gesprochen und gezeigt, dass sie sich statistisch als verleitendes Übel und als Hindernis für das Gemeinschaftsgefühl herausstellen. Dasselbe gilt für frühzeitig auftretende Erkrankungen wie Rachitis, die die körperliche, nicht die geistige Entwicklung beeinträchtigen und auch zu Verunstaltungen größeren und geringeren Grades führen können. Unter den anderen Krankheiten des frühen Kindesalters beeinträchtigen diejenigen am meisten das Gemeinschaftsgefühl, bei denen die Angst und Sorge der Umgebung dem Kinde einen großen Eindruck seines Eigenwertes ohne Beitragsleistung vor Augen führen. Hierher gehören Keuchhusten, Scharlach, Enzephalitis und Chorea, nach deren oft tadellosem Ablauf man Schwererziehbarkeit des Kindes beobachten kann, weil es auch später noch für die Aufrechterhaltung seiner Verwöhnung kämpft. Auch in Fällen, in denen körperliche Schädigungen zurückbleiben, wird man gut tun, Verschlechterungen im Verhalten des Kindes nicht ohne Weiteres auf diese Schädigungen zu beziehen und die Hände in den Schoß zu legen. Ich habe sogar nach fehlerhaften Diagnosen eines Herzleidens und einer Nierenerkrankung und nach Aufdeckung des Irrtums beobachten können, dass die Schwererziehbarkeit bei Feststellung vollkommener Gesundheit nicht schwindet, dass die Eigenliebe mit allen ihren Folgen, besonders mit Mangel des sozialen Interesses gleichbleibend fortdauert. Angst, Sorge und Tränen helfen dem kranken Kinde nicht, sondern verleiten es, in der *[149]* Krankheit einen Vorteil zu erblicken. Dass korrigierbare Schädigungen des Kindes so bald als möglich gebessert oder geheilt werden müssen, dass man sich in keinem Falle darauf verlassen darf, dass sich der Fehler »auswachsen« werde, versteht sich von selber. Ebenso ist die Behütung vor Krankheit, soweit unsere Mittel reichen, anzustreben, ohne das Kind ängstlich zu machen und ohne ihm den Anschluss an andere zu verwehren.

Die Belastung eines Kindes mit Dingen, die es körperlich und geistig allzu sehr in Anspruch nehmen, kann durch Erregung von Unlust oder Übermüdung leicht zu einer dem Anschluss ans Leben widrigen Stimmung führen. Kunst und Wissen sollen dem Fassungsgrad des Kindes entsprechen (s. Dr. *Deutsch*, »*Klavierunterricht auf individualpsychologischer Grundlage*«[56]). Dem Aufklärungsfanatismus mancher Sexualpädagogen muss aus demselben Grunde ein Ende gemacht werden. Man soll dem Kinde antworten, wenn es fragt oder zu fragen scheint, soweit man sicher ist, dass das Kind die Mitteilung verdauen kann. In allen Fällen aber soll es über die Gleichwertigkeit der Geschlechter und über seine eigene Geschlechtsrolle frühzeitig belehrt werden, weil es sonst, wie auch Freud heute zugibt, aus unserer rückständigen Kultur die Meinung schöpfen kann, als ob die Frau eine niedrigere Stufe vorstellte, was bei Knaben leicht zu Hochmut mit allen seinen gemeinschaftswidrigen Folgen, bei Mädchen zu dem von mir im Jahre 1912 beschriebenen »männlichen Protest« (s. *Adler* »*Über den nervösen Charakter*«)[57] mit ebenso schlechten Folgen, im Zweifel über das eigene Geschlecht zu einer mangelhaften Vorbereitung für die eigene Geschlechtsrolle mit allen ungünstigen Folgen führen kann.

Gewisse Schwierigkeiten ergeben sich aus der Stellung der Geschwister innerhalb einer Familie. Der betonte, aber auch der unbetonte Vorrang eines der Geschwister in der frühen Kindheit wird oft zum Nachteil des anderen. Mit ungeheurer Häufigkeit findet man Fehlschläge des einen Kindes neben Vorzügen eines anderen. Die größere Aktivität des einen kann zur Passivität des anderen Anlass geben, der Erfolg des einen zum Misserfolg des anderen. Wie sehr sich

---

56 [Deutsch 1929]
57 [Adler, A. 1912a; 1972a; 1997; in dieser Studienausgabe Bd. 2]

frühzeitige Misserfolge ungünstig für die Zukunft eines Kindes auswirken, ist oft zu sehen. Ebenso kann die nicht leicht zu vermeidende Bevorzugung des einen Kindes *[150]* zum Schaden des anderen ausschlagen, indem es in ihm schweres Minderwertigkeitsgefühl mit allen möglichen Ausgestaltungen eines Minderwertigkeitskomplexes auslöst. Auch die Größe, Schönheit, Kraft des einen wird seine Schatten auf den anderen werfen. Dabei dürfen die von mir zutage geförderten Tatsachen, die sich aus der Stellung eines Kindes in der Geschwisterreihe ergeben, nicht übersehen werden.

Man muss vor allem mit dem Aberglauben aufräumen, als ob die Situation jedes einzelnen Kindes innerhalb einer Familie die gleiche wäre. Wir wissen bereits, dass, wenn es auch für alle eine gleiche Umgebung und eine gleiche Erziehung gäbe, deren Einwirkung vom Kinde als Material verwendet wird, in einer Art, wie sie der schöpferischen Kraft des Kindes taugt. Wir werden sehen, wie verschieden sich die Umgebung jedes einzelnen Kindes verhält. Dass die Kinder weder die gleichen Gene noch die gleichen phänischen[58] Bedingtheiten aufweisen, scheint ebenfalls sichergestellt. Selbst bezüglich der eineiigen Zwillinge wächst der Zweifel an ihrer gleichen physischen und psychischen Konstitution immer mehr.[59] Die Individualpsychologie steht seit jeher auf dem Boden der angeborenen physischen Konstitution, hat aber festgestellt, dass die »psychische Konstitution« sich erst in den ersten drei bis fünf Jahren herausstellt, in der Bildung des psychischen Prototyps, der das dauernde Bewegungsgesetz des Individuums bereits in sich enthält und seine Lebensform der schöpferischen Kraft des Kindes verdankt, die Heredität und Milieuwirkungen als Bausteine benützt. Nur unter dieser Anschauung war es mir möglich, Differenzen der Geschwister nahezu als typisch, wenn auch in jedem einzelnen Falle verschieden darzustellen. Ich halte meine Aufgabe für gelöst, gezeigt zu haben, dass sich in der Lebensform jedes Kindes der Abdruck seiner Stellung in der Geschwisterreihe zeigt. Diese Tatsache wirft auch ein scharfes Licht auf die Frage der Charakterentwicklung. Denn wenn es richtig ist, dass gewisse Charakterzüge mit der Stellung des Kindes in der Geschwisterreihe übereinstimmen, dann bleibt nicht viel Platz mehr übrig für Diskussionen, die die Heredität des Charakters betonen oder dessen Abstammung aus der Analzone oder einer anderen.

Noch mehr. Es lässt sich gut verstehen, wie ein Kind kraft seiner Stel*[151]*lung in der Geschwisterreihe zu einer gewissen Eigenart gelangt. Mehr oder weniger bekannt sind die Schwierigkeiten eines einzigen Kindes. Stets unter Erwachsenen, meist übertrieben sorgsam behütet, unter steter Angst der Eltern heranwachsend, lernt es sehr bald, sich als Mittelpunkt zu fühlen und zu benehmen.

---

58 [phänisch: in Abhängigkeit von einem bestimmten Gen eine spezifische Eigenschaft zeigend]
59 *Anm. Adlers:* S. Holub, Internat. Zeitschr. f. Indiv. 1933 [Holub 1933]

Oft ergibt sich Krankheit oder Schwäche eines der Eltern als ein erschwerender Umstand. Häufiger kommen Eheschwierigkeiten und Ehetrennungen in Betracht, eine Atmosphäre, in der das Gemeinschaftsgefühl des Kindes schlecht gedeiht. Recht oft findet man, wie ich gezeigt habe, den meist neurotisch geäußerten Protest der Mutter gegen ein weiteres Kind, ein Protest, der meist mit übertriebener Sorgfalt für das eine Kind, mit seiner vollkommenen Versklavung verbunden ist. Man findet im späteren Leben solcher Kinder, bei jedem verschieden, eine der Abstufungen zwischen heimlich protestierender Unterwerfung und übertriebener Sucht nach Alleinherrschaft, wunde Stellen, die bei Berührung durch ein exogenes Problem zu bluten, sich lebhaft zu äußern beginnen. Starke Gebundenheit an die Familie, die den Anschluss nach außen verhindert, zeigt sich als abträglich in vielen Fällen.

Bei größerer Kinderzahl findet man den Erstgeborenen in einer einzigartigen Situation, die keines der anderen Kinder erlebt. Er ist eine Zeit lang ein einziges Kind und erfährt Eindrücke wie dieses. Verschiedene Zeit später wird er »entthront«. Dieser von mir gewählte Ausdruck gibt den Wechsel der Situation so genau wieder, dass auch spätere Autoren, wenn sie diesem Falle gerecht werden, wie Freud, sich dieses bildlichen Ausdruckes nicht entschlagen können. Die Zeit, die bis zu dieser »Entthronung« verstreicht, ist für den Eindruck und dessen Verarbeitung nicht gleichgültig. Sind es drei oder mehr Jahre, so fällt das Ereignis in den bereits stabilisierten Lebensstil und wird in dessen Art beantwortet. Im Allgemeinen vertragen verwöhnte Kinder diesen Wechsel ebenso schlecht wie etwa die Entwöhnung von der Mutterbrust. Ich muss aber feststellen, dass selbst ein einziges Jahr des Intervalls genügt, um die Spuren der Entthronung durch das ganze Leben sichtbar zu machen. Dabei muss auch der vom erstgeborenen Kinde bereits erworbene Lebensraum in Betracht gezogen werden wie auch die Einengung desselben, die es durch das zweite Kind erfährt. Man sieht, dass für un[152]sere nähere Einsicht eine Menge von Faktoren herangezogen werden müssen. Vor allem auch, dass sich der ganze Vorgang, wenn das Zeitintervall nicht groß ist, »wortlos«, ohne Begriffe vollzieht, das heißt, einer Korrektur auch durch spätere Erfahrungen nicht zugänglich ist, sondern nur durch individualpsychologische Erkenntnis des Zusammenhanges. Diese wortlosen Eindrücke, deren es im frühen Kindesleben viele gibt, würden von *Freud* und *Jung*, falls sie einmal darauf stießen, anders gedeutet werden, nicht als Erlebnisse, sondern in ihren Folgerungen als unbewusste Triebe oder als atavistisches soziales Unbewusstes. Hassregungen aber oder Todeswünsche, die man gelegentlich antrifft, sind die uns wohlbekannten Kunstprodukte einer unrichtigen Erziehung des Gemeinschaftsgefühls und finden sich nur bei verwöhnten Kindern, oft gegen das zweite Kind gerichtet. Ähnliche Stimmungen und Verstimmungen findet man auch bei späteren Kindern, auch bei ihnen vor allem, wenn sie verwöhnt waren. Aber der Erstgeborene, wenn er stärker verwöhnt wurde, hat wegen seiner Ausnahmestellung etwas vor den anderen voraus und empfindet durchschnittlich die Entthronung stärker. Die ähnlichen Erscheinungen aber bei späteren Kindern, die leicht zur Entstehung eines Minderwertigkeitskomplexes Anlass geben, sind Beweis genug, dass ein etwa stärkeres Geburtstrauma als Ursache der Fehlschläge bei Erstgeborenen in das Reich der Fabeln zu versetzen ist, eine vage Annahme, die nur bei Unkenntnis der individualpsychologischen Erfahrungen erhascht werden konnte.

Es ist auch leicht zu verstehen, dass der Protest des Erstgeborenen gegen seine Entthronung sich recht häufig in einer Neigung kundgibt, die irgendwie gegebene Macht als berechtigt anzuerkennen oder ihr an der Seite zu stehen. Diese Neigung gibt dem Erstgeborenen gelegentlich einen deutlich »konservativen Charakter«, der sich nicht etwa politisch, sondern sachlich geltend macht. Ein sprechendes Beispiel dafür habe ich in der Biografie *Theodor Fontanes* gefunden. Wer nicht Haare spalten will, wird auch in Robespierres Persönlichkeit den autoritären Zug trotz seiner hervorragenden Anteilnahme an der Revolution nicht verkennen. Man soll aber angesichts der regelfeindlichen Haltung der Individualpsychologie nicht übersehen, dass nicht die Nummer, sondern die Situation ausschlaggebend ist, so dass auch später in der Kinderreihe [153] das seelische Porträt eines Erstgeborenen auftauchen kann, wenn ein solches Kind etwa mehr auf ein nachfolgendes Kind angewiesen ist und reagiert. Auch der Umstand darf nicht übersehen werden, dass gelegentlich ein Zweitgeborener in die Rolle des Ersten eintritt, wie zum Beispiel, wenn der Erstgeborene als schwachsinniges Kind nicht recht für unseren Fall in Betracht kommt. Ein gutes Beispiel dafür findet man in der Persönlichkeit *Paul Heyses*, der sich fast väterlich zu seinem älteren Bruder bezog und in der Schule sich als rechte Hand des Lehrers aufspielte. Man wird aber in jedem Falle einen Forschungsweg bereitgestellt finden, wenn man nach den speziellen Lebensformen eines Erstgeborenen Umschau hält und nicht vergisst, wie der Zweite ihn im Rücken bedrängt. Dass er da gelegentlich den Ausweg findet, den Zweiten väterlich oder mütterlich zu behandeln, ist nur eine Variante seines Strebens nach der Oberhand.

Ein spezielles Problem scheint recht häufig unter jenen Erstgeborenen heranzuwachsen, die in nicht allzu großem Abstand von einer Schwester gefolgt sind. Ihr Gemeinschaftsgefühl ist da oft starken Beeinträchtigungen ausgesetzt. Vor allem deshalb, weil Mädchen von der Natur in ihrem körperlichen und geistigen Wachstum in den ersten 17 Jahren besonders gefördert werden, deshalb dem Schrittmacher stärker nachdrängen. Oft auch deshalb, weil sich der ältere Knabe nicht nur in seinem Vorrang, sondern auch in dem üblen Vorzug der männlichen Rolle zu behaupten trachtet, während das Mädchen oft durch die heute noch bestehende kulturelle Bedrängung in einem schweren Minderwertigkeitsgefühl stark nachstößt und dabei ein stärkeres Training an den Tag legt, das ihr oft deutliche Züge großer Energie verleiht. Dies ist auch bei anderen Mädchen der Auftakt zum »männlichen Protest« (s. »*Über den nervösen Charakter*«)[60], der unzählige gute und schlimme Folgen in der Entwicklung von Mädchen zeitigen kann, alle zwischen Vorzügen und Abwegigkeiten menschlicher Art bis zur Ablehnung der Liebe oder bis zur Homosexualität gelagert. Freud hat später von dieser individualpsychologischen Erkenntnis Gebrauch gemacht und hat sie unter dem Namen »Kastrationskomplex« in sein Sexualschema eingepresst, behauptend, dass nur der Mangel des männlichen Gliedes jenes Minderwertigkeitsgefühl erzeugt, dessen Struktur [154] von der Individualpsychologie gefunden wurde. Er lässt aber neuerlich schwach durchblicken, dass er auch für die soziale Seite dieser Frage einiges übrig hat. Dass der Erstgeborene fast immer als der Träger der Familie und ihrer konservativen Tradition angesehen wurde, zeigt wieder, dass die Fähigkeit des Erratens die Erfahrung voraussetzt.

Was die Eindrücke betrifft, unter denen so häufig der Zweitgeborene selbstschöpferisch sein Bewegungsgesetz gestaltet, so sind sie hauptsächlich darin zu finden, dass da ununterbrochen ein anderes Kind vor ihm herläuft, das nicht nur weiter in seiner Entwicklung ist, sondern ihm auch zumeist durch sein Festhalten an der Oberhand die Gleichheit bestreitet. Diese Eindrücke fallen hinweg, wenn der Abstand der Jahre groß ist, und sind umso stärker, je geringer er ist. Sie wirken drückend, wenn der Erstgeborene im Empfinden des Zweiten nicht zu schlagen ist. Sie verschwinden fast, wenn der Zweite von vornherein siegreich ist, sei es wegen der Minderwertigkeit des Ersten oder wegen seiner geringeren Beliebtheit. Fast immer aber wird man das heftigere Aufwärtsstreben des Zweiten beobachten können, das sich bald in verstärkter Energie, bald in heftigerem Temperament, bald auf der Seite des Gemeinschaftsgefühls, bald in einem Fehlschlag äußert. Man wird danach suchen müssen, ob er sich nicht vorwiegend wie im Wettlauf befindet, an dem auch der Erste gelegentlich teilnimmt, und ob er sich nicht immer wie unter Volldampf darstellt. Bei ungleichem Geschlecht kann sich die Rivalität verschärfen, gelegentlich auch ohne dass das Gemeinschaftsgefühl wesentlich geschädigt ist. Auch die Schönheit des einen Kindes fällt dabei ins Gewicht. Ebenso die Verzärtelung eines der beiden, wobei für den Betrachter der Unterschied in der Sorgfalt der Eltern nicht gerade auffallend sein muss, es wohl aber in der Meinung des einen sein kann. Ist der eine ein ausgesprochener Fehlschlag, so findet man den anderen oft in guter Verfassung, die sich gelegentlich beim Eintritt ins Leben der Schule oder des Erwachsenseins als wenig gefestigt erweisen kann. Ist der eine von beiden als hervorragend anerkannt, so kann sich der andere leicht als Fehlschlag herausstellen. Manchmal findet man, sogar bei eineiigen Zwillingen, als scheinbare Ähnlichkeit, dass beide dasselbe tun, im Guten wie im Bösen, wobei nicht übersehen werden darf, dass dabei der eine im Schlepptau des

---

60 [Adler 1912a; in dieser Studienausgabe Bd. 2]

an*[155]*deren ist. Auch im Falle des Zweitgeborenen haben wir Gelegenheit, die ursprüngliche, offenbar durch die Evolution festgelegte Fähigkeit des Erratens, dem Verstehen vorauseilend, zu bewundern. Besonders in der Bibel ist die Tatsache des himmelstürmenden Zweiten in der Geschichte von Esau und Jakob wundervoll enthüllt[61], ohne dass wir ein Verstehen dieser Tatsache voraussetzen könnten, Jakobs Sehnsucht nach der Erstgeburt, sein Ringen mit dem Engel (»ich lasse dich nicht, du segnest mich denn«), sein Traum von der Himmelsleiter sprechen deutlich den Wettlauf des Zweiten aus. Auch wer nicht geneigt ist, dieser meiner Darstellung zu folgen, wird immerhin eigenartig berührt sein, wenn er im ganzen Lebenslauf Jakobs dessen Geringschätzung für den Ersten wiederfindet. So in seiner hartnäckigen Werbung um die zweite Tochter Labans, in der geringen Hoffnung, die er auf seinen Erstgeborenen setzt und in der Art, wie er seinen größeren Segen, unter Kreuzung der Arme mit der rechten Hand, dem zweiten Sohn Josefs zuteil werden lässt.

Von den zwei älteren Töchtern einer Familie äußerte sich die Erste seit der Geburt ihrer jüngeren Schwester, drei Jahre nach ihr, als ein wild revoltierendes Kind. Die Zweite »erriet« ihren Vorteil darin, ein folgsames Kind zu werden und machte sich dadurch außerordentlich beliebt. Je beliebter sie wurde, umso mehr tobte die Ältere, die bis in ihr höheres Alter ihre stürmisch protestierende Haltung aufrecht hielt. Die Zweite, an ihre Überlegenheit in allen Dingen gewöhnt, erlitt ihren Schock, als sie in der Schule zurückblieb. Die Schule und später die drei Lebensprobleme zwangen sie, ihren Rückzug von dem für ihren Ehrgeiz gefährlichen Punkt zu stabilisieren und damit auch, infolge der fortwährenden Furcht vor einer Niederlage, ihren Minderwertigkeitskomplex in der Form der von mir so genannten »zögernden Bewegung« auszubauen. Dadurch war sie wohl vor allen Niederlagen einigermaßen geschützt. Wiederholte Träume von Zuspätkommen zu einem Eisenbahnzug zeigten die Kraft ihres Lebensstils, der ihr im Traum nahelegte, für das Versäumen von Gelegenheiten zu trainieren. Kein menschliches Individuum kann aber im Gefühl der Minderwertigkeit einen Ruhepunkt finden. Das evolutionär festgelegte Streben alles Lebendigen nach einem idealen Ziel der Vollkommenheit ruht niemals *[156]* und findet seinen Weg aufwärts, in der Richtung des Gemeinschaftsgefühls oder gegen dasselbe in tausend Varianten. Die Variante, die unserer Zweitgeborenen nahegelegt war und nach einigen tastenden Versuchen als brauchbar gefunden wurde, war eine Waschzwangsneurose, die ihr durch fortwährendes Waschenmüssen ihrer Person, ihrer Kleider und ihrer Geräte, was besonders dann eintrat, wenn andere Personen ihr nahe kamen, den Weg zur Erfüllung ihrer Aufgaben verlegte, auch geeignet war, die Erfüllung fordernde Zeit, den großen Feind der Neurotiker, totzuschlagen. Dabei hatte sie erraten, ohne es zu verstehen, dass sie durch übertriebene Erfüllung einer

---

61 [Gen. 27,1–33,20]

kulturellen Funktion, die sie früher beliebt gemacht hatte, allen anderen Menschen den Rang abgelaufen hatte. Nur sie war rein, alle anderen, alles andere war schmutzig. Über den Mangel ihres Gemeinschaftsgefühls, den Mangel bei einem scheinbar so gut gearteten Kinde einer stark verwöhnenden Mutter, brauche ich nichts mehr zu sagen. Ebenso nicht darüber, dass ihre Heilung nur durch Verstärkung ihres Gemeinschaftsgefühls denkbar war.

Über den Jüngsten der Familie ist viel zu sagen. Auch er befindet sich in einer gründlich verschiedenen Situation, verglichen mit den anderen. Er ist niemals allein, wie der Älteste es eine Zeit lang ist. Er hat aber auch keinen Hintermann, wie ihn alle anderen Kinder haben. Und er hat nicht einen einzigen Vordermann, wie der Zweite, sondern oft mehrere. Er ist meist von den alternden Eltern verwöhnt und findet sich in der unbehaglichen Situation, stets als der Kleinste und Schwächste, meist nicht ernst genommen, angesehen zu werden. Seine Lage ist im Allgemeinen nicht ungünstig. Und sein Streben nach Überlegenheit über seine Vordermänner wird täglich aufgestachelt. In mancher Beziehung gleicht seine Lage der des Zweiten, eine Situation, in die auch Kinder an einer anderen Stelle der Kinderreihe gelangen können, wenn zufällig ähnliche Rivalitäten Platz greifen. Seine Stärke zeigt sich oft darin, dass Versuche zu sehen sind, allen Geschwistern über den Kopf zu wachsen, in den verschiedensten Graden des Gemeinschaftsgefühls. Seine Schwäche kommt oft darin zur Erscheinung, dass er dem direkten Kampf um die Überlegenheit ausweicht, was bei größerer Verwöhnung die Regel zu sein scheint, und dass er sein Ziel auf einer anderen Ebene, *[157]* in einer anderen Lebensform, in einem anderen Beruf zu erreichen sucht. Man ist bei dem individualpsychologisch geschulten Blick in die Werkstätte des menschlichen Seelenlebens immer wieder erstaunt wahrzunehmen, wie häufig sich dieses Schicksal des Jüngsten durchsetzt. Besteht die Familie aus Geschäftsleuten, so findet man den Jüngsten zum Beispiel als Dichter oder Musiker. Sind die Geschwister Intellektuelle, so gelangt der Jüngste oft zu einem gewerblichen oder geschäftlichen Beruf. Dabei muss freilich auch die Einengung der Möglichkeiten bei Mädchen in unserer recht unvollkommenen Kultur in Rechnung gezogen werden.

In Hinsicht auf die Charakterologie des Jüngsten hat mein Hinweis auf den biblischen Josef[62] allgemeine Beachtung gefunden. Ich weiß wohl wie jeder andere, dass Benjamin der jüngste Sohn Jakobs gewesen ist. Er kam aber 17 Jahre nach Josef und blieb ihm die längste Zeit unbekannt. Er zählte in Josefs Entwicklung nicht mit. Man kennt ja alle die Fakten, wie dieser Knabe träumend von seiner zukünftigen Größe unter den schwer arbeitenden Brüdern herumging und sie durch seine Träume von seiner Herrschaft über sie, über die Welt, von seiner Gottähnlichkeit heftig verärgerte. Auch wohl, weil er ih-

---

62 [zum Beispiel Adler 1918d/1920a, S. [255]; in dieser Studienausgabe Bd. 4; und Adler 1932b/1979b, S. 123]

nen vom Vater vorgezogen wurde. Aber er wurde die Säule seiner Familie, seines Stammes und weit über diesen hinaus einer der Retter der Kultur. In einzelnen seiner Handlungen und in seinen Werken zeigt sich die Größe seines Gemeinschaftsgefühls.

Die erratende Volksseele hat mehrere solcher Hinweise geschaffen. Viele andere finden sich ebenfalls in der Bibel, wie Saul, David usw. Aber auch in den Märchen aller Zeiten und Völker, in denen sich ein Jüngster findet, bleibt er der Sieger. Man braucht auch nur Umschau zu halten in unserer gegenwärtigen Gesellschaft, unter den ganz Großen der Menschheit und wird finden, wie oft der Jüngste zu hervorragender Stellung gekommen ist. Auch als Fehlschlag zählt er oft zu den auffallendsten, was sich immer wieder auf seine Abhängigkeit von einer verwöhnenden Person oder auf Vernachlässigung zurückführen lässt, Positionen, aus denen er seine soziale Minderwertigkeit irrtümlich aufgebaut hat.

Dieses Gebiet der Kinderforschung, auf die Stellung des Kindes in der [158] Kinderreihe bezogen, ist noch lange nicht erschöpft. Es zeigt mit bezwingender Klarheit, wie ein Kind seine Situation und deren Eindrücke als Bausteine benützt, um sein Lebensziel, sein Bewegungsgesetz, und damit auch seine Charakterzüge schöpferisch aufzubauen. Wie wenig da für eine Annahme angeborener Charakterzüge übrig bleibt, dürfte dem Einsichtigen klar geworden sein. Bezüglich anderer Stellungen in der Kinderreihe, sofern sie nicht die oben genannten imitieren, weiß ich lange nicht so viel zu sagen. Crighton Miller[63] in London machte mich darauf aufmerksam, dass er gefunden habe, wie ein drittes Mädchen nach zwei vorhergehenden einen stärkeren männlichen Protest zeige. Ich konnte mich öfters von der Richtigkeit seines Befundes überzeugen und führe ihn darauf zurück, dass ein solches Mädchen die Enttäuschung der Eltern spürt, errät, manchmal auch erfährt und seine Unzufriedenheit mit der weiblichen Rolle irgendwie zum Ausdruck bringt. Man wird nicht überrascht sein, bei diesem dritten Mädchen eine stärkere Trotzstellung zu entdecken, die zeigt, dass, was *Charlotte Bühler*« als »natürliches Trotzstadium« gefunden haben will, besser als Kunstprodukt verstanden werden kann, als dauernder Protest gegen wirkliche oder vermeintliche Zurücksetzung, im Sinne der Darlegungen der Individualpsychologie.

Über die Entwicklung eines einzigen Mädchens unter Knaben und eines einzigen Knaben unter Mädchen sind meine Untersuchungen nicht abgeschlossen. Nach meinen bisherigen Befunden erwarte ich zu finden, dass sich beide in Extremen zeigen, mehr nach der männlichen oder mehr nach der weiblichen Richtung zielend. Nach der weiblichen, wenn ihnen diese als erfolgreicher in der Kindheit zur Empfindung gebracht wurde, mehr nach der männlichen, wenn ihnen die Männlichkeit als begehrenswertes Ziel erscheint.

---

63 [Vgl. Crighton Miller 1932]

Im ersteren Falle wird man Weichheit und Anlehnungsbedürfnis in gesteigertem Maße finden, mit allen Arten und Unarten, im zweiten Falle offene Herrschsucht, Trotz, aber gelegentlich auch Mut und ehrbares Streben. [159]

14. Tag- und Nachtträume

Mit dieser Betrachtung begeben wir uns in das Reich der Fantasie. Es wäre ein großer Fehler, diese gleichfalls durch den evolutionären Strom geschaffene Funktion aus dem Ganzen des Seelenlebens und dessen Verknüpfung mit den Forderungen der Außenwelt herauszuheben oder gar sie dem Ganzen, dem Ich entgegenstellen zu wollen. Sie ist vielmehr ein Teil des individuellen Lebensstils, charakterisiert ihn zugleich und zeichnet sich, als seelische Bewegung genommen, in alle anderen Teile des Seelenlebens ein, sowie sie auch den Ausdruck des individuellen Bewegungsgesetzes in sich trägt. Ihre gegebene Aufgabe ist unter gewissen Umständen, sich gedanklich zu äußern, während sie sonst sich im Reich der Gefühle und Emotionen birgt oder in der Stellungnahme des Individuums eingebettet ist. Sie zielt wie jede andere seelische Bewegung auf das Kommende, da auch sie sich im Strome zum Ziel der Vollendung bewegt. Von diesem Aussichtspunkt gesehen wird es ganz klar, wie nichtssagend es ist, in ihrer Bewegung oder in der ihrer Abkömmlinge, des Tag- und Nachttraumes, eine Wunscherfüllung zu sehen, mehr noch zu glauben, dass man dadurch etwas zum Verständnis ihres Mechanismus beigetragen hat. Da jede seelische Ausdrucksform von unten nach oben, von einer Minussituation nach einer Plussituation sich bewegt, kann man auch jede seelische Ausdrucksbewegung als Wunscherfüllung ansprechen.

Mehr als der Common Sense bedient sich die Fantasie der Fähigkeit des Erratens, ohne dass damit gesagt ist, es würde dabei auch »richtig« geraten. Ihr Mechanismus besteht darin, auf eine Weile – in der Psychose dauernd – vom Common Sense, das ist von der Logik des mensch[160]lichen Zusammenlebens, vom gegenwärtig vorhandenen Gemeinschaftsgefühl Abstand zu nehmen, unzufrieden damit, im Sinne der Gemeinschaft die nächsten Schritte zu tun. Dies gelingt leichter, wenn das vorhandene Gemeinschaftsgefühl keine besondere Stärke besitzt. Ist es aber stark genug, dann führt es den Spaziergang der Fantasie zu dem Ziele einer Bereicherung der Gemeinschaft. Immer aber, in den tausendfältigen Verschiedenheiten, lässt sich der sich entspinnende seelische Bewegungsvorgang künstlich in Gedanken, Gefühle und Bereitschaft zur Stellungnahme auflösen. »Richtige«, »normale«, »wertvolle« Stellungnahmen werden wir als solche nur anerkennen, wenn sie, wie bei größeren Leistungen, der Allgemeinheit dienen. Begriffsinterpretationen dieser Urteile in anderer Richtung sind logisch ausgeschlossen, was nicht hindert, dass oft der gegenwärtige Stand des Common Sense solche Leistungen ablehnt, bis ein höherer Stand der Einsicht in das Wohl der Allgemeinheit erreicht ist.

Jedes Suchen nach Lösung eines vorliegenden Problems setzt die Fantasie in Lauf, da man es dabei mit dem Unbekannten der Zukunft zu tun hat. Die schöpferische Kraft, der wir in der Kindheit die Schaffung des Lebensstils zuerkannt haben, ist weiter am Werk.

Auch die bedingten Reflexe, in deren tausendfältiger Gestaltung der Lebensstil wirkt, können nur als Bausteine weiter verwendet werden. Sie sind für die Schaffung des stets völlig Neuen nicht automatisch wirkend zu verwenden. Aber die schöpferische Kraft geht nun in den Bahnen des selbst geschaffenen Lebensstils. Und so ist auch die Lenkung der Fantasie dem Lebensstil anheimgegeben. Man kann in ihren Leistungen, ob das Individuum den Zusammenhang erkennt oder ihm in voller Unkenntnis gegenübersteht, den Ausdruck des Lebensstils finden und so diese Leistungen als Eingangspforten benützen, um in die Werkstatt des Geistes Einblick zu bekommen. Aber man wird bei richtigem Vorgehen immer auf das Ich, auf das Ganze stoßen, während bei unrichtiger Auffassung ein Gegensatz, etwa des Bewussten zum Unbewussten, vorhanden zu sein scheint. Freud, der Vertreter dieser unrichtigen Anschauung, nähert sich im Eilmarsch dem besseren Verständnis, wenn er heute vom Unbewussten im Ich spricht[64], das dem Ich natürlich ein ganz *[161]* anderes Gesicht gibt, nämlich das Gesicht, das die Individualpsychologie zuerst gesehen hat.

Jeder große Gedanke, jedes Kunstwerk verdankt seine Entstehung dem rastlos schaffenden, neuschöpferischen Geist der Menschheit. Vielleicht tragen die meisten ein kleines Stückchen dazu bei. Zumindest in der Aufnahme und in der Erhaltung, in der Verwertung der Neuschöpfung. Hier mögen dann zum großen Teil die »bedingten Reflexe« ihre Rolle spielen. Beim schaffenden Künstler sind sie nur Bausteine, deren er sich bedient, um in seiner Fantasie dem Alten vorauszueilen. Künstler und Genies sind zweifellos die Führer der Menschheit und zahlen den Zoll für diese Verwegenheit, brennend im eigenen Feuer, das sie in der Kindheit entzündet haben. »Ich litt – und so wurde ich ein Dichter.«[65] Unser besseres Sehen, die bessere Wahrnehmung von Farben, von Formen, von Linien verdanken wir den Malern. Unser besseres Hören, damit die feinere Modulation unseres Sprechorgans, erwarben wir von den Musikern. Die Dichter haben uns Denken, Sprechen und Fühlen gelehrt. Der Künstler selbst, meist heftig aufgepeitscht in der frühen Kindheit, unter Bürden aller Art, Armut, Augen- und Ohrenanomalien, meist einseitig verwöhnt, entreißt sich in der frühesten Kindheit seinem schweren Minderwertigkeits-

---

64 [Freud 1923/1975]
65 [vielleicht eine Anspielung auf Goethe, Torquato Tasso, 5. Akt, 1. Aufzug: »Und wenn der Mensch in seiner Qual verstummt, /Gab mir ein Gott, zu sagen wie ich leide.«

gefühl und ringt mit wütendem Ehrgeiz mit der zu engen Wirklichkeit, um sie für sich und die anderen zu erweitern, als der Bannerträger der Evolution, die den Fortschritt über Schwierigkeiten sucht und das geeignete Kind, meist an einer für hohe Ziele geeigneten Variante leidend, über das durchschnittliche Niveau hinaushebt.

Was wir vor Langem schon über diese drückende, aber gesegnete Variante nachgewiesen haben, ist eine größere körperliche Anfälligkeit, ein stärkeres Berührtsein durch äußere Geschehnisse, Varianten, die sich sehr oft an dem Träger als Minderwertigkeiten der Sinnesorgane nachweisen lassen, und wenn nicht an ihm selbst – da für geringere Varianten unsere Untersuchungsmittel oft versagen – an der Heredität von Organminderwertigkeiten am Stammbaum der Familie. Dort finden sich oft die deutlichsten Spuren von solchen konstitutionellen Minderwertigkeiten, nicht selten zu Krankheiten führend, Minusvarianten, die auch den Aufstieg der Menschheit erzwungen haben *[162]* (*s. unter anderem »Studie über Minderwertigkeit von Organen«*)[66]. Im selbsttätigen Spiel und in der individuellen Ausführung jedes Spiels zeigt sich der schöpferische Geist des Kindes. Jedes Spiel gibt dem Streben nach Überlegenheit Raum. Die Gemeinschaftsspiele tragen dem Drang des Gemeinschaftsgefühls Rechnung. Dass auch neben diesen die Alleinbeschäftigung nicht zu kurz zu kommen braucht, bei Kindern wie bei Erwachsenen, ist durchaus gerechtfertigt, sollte nebenbei sogar gefördert werden, sofern sie einen Ausblick auf spätere Bereicherung der Gemeinschaft gestattet. Und es liegt nur an der Technik gewisser Leistungen, hindert ihren Gemeinschaftscharakter durchaus nicht, dass sie nur ferne von den anderen geübt und ausgeführt werden können. Dabei ist wieder die Fantasie am Werke, die nicht unwesentlich von den schönen Künsten genährt wird. Aus dem Lesebereich der Kinder sollte freilich bis zu einer gewissen Reife alle unverdauliche geistige Nahrung entfernt bleiben, die entweder missverstanden werden kann oder geeignet ist, das wachsende Gemeinschaftsgefühl zu drosseln. Hierher gehören unter anderem grausame, Furcht erweckende Geschichten, die besonders jene Kinder stark beeindrucken, bei denen durch Furcht das Harn- und Sexualsystem erregt wird. Wieder sind es unter Letzteren die verwöhnten Kinder, die den Verlockungen des »Lustprinzips« nicht widerstehen können, deren Fantasie und später deren Praxis Furcht erweckende Situationen schafft, um daran Sexualerregungen zu produzieren. Ich habe bei meinen Untersuchungen sexueller Sadisten und Masochisten immer neben einem Mangel an Gemeinschaftsgefühl eine solche verhängnisvolle Verkettung dieser Umstände gefunden.

Die meisten Tagträume der Kinder und Erwachsenen gehen, bis zu einem gewissen Grade losgekettet vom Common Sense, in die Richtung des Zieles der Überlegenheit. Es ist leicht einzusehen, dass zum Zwecke einer Kompen-

---

66 [Adler, A. 1907a/1977b]

sation, wie um das seelische Gleichgewicht aufrechtzuerhalten – was nie auf diesem Wege gelingt –, gerade jene konkrete Richtung in der Fantasie eingeschlagen wird, die der Überwindung einer gefühlten Schwäche dienen soll. Der Vorgang ist in gewissem Sinne dem ähnlich, den das Kind bei Schaffung seines Lebensstils einschlägt. Wo es die Schwierigkeit fühlt, dort hilft ihm die Fantasie, *[163]* eine Erhöhung seiner Persönlichkeit vorzuspiegeln, nicht ohne gleichzeitig mehr oder weniger anzuspornen. Freilich gibt es auch genug Fälle, wo die Ansporung ausbleibt, wo sozusagen die Fantasie ganz und gar die Kompensation bedeutet. Dass Letzteres als gemeinschaftswidrig anzusehen ist, wenn auch bar jeder Aktivität und jedes Angriffs auf die Außenwelt, liegt auf der Hand. Auch wo sie, immer entsprechend dem Lebensstil, der sie leitet, gegen das Gemeinschaftsgefühl geht, kann sie als ein Zeichen der Ausschaltung des Gemeinschaftsgefühls aus dem Lebensstil erkannt werden und den Blick des Untersuchers lenken. So die häufigen grausamen Tagträume, die gelegentlich abwechseln oder ersetzt werden durch Fantasien über eigenes schmerzvolles Leiden. Kriegsfantasien, Heldentaten, Rettung von hochstehenden Personen weisen in der Regel auf ein tatsächliches Schwächegefühl hin und sind im Leben durch Zaghaftigkeit und Schüchternheit ersetzt. Wer hier und in ähnlichen, scheinbar kontrastierenden Ausdrucksformen eine Ambivalenz, eine Spaltung des Bewusstseins, ein Doppelleben erblickt, kennt nicht die Einheit der Person, in der scheinbar Widerspruchsvolles nur aus dem Vergleich der Minus- und der Plussituation analysierend und den Zusammenhang verkennend entnommen wird. Wer sich die Kenntnis des unaufhörlichen Aufwärtsströmens des seelischen Prozesses erworben hat, der weiß, dass die richtige Charakterisierung eines Seelenvorgangs durch ein Wort, einen Begriff unserer Sprache an deren Armut scheitern muss, weil es nicht möglich ist, unaufhörlich Strömendes als feste Form zu benennen.

Sehr häufig finden sich Fantasien über das Thema, das Kind anderer Eltern zu sein, was mit einiger Sicherheit auf Unzufriedenheit mit den eigenen Eltern hinweist. In Psychosen, schwächer in anderen Fällen, findet man diese Fantasie der Wirklichkeit aufoktroyiert als dauernde Anklage. Immer, wenn der Ehrgeiz eines Menschen die Wirklichkeit unerträglich findet, flüchtet er zu dem Zauber der Fantasie. Wir wollen aber nicht vergessen, dass dort, wo die Fantasie sich mit Gemeinschaftsgefühl richtig paart, die ganz große Leistung zu erwarten ist, denn die Fantasie mit ihrer Erweckung von verlangenden Gefühlen und Emotionen wirkt wie der erhöhte Gasdruck bei einer laufenden Maschine: die Leistung wird erhöht. *[164]* Der Wert der Leistung der Fantasie hängt also in erster Linie davon ab, von wie viel Gemeinschaftsgefühl sie durchdrungen ist. Dies gilt ebenso für den Einzelnen wie für die Masse. Haben wir es mit einem sicheren Fehlschlag zu tun, so dürfen wir eine ebenfalls fehlschlagende Fantasie erwarten. Der Lügner, der Hochstapler, der Prahler sind sprechende Beispiele. Auch der Narr. Die Fantasie ruht nie ganz, auch dort nicht, wo sie sich nicht zu Tagträumen verdichtet. Schon das Gerichtetsein nach einem Ziele der Überlegenheit erzwingt ein Fantasieren in die Zukunft, wie jedes Voraussehenwollen. Dass sie ein Training in der Richtung des Lebensstils ist, ob sie in der Wirklichkeit, in Tag- oder Nachtträumen auftritt oder Kunstwerke schafft, ist nicht zu übersehen. Sie führt zu einer Herausstellung der eigenen Persönlichkeit und ist auf diesem Wege einmal mehr, einmal weniger dem Common Sense unterworfen. Auch der Träumer weiß oft, dass er träumt. Und der Schlafende, noch so sehr der Wirklichkeit entrückt, fällt selten aus dem Bette. Dabei ist wohl alles, dem sich die Fantasie zuwendet, Reichtum, Stärke, Heldentaten, große Werke, Unsterblichkeit usw., Hyperbel, Metapher, Gleichnis, Symbol. Man darf die aufputschende Kraft der Metapher nicht übersehen. Sie sind einmal, trotz des Unverstandes mancher meiner Gegner, fantasievolle Verkleidungen der Wirklichkeit, niemals mit ihr identisch. Ihr Wert ist unbestritten, wenn sie geeignet sind, unserem Leben eine zusätzliche Spannkraft zu verleihen, ihre Schädlichkeit muss enträtselt werden, wenn sie dazu dienen, durch die Anspornung unserer Gefühle den gemeinschaftswidrigen Geist in uns zu bestärken. In allen Fällen aber dienen sie dazu, den Gefühlston, der einem gegenwärtigen Problem gegenüber dem Lebensstil zukommt, hervorzurufen und zu verstärken, wenn der Common Sense sich zu schwach dazu erweist oder mit der durch den Lebensstil verlangten Lösung des Problems in Widerspruch steht. Diese Tatsache wird uns auch zum Verständnis des Traumes verhelfen.

Um diesen zu verstehen, bedarf es einer Berücksichtigung des Schlafes, der ja die Stimmungslage darstellt, in der ein Traum möglich ist. Fraglos ist der Schlaf eine Schöpfung der Evolution, eine selbstständige Regulierung, die natürlich mit körperlichen Zustandsänderungen verbunden ist und durch solche hervorgerufen wird. Wenn wir diese auch [165] derzeit nur ahnen können (vielleicht hat Zondek durch seine Untersuchungen über die Hypophyse ein wenig Licht darauf geworfen), so dürfen wir sie als gemeinsam mit dem Schlafimpuls wirkend annehmen. Da der Schlaf offensichtlich der Ruhe und Erholung dient, so bringt er auch alle körperlichen und seelischen Tätigkeiten dem Ruhepunkt näher. Die Lebensform des menschlichen Individuums ist durch Wachen und Schlafen in besseren Einklang mit dem Wandel von Tag und Nacht gebracht. Was unter anderem den Schläfer vom Wachenden unterscheidet, ist seine konkrete Distanz von den Problemen des Tages.

Aber der Schlaf ist kein Bruder des Todes. Die Lebensform, das Bewegungsgesetz des Individuums wacht unausgesetzt. Der Schläfer bewegt sich, weicht unangenehmen Positionen im Bette aus, kann durch Licht und durch Lärm erweckt werden, nimmt Rücksicht auf ein daneben schlafendes Kind und trägt seine Freuden und Leiden des Tages mit sich. Der Mensch ist im Schlaf auf alle Probleme gerichtet, deren Lösung der Schlaf nicht stören soll. Unruhige Bewegungen des Säuglings erwecken die Mutter, der Morgen bringt die Ermunterung, beim Wollenden fast regelmäßig zur beabsichtigten Zeit. Die körperliche Haltung im Schlafe gibt oft, wie ich gezeigt habe (»*Praxis und Theorie der Individualpsychologie*«)[67], ein gutes Bild der seelischen Stellungnahme, ebenso wie im Wachen. Die Einheit des Seelenlebens bleibt auch im Schlafe gewahrt, so dass wir auch das Nachtwandeln oder gelegentlichen Selbstmord im Schlafe, Knirschen mit den Zähnen, Sprechen, Muskelspannungen wie krampfhaftes Ballen der Hände mit folgenden Paraesthesien[68] als Teil des Ganzen betrachten müssen und zu Schlussfolgerungen verwenden können, die freilich von anderen Ausdrucksformen her weitere Bestätigung finden müssen. Auch Gefühle und Stimmungen werden im Schlafe wach, gelegentlich ohne Begleitung von Träumen.

Dass der Traum zuallermeist als ein visuelles Faktum erscheint, liegt an dem überragenden Gewicht unserer Sicherheit bezüglich sehbarer Tatsachen. Ich habe meinen Schülern immer gesagt: »Wenn Ihr über irgendeinen Punkt in Eurer Untersuchung im Unklaren seid, so verstopft Euch die Ohren und schaut Euch die Bewegung an.« Wahrschein[*166*]lich weiß jeder von dieser größeren Sicherheit, ohne es in klare Gedanken gebracht zu haben. Sollte der Traum diese größere Sicherheit suchen? Sollte er in größerer Distanz von den Aufgaben des Tages, auf sich allein angewiesen, bei völliger Intaktheit seiner vom Lebensstil gelenkten schöpferischen Kraft, freier von der Beschränkung durch die Gesetze gebende Wirklichkeit seinen Lebensstil stärker zum Ausdruck bringen? Sollte er, seiner im Lebensstil verankerten Fantasie anheimgegeben, auf jenen Wegen zu finden sein, wo wir auch sonst die Fantasie zugunsten des Lebensstils ringen sehen, wenn ein vorliegendes Problem die Spannkraft des Individuums übersteigt? Wenn der Common Sense, das Gemeinschaftsgefühl des Individuums nicht spricht, weil es nicht in genügender Stärke vorhanden ist?

Wir wollen jenen nicht folgen, die der Individualpsychologie durch Totschweigen und Einschleichung den Wind aus den Segeln nehmen wollen. Deshalb wollen wir hier an *Freud* erinnern, der zuerst den Versuch unternommen hat, eine wissenschaftliche Traumlehre auszugestalten. Dies ist ein bleibendes Verdienst, das niemand schmälern kann, ebenso wenig wie gewisse Beobachtungen, die er als dem »Unbewussten« angehörig bezeichnet. Er scheint viel mehr gewusst zu haben, als er verstanden hat. Aber indem er sich zwang, alle seelischen Erscheinungen um die einzig herrschende Substanz, die er anerkennt, um die Sexuallibido zu gruppieren, musste er fehlgehen, was noch dadurch verschlechtert wurde, dass er nur die bösen Triebe ins Auge fasste, die, wie ich gezeigt habe, aus dem Minderwertigkeitskomplex verwöhnter Kinder stammen, Kunstprodukte verfehlter Erziehung und verfehlter Eigenschöpfung des Kindes sind und niemals die seelische Struktur in ihrer wirklichen, evo-

---

67 [Adler 1914p; 1914p/1920a; Neudr.: 1914p/1974a]
68 [subjektive Missempfindungen]

lutionären Ausgestaltung verstehen lassen können. Wenn daher, kurz gefasst, dies die Anschauung über den Traum ist: »Wenn ein Mensch sich entschließen könnte, alle seine Träume, ohne Unterschied, ohne Rücksicht, mit Treue und Umständlichkeit und unter Hinzufügung eines Kommentars, der dasjenige umfasste, was er etwa selbst nach Erinnerungen aus seinem Leben und seiner Lektüre an seinen Träumen erklären könnte, niederzuschreiben, so würde er der Menschheit ein großes Geschenk machen. Doch so, wie die Menschheit jetzt ist, wird das wohl keiner tun; im Stillen und zur eigenen Beherzi*[167]*gung wäre es auch schon etwas wert« – sagt *Freud*?, nein, *Hebbel* in seinen Erinnerungen[69] –, so muss ich hinzufügen, dass es dabei in erster Linie darauf ankommt, ob das Schema, das er anwendet, einer wissenschaftlichen Kritik standhält. Dies war im psychoanalytischen Schema so wenig der Fall, dass Freud selbst, nach mannigfachen Änderungen seiner Trauminterpretation, nunmehr erklärt, dass er niemals behauptet habe, jeder Traum habe sexuellen Inhalt[70]. Immerhin wieder ein Fortschritt. Was aber *Freud* den »Zensor« nennt, ist nichts anderes als die größere Entfernung von der Wirklichkeit im Schlafe, ein beabsichtigtes Fernbleiben vom Gemeinschaftsgefühl, dessen Mangelhaftigkeit eine normale Lösung eines vorliegenden Problems verhindert, so dass das Individuum, wie in einem Schock anlässlich einer erwarteten Niederlage, einen anderen Weg zu einer leichteren Lösung sucht, zu dem ihm die Fantasie, im Banne des Lebensstils, abseits vom Common Sense, behilflich sein soll. Sucht man darin eine Wunscherfüllung oder, verzagend, einen Wunsch zu sterben, so findet man nicht mehr als einen Gemeinplatz, der nichts von der Struktur des Traumes aufklärt. Denn der ganze Lebensprozess, wo immer betrachtet, kann als gesuchte Wunscherfüllung angesprochen werden.

Ich hatte bei meinen Untersuchungen über den Traum zwei starke Hilfen. Die eine bot mir *Freud* in seinen unannehmbaren Anschauungen. Ich lernte aus seinen Fehlern. Und obwohl ich selbst nie psychoanalysiert wurde, eine solche Einladung auch a limine[71] abgewiesen hätte, weil sie die Unbefangenheit der wissenschaftlichen Auffassung, die ohnehin bei den meisten nicht groß ist, bei der strikten Annahme seiner Lehre stört, bin ich doch so weit mit seiner Lehre vertraut, nicht nur um die Fehler erkennen zu können, sondern auch an dem Spiegelbild eines verwöhnten Kindes voraussagen zu können, was *Freuds* nächster Schritt sein wird. Ich habe deshalb allen meinen Schülern immer empfohlen, sich mit *Freuds* Lehre eingehend zu befassen. *Freud* und seine Schüler lieben es ungemein, in nicht zu verkennend prahlerischer Weise

---

69 [Hebbel 1970]
70 [Freud 1925, S. 72: »Dagegen habe ich nie die mir oft zugeschriebene Behauptung aufgestellt, die Traumdeutung ergebe, dass alle Träume sexuellen Inhalt haben oder auf sexuelle Triebkräfte zurückgehen.«]
71 [lat.: von vornherein]

mich als Schüler *Freuds* zu bezeichnen, weil ich sehr viel mit ihm in einem psychologischen Zirkel[72] gestritten hatte, ohne je einem seiner Schülervorträge beigewohnt zu haben. Als dieser Zirkel auf *Freuds* Anschau[168]ungen eingeschworen werden sollte, war ich der Erste, der ihn verließ. Man wird mir das Zeugnis nicht versagen können, dass ich viel mehr als *Freud* die Grenzen zwischen Individualpsychologie und Psychoanalyse immer scharf gezogen habe, und dass ich mit meinen ehemaligen Diskussionen mit *Freud* nie geprahlt habe. Dass der Aufstieg der Individualpsychologie und ihr nicht zu verkennender Einfluss auf die Wandlung der Psychoanalyse dort so hart gefühlt wird, tut mir leid. Aber ich weiß, wie schwer es ist, der Weltanschauung verwöhnter Kinder zu genügen. Dass nach fortwährender Annäherung der Psychoanalyse – ohne dass sie ihr Grundprinzip ganz aufgegeben hätte– an die Individualpsychologie für befangene Gemüter Ähnlichkeiten sichtbar werden, eine offensichtliche Wirkung des unzerstörbaren Common Sense, ist zum Schlusse nicht einmal so verwunderlich. Manchem wird es dann so erscheinen, als ob ich die Entwicklung der Psychoanalyse in den letzten 25 Jahren widerrechtlich vorausgedacht hätte. Ich bin da der Gefangene, der sie nicht loslässt.

Die zweite, viel stärkere Hilfe erwuchs mir aus der festen, wissenschaftlich erhärteten und von vielen Seiten beleuchteten Einheit der Persönlichkeit. Die gleiche Zugehörigkeit zur Einheit muss auch dem Traume eigen sein. Auch abgesehen von der durch den Lebensstil geforderten regelmäßigen größeren Distanz zur beeinflussenden Wirklichkeit, die auch die Fantasie im Wachen charakterisiert, durfte im Traum keine seelische Form zur Stütze einer Theorie angenommen werden als solche Formen, die auch im wachen Leben vorhanden sind. Man kann zu dem Schlusse kommen, dass der Schlaf und das Traumleben eine Variante des wachen Lebens, als auch, dass das wache Leben eine Variante des anderen ist. Das oberste Gesetz beider Lebensformen im Wachen wie im Schlafen ist: das Wertgefühl des Ich nicht sinken zu lassen. Oder, um es in die bekannte Terminologie der Individualpsychologie einzufügen: Das Streben nach Überlegenheit im Sinne des Endziels entreißt das Individuum dem Druck des Minderwertigkeitsgefühls. Wir wissen, in welche Richtung der Weg geht, mehr oder weniger abseits vom Gemeinschaftsgefühl, das heißt gegen das Gemeinschaftsgefühl, das heißt gegen den Common Sense. Das Ich holt sich Stärkung aus der Traumfantasie, um zu einer Lösung eines vorliegen[169]den Problems zu gelangen, für dessen Lösung es nicht genug Gemeinschaftsgefühl übrig hat. Es ist selbstverständlich, dass dabei immer die subjektive Schwere des vorliegenden Problems die Rolle einer Testprüfung auf Gemeinschaftsgefühl spielt und so drückend sein kann, dass auch ... der Beste zu träumen beginnt.

---

72 [Adler spricht hier die »Mittwochgesellschaft« an, deren Mitbegründer er 1902 war und die er 1911 verließ; vgl. Nunberg u. Federn 1976]

Wir müssen demnach fürs Erste feststellen, dass jeder Traumzustand einen exogenen Faktor hat. Das bedeutet wohl mehr und anderes als *Freuds* »Tagesrest«. Die Bedeutung liegt in dem Geprüftsein und Lösungsuchen. Es enthält das »Vorwärts zum Ziele«, das »Wohin« der Individualpsychologie im Gegensatz zu *Freuds* Regression und Erfüllung infantiler sexueller Wünsche, Letztere wieder die Entblößung der fiktiven Welt verwöhnter Kinder, die alles allein haben wollen und nicht verstehen, wie ihnen ein Wunsch unerfüllt bleiben soll. Es weist auf das Aufwärtsströmen in der Evolution hin und zeigt, wie sich jeder Einzelne diesen Weg vorstellt, den er gehen will. Es zeigt seine Meinung von seiner Art und von der Art, vom Sinn des Lebens.

Man sehe einen Augenblick vom Traumzustand ab. Da ist ein Mensch vor einer Prüfung, für die er sich in Anbetracht seines mangelnden Gemeinschaftsgefühls nicht reif fühlt. Er nimmt Zuflucht zu seiner Fantasie. Wer nimmt diese Zuflucht? Natürlich das Ich in seinem Lebensstil. Die Absicht ist, eine Lösung zu finden, wie sie dem Lebensstil passt. Das heißt aber, mit geringer Ausnahme der für die Gemeinschaft wertvollen Träume, eine Lösung, mit der der Common Sense nicht einverstanden ist, die gegen das Gemeinschaftsgefühl geht, aber das Individuum in seiner Not und seinem Zweifel erleichtert, noch mehr, es in seinem Lebensstil, in seinem Ichwert bestärkt. Der Schlaf, wie auch die Hypnose, wenn richtig ausgeführt, sind nur Erleichterungen für diesen Zweck, ebenso die gelungene Autosuggestion. Die Folgerung, die wir daraus ziehen müssen, ist, dass der Traum als gewollte Schöpfung des Lebensstils den Abstand vom Gemeinschaftsgefühl sucht und darstellt. Doch findet man bei größerem Gemeinschaftsgefühl und in bedrohlicheren Situationen gelegentlich eine Umkehr, den Sieg des Gemeinschaftsgefühls über den Versuch eines Abweichens davon. Wieder ein Fall, der der Individualpsychologie recht gibt, wenn sie behauptet, dass sich das Seelenleben niemals ganz in Formeln und Regeln einfangen [170] lässt, was freilich die Hauptthese in diesem Falle unberührt lässt, nämlich, dass der Traum den Abstand vom Gemeinschaftsgefühl zeigt.

Da kommt nun ein Einwand, der mir seit jeher viel zu schaffen machte, dem ich aber eine vertiefte Einsicht in das Traumproblem verdanke. Wenn nämlich der oben geschilderte Tatbestand angenommen werden sollte, wie erklärt es sich, dass niemand seine Träume versteht, dass niemand darauf achtet, ja sie meistens vergisst? Sehen wir von der Handvoll von Leuten ab, die etwas davon verstehen, so scheint da eine Kraft im Traume vergeudet zu sein, wie wir es sonst nie in der Ökonomie des Geistes finden. Freilich kommt uns da eine andere Erfahrung der Individualpsychologie zu Hilfe. Der Mensch weiß mehr, als er versteht. Ist da im Traume, wenn sein Verstehen schläft, das Wissen wach? Wenn dem so wäre, dann müsste sich Ähnliches im wachen Zustande auch nachweisen lassen. Und in der Tat, der Mensch versteht von seinem Ziele nichts und folgt ihm dennoch. Er versteht von seinem Lebensstil nichts und ist stets darin verhaftet. Und wenn sein Lebensstil ihn angesichts eines Problems in eine bestimmte Richtung weist, nach einem Trinkgelage, nach einem Erfolg versprechenden Unternehmen, dann stellen sich immer Gedanken und Bilder ein, Sicherungen, wie ich sie genannt habe, um ihm diesen Weg schmackhaft zu machen, ohne dass sie immer mit dem Ziele sichtbar verbunden sein müssten. Wenn ein Mann mit seiner Frau recht unzufrieden ist, dann erscheint ihm oft eine andere viel begehrenswerter, ohne dass er sich den Zusammenhang, geschweige seine Anklage oder Rache dabei klarmachen würde. Erst im Zusammenhang mit seinem Lebensstil und dem vorliegenden Problem gesehen, wird sein Wissen um die nächsten Dinge Verständnis. Außerdem haben wir aber bereits darauf hingewiesen, dass die Fantasie, somit auch der Traum, sich eines guten Teils des Common Sense entschlagen muss. Es wäre demnach unbillig, den Traum nach seinem Common Sense zu fragen, wie es viele Autoren getan haben, um zu dem Schlusse zu kommen, der Traum sei unsinnig. Der Traum wird sich nur in den seltensten Fällen dem Common Sense stark annähern, er wird sich nie mit ihm decken. Daraus aber folgt die wichtigste Funktion des Traumes, *den Träumer auf einen Abweg vom Common Sense zu führen,* wie wir es auch von der Fantasie gezeigt haben. Im Traume be[171]geht also der Träumer einen Selbstbetrug. Unserer Grundanschauung gemäß können wir hinzufügen: einen Selbstbetrug, der ihn angesichts eines Problems, für das sein Gemeinschaftsgefühl nicht ausreicht, auf seinen Lebensstil verweist, damit er das Problem diesem entsprechend löse. Indem er sich von der Wirklichkeit losreißt, die soziales Interesse verlangt, strömen ihm Bilder zu, die sein Lebensstil ihm eingibt.

Bleibt also nichts übrig vom Traum, wenn er vorüber ist? Ich glaube, diese wichtigste Frage gelöst zu haben. Es bleibt zurück, was immer zurückbleibt, wenn einer ins Fantasieren gerät: Gefühle, Emotionen und eine Stellungnahme. Dass diese alle in der Richtung des Lebensstils wirken, geht aus der Grundanschauung der Individualpsychologie von der Einheit der Persönlichkeit hervor. Es war einer meiner ersten Angriffe gegen die *Freud'sche* Traumtheorie aus dem Jahre 1918, als ich aufgrund meiner Erfahrungen behauptete, dass der Traum vorwärtsziele, dass er den Träumer »scharf« mache dafür, ein Problem in seiner eigenen Weise zu lösen. Später konnte ich diese Anschauung ergänzen, indem ich feststellte, dass er dies nicht auf dem Wege des Common Sense, des Gemeinschaftsgefühls tue, sondern »gleichnisweise«, metaphorisch, in vergleichenden Bildern, wie es etwa ein Dichter täte, wenn er Gefühle und Emotionen erwecken will. Damit sind wir aber wieder auf dem Boden des Wachzustandes und können hinzufügen, dass auch dichterisch völlig unzulängliche Personen sich des Vergleiches bedienen, wenn sie Eindruck machen wollen, sei es auch nur in Schimpfworten wie »Esel«, »altes Weib« usw., wie es auch der Lehrer tut, wenn er verzweifelt, einen Fall mit einfachen Worten erklären zu können.

Dabei geschieht zweierlei. Erstens sind Vergleiche besser geeignet, Gefühle wachzurufen als eine sachliche Aussprache. In der Dichtkunst, in der gehobenen Sprache feiert der Gebrauch von Metaphern geradezu Triumphe. Sobald wir uns aber aus dem Bereich der schönen Künste entfernen, bemerken wir die Gefahr, die im Gebrauch von Vergleichen liegt. »Sie hinken«, sagt das Volk mit Recht und meint damit, dass in ihrem Gebrauch die Gefahr einer Täuschung liegt. Wir kommen hier demnach zu dem gleichen Urteil wie oben, wenn wir den vergleichsweisen Gebrauch von Bildern im Traume ins Auge fassen. Sie dienen, abseits vom Wege der praktischen Vernunft, der Selbsttäuschung des [172] Träumers und der Erweckung von Gefühlen, damit auch einer Stellungnahme im Sinne des Lebensstils. Es mag wohl immer dem Traume eine Stimmungslage ähnlich dem Zweifel vorausgehen, ein Problem, das noch näherer Untersuchung bedarf. Dann aber wählt das Ich gemäß seinem Lebensstil gerade jene Bilder aus tausend Möglichkeiten aus, die seinem Zwecke günstig sind, die Hinwegsetzung über die praktische Vernunft zugunsten des Lebensstils durchzuführen.

Wir haben damit festgestellt, dass die Fantasie des Träumers gleich wie in ihren anderen Gestaltungen auch im Traum den Linien des Lebensstils vorwärts und aufwärts folgt, auch wenn sie wie all unser Denken und Fühlen und Handeln Erinnerungsbilder benützt. Dass diese Erinnerungsbilder im Leben eines verwöhnten Kindes solche sind, die aus den Irrtümern der Verwöhnung stammen, aber doch ein Vorfühlen in die Zukunft ausdrücken, darf nicht zum irrtümlichen Schluss verleiten, als ob infantile Wünsche hier Befriedigung fänden, als ob eine Regression auf ein kindliches Stadium stattfände. Ferner müssen wir der Tatsache Rechnung tragen, dass der Lebensstil die Bilder für seinen Zweck auswählt, so dass wir in dieser Auswahl den Lebensstil verstehen können. Die Angleichung des Traumbildes an die exogene Situation setzt uns in die Lage, die Bewegungslinie zu finden, die der Träumer kraft seines Lebensstils angesichts des Lösung verlangenden Problems einschlägt, um seinem Bewegungsgesetz gerecht zu werden. Die Schwäche seiner Position können wir darin erblicken, dass er Vergleiche und Gleichnisse zu Hilfe nimmt, die in fälschender Weise Gefühle und Emotionen wachrufen, ohne auf ihren Wert und Sinn geprüft werden zu können, die eine Verstärkung, Beschleunigung der stilgerechten Bewegung verursachen, wie etwa, wenn einer bei einem laufenden Motor mehr Gas gibt. Die Unverständlichkeit des Traumes, eine Unverständlichkeit, die sich im Wachen in vielen Fällen ebenso konstatieren lässt, wenn einer mit weit hergeholten Argumenten seinen Irrtum befestigen will, ist demnach Notwendigkeit und nicht Zufall. Der Träumer verfügt noch, ganz wie im Wachen, über ein anderes Mittel, sich über die praktische Vernunft hinauszusetzen, nämlich, ein vorliegendes Problem in dessen Nebensächlichkeiten zu behandeln oder aus einem solchen die Hauptsache auszuschalten. Dieses Vorgehen zeigt [173] sich jenem verwandt, lässt auch gelegentlich auf eine ausgebreitete Verwendung schließen, das ich als teilweise, unvollkommene Lösung eines Problems, als Zeichen eines Minderwertigkeitskomplexes in den letzten Heften der Zeitschrift für Individualpsychologie im Jahre 1932 beschrieben habe.[73] Ich lehne abermals ab, Regeln zur Traumdeutung zu geben, da zu Letzterer viel mehr künstlerische Eingebung als etwa Systematik des Beckmesser erforderlich ist. Der Traum bietet nichts, was nicht auch aus anderen Ausdrucksformen erschlossen werden kann. Nur dient er dem Untersucher dazu, zu erkennen, wie stark der alte Lebensstil noch wirksam ist, um den Untersuchten darauf aufmerksam zu machen, was zum Zwecke seiner Überzeugung sicherlich beiträgt. In der Deutung eines Traumes soll man so weit gehen, bis der Patient verstanden hat, dass er, wie Penelope, in der Nacht auftrennt, was er am Tage gelernt hat. Auch darf man jenen Lebensstil nicht vergessen, der in übertriebenem, scheinbarem Gehorsam, wie etwa der Hypnotisierte, seine Fantasie selbst in die Bahnen des Gehorsams gegenüber dem Arzte zwingt, ohne die daraus folgende Stellungnahme durchzuführen, auch eine Art des Trotzes, der schon in dieser heimlichen Weise in der Kindheit geübt wurde.

Wiederkehrende Träume weisen auf stilgerechten Ausdruck des Bewegungsgesetzes gegenüber Fragen hin, die in ihrer Artung als ähnlich empfunden werden. Kurze Träume zeigen die strikte, schnell fertige Antwort auf eine Frage. Vergessene Träume lassen die Vermutung zu, dass ihr Gefühlston stark ist gegenüber der ebenfalls starken praktischen Vernunft, zu deren besseren Umgehung das gedankliche Material verdampft werden muss, so dass nur die Emotion und die Stellungnahme übrig bleiben. Dass Angstträume die verstärkte Angst vor einer Niederlage widerspiegeln, angenehme Träume ein verstärktes »Fiat«[74] oder den Kontrast mit der gegenwärtigen Situation, um so stärkere Gefühle der Abneigung zu provozieren, ist sehr häufig festzustellen. Träume von Toten legen den Gedanken nahe, der sich freilich aus anderen Ausdrucksformen bestätigen muss, dass der Träumer den Toten noch nicht endgültig begraben hat und unter seinem Einfluss steht. Fallträume, wohl die häufigsten von allen, weisen auf die ängstliche Vorsicht des Individuums hin, nichts von seinem Wertgefühl zu verlieren, *[174]* zeigen aber auch gleichzeitig in räumlicher Vorstellung an, dass der Träumer sich in seinem Gefühl »oben« wähnt. Flugträume finden sich bei ehrgeizigen Menschen als Niederschlag des Strebens nach Überlegenheit, etwas zu leisten, was den Träumer über die anderen Menschen hinaus hebt. Dieser Traum ist nicht selten, wie zur Warnung vor einem ehrgeizigen, riskanten Streben, mit einem Falltraum verbunden. Glückliches Landen nach einem Fall im Traum, das oft nicht gedanklich, sondern nur gefühlsmäßig zum Ausdruck kommt, dürfte meist auf

---

73 [s. Adler 1932f; Adler 1932g; Adler 1932h; Neudr. in Adler 1982b]
74 [lat.: es werde]

ein Sicherheitsgefühl, wenn nicht auf ein Prädestinationsgefühl hinweisen, demzufolge das Individuum sich dessen versichert, dass ihm nichts geschehen kann. Versäumen eines Zuges, einer Gelegenheit, wird sich meist als Ausdruck eines geübten Charakterzuges feststellen lassen, einer gefürchteten Niederlage durch Zuspätkommen zu entgehen, die Gelegenheit zu verpassen. Träume von mangelhafter Bekleidung gefolgt vom Erschrecken darüber lassen sich meist auf die Furcht zurückführen, bei einer Unvollkommenheit ertappt zu werden. Motorische, visuelle und akustische Neigungen sind häufig in Träumen ausgedrückt, doch immer in Verbindung mit der Stellungnahme zu einer vorliegenden Aufgabe, deren Lösung in seltenen Fällen dadurch sogar gefördert werden konnte, wie einzelne Beispiele zeigen. Die Rolle des Träumers als Zuschauer weist mit einiger Sicherheit darauf hin, dass das Individuum sich auch im Leben gerne mit der Rolle des Zuschauers begnügt. Sexuelle Träume erweisen sich verschieden gerichtet, bald als verhältnismäßig schwaches Training zum Sexualverkehr, bald als Rückzug von einem Partner und Beschränkung auf sich selbst. Bei homosexuellen Träumen ist das Training gegen das andere Geschlecht, nicht etwa eine angeborene Neigung, von mir stark genug hervorgehoben worden. Grausame Träume, in denen das Individuum aktiv auftritt, deuten auf Wut und Rachgier, ebenso beschmutzende Träume. Die häufigen Träume der Bettnässer, beim Urinieren am richtigen Platze zu sein, erleichtert ihnen in wenig mutiger Weise ihre Anklage und Rache gegen ein Gefühl der Zurücksetzung. In meinen Büchern und Schriften findet sich eine Unzahl von gedeuteten Träumen, so dass ich es mir versagen darf, bestimmte Beispiele hier anzuführen. Im Zusammenhang mit dem Lebensstil sei folgender Traum besprochen: [175]

Ein Mann, Vater von zwei Kindern, lebte mit seiner Frau, die ihn, wie er wusste, nicht aus Liebe geheiratet hatte, in Unfrieden, der von beiden Seiten geschürt wurde. Er war ursprünglich ein verwöhntes Kind gewesen, wurde später durch ein anderes Kind entthront, hatte aber in einer harten Schule seine ehemaligen Zornausbrüche beherrschen gelernt, auch so weit, dass er oft in ungünstiger Lage vielleicht allzu lange Versuche machte, einen Versöhnungsfrieden mit Gegnern herzustellen, was begreiflicherweise selten gelang. Auch seiner Frau gegenüber war seine Haltung ein Gemisch von Abwarten, von Versuchen, eine liebevolle, vertrauensvolle Lage zu finden und von gelegentlichen Jähzornsausbrüchen, wenn er in ein Minderwertigkeitsgefühl verfiel und sich keinen Rat wusste. Die Frau stand dieser Situation in vollem Unverständnis gegenüber. An seinen zwei Knaben hing der Mann mit ungewöhnlicher Liebe, die von diesen erwidert wurde, während die Mutter in ihrer formellen Gelassenheit, in der sie natürlich mit dem Manne um die Liebe der Kinder nicht wetteifern konnte, die Fühlung mit ihnen mehr und mehr verlor. Dem Manne erschien dies wie eine Vernachlässigung der Kinder, über die er oft seiner Frau Vorwürfe machte. Die ehelichen Beziehungen gingen unter

Schwierigkeiten weiter, aber beide Eltern waren bestrebt, weiteren Kindersegen zu verhindern. So standen sich beide Partner lange Zeit gegenüber: Der Mann, der nur starke Gefühle in der Liebe anerkannte, sich auch um seine Rechte gebracht fand, die Frau, mit kraftlosen Versuchen, die Ehe weiterzuführen, frigid und aus ihrem Lebensstil heraus ohne die gesuchte Wärme für Mann und Kinder. Eines Nachts träumte er von blutenden Frauenleibern, die rücksichtslos herumgeschleudert wurden. Mein Gespräch mit ihm führte auf eine Erinnerung zurück an eine Szene, die er in einem Seziersaal gesehen hatte, wohin ihn ein medizinischer Freund mitgenommen hatte. Aber es war leicht zu sehen und wurde von dem Manne bestätigt, dass auch der Geburtsakt, wie er ihn zweimal miterlebt hatte, ihn schrecklich berührt hatte. Die Deutung war so gegeben: »Ich will keine dritte Geburt bei meiner Frau mehr erleben.«

Ein anderer Traum lautete: »Es war mir, als ob ich auf der Suche nach meinem dritten Kind gewesen wäre, das verloren oder geraubt worden war. Ich war in großer Angst. Alle meine angestrengten Versuche blieben vergeblich.« Da der Mann kein drittes Kind besaß, war es klar, dass er die stete Angst hatte, ein drittes Kind wäre wegen der Unfähigkeit der Frau, die Kinder zu überwachen, in größter Gefahr. Der Traum war kurz nach dem Raub des *Lindbergh*-Kindes[75] geträumt und zeigte das gleiche, exogene Schockproblem entsprechend dem Lebensstil und der Meinung des Patienten, Abbruch der Beziehungen mit einem Menschen, der keine Wärme bot und als einen Teil dieses Vorsatzes, keine Kinder mehr zu zeugen, unter übertriebener Betonung der Nachlässigkeit der Frau, aber in die gleiche Richtung zielend wie der erste Traum: übertriebener Schrecken vor dem Geburtsakt.

Der Patient kam zur Behandlung wegen Impotenz. Die weiteren Spuren führten in seine Kindheit zurück, in der er gelernt hatte, sich gegen Zurücksetzung nach längeren angestrengten Versuchen mit Ablehnung der als kühl geglaubten Person abzufinden, gleichzeitig auch neue Geburten bei seiner Mutter unerträglich zu finden. Der Hauptanteil seines Lebensstiles, die Auslese gewisser Bilder, der Selbstbetrug und die Autointoxikation mit Vergleichen, weit über die praktische Ver[176]nunft hinausgehend und dem Lebensstil neue Spannkraft und erhöhte Stärke verleihend, der aus der dauernden Schockwirkung resultierende Rückzug von der Lebensfrage, mehr erschlichen als im Sinne des Common Sense erarbeitet, die unvollkommene, der Weichheit dieses Mannes entsprechende halbe Lösung seines Problems sind nicht zu verkennen und klar in ihrem Zusammenhang zu sehen.

Wenn noch ein kurzes Wort über jenes Thema gesagt werden soll, das als *Freuds* Symbolik im Traum beschrieben ist, so kann ich aus meiner Erfahrung Folgendes mitteilen: Es ist richtig, dass seit jeher die Menschen eine Neigung zeigten, nicht nur sexuelle Vorgänge und Dinge mit Tatsachen des praktischen

---

75 [Am 1.3.1932 wurde der Sohn des Fliegers Charles Lindbergh entführt.]

Lebens scherzweise zu vergleichen. An Wirtshaustischen und in Zoten geschah das wohl immer. Die Verlockung dazu liegt wohl zum großen Teil darin, neben herabsetzender Tendenz, Witzelsucht und Großsprecherei auch dem aus dem Symbol geholten emotionellen Akzent Raum zu geben. Es bedarf nicht viel an Geist, um diese gebräuchlichen Symbole, die sich in Folklore und in Gassenhauern finden, zu verstehen. Dass sie freilich immer zu bestimmten, erst zu findenden Zwecken im Traume auftreten, ist wichtiger. Es ist das Verdienst *Freuds*, darauf aufmerksam gemacht zu haben. Aber alles, was man nicht versteht, als sexuelles Symbol zu erklären, um dann zu finden, dass alles aus der Sexuallibido stammt, hält einer vernünftigen Kritik nicht stand. Auch die sogenannten »beweisenden Erfahrungen« mit Personen in der Hypnose, denen zuerst suggeriert wurde, sexuelle Szenen zu träumen, und aus deren Mitteilungen dann gefunden wurde, dass auch sie in *Freud'schen* Symbolen träumen, sind recht schwache Beweise. Es zeugt höchstens von natürlichem Schamgefühl, dass diese Personen die ihnen geläufigen Symbole anstelle unverhüllter Sexualausdrücke wählen. Dazu kommt, dass es heute einem Freud-Schüler schwer sein wird, jemanden zu solchen Experimenten zu finden, ohne dass der Hypnotisierte wüsste, mit wem er es zu tun hat. Ganz abgesehen davon, dass die »*Freud'sche* Symbolik« den Sprachschatz des Volkes ungemein bereichert und die Unbefangenheit bei Betrachtung von sonst harmlosen Dingen gründlich zerstört hat. Man kann auch oft bei Patienten, die früher in einer psychoanalytischen Behandlung gestanden sind, beobachten, dass sie in ihren Träumen von der Freud'schen Symbolik einen ausgebreiteten Gebrauch [177] machen. Meine Widerlegung würde noch stärker ausfallen, wenn ich wie *Freud* an Telepathie glauben und annehmen könnte, wie es auch seine seichten Vorläufer getan haben, dass Gedankenübertragung sich wie ein Radiovortrag abspielt. Dieses Gegenargument fällt demnach für mich weg. [178]

15. Der Sinn des Lebens

Nach einem Sinn des Lebens zu fragen hat nur Wert und Bedeutung, wenn man das Bezugsystem Mensch – Kosmos im Auge hat. Es ist dabei leicht einzusehen, dass der Kosmos in dieser Bezogenheit eine formende Kraft besitzt. Der Kosmos ist sozusagen der Vater alles Lebenden. Und alles Leben ist ständig im Ringen begriffen, um den Anforderungen des Kosmos zu genügen. Nicht so, als ob da ein Trieb bestünde, der später im Leben imstande wäre, alles zu Ende zu führen, der sich nur zu entfalten brauchte, sondern angeboren als etwas, was dem Leben angehört, ein Streben, ein Drang, ein Sichentwickeln, ein Etwas, ohne das man sich Leben überhaupt nicht vorstellen kann. Leben heißt sich entwickeln. Der menschliche Geist ist nur allzu sehr gewöhnt, alles Fließende in eine Form zu bringen, nicht die Bewegung, sondern die gefrorene

Bewegung zu betrachten, Bewegung, die Form geworden ist. Wir Individualpsychologen sind seit jeher auf dem Weg, was wir als Form erfassen, in Bewegung aufzulösen. Dass der fertige Mensch aus einer Eizelle stammt, weiß jeder; er soll aber auch richtig verstehen, dass in dieser Eizelle Fundamente für die Entwicklung liegen. Wie das Leben auf die Erde gekommen ist, ist eine zweifelhafte Sache, eine endgültige Lösung werden wir vielleicht niemals finden.

Die Entwicklung des Lebenden aus einer winzigen lebenden Einheit konnte nur unter Billigung des kosmischen Einflusses geschehen. Wir können daran denken, wie zum Beispiel der geniale Versuch *Smuts* (»Wholeness and Evolution«)[76] es getan hat, anzunehmen, dass Leben auch in der toten Materie besteht, eine Auffassung, die uns durch die moderne Physik sehr nahegelegt wird, wo gezeigt wird, wie die Elek[*179*]tronen sich um das Proton bewegen. Ob diese Auffassung auch weiterhin recht behalten wird, wissen wir nicht; sicher ist, dass unser Begriff vom Leben nicht mehr angezweifelt werden kann, dass damit auch gleichzeitig Bewegung festgestellt ist, Bewegung, die nach Selbsterhaltung geht, nach Vermehrung, nach Kontakt mit der Außenwelt, nach siegreichem Kontakt, um nicht unterzugehen. Im Lichte, das Darwin angesteckt hat, verstehen wir die Auslese alles dessen, das den äußeren Forderungen gerecht werden konnte. Die Anschauung Lamarcks, die der unseren noch näher steht, gibt uns Hinweise auf die schöpferische Kraft, die in jedem Lebewesen verankert ist. Die Gesamttatsache der schöpferischen Evolution alles Lebenden kann uns darüber belehren, dass der Richtung der Entwicklung bei jeder Spezies ein Ziel gesetzt ist, das Ziel der Vollkommenheit, der aktiven Anpassung an die kosmischen Forderungen.

An diesen Weg der Entwicklung, einer fortwährenden aktiven Anpassung an die Forderungen der Außenwelt müssen wir anknüpfen, wenn wir verstehen wollen, in welche Richtung Leben geht und sich bewegt. Wir müssen daran denken, dass es sich hier um Ursprüngliches handelt, das dem ursprünglichen Leben angehaftet hat. Immer handelt es sich um Überwindung, immer um den Bestand des Individuums, der menschlichen Rasse, immer handelt es sich darum, eine günstige Beziehung herzustellen von Individuum und Außenwelt. Dieser Zwang, die bessere Anpassung durchzuführen, kann niemals enden. Ich habe diesen Gedanken bereits im Jahre 1902 entwickelt (»Heilen und Bilden«, 1. c)[77] und scharf darauf hingewiesen, dass das Verfehlen dieser aktiven Anpassung durch diese »Wahrheit« ständig bedroht ist und dass der Untergang von Völkern, Familien, Personen, Spezies von Tieren und Pflanzen dem Fehlschlagen der aktiven Anpassung zuzuschreiben ist.

Ich spreche von aktiver Anpassung und schalte damit die Fantasien aus, die

---

76 [Smuts 1926].
77 [Wahrscheinlich bezieht sich Adler hier pauschal auf seine frühen sozialmedizinischen Schriften: Adler 1902a; 1902c; 1904a.]

diese Anpassung sei es an die gegenwärtige Situation oder an den Tod alles Lebens geknüpft sehen. Es handelt sich vielmehr um eine Anpassung sub specie aeternitatis, weil nur jene körperliche und seelische Entwicklung »richtig« ist, die für die äußerste Zukunft als richtig gelten kann. Ferner besagt der Begriff einer aktiven Anpas[180]sung, dass Körper und Geist sowie die ganze Organisation des Lebens dieser letzten Anpassung, der Bewältigung aller durch den Kosmos gesetzten Vor- und Nachteile zustreben müssen. Scheinbare Ausgleiche, die vielleicht für einige Zeit Bestand haben, erliegen der Wucht der Wahrheit über kurz oder lang.

Wir sind mitten im Strom der Evolution und merken es ebenso wenig, wie wir die Umdrehung der Erde merken. In dieser kosmischen Verbindung, wo das Leben des einzelnen Individuums ein Teil ist, ist das Streben nach siegreicher Angleichung an die Außenwelt Bedingung. Selbst wenn man zweifeln wollte, dass schon am Anfang des Lebens das Streben nach Überlegenheit bestanden hat, der Lauf der Billionen von Jahren stellt es klar vor unsere Augen, dass heute das Streben nach Vollkommenheit ein angeborenes Faktum ist, das in jedem Menschen vorhanden ist. Etwas anderes kann uns diese Betrachtung noch zeigen. Wir wissen ja alle nicht, welches der einzig richtige Weg ist. Die Menschheit hat vielfach Versuche gemacht, sich dieses Endziel der menschlichen Entwicklung vorzustellen. Dass der Kosmos ein Interesse an der Erhaltung des Lebens haben sollte, ist kaum mehr als ein frommer Wunsch, kann aber als solcher in der Religion, in der Moral und Ethik als starke Triebkraft zur Förderung des Gesamtwohles der Menschheit Verwendung finden und hat sie auch gefunden. Auch die Verehrung eines Fetisches, einer Eidechse, eines Phallus als eines Fetisches innerhalb eines prähistorischen Stammes erscheint uns wissenschaftlich nicht gerechtfertigt. Wir dürfen aber nicht übersehen, wie diese primitive Weltanschauung das Zusammenleben der Menschheit, ihr Gemeinschaftsgefühl gefördert hat, indem jeder, der im Banne der gleichen religiösen Inbrunst stand, als Bruder, als Tabu angesehen und dem Schutz des großen Stammes anheimgegeben war.

Die beste Vorstellung, die man bisher von dieser idealen Erhebung der Menschheit gewonnen hat, ist der Gottesbegriff.[78] Es ist gar keine Frage, dass der Gottesbegriff eigentlich jene Bewegung nach Vollkommenheit in sich schließt als ein Ziel, und dass er dem dunklen Sehnen des Menschen, Vollkommenheit zu erreichen, als konkretes Ziel der Vollkommenheit am besten entspricht. Freilich scheint es mir, dass jeder sich [181] seinen Gott anders vorstellt. Da gibt es wohl Vorstellungen davon, die von vornherein dem Prinzip der Vollkommenheit nicht gewachsen sind, aber zu seiner reinsten Fassung können wir sagen: Hier ist die konkrete Fassung des Ziels der Vollkommenheit

---

78 *Anm. Adler:* S. Jahn u. Adler: Religion und Individualpsychologie. Verlag Dr. Passer, Wien 1933 [Adler 1933c, in diesem Band, S. 177–224]

gelungen. Die Urkraft, die in der Aufstellung richtender religiöser Ziele so wirksam war, die zur Bindung der Menschheit aneinander führen sollte, war keine andere als die des als Errungenschaft der Evolution zu betrachtenden Gemeinschaftsgefühls und des Strebens aufwärts im Strome der Evolution. Natürlich gibt es eine Unzahl von Versuchen unter den Menschen, sich dieses Ziel der Vollkommenheit vorzustellen. Wir Individualpsychologen, insbesondere wir individualpsychologischen Ärzte, die mit den Fehlschlägen zu tun haben, mit Menschen, die an einer Neurose, an einer Psychose erkrankt sind, die delinquent geworden sind, mit Trinkern usw., wir sehen dieses Ziel der Überlegenheit in ihnen auch, aber nach einer anderen Richtung, die der Vernunft insoweit widerspricht, als wir darin ein richtiges Ziel der Vollkommenheit nicht anerkennen können. Wenn einer zum Beispiel dieses Ziel sich dadurch konkret zu machen sucht, dass er über andere herrschen will, so scheint uns dieses Ziel der Vollkommenheit deshalb schon unfähig, den Einzelnen und die Masse zu lenken, weil nicht jeder sich dieses Ziel der Vollkommenheit zur Aufgabe setzen konnte, weil er gezwungen wäre, mit dem Zwang der Evolution in Widerspruch zu geraten, die Realität zu vergewaltigen und sich voll Angst gegen die Wahrheit und ihre Bekenner zu schützen. Wenn wir Menschen finden, die sich als Ziel der Vollkommenheit gesetzt haben, sich auf andere zu stützen, so scheint uns auch dieses Ziel der Vollkommenheit der Vernunft zu widersprechen. Wenn einer vielleicht das Ziel der Vollkommenheit darin findet, die Aufgaben des Lebens ungelöst zu lassen, um nicht sichere Niederlagen zu erleiden, die das Gegenteil des Ziels der Vollkommenheit wären, so erscheint uns auch dieses Ziel durchaus ungeeignet, obwohl es vielen Menschen annehmbar erscheint.

Wenn wir unseren Ausblick vergrößern und die Frage aufwerfen: Was ist mit jenen Lebewesen geschehen, die sich ein unrichtiges Ziel der Vollkommenheit gesetzt haben, deren aktive Anpassung nicht gelungen ist, weil sie den unrichtigen Weg eingeschlagen haben, die nicht den Weg *[182]* der Förderung der Allgemeinheit gefunden haben? – Da belehrt uns der Untergang von Spezies, Rassen, Stämmen, Familien und Tausenden von einzelnen Personen, von denen nichts übrig geblieben ist, wie notwendig es für den Einzelnen ist, einen halbwegs richtigen Weg zu finden zum Ziel einer Vollkommenheit. Es ist ja auch für unsere Tage und für den Einzelnen unter uns selbstverständlich, dass das Ziel der Vollkommenheit die Richtung gibt, für die Entwicklung seiner ganzen Persönlichkeit, für alle Ausdrucksbewegungen, für sein Schauen, für sein Denken, seine Gefühle, seine Weltanschauung. Und ebenso klar und für jeden Individualpsychologen verständlich ist es, dass eine einigermaßen von der Wahrheit abweichende Richtung zum Schaden des Betreffenden ausschlagen muss, wenn nicht zu seinem Untergang. Da wäre es eigentlich ein glücklicher Fund, wenn wir Näheres wüssten über die Richtung, die wir einzuschlagen haben, da wir ja doch im Strom der Evolution eingebettet sind und ihm folgen müssen. Auch hier hat die Individualpsychologie große Arbeit geleistet, ebenso wie mit der Feststellung des allgemeinen Strebens nach Vollkommenheit. Sie hat aus tausendfältiger Erfahrung eine Anschauung gewonnen, die imstande ist, die Richtung zur idealen Vollkommenheit einigermaßen zu verstehen, und zwar in ihrer Feststellung der Normen des *Gemeinschaftsgefühls*.

Gemeinschaftsgefühl besagt vor allem ein Streben nach einer Gemeinschaftsform, die für ewig gedacht werden muss, wie sie etwa gedacht werden könnte, wenn die Menschheit das Ziel der Vollkommenheit erreicht hat. Es handelt sich niemals um eine gegenwärtige Gemeinschaft oder Gesellschaft, auch nicht um politische oder religiöse Formen, sondern das Ziel, das zur Vollkommenheit am besten geeignet ist, müsste ein Ziel sein, das die ideale Gemeinschaft der ganzen Menschheit bedeutet, die letzte Erfüllung der Evolution. Natürlich wird man fragen, woher ich das weiß. Sicher nicht aus der unmittelbaren Erfahrung und ich muss schon zugeben, dass diejenigen recht haben, die in der Individualpsychologie ein Stück Metaphysik finden. Die einen loben es, die anderen tadeln. Es gibt leider viele Menschen, die eine irrige Anschauung von der Metaphysik haben, die alles, was sie nicht unmittelbar erfassen können, aus dem Leben der [183] Menschheit ausgeschaltet wissen wollen. Damit würden wir die Entwicklungsmöglichkeiten verhindern, jeden neuen Gedanken. Jede neue Idee liegt jenseits der unmittelbaren Erfahrung. Unmittelbare Erfahrungen ergeben niemals etwas Neues, sondern erst die zusammenfassende Idee, die diese Tatsachen verbindet. Sie können es spekulativ nennen oder transzendental, es gibt keine Wissenschaft, die nicht in die Metaphysik münden müsste. Ich sehe keinen Grund, sich vor der Metaphysik zu fürchten, sie hat das Leben der Menschen und ihre Entwicklung im stärksten Grad beeinflusst. Wir sind nicht mit der absoluten Wahrheit gesegnet, deshalb sind wir gezwungen, uns Gedanken zu machen über unsere Zukunft, über das Resultat unserer Handlungen usw. Unsere Idee des Gemeinschaftsgefühles als der letzten Form der Menschheit, eines Zustandes, in dem wir uns alle Fragen des Lebens, alle Beziehungen zur Außenwelt gelöst vorstellen, ein richtendes Ideal, ein richtunggebendes Ziel, dieses Ziel der Vollendung muss in sich das Ziel einer idealen Gemeinschaft tragen, weil alles, was wir wertvoll finden im Leben, was besteht und bestehen bleibt, für ewig ein Produkt dieses Gemeinschaftsgefühles ist.

Ich habe im Vorhergehenden die Tatsachen, die Wirkungen und die Mängel des gegenwärtigen Gemeinschaftsgefühls im Individuum und in der Masse beschrieben und war im Interesse der Menschenkenntnis, der Charakterologie bemüht, meine Erfahrungen darzulegen, wie man das Bewegungsgesetz des Einzelnen und der Masse sowie deren Verfehlungen klarzustellen vermag. In der Individualpsychologie sind alle unwiderleglichen Erfahrungen unter dem Gesichtspunkt dieser Wissenschaft gesehen und verstanden, deren wissenschaftliches System sich unter dem Drucke dieser Erfahrungen entwickelt hat. Die gewonnenen Resultate sind untereinander widerspruchslos und durch den Common Sense gerechtfertigt. Was zur Erfüllung der Forderungen einer streng wissenschaftlichen Lehre beigebracht werden muss, ist in der Individualpsychologie erreicht: eine immense Zahl von unmittelbaren Erfahrungen, ein System, das diesen Erfahrungen Rechnung trägt und ihnen nicht widerspricht, und die trainierte Fähigkeit des Erratens im Einklang mit dem Common Sense, eine Fähigkeit, die Erfahrungen im Zusammenhang mit dem System diesem einzureihen imstande ist. Diese *[184]* Fähigkeit ist umso notwendiger, als jeder Fall sich anders darstellt und zu stets neuen Anstrengungen des künstlerischen Erratens Anlass gibt. Wenn ich nun darangehe, auch das Recht der Individualpsychologie, als Weltanschauung zu gelten, zu verfechten, indem ich sie dazu verwende, den Sinn des menschlichen Lebens verstehen zu lassen, so muss ich mich aller moralischen und religiösen, zwischen Tugend und Laster richtenden Anschauungen entschlagen, obwohl ich seit jeher überzeugt war, dass beide Strömungen sowie auch politische Bewegungen stets darauf hinzielten, dem Sinn des Lebens gerecht zu werden, und unter dem Drucke des Gemeinschaftsgefühls als einer absoluten Wahrheit gewachsen sind. Der Standpunkt der Individualpsychologie ihnen gegenüber ist durch ihre wissenschaftliche Erkenntnis, wohl auch durch ihren direkteren Versuch, das Gemeinschaftsgefühl als Erkenntnis stärker zu entwickeln, gegeben. Er lautet: Ich würde jede Strömung als gerechtfertigt ansehen, deren Richtung den unwiderleglichen Beweis liefert, dass sie vom Ziele des Wohles der gesamten Menschheit geleitet ist. Ich würde jede Strömung als verfehlt erachten, die diesem Standpunkt widerspricht oder durchflossen ist von der Kainsformel: »Warum soll ich meinen Nächsten lieben?«[79]

Gestützt auf die vorherigen Feststellungen darf ich, wie in einem kurzen Beweis, die Tatsache klarlegen, dass wir bei unserem Eintritt ins Leben nur vorfinden, was unsere Vorfahren als Beitrag zur Evolution, zur Höherentwicklung der gesamten Menschheit fertiggestellt haben. Schon diese eine Tatsache könnte uns darüber aufklären, wie das Leben weiterrollt, wie wir uns einem Zustand größerer Beiträge nähern, größerer Kooperationsfähigkeit, wo sich jeder Einzelne mehr als bisher als ein Teil des Ganzen darstellt, ein Zustand, für den natürlich alle Formen unserer gesellschaftlichen Bewegung Versuche, Vorversuche sind, von denen nur diejenigen Bestand haben, die in der Richtung dieser idealen Gemeinschaft gelagert sind. Dass dieses Werk, vielfach von überragender menschlicher Kraft zeugend, sich auch in vieler Hinsicht als unvollkommen, ja auch gelegentlich als verfehlt erweist, deutet nur darauf hin, dass die »absolute Wahrheit«, auf dem Wege der Evolution vorwärts zu schreiten, dem menschlichen Vermögen unzugänglich ist, wenngleich wir ihr näher zu *[185]* kommen imstande sind, und dass es eine ganze Anzahl von

---

79 [s. Gen. 4,1–16]

Gemeinschaftsleistungen gibt, die nur für eine gewisse Zeit, für eine gewisse Situation vorhalten, um sich nach einiger Zeit sogar als schädlich zu erweisen. Was uns davor bewahren kann, ans Kreuz einer schädlichen Fiktion geschlagen zu sein, das Schema einer schädlichen Fiktion festzuhalten, ist der Leitstern des Wohles der Allgemeinheit, unter dessen Lenkung wir besser und ohne Rückschläge den Weg zu finden vermögen.

Das Wohl der Allgemeinheit, die Höherentwicklung der Menschheit basieren auf den ewig unvergänglichen Forderungen unserer Vorfahren. Deren Geist bleibt ewig lebendig. Er ist unsterblich, wie andere es in ihren Kindern sind. Auf beide gründet sich die Fortdauer des menschlichen Geschlechtes. Sein Wissen darum ist überflüssig. Die Tatsachen gelten. Die Frage des rechten Weges scheint mir gelöst, wenngleich wir oft im Dunkeln tappen. Wir wollen nicht entscheiden, nur das eine können wir sagen: Eine Bewegung des Einzelnen und eine Bewegung der Massen kann für uns nur als wertvoll gelten, wenn sie Werte schafft für die Ewigkeit, für die Höherentwicklung der gesamten Menschheit. Man soll sich, um diese These zu entkräften, weder auf die eigene noch auf die fremde Dummheit berufen. Dass es sich nicht um den Besitz der Wahrheit, sondern um das Streben danach handelt, ist selbstverständlich.

Noch schlagkräftiger, um nicht zu sagen selbstverständlicher, wird diese Tatsache, wenn wir fragen: Was geschah mit jenen Menschen, die nichts zum Wohle der Allgemeinheit beigetragen haben? Die Antwort lautet: Sie sind bis auf den letzten Rest verschwunden. Nichts ist übrig von ihnen, sie sind leiblich und seelisch ausgelöscht. Die Erde hat sie verschlungen. Es ging mit ihnen wie mit ausgestorbenen Tierspezies, die keine Harmonie mit den kosmischen Gegebenheiten finden konnten. Da liegt doch eigentlich eine heimliche Gesetzmäßigkeit vor, als ob der fragende Kosmos befehlen würde: Fort mit euch! Ihr habt den Sinn des Lebens nicht erfasst. Ihr könnt nicht in die Zukunft reichen.

Keine Frage, dass dies ein grausames Gesetz ist. Nur vergleichbar mit den grausamen Gottheiten alter Völker und dem Tabugedanken, der allen Untergang drohte, die sich gegen die Gemeinschaft vergingen. *[186]* So betont sich der Bestand, der ewige Bestand des Beitrags von Menschen, die etwas für die Allgemeinheit geleistet haben. Freilich sind wir besonnen genug, um nicht anzunehmen, dass wir den Schlüssel dazu hätten, in jedem Fall genau zu sagen, was für die Ewigkeit berechnet ist und was nicht. Wir sind überzeugt, dass wir irren können, dass nur eine ganz genaue, objektive Untersuchung entscheiden kann, oft auch erst der Lauf der Dinge. Es ist vielleicht schon ein großer Schritt, dass wir vermeiden können, was nicht zur Gemeinschaft beiträgt.

Unser Gemeinschaftsgefühl reicht heute viel weiter. Ohne es verstanden zu haben, suchen wir in der Erziehung, im Verhalten des Einzelnen wie der Masse, in Religion, Wissenschaft und Politik den Einklang mit der zukünftigen Wohlfahrt der Menschheit auf verschiedenen, oft falschen Wegen herzustellen. Natürlich ist *der* näher der Erfassung künftiger Harmonie, der das bessere Gemeinschaftsgefühl besitzt. Und im Großen und Ganzen hat sich der soziale Grundsatz Bahn gebrochen, den Strauchelnden zu stützen und nicht zu stürzen.

Wenden wir unsere Anschauung auf unser heutiges Kulturleben an und halten wir fest, dass das Kind bereits das Ausmaß seines Gemeinschaftsgefühls, unveränderlich ohne weiteren bessernden Eingriff, fürs ganze Leben festlegt, dann richtet sich unser Blick auf gewisse allgemeine Zustände, deren Einfluss auf die Entwicklung des kindlichen Gemeinschaftsgefühls verheerend wirken kann. So die Tatsache des Krieges und seine Glorifizierung im Schulunterricht. Unwillkürlich richtet sich das vielleicht noch unfertige, vielleicht im Gemeinschaftsgefühl schwache Kind auf eine Welt ein, in der es möglich ist, Menschen gegen Maschinen und Giftgase kämpfen zu machen, sie dazu zu zwingen, und es als ehrenhaft zu empfinden, wenn man möglichst viele, sicherlich auch für die Zukunft der Menschheit wertvolle Mitmenschen tötet. In kleinerem Maße wirkt sich die Tatsache der Todesstrafe aus, deren Schaden auf das kindliche Gemüt wenig vermindert wird durch die Betrachtung, dass es sich dabei nicht um Mitmenschen, eher um Gegenmenschen handelt. Selbst die brüske Erfahrung des Todesproblems kann Kinder von geringerer Neigung zur Kooperation zum überstürzten Abschluss ihres Gemeinschaftsgefühls veranlassen. Ebenso sind Mädchen gefährdet, die das Liebes-, Zeugungs- und Geburtsproblem von unbedachter Umge[187]bung als schreckhaft erfahren. Mit übergroßer Schwere lastet das ungelöste ökonomische Problem auf dem sich entwickelnden Gemeinschaftsgefühl. Selbstmord, Verbrechen, schlechte Behandlung von Krüppeln, Greisen, Bettlern, Vorurteile und ungerechte Behandlung von Personen, Angestellten, Rassen und Religionsgemeinschaften, Misshandlungen Schwächerer und von Kindern, Ehestreitigkeiten und Versuche, die Frau in irgendeiner Art als minderwertig hinzustellen und anderes mehr, Protzerei mit Geld und Geburt, Cliquenwesen und dessen Auswirkungen bis in die höchsten Kreise setzen neben Verwöhnung und Vernachlässigung der Kinder frühzeitig den Schlusspunkt in der Entwicklung zum Mitmenschen. In unserer Zeit hilft dagegen nur neben Herstellung der Mitarbeit des Kindes die richtige, rechtzeitige Aufklärung darüber, dass wir heute erst ein verhältnismäßig niedriges Niveau im Gemeinschaftsgefühl erreicht haben und dass ein richtiger Mitmensch es als seine Aufgabe erfassen muss, an der Lösung dieser Missstände zum Wohle der Gesamtheit mitzuarbeiten und diese Lösung nicht von einer sagenhaften Entwicklungstendenz oder von anderen zu erwarten. Versuche, wenn auch in bester Absicht unternommen, die Höherentwicklung durch Verstärkung eines dieser Übel zu erzielen, durch Krieg, durch die Todesstrafe oder durch Rassen- und Religionshass bringen in der folgenden Generation stets einen Abfall des Gemeinschaftsgefühls und damit eine wesentliche Verschlechterung der anderen Übel mit sich. Interessanterweise führen sie fast regelmäßig zur Bagatellisierung des Lebens, der Kameradschaft und der Liebesbeziehungen, eine Tatsache, an der man deutlich das Sinken des Gemeinschaftsgefühls wahrnehmen kann.

Ich habe im Vorhergehenden genügend Material beigebracht, um den Leser verstehen zu lassen, dass es sich hier um eine wissenschaftliche Auseinandersetzung handelt, wenn ich betone, dass das Individuum in seiner richtigen Entwicklung nur dann weiterkommt, wenn es als Teil des Ganzen lebt und strebt. Die flachen Einwendungen individualistischer Systeme sind dieser Auffassung gegenüber recht bedeutungslos. Ich könnte noch mehr davon sprechen und zeigen, wie alle unsere Funktionen darauf berechnet sind, die Gemeinschaft der Menschen nicht zu stören, den Einzelnen mit der Gemeinschaft zu verbinden. Sehen heißt [188] aufnehmen, fruchtbar machen, was auf die Netzhaut fällt. Dies ist nicht bloß ein physiologischer Vorgang, er zeigt den Menschen als Teil des Ganzen, der nimmt und gibt. Im Sehen, Hören, Sprechen verbinden wir uns mit den anderen. Der Mensch sieht, hört, spricht nur richtig, wenn er in seinem Interesse mit der Außenwelt, mit den anderen verbunden ist. Seine Vernunft, sein Common Sense, unterliegt der Kontrolle der Mitmenschen, der absoluten Wahrheit und zielt auf ewige Richtigkeit. Unsere ästhetischen Gefühle und Anschauungen, vielleicht die stärkste Schwungkraft zu Leistungen in sich tragend, haben Ewigkeitswert nur, wenn sie im Strom der Evolution zur Wohlfahrt der Menschheit verlaufen. Alle unsere körperlichen und seelischen Funktionen sind richtig, normal, gesund entwickelt, sofern sie genügend Gemeinschaftsgefühl in sich tragen und zur Mitarbeit geeignet sind.

Wir sprechen von Tugend und meinen, dass einer mitspielt, von Laster und meinen, dass einer die Mitarbeit stört. Ich könnte noch darauf hinweisen, wie alles, was einen Fehlschlag bedeutet, deshalb ein Fehlschlag ist, weil es die Entwicklung der Gemeinschaft stört, ob es sich um schwer erziehbare Kinder, Neurotiker, Verbrecher, Selbstmörder handelt. In allen Fällen sieht man, dass der Beitrag fehlt. In der ganzen Menschheitsgeschichte finden sich keine isolierten Menschen. Die Entwicklung der Menschheit war nur möglich, weil die Menschheit eine Gemeinschaft war und im Streben nach Vollkommenheit nach einer idealen Gemeinschaft gestrebt hat. Das drückt sich in allen Bewegungen, allen Funktionen eines Menschen aus, ob er diese Richtung gefunden hat oder nicht, im Strom der Evolution, der durch das Gemeinschaftsideal charakterisiert ist, weil der Mensch unverbrüchlich durch das Gemeinschaftsideal gelenkt, gehindert, gestraft, gelobt, gefördert wird, so dass jeder Einzelne jede Abweichung nicht nur zu verantworten, sondern auch zu büßen hat. Das ist ein hartes Gesetz, grausam geradezu. Diejenigen, die in sich bereits ein starkes Gemeinschaftsgefühl entwickelt haben, sind unentwegt bestrebt, die Härten für den, der fehlerhaft schreitet, zu mildern, als ob sie es wüssten: Das ist ein Mensch, der den Weg verfehlt hat, aus Ursachen, die die Individualpsychologie erst nachzuweisen imstande ist. Wenn der Mensch verstünde, wie er, der Seite der Evolution ausweichend, fehlgegangen ist, *[189]* dann würde er diesen Weg verlassen und sich der Allgemeinheit anschließen.

Alle Probleme des menschlichen Lebens verlangen, wie ich gezeigt habe, Fähigkeit und Vorbereitung zur Mitarbeit, des sichtbaren Zeichens des Gemeinschaftsgefühls. In dieser Stimmungslage ist Mut und Glück mit eingeschlossen, die sonst nicht zu finden sind.

Alle Charakterzüge erweisen den Grad des Gemeinschaftsgefühls, laufen der Linie entsprechend, die nach der Meinung des Individuums zum Ziel der Überlegenheit führt, sind Leitlinien, verwoben mit dem Lebensstil, der sie geformt hat und immer wieder zutage bringt. Unsere Sprache ist zu arm, um feinste Gebilde des Seelenlebens mit einem einzigen Wort auszudrücken, wie wir es Charakterzügen gegenüber tun, dadurch die Mannigfaltigkeit übersehend, die durch diesen Ausdruck verdeckt ist. Daher schimmern für die, die sich an Worte klammern, Widersprüche durch, so dass ihnen die Einheit des Seelenlebens nie klar wird.

Vielleicht wird manchen die einfache Tatsache am stärksten überzeugen, dass alles, was wir als Fehlschlag bezeichnen, den Mangel an Gemeinschaftsgefühl aufweist. Alle Fehler der Kindheit und im Leben der Erwachsenen, alle schlechten Charakterzüge in der Familie, in der Schule, im Leben, in der Beziehung zu anderen, im Beruf und in der Liebe erweisen ihre Herkunft aus dem Mangel an Gemeinschaftsgefühl, sind vorübergehend oder dauernd, beides in tausend Varianten.

Eine genaue Betrachtung des persönlichen Lebens und des Lebens der Masse, der Vergangenheit und der Gegenwart zeigt uns das Ringen der Menschheit um ein stärkeres Gemeinschaftsgefühl. Es ist kaum zu übersehen, dass die Menschheit um dieses Problem weiß und von ihm durchdrungen ist. Was in der Gegenwart auf uns lastet, stammt aus dem Mangel sozialer Durchbildung. Was in uns drängt, um auf eine höhere Stufe zu kommen, von den Fehlschlägen unseres öffentlichen Lebens und unserer Persönlichkeit frei zu werden, ist das gedrosselte Gemeinschaftsgefühl. Es lebt in uns und sucht sich durchzusetzen, es scheint nicht stark genug zu sein, um sich trotz aller Widerstände zu bewähren. Es besteht die berechtigte Erwartung, dass in viel späterer Zeit, wenn der Menschheit genug Zeit gelassen wird, die Kraft des Gemein*[190]*schaftsgefühls über alle äußeren Widerstände siegen wird. Dann wird der Mensch Gemeinschaftsgefühl äußern wie Atmen. Bis dahin bleibt wohl nichts anderes übrig, als diesen notwendigen Lauf der Dinge zu verstehen und zu lehren. *[191]*

Anhang

Stellung zum Berater

Unsere Grundanschauung von der in der frühesten Kindheit gestalteten Einheit des Lebensstils, von der ich schon im Beginne meiner Arbeiten gewusst habe, ohne sie verstanden zu haben, ermächtigte mich von vornherein anzunehmen, dass der zu Beratende sich im ersten Moment seines Erscheinens als die Persönlichkeit vorstellt, die er ist, ohne viel davon zu wissen. Die Beratung ist für den Patienten ein soziales Problem. Jede Begegnung eines Menschen mit einem anderen ist ein solches. Es wird sich demnach jeder in seinem Bewegungsgesetz vorstellen. Der Kenner kann oft auf den ersten Blick etwas von dem Gemeinschaftsgefühl des anderen aussagen. Verstellung hilft gegenüber dem erfahrenen Individualpsychologen nicht viel. Der Patient erwartet vom Berater viel Gemeinschaftsgefühl. Da man vom Patienten erfahrungsgemäß nicht viel soziales Interesse erwarten darf, wird man auch nicht viel verlangen. Man wird in dieser Auffassung wesentlich durch zwei Momente unterstützt. Das erste ist, dass der Gemeinschaftspegel im Allgemeinen nicht hoch steht, das zweite, dass man es zumeist mit verwöhnten Kindern zu tun hat, die auch später von ihrer fiktiven Welt nicht loskommen. Man darf sich auch gar nicht wundern, wenn viele Leser es ohne Erschütterung aufgenommen haben, dass einer fragt: »Warum soll ich meinen Nächsten lieben?« Schließlich hat ja Kain eine ähnliche Frage gestellt.

Der Blick, die Gangart, die Stärke oder Schwäche der Annäherung können viel verraten. Hat man sich an Regeln gewöhnt, etwa einen bestimmten Platz anzuweisen, einen Diwan, eine ganz bestimmte Zeit einzuhalten, so entgeht einem vieles. Die erste Begegnung soll schon *[192]* eine Prüfung in aller Unbefangenheit sein. Schon die Art des Händedruckes kann den Blick auf ein bestimmtes Problem lenken. Dass verwöhnte Menschen sich gerne irgendwo anlehnen, Kinder an die begleitende Mutter, ist oft zu sehen. Aber so wie alles, was der Fähigkeit des Erratens eine Aufgabe stellt, wird man auch in diesen Fällen von starren Regeln absehen und überprüfen, lieber das, was man denkt, für sich behalten, um es später in geeigneter Form verständlich zu verwenden, ohne die Überempfindlichkeit eines Patienten, die immer vorhanden ist, zu verletzen. Gelegentlich kann man versuchen, dem Patienten nicht einen bestimmten Platz anzuweisen, sondern ihn einzuladen, irgendwo Platz zu nehmen. Die Distanz zum Arzt oder Berater verrät – gerade so wie bei Schulkindern – viel vom Wesen der Patienten. Wichtig ist ferner, die bei solchen Beratungen und sogar in Gesellschaften grassierende »Aha-Psychologie«[80] strenge zu verpönen und im Anfang strikte Antworten an den Bera-

---

80 [Anlehnung an den Fachterminus »Aha-Erlebnis« bei K. Bühler (1922)]

tenden sowie an dessen Angehörige zu vermeiden. Der Individualpsychologe darf nicht vergessen, dass abgesehen von seiner geübten Fähigkeit des Erratens er auch für andere, darin nicht Geübte, den Beweis erbringen muss. Eltern und Angehörigen des Ratsuchenden soll man nie als Kritiker gegenübertreten, vielmehr den Fall als erwägenswert und nicht als verloren bezeichnen, selbst wenn man nicht geneigt ist, ihn zu übernehmen, es wäre denn, dass wichtige Umstände bei einem absolut verlorenen Fall die Wahrheit erfordern. Ich sehe einen Vorteil darin, die Bewegungen eines Patienten nicht zu unterbrechen. Er kann aufstehen, kommen, gehen, rauchen, wie er will. Ich habe sogar Patienten gelegentlich die Möglichkeit gegeben, in meiner Gegenwart zu schlafen, wenn sie es vorschlugen, um mir die Aufgabe zu erschweren, eine Haltung, die für mich eine ebenso klare Sprache war, als wenn sie sich in gegnerischen Worten geäußert hätte. Der seitwärts gewandte Blick eines Patienten zeigt deutlich seine geringe Neigung zur verbindenden Mitarbeit. In anderer Weise kann dies auffällig werden, wenn der Patient nicht oder wenig spricht, wenn er um den Brei herumgeht oder durch unaufhörliches Sprechen den Berater hindert, zu Worte zu kommen. Im Gegensatz zu anderen Psychotherapeuten wird der Individualpsychologe es vermeiden, schläfrig zu sein oder zu schlafen, zu gähnen, einen Mangel [193] an Interesse zu zeigen, harte Worte zu gebrauchen, voreilige Ratschläge zu geben, sich als letzte Instanz bezeichnen zu lassen, unpünktlich zu sein, sich in Streit einzulassen oder die Heilung, aus welchen Vorwänden immer, als aussichtslos zu erklären. In letzterem Falle, wenn übergroße Schwierigkeiten eintreten, empfiehlt es sich, sich selbst als zu schwach zu erklären und auf andere zu verweisen, die vielleicht stärker sind. Jeder Versuch, sich autoritär zu gebärden, lässt den Misserfolg heranreifen, jede Großmäuligkeit hindert die Kur. Von allem Anfang an muss der Berater danach trachten, die Verantwortung für die Heilung als Sache des Beratenen klarzustellen, denn, wie ein englisches Sprichwort richtig sagt: »Du kannst ein Pferd zum Wasser führen, aber du kannst es nicht trinken machen.«

Man soll sich strikte daran halten, die Behandlung und Heilung nicht als Erfolg des Beraters, sondern als Erfolg des Beratenen zu sehen. Der Berater kann nur die Irrtümer zeigen, der Patient muss die Wahrheit lebendig machen. Da es sich in allen Fällen von Fehlschlägen, die wir gesehen haben, um einen Mangel an Mitarbeit handelt, so sind alle Mittel in Anspruch zu nehmen, um zuerst die Mitarbeit des Patienten mit dem Berater zu fördern. Dass dies nur dann möglich ist, wenn sich der Patient beim Arzte sicher fühlt, liegt auf der Hand. Deshalb ist diese Gemeinschaftsarbeit als erster ernster, wissenschaftlich unternommener Versuch zur Erhöhung des Gemeinschaftsgefühls von eminenter Bedeutung. Unter anderem muss aber strenge vermieden werden, was von anderen Beratern oft gefordert wird, bei gleich gebliebenem Minderwertigkeitsgefühl und angesichts der geringeren Sicherheit des Patienten gegenüber dem Arzte, ganz besonders durch fortwährenden Hinweis auf unterdrückte sexuelle Komponenten jene seelische Strömung künstlich hervorzurufen, die Freud die positive Übertragung genannt hat, geradezu erfordert in der psychoanalytischen Kur, die aber dadurch nur eine neue Aufgabe bekommt, diesen künstlich hervorgerufenen Zustand im besten Falle wieder zum Verschwinden zu bringen. Hat der Patient gelernt, für sein Verhalten die volle Verantwortung zu übernehmen, so wird der Berater es leicht vermeiden können, das fast immer verwöhnte Kind oder den nach Verwöhnung lechzenden Erwachsenen in jene Falle gleiten zu lassen, die ihm *[194]* eine leichte und unmittelbar erfüllbare Befriedigung unbefriedigter Wünsche zu versprechen scheint. Da der im Großen und Ganzen verwöhnten Menschheit jeder unerfüllte oder unerfüllbare Wunsch als Unterdrückung erscheint, möchte ich hier noch einmal feststellen: Die Individualpsychologie fordert weder die Unterdrückung berechtigter noch unberechtigter Wünsche. Aber sie lehrt, dass unberechtigte Wünsche als gegen das Gemeinschaftsgefühl verstoßend erkannt werden müssen und durch ein Plus an sozialem Interesse zum Verschwinden, nicht zur Unterdrückung gebracht werden können. Einmal erlebte ich eine tätliche Bedrohung durch einen schwächlichen Mann, der an Dementia praecox litt und von mir gänzlich geheilt wurde, nachdem er drei Jahre vor meiner Behandlung schon als unheilbar erklärt worden war. Ich wusste zu dieser Zeit schon, dass er mit Sicherheit erwartete, auch von mir abgelehnt und hinausgeworfen zu werden, was ihm seit seiner Kindheit als sein Los vorschwebte. Er hatte drei Monate lang in der Behandlung geschwiegen. Ich nahm dies zum Anlass, soweit ich sein Leben kannte, ihm behutsam Aufklärungen zu geben. Ich erkannte auch sein Schweigen und ähnlich gerichtete Handlungen als obstruktionistische Neigung und sah mich nun dem Höhepunkt seiner Aktion gegenüber, als er die Hand zum Schlage gegen mich erhob. Ich entschloss mich kurz, mich nicht zur Wehr zu setzen. Es erfolgte ein weiterer Angriff, bei dem ein Fenster in Trümmer ging. Eine kleine blutende Wunde des Patienten verband ich in freundlichster Haltung. Ich darf es meinen Freunden überlassen, auch aus diesem Falle keine Regel zu machen. Als der Erfolg in diesem Falle vollständig gesichert war, fragte ich den Patienten: »Was glauben Sie, wie konnte es uns beiden gelingen, Sie gesund zu machen?« Die Antwort, die ich erhielt, sollte wohl in allen beteiligten Kreisen den stärksten Eindruck machen und hat mich lächeln gelehrt über alle Angriffe minderbemittelter Psychologen und Psychiater, die ihren Kampf gegen Windmühlen führen. Er antwortete: »Das ist ganz einfach. Ich hatte allen Mut zum Leben verloren. In unseren Beratungen habe ich ihn wiedergefunden.« Wer die individualpsychologische Wahrheit erkannt hat, dass Mut nur eine Seite des Gemeinschaftsgefühls ist, wird die Wandlung dieses Mannes verstehen. *[195]*

Der Beratene muss unter allen Umständen die Überzeugung bekommen, dass er in Bezug auf die Behandlung absolut frei ist. Er kann tun und lassen, was er will. Nur soll man es vermeiden, glauben zu machen, dass mit dem

Beginne der Behandlung auch schon das Freisein von Symptomen beginnt. Den Angehörigen eines Epileptikers wurde von anderer Seite in der ersten Beratung zugesagt, dass er, wenn er allein gelassen würde, keine Anfälle mehr haben würde. Der Erfolg am ersten Tage war ein heftigerer Anfall auf der Straße, der dem Patienten einen zerschmetterten Unterkiefer eintrug. Ein anderer Fall verlief weniger tragisch. Ein Junge kam wegen Diebstahlsverübung zu einem Psychiater und trug ihm nach den ersten Beratungen einen Regenschirm fort.

Einen weiteren Vorschlag kann ich empfehlen. Man verpflichte sich dem Patienten gegenüber, dass man zu niemandem über die Auseinandersetzungen mit ihm sprechen werde – und halte diese Verpflichtung ein. Dagegen stelle man dem Patienten frei, über alles zu sprechen, was ihm gut dünke. Man riskiert dabei wohl, dass gelegentlich ein Patient die Aufklärungen dazu benützt, in Gesellschaft in die »Aha-Psychologie« zu verfallen (»Was haben doch die Herrn für ein kurzes Gedärm«), kann aber dem durch eine freundliche Aussprache die Spitze nehmen. Oder es erfolgen Anschuldigungen gegen die Familie, was man ebenfalls voraussehen muss, um vorher dem Patienten gegenüber festzustellen, dass seine Angehörigen nur so lange schuldig sind, als er sie durch sein Verhalten schuldig macht. Dass sie aber sofort unschuldig sind, sobald er sich gesund fühlt. Ferner, dass man von Angehörigen nicht mehr Wissen verlangen kann, als der Patient selbst besitzt, und dass er unter eigener Verantwortung die Einflüsse seiner Umgebung als Bausteine benützt hat, um seinen fehlerhaften Lebensstil zu entwickeln. Auch ist es gut darauf hinzuweisen, dass sich seine Eltern wegen eventueller Irrtümer auf ihre Eltern, die auf die Großeltern usw. berufen könnten. Dass also eine Schuld in seinem Sinne nicht besteht.

Es scheint mir wichtig, in dem Beratenen nicht die Meinung aufkommen zu lassen, dass das Werk des Individualpsychologen zu dessen Glanz und zu dessen Bereicherung dienen soll. Emsigkeit und Hitzig[196]keit in der Erwerbung von Patienten bringt nur Schaden. Ebenso abfällige oder gar gehässige Äußerungen gegen andere Berater.

Ein Beispiel genüge: Ein Mann kam zu mir, um sich von einer nervösen Müdigkeit, wie sich herausstellte als Folge von befürchteten Niederlagen, heilen zu lassen. Er teilte mir mit, dass ihm noch ein anderer Psychiater empfohlen worden sei, den er auch aufsuchen wolle. Ich gab ihm die Adresse. Am nächsten Tag kam er zu mir und erzählte mir von seinem Besuch. Der Psychiater empfahl ihm nach Aufnahme der Krankengeschichte eine Kaltwasserkur. Der Patient erwiderte, dass er bereits fünf solcher Kuren erfolglos absolviert habe. Der Arzt riet ihm, eine sechste Kur in einer gut geleiteten Anstalt zu machen, die er besonders empfahl. Der Kranke teilte ihm mit, dass er dort schon zweimal mit der Wasserkur erfolglos behandelt worden war und fügte hinzu, dass er zu mir in Behandlung kommen wolle. Der Psychiater wendete sich dagegen und bemerkte, Dr. Adler werde ihm nur etwas suggerieren. Der Patient erwiderte: »Vielleicht wird er mir etwas suggerieren, was mich gesund macht«, und empfahl sich. Wäre dieser Psychiater nicht von seinem Wunsch besessen gewesen, die Anerkennung der Individualpsychologie zu verhindern, so hätte er wohl gemerkt, dass er diesen Patienten gar nicht aufhalten konnte, zu mir zu kommen, und hätte dessen treffende Bemerkungen besser verstanden. Meine Freunde aber bitte ich, abfällige Bemerkungen Patienten gegenüber zu vermeiden, auch wenn sie berechtigt wären. Der Platz, unrichtige Meinungen zu korrigieren und sich für richtige Auffassungen einzusetzen, ist wohl im freien Feld der Wissenschaft mit wissenschaftlichen Mitteln zu suchen.

Besteht bei dem Patienten in der ersten Unterredung ein Zweifel darüber, ob er in die Behandlung kommen will, so überlasse man ihm die Entscheidung für die nächsten Tage. Die gewöhnliche Frage betreffs der Dauer der Behandlung ist nicht leicht zu beantworten. Ich finde sie berechtigt, da ein großer Teil der Besucher von Behandlungen gehört hat, die bis acht Jahre gedauert haben und erfolglos waren. Eine richtig geführte individualpsychologische Behandlung müsste in drei Monaten wenigstens einen wahrnehmbaren Teilerfolg gezeigt haben, meist auch schon früher. Da aber der Erfolg von der Mitarbeit des Patienten abhängt, so handelt man recht, wenn man hervorhebt, um gleich von Anfang an dem Gemeinschaftsgefühl ein Tor zu öffnen, dass die Dauer von der Mitarbeit des Patienten abhängt, dass der Arzt wohl schon, wenn er in der Individualpsychologie festen Fuß gefasst hat, nach einer halben Stunde orientiert ist, dass er aber warten muss, bis auch der Patient seinen Lebensstil und dessen Fehler erkannt hat. Immerhin kann man hinzufügen: »Wenn Sie in ein oder zwei Wochen [197] noch nicht überzeugt sind, dass wir auf dem richtigen Wege sind, gebe ich die Behandlung auf.«

Die unumgängliche Honorarfrage macht Schwierigkeiten. Ich habe eine Anzahl von Patienten bekommen, deren oft nicht unbeträchtliches Vermögen in vorherigen Kuren verschwunden war. Man wird sich nach den ortsüblichen Honoraren richten müssen, darf wohl auch die größere Mühe und den Zeitverbrauch bei jeder Behandlung in Anschlag bringen, soll aber im Interesse des erforderten Gemeinschaftsgefühls von unnatürlich großen Forderungen, besonders wenn sie den Patienten schädigen könnten, Abstand nehmen. Unentgeltliche Behandlung muss mit jener Vorsicht durchgeführt werden, die den armen Patienten nicht etwa ein mangelhaftes Interesse fühlen lässt, worauf er wohl in den meisten Fällen sein Augenmerk richtet. Eine Pauschalsumme, auch wenn sie günstig erscheint, oder ein Versprechen, nach erfolgter Heilung zu zahlen, ist abzulehnen, nicht weil Letzteres unsicher erscheint, sondern weil dadurch künstlich ein neues Motiv in die Beziehung des Arztes zum Patienten gebracht wird, das den Erfolg erschwert. Die Bezahlung soll wöchentlich oder monatlich erfolgen, immer zum Ende dieser Zeit. Forderungen oder Erwartungen welcher Art immer schädigen die Kur. Sogar kleine Liebesdienste, zu denen sich nicht selten der Patient selber anträgt, müssen abgelehnt werden, Geschenke sollen freundlich zurückgewiesen oder ihre Annahme soll bis zur erfolgten Heilung aufgeschoben werden. Gegenseitige Einladungen oder gemeinsame Besuche sollen während der Behandlung nicht stattfinden. Die Behandlung von verwandten Personen oder Bekannten gestaltet sich etwas schwieriger, weil es in der Natur der Dinge liegt, dass ein etwaiges Minderwertigkeitsgefühl bekannten Personen gegenüber drückender wird. Auch der Behandelnde bekommt diese Aversion, das Minderwertigkeitsgefühl des Patienten, deutlich zu spüren und muss alles aufbieten, den Patienten dabei zu erleichtern. Hat man das Glück, wie in der Individualpsychologie, dabei immer nur auf Irrtümer, nie auf angeborene Defekte, immer auf Heilungsmöglichkeiten und Gleichwertigkeit, immer auch auf den allgemeinen Tiefstand des Gemeinschaftsgefühls hinweisen zu können, so sind das namhafte Erleichterungen und lassen verstehen, warum die Individualpsychologie nie den großen [198] Widerstand zu verspüren bekommt wie andere Richtungen. Man wird leicht verstehen, dass es in der individualpsychologischen Behandlung nie zu Krisen kommt, und wenn ein nicht sattelgerechter Individualpsychologe, wie etwa *Künkel*, die Krisen, die Erschütterung und Zerknirschung des Patienten für notwendig hält, dann sicher nur deshalb, weil er sie zuerst künstlich und überflüssigerweise hervorruft. Auch wohl, weil er damit fälschlicherweise glaubt, der Kirche einen Gefallen zu tun (s. Jahn und Adler, »Religion und Individualpsychologie«)[81]. Ich habe es immer als ungeheuren Vorteil gefunden, das Spannungsniveau in der Behandlung so weit als möglich niedrig zu halten, und ich habe es geradezu zu einer Methode entwickelt, fast jedem Patienten zu sagen, dass es Scherze gibt, die der Struktur seiner eigenartigen Neurose vollkommen gleich sind, dass Letztere also auch leichter genommen werden kann, als er es tut. Wenig geistreichen Kritikern muss ich überflüssigerweise das Wort vom Munde nehmen, indem ich hinzufüge, dass solche Scherze natürlich nicht das Minderwertigkeitsgefühl (das *Freud* derzeit für so außerordentlich aufklärend findet) aufleben lassen dürfen. Hinweise auf Fabeln, auf historische Personen, auf Aussprüche von Dichtern und Philosophen helfen mit, das Vertrauen in die Individualpsychologie und in ihre Auffassungen zu stärken.

Jede Unterredung sollte darauf Bedacht nehmen, ob der Untersuchte auf dem Wege der Mitarbeit ist. Jede Miene, jeder Ausdruck, das mitgebrachte oder nicht mitgebrachte Material legen Zeugnis dafür ab. Das gründliche Verständnis der Träume gibt gleichfalls Gelegenheit, den Erfolg, den Misserfolg und die Mitarbeit zu berechnen. Besondere Vorsicht aber ist in der Anspornung des Patienten zu irgendwelchen Leistungen geboten. Kommt die Sprache darauf, so soll man unter selbstverständlicher Ausschaltung allgemein gefähr-

---

81 [Adler 1933c; in diesem Band S. 177–224]

licher Unternehmungen weder zu- noch abreden, sondern feststellen, dass man wohl von dem Gelingen überzeugt sei, dass man aber nicht ganz genau beurteilen könne, ob der Patient wirklich schon dazu bereit sei. Ein Anspornen vor dem Erwerb eines größeren Gemeinschaftsgefühls rächt sich meist durch eine Verstärkung oder durch Wiederkehr von Symptomen. *[199]*

In der Berufsfrage darf man kräftiger vorgehen. Nicht etwa, als ob die Aufnahme eines Berufes gefordert werden sollte, aber durch den Hinweis, dass der Patient für diesen oder für jenen Beruf am besten vorbereitet sei und darin etwas leisten könnte. Wie überhaupt bei jedem Schritt in der Behandlung die Richtung der Ermutigung eingehalten werden muss, im Sinne der individualpsychologischen Überzeugung, durch die so viele haltlose Eitelkeiten sich auf die Zehen getreten fühlen,»dass (abgesehen von erstaunlichen Spitzenleistungen, über deren Struktur wir nicht allzu viel aussagen können) jeder alles kann«.

Was das erste Examen des zu beratenden Kindes anlangt, so halte ich den von mir und meinen Mitarbeitern entworfenen Fragebogen, den ich hier folgen lasse, für den besten unter allen bis jetzt vorliegenden. Freilich wird ihn nur der richtig handhaben können, der über genügende Erfahrung verfügt, der das eherne Netzwerk der individualpsychologischen Anschauung genau kennt und der in der Fähigkeit des Erratens eine genügende Übung hat. Er wird dabei wieder auf die Wahrnehmung stoßen, dass alle Kunst des Verstehens menschlicher Eigenart darin besteht, den in der Kindheit gefertigten Lebensstil des Individuums zu begreifen, die Einflüsse wahrzunehmen, die bei seiner Bildung am Werke waren, und zu sehen, wie dieser Lebensstil sich im Ringen mit den Gemeinschaftsproblemen der Menschheit auswirkt. Dem aus früheren Jahren stammenden Fragebogen sollte noch hinzugefügt werden, dass man den Grad der Aggression, die Aktivität festzustellen hat und nicht vergessen soll, dass die ungeheure Mehrzahl der kindlichen Fehlschläge aus der Verwöhnung stammen, die das emotionelle Streben des Kindes dauernd steigert und es so stets in Versuchung führt, so dass es Verlockungen der verschiedensten Art, auch durch schlechte Kameradschaft, schwer widerstehen kann. *[200]*

Individualpsychologischer Fragebogen

zum Verständnis und zur Behandlung schwer erziehbarer Kinder. Verfasst und erläutert vom Internationalen Verein für Individualpsychologie.

1. Seit wann bestehen Klagen? In welcher äußerlichen und seelischen Situation war das Kind, als die Fehlschläge sichtbar wurden?
2. War es vorher schon irgendwie auffällig? Durch körperliche oder geistige

Schwäche? Durch Feigheit? Nachlässigkeit? Zurückgezogenheit? Ungeschicklichkeit, Eifersucht? Unselbstständigkeit beim Essen, Ankleiden, Waschen, Schlafengehen? Hatte es Angst vor dem Alleinsein? Vor der Dunkelheit? Ist es klar über seine Geschlechtsrolle? Primäre, sekundäre, tertiäre Geschlechtsmerkmale? Wie betrachtet es das andere Geschlecht? Wie weit ist seine sexuelle Aufklärung vorgeschritten? Stiefkind? Illegitim? Kostkind? Wie waren seine Pflegeeltern? Besteht noch ein Kontakt? Hat es rechtzeitig sprechen und gehen können? Fehlerlos? Rechtzeitige Zahnentwicklung? Auffallende Schwierigkeiten beim Schreibenlernen? Rechnen? Zeichnen? Singen? Schwimmen lernen? Hat es sich auffälligerweise an eine einzige Person angeschlossen? An Vater? Mutter? Großeltern? Kinderfrau?

3. Hat es viel zu schaffen gemacht? Was und wen fürchtet es am meis[201]ten? Hat es nachts aufgeschrien? Das Bett genässt? Ist es herrschsüchtig? Auch gegen Starke oder nur gegen Schwache? Hat es einen auffälligen Hang gezeigt, im Bett eines der Eltern zu liegen? Ungeschickt? Intelligent? Wurde es viel geneckt und ausgelacht? Zeigt es äußerliche Eitelkeiten bezüglich Haare, Kleider, Schuhe? Nasenbohren? Nägelbeißen? Gierig beim Essen? Gestohlen? Stuhlschwierigkeiten?

4. Hat es leicht Kameradschaft geschlossen oder war es unverträglich und quälte Menschen und Tiere? Schließt es sich an Jüngere, Ältere, Mädchen (Knaben) an? Hat es Führerneigung? Oder schließt es sich ab? Sammelt es? Ist es geizig? Geldgierig?

5. Wie ist es in allen diesen Beziehungen jetzt? Wie benimmt es sich in der Schule? Geht es gern hin? Kommt es zu spät? Ist es vor dem Schulgang aufgeregt, hastet es? Verliert es seine Bücher, Schultasche, Hefte? Aufgeregt vor Schulaufgaben und Prüfungen? Vergisst es seine Aufgaben zu machen oder weigert es sich? Vertrödelt es die Zeit? Ist es faul? Indolent? Wenig oder gar nicht konzentriert? Stört es den Unterricht? Wie steht es zu seinem Lehrer? Kritisch? Arrogant? Gleichgültig? Sucht es die Hilfe anderer bei seinen Aufgaben oder wartet es immer auf deren Aufforderung? Zeigt es sich beim Turnen oder Sport ehrgeizig? Hält es sich für partiell oder ganz unbegabt? Liest es auffallend viel? Welche Lektüre zieht es vor? Schlecht in allen Gegenständen?

6. Richtige Nachweise über die häuslichen Verhältnisse, über Krankheiten der Familie, über Alkoholismus, Verbrechensneigung, Neurosen, Debilität, Lues, Epilepsie, über den Lebensstandard. Todesfälle? In welchem Alter des Kindes? Ist das Kind verwaist? Wer dominiert in der Familie? Ist die Erziehung streng, nörgelnd, verzärtelnd? Werden die Kinder vor dem Leben geschreckt? Wie ist die Aufsicht? Stiefeltern? [202]

7. An welcher Stelle in der Geschwisterreihe steht das Kind? Ältestes, zweites, jüngstes, einziges, einziger Knabe, einziges Mädchen? Rivalitäten? Häufiges

Weinen? Boshaftes Lachen? Blinde Entwertungstendenzen gegen andere?
8. Was für Berufswahlgedanken hatte das Kind bis jetzt? Wie denkt es über die Ehe? Welchen Beruf üben seine Familienmitglieder aus? Wie ist die Ehe der Eltern?
9. Lieblingsspiele? Lieblingsgeschichten? Lieblingsfiguren aus Geschichte und Dichtung? Stört es gern die Spiele der anderen? Verliert es sich in Fantasien? Denkt es nüchtern und lehnt Fantasien ab? Tagträume?
10. Älteste Erinnerungen? Eindrucksvolle oder oft wiederkehrende Träume (vom Fliegen, Fallen, Gehemmtsein, Zuspätkommen zum Eisenbahnzug, Wettlauf, Gefangensein, Angstträume)?
11. In welcher Hinsicht ist das Kind entmutigt? Fühlt es sich zurückgesetzt? Reagiert es günstig auf Aufmerksamkeit und Lob? Hat es abergläubische Vorstellungen? Läuft es vor Schwierigkeiten davon? Fängt es verschiedene Dinge an, um sie bald stehen zu lassen? Ist es seiner Zukunft unsicher? Glaubt es an die nachteiligen Wirkungen einer Vererbung? Wurde es von seiner Umgebung systematisch entmutigt? Hat es eine pessimistische Weltanschauung?
12. Weitere Unarten: Schneidet es Grimassen? Gebärdet es sich dumm, kindisch, komisch? *[203]*
13. Hat es Sprachfehler? Ist es hässlich? Plump? Klumpfuß? Rachitis? X- oder O-Beine? Schlecht gewachsen? Abnorm dick? Abnorm groß? Abnorm klein? Hat es Augen-, Ohrenfehler? Ist es geistig zurückgeblieben? Linkshändig? Schnarcht es bei Nacht? Ist es auffallend schön?
14. Spricht es offen von seiner Unfähigkeit, von seiner »mangelnden Begabung« für die Schule? Für die Arbeit? Für das Leben? Selbstmordgedanken? Ist ein zeitlicher Zusammenhang zwischen seinen Misserfolgen und seinen Fehlern (Verwahrlosung, Bandenbildung)? Überwertet es den äußeren Erfolg? Ist es servil? Frömmelnd? Revoltierend?
15. Positive Leistungen des Kindes. Visueller, akustischer, motorischer Typus?

Aufgrund dieser Fragen, die nie punktweise, sondern gesprächsweise zu stellen sind, niemals schablonenmäßig, sondern gleichzeitig aufbauend, ergibt sich immer ein Bild der Persönlichkeit, aus der die Fehlschläge wohl nicht als berechtigt, aber als begreiflich zu verstehen sind. Die aufgedeckten Irrtümer sind immer freundlich, mit Geduld und ohne Drohung aufzuklären. *[204]*

Bei Fehlschlägen von Erwachsenen hat sich mir folgendes Untersuchungsschema als wertvoll erwiesen, bei dessen Einhaltung der Geübte wohl schon innerhalb einer halben Stunde eine weitreichende Einsicht in den Lebensstil des Individuums erhält.

Meine Erkundigungen verlaufen, freilich nicht immer nach der Regel, in folgender Reihenfolge, bei der der Kundige eine Übereinstimmung mit me-

Anhang

dizinischer Fragestellung nicht vermissen wird, wobei sich dem Individualpsychologen in den Antworten kraft seines Systems eine ganze Menge von Hinblicken ergeben, die sonst unbeachtet bleiben. Folgendes ist ungefähr die Reihenfolge:
1. Welches sind Ihre Klagen?
2. In welcher Situation waren Sie, als Sie Ihre Symptome wahrnahmen?
3. In welcher Situation leben Sie jetzt?
4. Welches ist Ihr Beruf?
5. Schildern Sie mir Ihre Eltern in Bezug auf Charakter, Gesundheit, eventuell Todeskrankheit, und in Beziehung zu Ihnen.
6. Wie viele Geschwister haben Sie, an welcher Stelle stehen Sie, wie verhielten sich Ihre Geschwister zu Ihnen, wie stehen die anderen im Leben, sind sie auch leidend?
7. Wer war der Liebling des Vaters, der Mutter? Wie war die Erziehung?
8. Fragen nach Zeichen der Verwöhnung in der Kindheit (ängstlich, schüchtern, Schwierigkeiten in der Anknüpfung von Freundschaften, unordentlich usw.).
9. Erkrankungen und Verhalten zu Krankheiten in der Kindheit.
10. Älteste Kindheitserinnerungen?
11. Was fürchten Sie oder fürchteten Sie am meisten?
12. Wie stehen Sie zum anderen Geschlecht, seit Kindheit und später?
13. Welcher Beruf hätte Sie am meisten interessiert und, falls Sie ihn nicht ergriffen haben, warum nicht?
14. Ehrgeizig, empfindlich, zu Zornausbrüchen geneigt, pedantisch, herrschsüchtig, schüchtern, ungeduldig?
15. Wie sind die Personen Ihrer jetzigen Umgebung? Ungeduldig? Zornig? Liebevoll?
16. Wie schlafen Sie? *[205]*
17. Träume (vom Fallen, Fliegen, wiederkehrende Träume, prophetische, von Prüfungen, Versäumen eines Zuges usw.)?
18. Krankheiten im Stammbaum?

Ich möchte an dieser Stelle meinen Lesern einen wichtigen Hinweis geben. Wer bis zu dieser Stelle gelangt ist, aber die Bedeutung dieser Fragen nicht vollkommen begriffen, sollte wieder von vorne anfangen und nachdenken, ob er dieses Buch nicht mit mangelnder Aufmerksamkeit oder – Verhüte es Gott! – in feindlicher Absicht gelesen hat. Sollte ich die Bedeutung dieser Fragen für den Aufbau des vorliegenden Lebensstils hier erläutern müssen, so müsste ich auch das ganze Buch noch einmal wiederholen. Das wäre doch unbillig. So kann diese Fragenreihe und der Kinderfragebogen recht gut als Testprüfung gelten, als deren Resultat hervorgeht, ob der Leser mitgegangen, das heißt, ob er genügend Gemeinschaftsgefühl erworben hat. Dies ist ja auch die wichtigste

Aufgabe dieses Buches, nicht nur in den Stand zu setzen, andere zu verstehen, sondern die Wichtigkeit des Gemeinschaftsgefühls zu begreifen und es bei sich selbst lebendig zu machen. *[206]*

Alfred Adler

Religion und Individualpsychologie (1933)

herausgegeben von Ronald Wiegand

Inhalt

Einleitung	181
Editorische Vorbemerkung	185
Zur Psychotherapie des Christentums, von Ernst Jahn. Zusammenfassung von Ronald Wiegand	186
Phänomenologie der säkularen Seelsorge	187
Die beiden Seelsorgetypen	188
Therapie	190
Epilog (zur Stellungnahme Alfred Adlers)	191

Textausgabe

Grundsätzliche Darlegungen	197
Stellungnahme	202

Einleitung

Als Wort und Begriff tauche *Gott* in Adlers Schriften *vor* »Religion und Individualpsychologie« von 1933 gar nicht auf, meinte Wolfgang Metzger 1974 in der Einführung zur damaligen Taschenbuchausgabe des Textes (Adler u. Jahn 1933c/1975a). Erläuternd rief er das Urteil Manès Sperbers in Erinnerung, wonach Adler nie religiös gewesen sei: »Dass es Engel nicht geben könne, beweist der Fünfjährige experimentell und so wirkungsvoll, dass alle Religiösen seiner Umgebung ihn frühzeitig aufgeben«, schrieb Sperber (1926). Indessen irrte Metzger, denn allein schon im »Nervösen Charakter« von 1912, Adlers wissenschaftlicher Programmschrift nach der Trennung von Freud, benutzte er zumindest das Wort *Gott* ein Dutzend Mal, nicht mitgerechnet Wendungen wie *Gottheit* und *Gottähnlichkeitsstreben*. Sein damaliges Urteil zur Religion ähnelte dem Freud'schen darin, dass er den religiösen Menschen mit dem Neurotiker in Parallele setzt und beiden bescheinigt, sich aus der Realität in eine Fantasiewelt zurückzuziehen (Adler 1912a/1997/Studienausgabe Bd. 2). Anders als Freud übte Adler jedoch keine kämpferische Religionskritik.

Denn er sah in den religiösen Weltauslegungen offenbar menschheitliche Erkenntnisleistungen, die nur leider dem neurotischen Muster darin ähneln, dass die selbstentworfenen Richtlinien in starrer Weise als Idole gehandhabt und festgehalten werden. Adler spricht von zu weit getriebener Abstraktion, von Schematismus und Schwarz-Weiß-Gegensätzen im Denken des Nervösen. Seiner fiktiven Weltsicht dient er wie einem Götzen und formt danach sein Verhalten und Handeln. Und der gleiche Zusammenhang gilt demnach auch für die kollektiven Formen. Adler benennt sie als primitive Dichtung und Mythus, zählt ebenso Legende, Kosmogonie, Theogonie dazu und auch noch »die Anfänge« der Philosophie (Adler 1912a/1997/Studienausgabe Bd. 2). In diesen verschiedenerlei Mythen finden wir – von Dichtern, Philosophen, Religionsstiftern dem Geist ihrer jeweiligen Zeit entnommen und umgeformt – die Leitlinien der Unsterblichkeit, Tugend, Frömmigkeit; finden aber auch Reichtum oder Wissen als hochstilisiertes Ziel, soziales Empfinden ebenso wie Selbstherrlichkeit und Herrenmoral. Sie alle dienen in Adlers Augen der Kompensation gefühlshaft empfundener Minderwertigkeit.

Und sie alle entbehren, wie beim Neurotiker, der Elastizität, sie werden zu starr gehandhabt. Statt sie pragmatisch zu benützen, werden diese leitenden Fiktionen – heute wird eher von Metaphern gesprochen – vergöttlicht und angebetet. Deshalb ermangeln sie derjenigen Wissenschaftlichkeit, die Adler in der mit Jahn geführten Diskussion für die Individualpsychologie geltend macht. Wo das primitive Denken, die Anfänge der Philosophie und die Hochreligion feste Sichtblenden gegen das Unerwünschte errichten, soll die wissenschaftliche Vernunft keine solchen wie starre Gesetze gehandhabten Normen kennen. Das sind Denklinien bei Adler, wie sie Nietzsche und vor diesem Schiller gebahnt haben. Für Schiller, so interpretiert

Safranski (2004, S. 286), legte die Antike den sinnlichen Schönheitsschleier der Kunst über die Ungeheuerlichkeiten der Wirklichkeit. Die christliche Kultur nach ihr verleumdet die Sinnlichkeit und entzaubert die Welt. Jedoch bringt sie stattdessen einen außerweltlichen Gott ins Spiel, der durch eine rigorose Moral die Welt vor zerstörerischen und selbstzerstörerischen Einflüssen bewahren soll. Die Moderne schließlich setzt die Entzauberung fort, nun aber mit Hilfe der wissenschaftlichen Vernunft – des neuen Gottes.

Wie weit Adler sich dieser ersatzreligiösen Funktion von Wissenschaft bewusst war, mag offenbleiben. Er zieht jedenfalls zwischen Kunst und Religion auf der einen Seite und Wissenschaft auf der anderen noch 1933 eine entschiedene Grenze. Nur jenen gesteht er metaphorische Ausdrucksweisen zu, durch die sie Gefühle zu entflammen und über die Wirklichkeit zu täuschen vermögen. In der Wissenschaft hingegen, von ihm zuvorderst als Individualpsychologie verstanden, will er sie verpönt sehen. Einräumen sollte man dabei, dass erst nach 1937, Adlers Todesjahr, die »wissenschaftlichen Weltanschauungen« des 20. Jahrhunderts, vornehmlich der marxistische Sowjetkommunismus und der rassenbiologische Nationalsozialismus, als »politische Religionen« (Voegelin 1938/1993) durchschaut und in ihrer menschenmörderischen Schrecklichkeit erkennbar wurden. Adler behauptete noch, die Individualpsychologie als Wissenschaft könne nicht nur dem irrenden Einzelnen zur Wahrheit seines Lebens verhelfen, sondern vor allem über die Schule zu einer Menschheitserziehung beitragen, die dem Common Sense verpflichtet ist.

Zwar hatte Ernst Troeltsch (Claussen 1993; Weiss 2004) schon während des Ersten Weltkriegs über das Verhältnis von Religion und moderner Welt nachgedacht. Außertheologisch indessen ließ erst der Aufstieg der braunen Rasseideologie und später des Realsozialismus die Wissenschaftlichkeit von Leitlinien und Wertordnungen problematisch werden, nachzulesen beispielsweise bei Karl Mannheim (1941/1951), Voegelin (1951/1991), Gordon W. Allport (1955/1974) oder François Furet (1995/1996). Und auch nach dem Ende des Zweiten Weltkriegs setzte sich die Problematik fort, seit nämlich ein selbstmörderischer islamistischer Terrorismus die westlichen pluralistischen Gesellschaften zu bedrohen begann. In der Reaktion darauf wird heute diskutiert, wie die demokratische Werteordnung, welche ja bis in die Wirtschafts- und Arbeitsethik hineinreicht, sich wissenschaftlich begründen lässt (Claussen 1998; Schleichert et al. 1997). Doch lag all dies, wie gesagt, für Adler jenseits des geschichtlichen Horizontes.

Sein Zivilisationsoptimismus und Fortschrittsglaube weisen eher noch zurück auf Troeltschs Versuche, der in Deutschland sich ausbreitenden Prinzipienlosigkeit und dem Machtstaatsdenken entgegenzuwirken. Troeltsch verstand als liberaler protestantischer Theologe die Säkularisierung als Fortsetzung des Protestantismus und sympathisierte insofern mit der 1892 gegründeten Deutschen Gesellschaft für Ethische Kultur (DGEK), deren Mitglieder keineswegs Feinde der Kirche waren (Lübbe 1975, S. 77 f.). Adler, meines Wissens kein Mitglied dort, zeigt dennoch mit diesem geistigen Feld verwandte Züge (Wiegand 2004, S. 121 f.). So vertrat die DGEK zum Beispiel die der klassischen Toleranzdiskussion entstammende These, dass die Moral der bürgerlichen Ordnung auch ohne religiöse Untermauerung, das heißt weltlich oder eben »wissenschaftlich« begründbar sei. Schulpolitisch leitete sie daraus die Forderung nach einem öffentlichen Moralunterricht ab, der die Minimalbedingungen des gesellschaftlichen Neben- und Miteinanders lehren sollte.

Eine Vormundschaft durch die an den Staat angelehnten Kirchen sollte es für diesen Unterricht nicht geben, wohl aber ein friedliches Verhältnis zu privat organisierter Kirchlichkeit. Hierfür lieferten die USA das Vorbild, wo sich das religiöse Leben im Schutz einer religionsfreien staatlichen Öffentlichkeit reich entfaltete und wo die dort schon länger existierende ethisch-kulturelle Bewegung die Freiheit des Staates von Religion gerade deshalb zu ihrem Anliegen machte, weil sie so die Religionsfreiheit schützen wollte (Lübbe 1975, S. 43 ff.). Adler betonte 1933 den Wissenschaftscharakter der Individualpsychologie, wobei daran erinnert sei, dass die Wissenschaften damals noch ein Feld internationaler Kooperation bildeten, in dem die Besten einander frei begegneten und um die bessere Erkenntnis konkurrierten. Zu vermuten ist, dass er hier das Vorbild seines Gemeinschaftsbegriffs sah. Und eben deshalb fand er es wohl nicht nötig, auf Jahns Vorwurf zu reagieren, zwischen der Urgemeinschaft von Mutter und Kind einerseits und der allumfassenden Gemeinschaft aller Menschen andererseits klaffe doch bei ihm eine Lücke, und diese heiße Volksgemeinschaft.

Das war damals von Jahn nicht nationalsozialistisch gemeint. Dieser beruft sich nämlich auf Erich Schairer (1887–1956)[82], einen Journalisten und Publizisten, der 1926 den Ersten Weltkrieg verurteilt und gemeint hatte, Deutschland als Land der Mitte müsse zwischen Ost und West zu vermitteln suchen, sich dabei strikter Neutralität befleißigen und nationalistisches Auftrumpfen unterlassen. Wer sein deutsches Land liebt, wer sein deutsches Volkstum kennt, könne nichts anderes wollen. Leider nur wissen wir heute, dass nicht diese Art Volkstum sich nach 1933 unter dem Begriff der Volksgemeinschaft durchgesetzt hat. Jahns Einwand findet sich überdies in der *Nach*rede zu Adlers Ausführungen, so dass dieser vielleicht deshalb nicht mehr darauf eingehen mochte. Immerhin berührte Jahn durchaus einen kniffligen Umstand, denn zwischen der universalen, menschheitlichen Ebene und der Ebene individueller Freiheitsrechte gibt es ja in der Tat besondere nationale Machtgebilde und Bündnisse, denen gegenüber die universale Ebene, etwa als Völkerbund organisiert, kein ausreichendes Durchsetzungsvermögen hat – und der einzelne Mensch schon gleich gar keines.

Sich dieser Machtfrage zu stellen, hat Adler vermieden (Wiegand 2001, S. 62 f.). Höchstens indirekt ließe sich seine ja noch freiwillige Übersiedlung in die USA als Option deuten. Den Einsatz der USA gegen Nazideutschland und die nach der Kapitulation des NS-Regimes von ihnen bewirkte Wiedereinführung der Demokratie

---

82 Wahrscheinlich bezieht sich Jahn auf Schairer 1932.

hat er freilich nicht mehr erlebt. Doch ist die Richtung seiner Sympathie wohl auch daran abzulesen, dass Adler seinen Begriff des Gemeinschaftsgefühls mit dem angelsächsischen des Common Sense verschmelzen wollte. Es bleibt dennoch Spekulation, wie er seine Lehre nach dem Zweiten Weltkrieg in die deutsche Aufarbeitung nationalsozialistischer Gemeinschaftsemphase und industriell-massenhafter Judenvernichtung wissenschaftlich eingebracht hätte. Die Konflikte zwischen dem bald tonangebenden Frankfurter Institut für Sozialforschung und anderen geschichtlichen Deutungswegen böten hierfür ein weites und wenig übersichtliches Feld der Überlegung (Albrecht 1999; Lübbe 1987, S. 7–25). Aktuell wie nur je bleibt indessen die Auseinandersetzung über kirchlich-religiöse und wissenschaftlich-weltliche Werteerziehung, wie sie Jahn und Adler am Beispiel der Psychotherapien miteinander führten.

Ronald Wiegand

Editorische Vorbemerkung

Erstveröffentlichung:
1933: E. Jahn u. A. Adler, Religion und Individualpsychologie: Eine prinzipielle Auseinandersetzung über Menschenführung. Wien/Leipzig: Passer, S. 58–92
Neudruck:
1975: E. Jahn u. A. Adler, Religion und Individualpsychologie: Eine prinzipielle Auseinandersetzung über Menschenführung. Mit einer Einführung von W. Metzger. Frankfurt a. M.: Fischer Taschenbuchverlag, S. 68–98

Alfred Adlers Ausführungen gelangen hier zum Abdruck in der ursprünglichen Fassung von 1933. Da das Büchlein zu seinen Lebzeiten keine weitere Auflage erlebte, ist der Text frei von Varianten. In der Edition des Beitrags Adlers sind die in eckige Klammern gesetzten Fußnoten Anmerkungen des Herausgebers.

Weil Adlers Stellungnahme auf den hier nicht abgedruckten Eingangstext Ernst Jahns antwortet, wird dieser nachstehend zusammengefasst. Auf den hier ebenfalls resümierten Epilog Jahns hat Adler nicht nochmals geantwortet.

Erläuterungen zu den in Adlers Text erwähnten Personen finden sich im Personenverzeichnis am Ende dieses Teils der Edition (im Anhang).

Ronald Wiegand

Zur Psychotherapie des Christentums, von Ernst Jahn. Zusammenfassung von Ronald Wiegand

Jahn[1] unterscheidet 1933 die Individualpsychologie von der Psychoanalyse und billigt nur jener zu, die Ichverstricktheit des Neurotikers richtig erfasst zu haben. Wie aber geht die Individualpsychologie, so fragt er, mit dem Gefühl der Unerlöstheit um, das den Menschen umtreibt, der in seelischer Verkrampfung an sein Selbst gebunden ist?

Die Bedeutung der Frage sieht Jahn dadurch gegeben, dass die psychotherapeutischen Lehren schrittweise die Schule, Sozialarbeit, Fürsorgeerziehung und die verschiedenen Beratungsangebote erobert haben. Zudem haben sie die öffentliche Meinung hinter sich, so dass er feststellt: Erziehung, Menschenbeurteilung und Menschenbehandlung sind durch die psychotherapeutische Anthropologie bestimmt. Im Blick auf Adlers Lehre stimmt er mit diesem darin überein, dass Heilung nur aus einer Idee von gemeinschaftsbildender Kraft hervorgeht, erwähnt dabei allerdings auch, anders als Adler, die Idee der nationalen Verbundenheit. Als Theologe fügt er jedoch eilig hinzu, dass Seelenführung ihren tiefsten Grund in der Religion habe und dass Kirche als die Versammlung der Gläubigen in ihrer Verkündigung über die »Kultur der Immanenz« hinausweise. Ihre Seelsorge könne deshalb nicht wie die säkulare beschränkt sein auf freiwillige gegenseitige Seelenhilfe, sondern sie geschehe in der Machtvollkommenheit des Amtes, das Jesus statuiert hat. Und wo der Mensch mit seiner Schuld kämpft und sich nach Vergebung sehnt, da reiche Psychotherapie nicht hin.

Denn es gibt für Jahn keinen Mut ohne Vertrauen und kein Vertrauen ohne Glauben. Soziale Seelsorge sei ohne religiöse Grundlage undenkbar. So neige der Arbeitslose und der Mensch in wirtschaftlicher Bedrängnis zu antisozialer Einstellung, weil ihm die bestehende Gesellschaft sinnlos erscheint. Und ähnlich sei es in der Jugendfürsorge und bei der Trostverkündigung für Kranke und Sieche. Die stärkste seelsorgerische Wirksamkeit gehe von der Predigt aus, die der Psychotherapie als Möglichkeit versagt bleibt. Neben der Beseitigung von Hemmungen ist christlicher Seelsorge aber auch die positive Aufgabe gestellt, zur christlichen Persönlichkeit zu erziehen. Hier schweift Jahn ab und weist Positionen der dialektischen Theologie zurück. Diese nach dem Ersten Weltkrieg entstandene Richtung, welche über Karl Barth und Friedrich Gogarten auf Kierkegaard rückbezogen war, betonte den unüberbrückbaren Abstand zwischen Gott und menschlicher Wirklichkeit. Jahn hält diese Abgrenzung offensichtlich für eine Abwehrreaktion auf das Säkularisierungsgeschehen, aus dem unter anderem die Psychotherapien hervorgegangen sind.

---

1 Zu Ernst Jahn und weiteren erwähnten Autoren siehe das Personenverzeichnis S. 227 ff.

Phänomenologie der säkularen Seelsorge

Auf die Psychotherapien kommt er denn auch zurück und nennt ihre Darstellung schwierig, weil sie, anders als die kirchliche Seelsorge, mannigfaltige Richtungen und Strebungen aufweisen. Typisierend glaubt er dennoch sagen zu können, dass ihr Einfluss auf die Pädagogik einen Wandel im Verhältnis des Erziehers zum Zögling bewirkt hat: Distanz wurde durch Einfühlung ersetzt, äußere Autorität durch innere. Das Bekenntnis zur Lebensgemeinschaft prägt sich am deutlichsten in der Jugendbewegung aus, in deren bündischem Miteinander der Führer in viel höherem Maße ein Vertrauter ist, als es das vormals in Elternhaus, Schule und Kirche gab. Aber auch in der Arbeit am gereiften Menschen, in der Eheberatung, der Arbeit mit Sucht- und Geschlechtskranken oder mit Lebensmüden zeigt sich, dass der moderne Mensch eher zum Psychotherapeuten geht als zum Seelsorger. Es lasse sich nicht abstreiten, meint Jahn leicht resignativ, dass die Psychotherapie säkularisierte Beichte ist. Wo aber kirchliche Moral der menschlichen Triebhaftigkeit die göttlichen Gebote entgegenhielt, da setzt Psychotherapie auf die menschliche Vernunft.

Vermag aber Vernunft das Gleiche zu leisten? Wird der Mensch allein durch intellektuelle Einsicht – Jahn nennt sie »Selbsterlösung« – zum Guten fähig? Er räumt ein, dass Kerschensteiner, der Begründer der Arbeitsschule, die später Berufsschule heißt, den Intellektualismus im Pädagogischen durchbrochen hat. Kerschensteiner sieht den Charakter sich in der Gemeinschaft bilden. Die Gemeinschaftserziehung erzeugt soziale Hingabe, zielt also mehr auf Selbstverneinung denn auf sittliche Selbstbehauptung. Kerschensteiners Menschengemeinschaft ist »vollendungsfähig«. Das zu übersehen, wirft er der Psychoanalyse Freuds vor, die ihre Deutung zu sehr auf die sexuellen Bezüge verengt, die Beobachtung des Ich zu sehr in den Mittelpunkt stellt und mit diesem Ich-Kultus den Individualismus begünstigt. Daher wohl sei die Individualpsychologie zur Hauptgrundlage der säkularen Seelsorge geworden. Sie hat die Wechselbeziehungen zwischen Minderwertigkeitsgefühl und Geltungsstreben analysiert, ist von der Organminderwertigkeit des Kindes zur Psychologie des Kindes gelangt und von dort zur Psychologie der Gemeinschaft fortgeschritten.

Die Individualpsychologie, welche in Jahns Darstellung den Neurotiker ermutigt und ihn wieder in die Gemeinschaft eingliedert, sei nun besonders durch Künkel der christlichen Seelsorge angenähert worden, und zwar durch seine Vorstellung eines Konflikts zwischen Ichhaftigkeit und Sachlichkeit. Dieser löst sich, sagt Künkel, indem die Ichhaftigkeit an der Sachlichkeit zerbricht. Der Brechungsakt sei ein geheimnisvoller, nicht analysierbarer Klärungsprozess. Wenn der Mensch sich im Zusammenbruch von der Ichhaftigkeit abkehrt und sich von der Verneinung zur Bejahung wandelt, ist das im Blick auf sein, des Leidenden, Schicksal eine Gnade, wissenschaftlich gesehen ein Wunder. Der tiefste Sinn dieser Auseinandersetzung, so formuliert Jahn es theologisch, liegt außerhalb der erfahrbaren Wirklichkeit in einer jenseitigen Instanz. Und gleich auch nimmt er die Individualpsychologie – »als Ganzes gewertet« – für die christliche Zeitdiagnose zum Zeugen, dass die Gegenwartsmenschheit, wiewohl von zahllosen Gemeinschaftsbewegungen umflutet, weder in der Gemeinschaft noch in der Einzelseele Frieden finden kann.

Gleichwohl kreidet er der gelobten Individualpsychologie einen Mangel an, wenn auch nicht ohne Umweg. Zunächst nämlich lobt er ihr Verdienst, die Frage der »Hemmungseinschaltung« dadurch wieder zum Thema gemacht zu haben, dass sie der alten Pädagogik vorwirft, durch zu kategorische Forderungen den Lebensmut des Zöglings gebrochen zu haben. Zu grobe Einschaltung von Hemmungen erzeugt das Minderwertigkeitsgefühl, von daher bezeichnet Jahn die individualpsychologische Therapie »geradezu« als Hemmungsausschaltung. Das jedoch läuft ihm auf *zu viel* Befreiung des Individuums, auf zu viel Emanzipation hinaus, denn es bleibt die Gegenfrage offen, ob säkulare Seelsorge, ob Erziehung denn grundsätzlich auf die Einschaltung von Hemmungen verzichten könne? Wo blieben denn da, so wäre wohl zu übersetzen, die Zehn Gebote? Jahn sieht hier also eine Art Wegscheide zwischen Priestertum und Arzttum, eine sich anbahnende Scheidung zwischen zwei Parteien, die noch im 19. Jahrhundert als Pastoralmedizin in »uralter Verbindung« standen. Der moderne Arzt als Psychotherapeut hingegen arbeitet mit Methode daran – und begnügt sich dabei –, die Seele des Patienten zu entkrampfen.

Das nennt Jahn eindimensional, denn Psychotherapie vermag so nicht Antwort zu geben auf die Frage nach Schuld und nach Schicksal. Sie kann es nicht, weil überhaupt Psychologie nicht taugt zu dem, was nur der Glaube vermag. Nur er leistet Sinndeutung des Schicksals, nur er kann normative Lebensziele vor Augen stellen. Psychologischer Technik allein entspringt keine Weltanschauung. Oder jedenfalls werden Patienten, so gesteht er immerhin zu, »vorerst« nur in einzelnen Persönlichkeiten solches Vermögen – nämlich Weltanschauung zu stiften und zu vermitteln – verwirklicht finden. Das Wort »vorerst« macht verständlich, weshalb Jahn anschließend sagt, es bestehe zwischen der christlichen und der säkular-psychologischen Seelsorge ein Spannungsverhältnis, aus seiner Sicht wohl gar ein zunehmendes. Jedenfalls gesteht er denn auch gleich zu, dass nicht nur christliche Seelsorger die Gabe der Einfühlung besitzen, sondern auch die weltlichen Psychotherapeuten. Die Gabe stammt aus der Agape, der nichterotischen Nächstenliebe, und sie darf nicht missdeutet werden im Sinne von *Alles verstehen heißt alles verzeihen.*

Die beiden Seelsorgetypen

Diese Warnung fügt er an, weil die Seelenführung nicht in Relativismus und Subjektivismus untergehen soll. Christliche Seelsorge und Erziehung hätten von jeher jene sentimentale Deutung der Liebe abgelehnt, die zur Vergottung des Menschen führt. Und ebenso ist es für ihn ein Missverständnis zu glauben, dass das

Verstehen, welches die Verkrampfung des Menschen löst, gleichzusetzen sei mit *Er*lösung. Sie kommt aus keiner Methode und Therapie, sondern aus einer anderen Welt. Wo das Ich friedlos ist, weil es um sich selbst kreist und nicht über sich hinauskommt, da wäre die positive Lösung, dass der Machtwille kapituliert und, so formuliert Jahn lutherisch, der Mensch sich der Welt anpasst, wie sie nun einmal ist. Weit häufiger aber werde gegen die Welt weitergekämpft, so dass der Machtwille sich im Ich staut, es zu keiner Entspannung kommt und die Verkrampfung fortdauert. Wo Individualpsychologie diesen Zusammenhang in der Theorie des Minderwertigkeitsgefühls beschreibt, das das Geltungsstreben antreibt, da ist sie keine Psychologie des negativen Gehemmtseins, sondern voluntaristische Psychologie des Machtwillens.

Der Machtwille wurzelt in dem Versuch, sich durchzusetzen, im Scheitern dieser Versuche und der Rückbiegung der Liebe auf das eigene Ich. Freud spricht hier von Narzissmus, Künkel von Ichhaftigkeit. Jahn nennt es eine psychologische Großtat der Individualpsychologie, aus der dämonischen Ich-Liebe die Friedlosigkeit des Menschen wie der Menschheit erklärt zu haben, denn sie komme hierin mit der Anthropologie Luthers überein. Wo allerdings Individualpsychologie die Ich-Liebe schicksalhaft aus Entwicklung, Erziehung und Milieu entspringen sieht und als irrtümlichen Lebensstil diagnostiziert, da ist sie für Luther lasterhaft und Sünde und entspricht der Haltung des natürlichen Menschen. Folglich ist keine Korrektur des Irrtums aus eigener Kraft denkbar, sondern weil der selbstische Mensch sich von Gott gelöst hat, ist seine Schuld nur durch eine katastrophische Vernichtung seines Ich überwindbar. »Der alte Mensch *muss* gekreuzigt werden«, sagt Jahn. Das Neuwerden des inneren Menschen danach aber geschieht durch keine Psychotherapie, sondern allein durch die Rechtfertigung und Erlösung in Christus.

Auf die Buße folge die Gnade, formuliert Jahn, und sieht jedenfalls die dialektische Theologie der Gegenwart – von 1933 – festgelegt darauf, dass die Heilung der zusammengebrochenen Seele göttlicher Gnade bedarf, während die humanistisch-idealistische Menschenführung den Menschen sich in aufsteigender Linie zur inneren Vollendung entwickeln sieht. Hier bestehe unversöhnliche Gegnerschaft, denn wo die Individualpsychologie im Zusammenbruch des Ich lediglich die Zuspitzung eines neurotischen Zustandes sieht, ist der Vorgang für die christliche Anthropologie die Voraussetzung eines neuen Lebens aus Gottes Gnade. Deshalb reiche Ermutigung allein nicht aus, und wieder sieht Jahn diese Einsicht bei Künkel erreicht, insofern dieser das Neuwerden des inneren Menschen als Wunder und Gnade bezeichnet hatte. Die Alternative Selbsterlösung oder Gnade wirft für Jahn Fragen auf wie: Ist der Mensch determiniert durch Entwicklung und Umgebung, oder kann er sich aus eigener sittlicher Kraft frei entscheiden? Ist der Mensch von Natur aus gut, wie die moderne Psychotherapie unterstellt, oder gilt der Satz des Neuen Testaments: Wir sind allzumal Sünder? Wie weit ist der Mensch für sein Tun und seine Taten verantwortlich zu machen? Ist die Pädagogik der Selbstentfaltung richtig oder soll für die Erziehung das Ideal der seelischen Straffung gelten?

Jahn glaubt 1933 konstatieren zu können, dass die ältere Menschenführung und Erziehung wieder an Boden gewinnt gegenüber der von den Psychotherapien befürworteten Entkrampfung. Einfühlung und Verstehen allein reichen eben nicht aus, Seelenführung kann der Satzungen und Gebote nicht völlig entraten. Auch wenn Künkel mit seiner Warnung vor Willkür in der Erziehung und reinem Dressat recht hat, ist doch die sinnvolle Satzung niemals aus der Erziehung auszuschalten. Und wo sie Hemmungen erzeugt, ist zu unterscheiden zwischen solchen, die den Lebensmut einschränken, und anderen, die eine notwendige Eindämmung der Triebhaftigkeit bedeuten. Hemmungslosigkeit sieht er walten, wo sich der Trieb von seiner biologisch gegebenen Zwecksetzung löst. Ihm wirkt ein Wertstreben entgegen, das er als Dynamik der ethischen Funktionen beschreibt. Während die Individualpsychologie den Typus des Übergehemmten meisterhaft analysiert hat, übersieht sie den Typus des Hemmungslosen ebenso wie die Hemmungen höherer Ordnung, die von starken sittlichen Persönlichkeiten ausgehen oder auch von Ideen.

Erinnert sei nur, so argumentiert Jahn weiter, an die bändigende Gewalt, welche die bündische Idee über den jungen Menschen gewinnen kann. Um sich bundeswürdig zu verhalten, verzichtet er beispielsweise freiwillig auf Alkohol und Nikotin. Hemmung ist hier mehr als Negation, sie ist Grundlage sittlicher Lebenshaltung. Analog schämt sich der Gläubige vor seinem Gott. Die christliche Seelenführung hat das Hemmungsproblem als Spannung zwischen Gesetz und Freiheit beschrieben. Jahn erinnert an den Kampf des Paulus gegen den Nomismus, die Gesetzesreligion. Kein Gesetz könne lebendig machen, nur in der Bindung an Gott könne der Christenmensch leben. Zwar ist das Gesetz als »Pädagoge« in den Anfängen der Erziehung unentbehrlich, soll aber in dem Maße überflüssig werden, wie es den Menschen zu Christus hingeführt, wie es ihn zu einem freien und zugleich verantwortlichen Menschen gemacht hat. Verantwortung im Sinne der christlichen Erbsündelehre heißt freilich, die eigene Sündhaftigkeit anzuerkennen. Sie ist nicht Schicksal, sondern eine Schuld, für die der Mensch sich nach Vergebung sehnt.

Therapie

Für den Theologen kann diese Vergebung nur von außen, von »oben« kommen, deshalb verneint Jahn, dass der Psychotherapie hier eine Schlüsselgewalt gegeben sein könne. Wo sie meint, Heilung des innerseelischen Konflikts sei die Folge von Einsicht in denselben, da fragt er zurück, ob denn solch intellektuelle Einsicht imstande sei, den Trieb zu hemmen? Der Konflikt erkläre sich doch meist aus der Spannung zwischen Trieb und Einsicht. Überdies verfüge das Kleinkind noch nicht über Einsicht, und die Welt des Unbewussten entziehe sich ja gerade der verstandesmäßigen Beeinflussung. Was die Individualpsychologie Mutlosigkeit nennt, nämlich mangelnde Widerstandskraft gegenüber Schicksalskonflikten, sei in Wahrheit ein

Mangel an Erleidenskraft. Dieser Mangel geht für ihn durchaus zusammen mit dem Schaffenswillen, den der gegenwärtige Mensch in Technik und Organisation zeigt. Auch die Pädagogik ist, etwa in der Arbeitsschule, darauf aus, den Schaffenswillen zu wecken. Aber aus dem Zerbrechen unter Schicksalsschlägen hilft nur eine Ermutigung heraus, die im Leben des Menschen einen Sinn erkennt.

Darum, so legt Jahn dem Leser nahe, setzt Ermutigung eine bestimmte religiöse Haltung zum Leben voraus. Luther hat vom verborgenen Gott gesprochen, weil so auch das widersinnige Schicksal deutbar und das Vertrauen in den Gott der Liebe durchhaltbar wird. Die individualpsychologische Seelenführung hingegen will von Mensch zu Mensch ermutigen, sie zielt auf eine Solidarität, wie sie in den großen wirtschaftlichen und sozialen Bewegungen wirkt. Adler erhöht dieses Ziel zwar noch um das Ideal der Allmenschlichkeit, er vertritt den humanitären Glauben an die eine Menschheit. Aber innerhalb der einen Menschheit, so wendet Jahn ein, wird es dennoch stets mannigfache Spannungen geben. An den großen nationalen Bewegungen der Gegenwart lasse sich ablesen, dass diese Spannungen vor allem aus der Tatsache des Volkstums hervorwachsen. Die christliche Soziologie habe diese Spannungen wohl erkannt, sie sieht aber im Volkstum eine göttliche Schöpfungsordnung und überwölbt die Spannungen im Namen einer Allmenschlichkeit, die nicht auf die Humanität setzt, sondern auf die Agape.

Was Agape meint, ist für Jahn im Apostolikum formuliert, dem gemeinsamen Glaubensbekenntnis der katholischen Kirche und der Kirchen der Reformation: »Ich glaube an eine heilige allgemeine christliche Kirche, die Gemeinschaft der Heiligen.« Zwar hat die Psychotherapie, in der Individualpsychologie gipfelnd, den Gang der christlichen Seelsorge nachgezeichnet und die Neurose als Bindung des Menschen an sein Ich aufgezeigt. Sie bleibt aber in der Immanenz befangen, wo sie die Frage nach dem Sinn des Lebens aufwirft. Während die christliche Seelenführung von Leid und Erlösung, von Sünde und Gnade spricht, erstrebt die säkular-psychologische Seelenführung die Lösung des Menschen von seinem Ich. Die Erlösung des Ich durch Gott kann sie nicht verkünden.

Epilog (zur Stellungnahme Alfred Adlers)

Adlers Erörterungen folgt wiederum ein Nachwort Jahns. Schulmeisterlich lobt er hier den Ernst, mit dem Adler einleitend die Gottesidee behandelt habe. Gott als Ziel der Vollkommenheit sei ihm, zusammen mit anderen großen Ideen der Menschheit, eine Idee. Für die christliche Deutung aber, so widerspricht er, ist Gott weder Idee noch Ziel, sondern Wirklichkeit. Bei Adler hingegen soll die Erlösung aus dem Wissen kommen, soll Wissenschaft Religion ersetzen, Bekehrung verständliches Menschenwerk sein. In dieser Auslegung ist die Irrationalität des Religiösen, sind besonders der Offenbarungscharakter und der Absolutheitsanspruch des Christentums übersehen. Bei Adler ist nicht Gott, sondern der Mensch in den Mittelpunkt gestellt, Adler vertritt den anthropozentrischen Standpunkt. Kritisch gegen den Machtapparat des Kirchentums, modelt er den Gnadenbegriff dahin um, dass die Gnade vom Menschen kommt, dass sie psychotherapeutisch vermittelt wird. Für Jahn indessen ist, ohne die aufrichtenden Energien der menschlichen Gemeinschaft zu bestreiten, Vergebung einer Schuld ohne Gottesgnade undenkbar.

Der Erlösung suchende Mensch muss Sturz und Tod des Ich als christliche Grunderfahrung durchleben, muss die empfundene Schuld als seine Schuld annehmen, damit seine Seele durch Gottes Gnade neu gestaltet werden kann. Dazu trägt die christliche Seelenführung zwar bei, indem sie die zerkrampfte Seele verstehen will. Aber so heilsam dies Verstehen wirken mag, ist es doch nicht mit der Heilung überhaupt gleichzusetzen. Vielmehr steht hier und ebenso bei der Erziehung des Kindes im Mittelpunkt das fordernde Ethos, das unverbrüchliche Kausalgesetz des Schicksals, welches besagt, dass der Mensch ernten wird, was er gesät hat. Deshalb genügt es nicht, die Hemmungen aufzuheben oder dem Kind eine Überlast von Hemmungen zu ersparen, denn es gibt auch den Typus des Hemmungslosen. An ihm wird sichtbar, dass der Mensch sich unverzichtbar in eine überindividuelle Gemeinschaft einordnen muss, wofür ja auch Adler in seinem Reden von der Gemeinschaft plädiere. Jahn heißt die christliche Gemeinschaft recht dialektisch »Freiheit der Kinder Gottes« und bekennt sich zur strengen Denkart des Preußentums.

So nämlich hatte Adler Jahns pädagogische Vorstellung mit kritischem Unterton qualifiziert; Jahn aber nimmt das hin, indem er Preußentum als eine Verbindung des protestantischen Gewissensbegriffs mit dem kategorischen Imperativ Kants versteht. Wo Adler seinerseits die Individualpsychologie in der Idee der Gemeinschaft gipfeln lässt und den großen politischen Bewegungen der Zeit bescheinigt, dass sie die Verwirklichung der Gemeinschaftsidee zum Ziel hätten, da moniert Jahn bei Adler eine Lücke. Denn wenn er seinen Gemeinschaftsbegriff einerseits an der Urgemeinschaft zwischen Mutter und Kind orientiert und somit den Erziehungswert der Familie anerkennt, andererseits, im Reden von der »Allmenschlichkeit«, an der allumfassenden Gemeinschaft aller Menschen, dann lasse er das Zwischenglied aus, nämlich die Volksgemeinschaft. Dass das Gemeinschaftsbewusstsein gerade im Volkstum seinen stärksten Ausdruck findet, sieht Jahn durch den Aufbruch der nationalen Idee »in der Gegenwart« belegt, also im Jahr 1933. Auch die christliche Anthropologie erblicke im Volkstum eine Schöpfungsordnung Gottes.

Nun habe Schairer neuerdings den Begriff der volkhaften Gemeinschaft in den Mittelpunkt der christlichen Soziologie zu stellen versucht. Jahn referiert dies empfehlend und wohl in der Annahme, Adler könne hier das Zwischenglied zwischen Urgemeinschaft und Allgemeinschaft finden. Denn Schairer fasse die christliche Erlösungslehre wie Adler auf, banne Gott in die Immanenz, spreche von ihm als »Beziehungsgeschehen«, »schaffende Ganzheit«, und er deute ebenfalls das Wesen der Sünde ausschließlich in sozialem Sinne, als Sünde der Sonderung. Vergebung und Gnade interpretiert er ebenfalls soziologisch, nämlich als Wiederaufnahme in die Gemeinschaft, Gnade als soziale Umschließung, Liebe als soziale Tauglichkeit. Auch von einer derart komplettierten Individualpsychologie jedoch setzt Jahn sich sogleich wieder ab, indem er Gott als überweltliche Wirklichkeit fasst, Sünde als Verstoß gegen Gottes ewige Ordnungen und Gnade als Selbsterschließung der göttlichen Liebe in Christus. Christliche und säkulare Seelsorge bleiben ihm deshalb zweierlei, der Mensch bleibt in christlicher Sicht Geschöpf Gottes.

Textausgabe

Alfred Adler

Religion und Individualpsychologie

Grundsätzliche Darlegungen

[58] Man kann der vorliegenden Arbeit *Jahns*[2] weder Verständnis für die Tiefe der Individualpsychologie absprechen noch ein Schwanken in der Gottesidee und im Willen zur religiösen Erziehung vorwerfen. Die wahrheitsuchende Absicht des Verfassers verträgt sich mit beiden Stellungnahmen. Man wird auch nicht mit der leeren Floskel um den sittlichen Ernst des Autors herumkommen können und etwa behaupten dürfen, dass seine Ausführungen durch die Illusion einer Gottesreligion im Voraus bestimmt und deshalb eingeengt wären. Man kann vielmehr erkennen, dass sich seine erzieherischen wie religiösen Anschauungen aus einer tiefen Verbundenheit mit der Menschheit ergeben haben und aus einem Streben, an ihrer Wohlfahrt mitzuarbeiten, zu dem Ziele der Vollendung und Vollkommenheit.

Von grundlegenden Befunden der Individualpsychologie, die das obige Thema berühren, seien folgende erwähnt. Das Streben jedes sich bewegenden Individuums geht nach Überwindung. Nicht nach Macht, wie *Jahn, Künkel* und manche andere als Anschauung der Individualpsychologie hinstellen. Streben nach Macht, besser: nach persönlicher Macht, stellt nur einen der tausend Typen vor, die alle nach Vollendung, nach einer sichernden Plussituation suchen. Eine dem menschlichen Denken und Fühlen seit jeher naheliegende Konkretisierung der Idee der Vollkommenheit, der höchsten Bildhaftigkeit von Größe und Überlegenheit, ist die Ansehung einer Gottheit. Zu Gott zu streben, in ihm zu sein, seinem Ruf zu folgen, sich mit ihm zu vereinigen, aus diesem Ziel des Strebens, nicht eines Triebes, folgern und ihm schließen sich an: Stellungnahme, Denken und Fühlen. Gott konnte nur erkannt werden, sich [59] offenbaren innerhalb eines Denkprozesses, der sich nach der Qualität der Höhe hinbewegt, nach der Leitidee der Größe und der Allmacht, innerhalb von Gefühlsvorgängen, die Größe, Allmacht, Allwissenheit als Erlösung von drückenden Spannungen, von Minderwertigkeitsgefühlen empfinden und erleben. Als Ewig-Strebender konnte der Mensch nicht sein wie Gott. Gott urewig fertig, der die Sterne lenkt, der Meister der Geschicke, der den Menschen aus seiner Niedrigkeit zu sich erhebt, aus dem Kosmos zu jeder einzelnen Menschenseele spricht, ist bis auf den heutigen Tag die glänzendste Manifestation des Zieles der Vollkommenheit. In seinem Wesen erschaut die religiöse Menschheit den Weg zur Höhe, in seinem Ruf hört sie wieder erklingen die eingeborene Stimme des Lebens, das seine Richtung haben muss nach dem Ziele der Vollendung, nach Überwindung des Gefühles der Niedrigkeit und Vergänglichkeit des irdischen Daseins. Der menschlichen Seele ist es als ein Teil der Lebensbewegung mitgegeben, an Aufschwung, Erhebung, Vollkommenheit, Vollendung als an einem Maß des Erlebens wertend teilzunehmen. Die Gottesidee und ihre ungeheure

---

2 [siehe Personenverzeichnis S. 227 ff.; so auch weiterhin bei der Nennung von Personen]

Bedeutung für die Menschheit kann vom individualpsychologischen Standpunkt aus verstanden, anerkannt und geschätzt werden als Konkretisierung und Interpretation der menschlichen Anerkennung von Größe und Vollkommenheit und als Bindung des Einzelnen wie der Gesamtheit an ein in der Zukunft des Menschen liegendes Ziel, das in der Gegenwart durch Steigerung der Gefühle und Emotionen den Antrieb erhöht. Bei eingehender Untersuchung, bei genauerer Feststellung des Charakterbildes und der Persönlichkeit, kommt man zur Überzeugung, dass sich die Einmaligkeit des Individuums in Denken, Fühlen, Sprechen, Handeln immer wieder manifestiert, dass es sich immer um Nuancen und Varianten handelt. Es liegt zum Teil an der Abstraktheit und Enge unseres sprachlichen Ausdruckes, dass der Sprecher, der Leser, der Hörer das Zwischenreich zwischen den Worten entdeckt haben muss, um das wahre Verständnis, den richtigen Kontakt mit dem Partner zu gewinnen. Wenn zwei dasselbe tun, ist es nicht dasselbe, aber auch wenn zwei dasselbe denken, fühlen, wollen, sind Unterschiede vorhanden. Wir können nicht ganz uns des Erratens entschlagen, wenn wir den Andern genau verstehen wollen. Sobald jemand Stellung nimmt oder seine Weltanschauung formt, so tritt das Individuelle seines Lebensstiles immer stark hervor, [60] wenn er sich ganz im Zauberreiche seiner Gefühle befindet. Es ist in der Religion nicht anders, die uns in Wort und Schrift übermittelt wird. Die Nuancen weichen auseinander, sobald es sich um die Konkretisierung des Zieles der Vollendung handelt. Sehen wir von den Urreligionen ab, in denen Tiergestalten das Ziel der Überlegenheit symbolisierten, so können wir doch nicht daran vorbeigehen, wie sich die höchste Macht nach Tradition, Lebensweise, ja auch Klima, nach kosmischen und tellurischen Einflüssen verschieden in Menschenköpfen spiegelt. Es liegt nahe anzunehmen, dass die monotheistischen Religionen mehr und mehr dem Weltbild des Kulturmenschen entsprachen, der offensichtlich in der Meisterung des Weltgeschehens den Ausdruck der höchsten Kraft denken und fühlen konnte. Aber auch hier werden wir einräumen müssen, dass jeder einzelne in *tausendfacher Verschiedenheit* vom andern sein Bild vom Wirken und von der Gestalt des höchsten Wesens *nuancenhaft anders* formt. Die ideale äußerste Union ist kaum zu erreichen, ob man nun verbietet, sich ein Bild zu machen, oder ob man durch die Identität des Bildes zu wirken trachtet. Kein Wunder, dass in der millionenfachen Verschiedenheit der Konkretisierung die Skala vom Wesenhaften zum Wesenlosen übergeht, insbesondere wenn der Mensch sich nicht mehr als Mittelpunkt des Weltgeschehens erkennt und mit einer dürftigeren Konkretisierung sich zufrieden gibt, mit der Anerkennung der kausal wirkenden Naturkräfte als dem Bilde höchster Kraft. Die Individualpsychologie, die bisher noch nicht versucht hat, ihre Untersuchungen und Einsichten auf dieses Gebiet zu erstrecken, wäre durch das Wesentliche ihrer Anschauung gezwungen, diese voraussetzungslose, mechanistische Anschauung als Illusion anzusehen, da sie ziel- und richtungslos ist, ebenso wie die ihr aus dem Gesicht geschnittene Triebpsychologie. Fehlt der materialistischen Anschauung das Leben bedeutende Ziel, so der religiösen – die in diesem Punkte weit voraus ist – der kausale Unterbau. Gott ist nicht wissenschaftlich erweisbar, er ist ein Geschenk des Glaubens.

Die Individualpsychologie müsste anders vorgehen. Ihr würde die Frage, ob der Mensch Mittelpunkt des Weltgeschehens ist, unwesentlich erscheinen. Ihre Absicht wäre, ihn zum Mittelpunkt zu machen. Dadurch käme die Menschheit zu einer Aufgabe, zu einem Ziel, das, wenn auch unerreichbar, den Weg, die Richtung wiese. Diesen Weg ist die Mensch/[61]heit immer gegangen. Einmal mit ihrer körperlichen, seelischen Disposition in die Welt gesetzt, hat sie unaufhörlich nach Selbsterhaltung und nach Aufstieg zu streben. Auf diesem Weg fand sie Gott, der den Weg weist, die harmonische Ergänzung im Ziel zu den beengten, widerspruchsvollen, tastenden und irrenden Bewegungen am Lebenspfad. Das Streben, etwas von der stärkenden Gnade, von der gnadenreichen Stärke des göttlichen Zieles zu erlangen, strömt stets aus der Unsicherheit, aus dem konstanten Minderwertigkeitsgefühl der bedürftigen Menschheit. Wir finden, wenn wir nüchtern betrachten, die Verschiedenheit der Formgebung im Laufe der Zeit nicht wesentlich. Ob einer das höchste wirkende Ziel als Gottheit benennt oder als Sozialismus oder wie wir als reine Idee des Gemeinschaftsgefühls, oder andere – in deutlicher Anlehnung an das Gemeinschaftsgefühl – als Ideal-Ich, immer spiegelt sich darin das machthabende, Vollendung verheißende, gnadenspendende Ziel der Überwindung.

Dieser Anschauung dürften religiöse Argumente wenig anhaben können, es sei denn, dass ungeordnete Gedankengänge, wie die *Pfisters* oder *Davids*, sich mit ihr ohne kritisches Bedenken zu schaffen machen. Vielleicht stößt sie sogar auf die begeisterte Anerkennung aller derer, die nach größerer Klarheit in Fragen der Gottesidee ringen und gerungen haben und, vielleicht unausgesprochen, Eindrücke ähnlicher Art in sich getragen haben. Die Individualpsychologie will sich aber in Selbstkritik von niemandem übertreffen lassen. Es schließt sich hier ein bemerkenswerter Zweifel an. Wie, sollte es wirklich das stärkste Bemühen der Menschheit gewesen sein, sich ein Bild der Allmacht, der uneingeschränkten Größe zu machen, in das nicht eingezeichnet wäre, was die stündliche Sorge und Bangigkeit der Menschheit seit jeher war und sein wird, die Sorge um die Erhaltung ihrer selbst und des Einzelnen, der Zwang zum Aufstieg des Ganzen und der Teile? Musste nicht ein ganz großer Anteil im Prozesse der Konkretisierung der höchsten Macht eingenommen sein von den stärksten Sorgen und Motiven der Menschheit: Brutpflege, Erhaltung der Art und ihre Höherzüchtung, um die Oberhand über die Schwierigkeiten des Lebens zu gewinnen, um sich des Lebens ungestört freuen zu können? Vielleicht hat es eine für uns undenkbare Zeit in Anspruch genommen, sicherlich einer großen Anzahl von probeweisen Versuchen bedurft, ein zufriedenstellendes Bild zu er/[62]kennen, die Offenbarung dieses höchsten Wesens zu erleben, zu dem hin die Straße führt, auf der Sicherheit der Art, Schutz und Sicherheit des Einzelnen zu hoffen und zu glauben war. Es war sicherlich ein wort- und begriffloses Erkennen in religiöser Inbrunst, in der sich die heilige Union von Mensch und zielsetzendem Gott vollzog, wie sie sich auch heute noch in jedem religiösen Gemüt vollzieht. Die starken Möglichkeiten einer Konkretisierung, die unabwendbare Hingezogenheit zu einem Endziel der Vollkommenheit liegen fest verankert in der menschlichen Natur, in der Struktur seines seelischen Apparates, ebenso die Möglichkeiten eines seelischen Anschlusses an andere. Die Heiligung dieser Möglichkeiten und ihrer Entfaltung setzte zu ihrer Kräftigung den ganzen Denk- und Gefühlsapparat in dauernde Bewegung. Miteinbezogen in diese stets fortschreitende Kräftigung war zugunsten der Brutpflege die Bindung zwischen Mutter und Kind, die Ehe, die Familie und gleichzeitig, aus der gleichen Not stammend, die Heiligung des Lebens und die Liebe zum Nächsten. Wohl der stärkste und bedeutendste Schritt zur Erhaltung und Vervollkommnung der Menschheit war getan, als der Mensch als Ziel der Erlösung von allem Übel seine Einigung mit Gott vollzog. Oder sollte und konnte die Menschheit warten, bis sie durch wissenschaftliche Erleuchtung der Gehirne sich zur tätigen Anerkennung der unumgänglichen Notwendigkeit der Nächstenliebe, des Wohles der Gesamtheit, damit auch zur tätigen Anerkennung der richtigen Beziehung von Mutter und Kind, der sozialen Gesetzmäßigkeit in der Kooperation der Geschlechter, des Interesses für die anderen in der Arbeitsleistung auffraffte? Diese geistige und seelische Durchleuchtung, die zur tiefstmöglichen Erkenntnis des Zusammenhangs führt, zu einer Erkenntnis, die alle Tore des Irrtums schließt, die die Tugend als lehrbar erweist, ist heute noch nicht in vielen lebendig geworden. Der religiöse Glaube lebt und wird weiterleben, bis er durch diese tiefstmögliche Erkenntnis und dem aus ihm stammenden religiösen Gefühl ersetzt ist. Es wird keineswegs genügen, von der Erkenntnis bloß zu naschen, die Menschheit wird sie ganz verschlingen und verdauen müssen. Die Tatsache, dass sich ein immer größerer Teil der Menschheit gegen die Religion wehrt, stammt nicht aus dem ihr zugrunde liegenden Wesen; diese Gegenwehr stammt vielmehr aus Widersprüchen, die sich aus dem Wirken des Machtapparates der Religionen entgegen ihrem fun[63]damentalen Wesen ergeben haben. Wohl auch aus dem nicht seltenen Missbrauch zu Zwecken, die mit dem Wesen der Religion in Widerspruch stehen.

Die Individualpsychologie hat das jedem Menschen innewohnende Stück Gemeinschaftsgefühl erkannt und führt es als unverbrüchlichen Bestandteil menschlichen Wesens auf angeborene Möglichkeiten zurück, die der Entwicklung harren. Der mächtigste Förderer desselben ist die Mutter, die funktionell auch nach der Geburt des Kindes an das Kind und seine Wohlfahrt gebunden ist. Sie und der Vater empfinden, und sollten auch erkennen, dass das Kind ein Teil ihrer selbst ist, ein Anspruch auf irdische Unsterblichkeit. Die Gemeinschaft, die von der Individualpsychologie angerufen ist, ist richtendes Ziel, ideale Gegebenheit, ewig unerreichbar, aber ewig anrufend und wegweisend. Diese Gemeinschaft, die Macht der Logik des menschlichen Zusammenlebens, segnet und begnadet, die ihr folgen, und straft die Widerspenstigen und Irrenden. Ihr wachsender Einfluss im Völkerleben schafft Einrichtungen und Dämme, um als Ziel dauernd zu wirken, um die Schwachen zu stärken, die Strauchelnden zu stützen, die Irrenden zu heilen. Die Menschheit, die es auf sich genommen hat, Mittelpunkt des irdischen, des kosmischen Geschehens zu sein und zu werden, kann ihre Aufgabe nur einer Lösung näherbringen, wenn das körperliche und seelische Wohl der Gesamtheit als unumstößlicher Faktor in die Rechnung des Lebens eingesetzt wird. Auch hier liegt der Missbrauch nahe, sei es von Gegnern oder Anhängern der Individualpsychologie. Strömungen, die selbstständig die Gemeinschaft zum Leitziel ihres Strebens gemacht haben, müssen Rede und Antwort stehen, ob in ihrer Haltung, nicht bloß in ihren Worten oder in ihren Gefühlen, das Wohl der Gesamtheit gesichert ist. Oft handelt es sich um Wirkung in die ferne Zukunft. Da ist die Entscheidung manchmal nicht leicht, da niemand sich der absoluten Wahrheit rühmen kann. Ich würde jede Strömung als wertvoll gelten lassen, die in ihrem letzten Ziel das Wohl der Gesamtheit garantiert.

Aus dieser meiner persönlichen Anschauung und Gesinnung, auf die ich niemanden sonst einzuschwören gedenke, geht die Stellungnahme des Begründers der Individualpsychologie zu allen Religionen und zu allen politischen Parteien hervor. Der Boden meiner wissenschaftlichen Arbeit wehrt sich gegen die in starre Gesetze gefassten Normen aller anderen *[64]* jenseits der Wissenschaft gelegenen Strömungen, [ich] kann unmöglich ihre Gesetze zu den meinen³ machen. Tolerant gegen jede Bewegung, die in sich das Ziel der Wohlfahrt aller untrüglich trägt, muss sich die Individualpsychologie dagegen wehren, sich das Tor der wissenschaftlichen Forschung durch Denkmethoden verschließen zu lassen, die nicht aus ihrer Lebensanschauung erwachsen sind oder ihr gar widersprechen, oder Tendenzen in sich aufzunehmen, die weniger standhaft das Ziel einer idealen Gemeinschaft verfechten oder diesem ganz zuwiderlaufen. Es ist nicht mein Amt und ich habe es mir nie angemaßt, Lob oder Tadel an Strömungen auszuteilen, die so wie die Individualpsychologie das Wohl der gesamten Menschheit im Auge haben. Und ich kann mein Gefühl der Ehrfurcht und Bewunderung für die großen Leistungen solcher Strömungen nicht unterdrücken. Die Individualpsychologie aber darf sich nur rein wissenschaftlicher Methoden bedienen, muss reine Wissenschaft bleiben und in dieser unveränderlichen Form ins Volk gehen, in der Hoffnung, auch andere wissenschaftliche Bewegungen und Strömungen, die dem praktischen Leben näherstehen als sie zu befruchten.

---

3 ich] *fehlt; statt* meinen] seinigen *bei* Adler [Er bezieht anscheinend »zu den seinigen machen« auf den »Boden meiner wissenschaftlichen Arbeit.]

Stellungnahme

Nach diesen grundsätzlichen Darlegungen bin ich nun in der Lage, zu den Ausführungen *Jahns* Stellung zu nehmen. Dass zwischen Individualpsychologie und Religion Gemeinsamkeiten vorliegen, oft im Denken, im Fühlen, im Wollen, immer aber in Anblick des Zieles der Vollkommenheit der Menschheit, muss nach Maßgabe der reinen und praktischen Vernunft mit unmaßgeblichen Ausnahmen jedem einleuchten. Ich kann mich demnach darauf beschränken, zu jenen Ausführungen Stellung zu nehmen, in denen ich die richtige Wiedergabe individualpsychologischer Anschauungen herzustellen mich verpflichtet fühle. *Jahn* ist nicht der geringste Vorwurf daraus zu machen, wenn er meine eigene, ich darf wohl sagen die individualpsychologische Feststellung verfehlt hat. Das Netzwerk der Individualpsychologie, als Form der Anschauung von seelischen Ausdrucksformen in Charakterologie und Persönlichkeitsforschung, von krankhaften Erscheinungen, von seelischen Fehlschlägen aller Art, von Zusammenhängen zwischen Leib und Seele, von Massen[65]bewegungen, hat derzeit eine Festigkeit, die durch keinen Widerspruch gestört ist. Anders die Sinndeutung der einzelnen Ausdrucksformen, ihr Verständnis innerhalb eines klargemachten einheitlichen Zusammenhangs und die Heilbehandlung. In diesen Richtungen ist künstlerische Fähigkeit erforderlich, die nicht ohne gereifte Selbsterkenntnis, Schlagfertigkeit, überzeugende Qualitäten, Überzeugtheit und ausreichende Fähigkeit des Erratens, der Identifizierung und der Kooperation erlangt werden kann. Wenn auch alle diese Fähigkeiten ineinandergreifen, so ist ihre Ausbildung doch bei jedem, der sich der Individualpsychologie befleißt, verschieden. Ebenso verschieden ist auch die Fähigkeit der Darstellung des Vorganges. Und ebenso verschieden der bei jedem Psychologen ungelöste Rest vorgefasster Meinungen. Dadurch kommt eine Verschiedenheit, gelegentlich Widerspruchsvolles, auch in die Darstellung. Vielleicht ist für manchen, der *individualpsychologisch* arbeiten will, noch mehr für manchen kritischen Betrachter, die Arbeit zu schwer, und er verrät seine Neigung, sich diese zu erleichtern, in unnützen, kraftlosen Versuchen, berechtigte oder unberechtigte Gedanken aus anderen Gebieten in die Individualpsychologie hineinzuschmuggeln. Der unbefangene Leser mag da zuweilen den Eindruck des Widerspruchsvollen, des Unklaren, einer Verflechtung mit anderen Strömungen erlangen und nun von seinem anders gearteten Standpunkt, religiös, politisch, weltanschaulich, psychologisch, Kritik üben, in der Meinung, dabei die *Individualpsychologie* zu treffen. Doch eine Kritik müsste *sie* vorerst als Ganzes erfasst haben, als jene Wissenschaft, wie ich sie einleitend beschrieben habe. *Jahn*, der ihr in anerkennenswerter Weise gerecht wird, hat gelegentlich nicht an der Quelle geschöpft und hat an Äußerungen Anstoß genommen, die zum Mindesten nicht zum ehernen Bestand der Individualpsychologie gehören.

Das Schwergewicht in der gegenwärtigen Diskussion fällt, vielleicht zur Verwunderung vieler, auf die Erörterung und auf die Einsicht bezüglich der Rolle, die den Gefühlen in der Einheitlichkeit des Seelenlebens zufällt. Die Individualpsychologie, die nicht nur die »Ganzheit« voraussetzt und proklamiert, sondern auch in jedem einzelnen Falle bestrebt ist, sie zu erweisen, steht und fällt mit der Behauptung, dass auch die Gefühle, wie jede andere seelische Bewegung und einheitlich mit jeder anderen seelischen Bewegung, nach einem einheitlichen Ziele gerichtet *[66]* sind. Ob ich in religiöser Art mein Ziel wissenschaftlich oder mehr oder weniger intuitiv Gott nenne und zu ihm emporschaue, oder ob ich ausschließlich auf wissenschaftlichem Wege nach einem Ziel einer idealen Vollkommenheit der Menschheit trachte, meine Gefühle werden immer durch mein Endziel bestimmt sein. Und es ist sicher richtig anzunehmen, dass bei geringerer Nähe zu Gott die Liebe zum Nächsten oder die *Agape* geringer sein kann als bei einer starken Durchdrungenheit mit dem Gefühl der Gemeinschaft. Natürlich auch umgekehrt. Da es der Individualpsychologie dabei nicht auf den sprachlichen Ausdruck der Gefühle ankommt, vielmehr nur auf die Intensität der Bewegung, so wird sie nicht imstande sein, bei den verschiedenen Vertretern an der Darstellung ihrer Gefühle zu messen, sondern nur an der Bewegung des ganzen Individuums, das heißt an den Früchten. Dass diese Früchte sub specie aeternitatis erkannt werden müssen, sei nebenbei gesagt. Dass die Religionen in ihren Machtmitteln, den kirchlichen Institutionen, in ihrem Einfluss auf Schule und Erziehung dabei stark im Vorteil sind, ficht die Individualpsychologie nicht an. Sie wird sich zufriedengeben, in der praktischen Auswirkung ihrer Wissenschaft dort, wo die Religionen ihren Einfluss verloren haben, das heilige Gut der Allmenschlichkeit zu schützen und zu fördern. Ein Widerstreit mit kirchlichen oder auch politischen Bestrebungen könnte nur dort zutage treten, wo kraft individualpsychologisch-wissenschaftlicher Einsicht dieses Gut bedroht oder nicht genügend gewahrt erscheint. Mir selbst, da ich auf die Kraft und Wirkung der Individualpsychologie vertraue, aber seit jeher überzeugt war, mit einer langen Zeit rechnen zu müssen, da ich zufrieden bin zu sehen, wie ihre Anschauungen in der Seelsorge, in der Schule, in der Kriminalistik, in der Erziehung und in der Psychiatrie immer mehr Boden gewinnen – wie selbst in den politischen Parteien der Gedanke der Gemeinschaft, wenn auch oft unzulänglich, immer weiter greift –, liegt ein Eingreifen in religiöse oder politische Strömungen weniger nahe. Ich halte es für die gegebene Aufgabe der Individualpsychologie, eine zentrale Stellung zu behaupten und ihre Ergebnisse allen zugänglich zu machen. Dem, der zum gemeinschaftlichen Wohle beitragen will, geziemt es, auch in einer Auseinandersetzung das Gemeinschaftsgefühl nicht zu verlieren.

Jahn ist diesen Weg gegangen. Ich will ihm darin folgen. Vielleicht ist es *[67]* manchmal nur die Enge der Sprache, die mich zwingt, gelegentlich meiner anderen Meinung Ausdruck zu geben, manchmal vielleicht eine Betrachtung *Jahns*, die der ehrlich verfochtenen Auffassung von der Untrennbarkeit seelischer Bewegungen, vom ganzen Lebensstil des Individuums nicht entspricht. Dann und wann stoße ich auf Darstellungen, die aus abseits gelegenen Quellen stammen. Ich will versuchen, auf manche dieser Äußerungen einzugehen.

Jahn meint, die Individualpsychologie sehe die Seele in ihren Wechselbeziehungen zu Leben und Gemeinschaft. Hier schon hätte ich zu ergänzen, dass ich die Seele sowie den ganzen Menschen als Teil der Gemeinschaft, als Teil des Kosmos und als strebend – wenn des rechten Weges bewusst – zu einer idealen Gemeinschaft sehe, einer Bewegung, die ihm als Erdgeborenem als intuitive oder wissenschaftliche Erkenntnis zufallen sollte.

Wenn der Seelsorger die Untersuchung religiöser und ethischer Beziehungsgefühle in der Individualpsychologie vermisst, wie *Jahn* meint, so nur deshalb, weil sie in den breiten Erörterungen über Gemeinschaftsgefühl mit inbegriffen sind. In dieser Arbeit bin ich nicht deutlich darauf eingegangen. Vielleicht entfällt dadurch der Tadel wegen einer »scholastischen Betrachtungsweise«.

Jahn unterscheidet historisch und sachlich vier Arten von Menschenführung: die religiöse, die idealistische, die erzieherische und die psychotherapeutische. Wir können nur der ersteren das unbedingte Recht auf Zielbewusstheit zusprechen. Den drei anderen nur dann, wenn sie in wissenschaftlich einwandfreier Art alle ihre Bestrebungen dem Ziele unterordnen, das die Individualpsychologie als die derzeit richtigste Lösung der Menschenführung aufgestellt hat: die Erziehung zur idealen Gemeinschaft.

Ist einmal für alle Typen der Menschenführung das Ziel der Vollkommenheit in einer – freilich nie zu erreichenden – idealen Gemeinschaft festgestellt, dann sind sie eigentlich nur in ihren Mitteln verschieden. Vielleicht auch in ihrer Betrachtungsweise. Wo in der Seelsorge, wie *Jahn* meint, der Glaube zur Gemeinschaft drängt, ist es in der individualpsychologischen Menschenführung die tief gefühlte Überzeugung von der einzig richtigen Art der Lösung der menschlichen Probleme zugunsten einer idealen Gemeinschaft. [68]

Auch das Problem der Erlösung und der Gnade entfaltet sich reibungslos in der individualpsychologischen Menschenführung. Wenn es gelingt, das schwer erziehbare Kind, den Nervösen, den Delinquenten usw. aus dem Verständnis seines in frühester Kindheit verfehlt aufgebauten Lebensstiles heraus auf seinen immerhin menschlichen Irrtum aufmerksam zu machen, und wenn man über den *nötigen Takt*, über die Kunst und über die Mitmenschlichkeit verfügt, ihm auch noch die Beschämung über seinen Irrtum zu ersparen, so erlebt er die reinliche Umwandlung seines Lebensstiles ohne Aufruhr seiner Gefühle, nicht zu reden von der Zerknirschung, die zum Beispiel *Künkel* der Individualpsychologie zu insinuieren versucht, und die er ohne Gnade seinen Patienten angedeihen lassen will. Die Individualpsychologie, die die Gleichwertigkeit des menschlichen Lebens postuliert – was sich nicht umdeuten lässt in Gleichwertigkeit der Leistungen –, hat genügend Trost, Ermutigung und erlösende Kraft zur Behebung eines Irrtums zur Verfügung, um in ihrer kameradschaftlichen Leistung zu trösten, zu erziehen und zu belehren. Belehren aber kann nur der, dem das Wissen vom Ganzen, vom verfehlten Lebensstile eines Menschen zugefallen ist.

Ist es vom religiösen Standpunkt, wie wir gezeigt haben, selbstverständlich, dass der Mensch sich vor seinem Gotte wissen müsse, um sich der Gemeinschaft im höchsten Sinne anzugliedern, so steht der irrende Mensch in der Individualpsychologie vor dem Common Sense und vor dem als »richtig« erkannten Ideal einer letzten Gemeinschaft, dem Maß alles gereinigten Tuns. Es *gibt merkwürdigerweise Psychologen*, die vom Common Sense nichts halten. Offenbar weil er ihrer »privaten Intelligenz« widerspricht. Für Zweifler will ich hier anführen, dass der Common Sense mit der Entwicklung der menschlichen Einsicht wächst und das in jeder Zeitperiode höchste erreichbare Maß zur Beurteilung menschlicher Vernunft und zur Kontrolle menschlichen Handelns darstellt. So ist es auch verständlich, dass gelegentlich – seltener Fall – einer sich selbst aus seinem Irrtum befreien kann, wenn er trotz mancher Irrtümer stark geblieben ist im Geiste der idealen Gemeinschaft. In der Religion trete dieser Fall, wie *Jahn* hervorhebt, aus der Berührung des Ich mit Gott ein. Die Gnade, die Erlösung, die Vergebung erlebt der Irrende im milden »Fragefeuer« der Individualpsychologie durch seine Einreihung in die Gesamtheit. [69]

Nun aber die dialektische Theologie[4], die betont, dass Entwicklung durch Konflikt und Krise gehe und die Erlösung durch Gnade komme. Die Individualpsychologie behauptet, dass der Lebensstil als Prototyp, als psychische Konstitution schon nach drei bis vier Jahren fertiggestellt ist und sichtbar wird, und dass dieser Lebensstil sich zeitlebens erhält, es wäre denn, dass das Individuum sich von dem Fehler in seinem Lebensstil überzeugt. Diese Überzeugung erwächst ihm durch sein weitgehendes Verständnis des Zusammenhanges aller Teilausdrucksformen mit dem Ganzen und seiner Erkenntnis, dass es in frühester Kindheit unrichtig aufgebaut hat. Ein Leiden deswegen, fast gleichbedeutend mit einem Schuldgefühl, würde Stimmungen im Individuum erzeugen, die, solange nur sie anhalten, keine Gesundung versprechen. »Gewissensbisse sind unanständig«, sagt *Nietzsche* und trifft damit diesen Tatbestand. Der traurige Rückblick auf die Fehler der frühesten Kindheit, auf irrige Meinungen, auf falsch verstandene Organminderwertigkeiten und ihre oft verfehlte psychische Kompensation, auf die dort fälschlich gezogenen Folgerungen aus unrichtiger Erziehung, wie Verzärtelung, die die *Hauptrolle im verfehlten Lebensplan* spielt, ist eher ein Hindernis für die Ermutigung zu neuem Leben und muss durch ein allmenschliches Verstehen ersetzt werden. »Nachdem ich den fehlerhaften Sinn meines Lebens erkannt habe, bin ich noch

---

4 [zur dialektischen Theologie siehe oben S. 189]

ärger dran als früher«, hört man oft Patienten sagen, solange sie sich nicht als Teil der Gesamtheit fühlen. Man mag es Konflikt nennen, wenn einer, ausgestattet mit einem fehlerhaften Lebensplan, an den sozialen Notwendigkeiten unseres Lebens scheitert, Krisis, wenn er den Umwandlungsprozess vollzieht, und Gnade, wenn er den neuen Weg findet, man möge aber vermeiden, dass in den Fransenbehängen dieser Begriffe (*James*) sich Stimmungen einschleichen und Wirklichkeit werden, die aus kämpferischen Beziehungen, aus düsteren Krankheitsvorgängen und aus der *Untertansmoral* stammen, Letzteres, wenn außerhalb der Religion von Gnade gesprochen wird.

Die Dialektik freilich in dem Sinne der Thesis, Antithesis und Synthesis findet sich in der individualpsychologischen Anschauung ebenso wie in den anderen Geisteswissenschaften. Am häufigsten kommt sie in der individualpsychologischen Betrachtung zutage, wenn es sich um Menschen handelt, die Verwöhnung von anderen erwarten, und, sobald sie derselben nicht teilhaftig werden, in Hass und Ressentiment verfallen, bis *[70]* sie zum Geben, zur Allmenschlichkeit sich durchgerungen haben. Das »flectere si nequeo [superos], acheronta movebo«⁵ musste seine Synthese im Gemeinschaftsgefühl finden. Auch im organischen Leben zeigt sich der Drang zur Synthese, im Equilibrium des ganzen Organismus, wenn Letzterer mit Organminderwertigkeiten seinen Lauf begonnen hat, die von organischen Überkompensationen gefolgt sind. Nebenbei: Dieses vom Leben gesuchte Equilibrium ist nicht der Tod oder, psychisch gesehen, der Todestrieb, sondern eine Harmonie des Körpers, die der Evolution zustrebt. Wäre es der zweite Grundsatz der Physik, das Aufgehen im Nichts, das bei Menschen oft eine Rolle spielt, dann wäre es die allzu rasche Vorwegnahme einer in Millionen von Jahren vielleicht eintretenden Tatsache, eine Antizipation, die gegenwärtig sicher als ein Irrtum, als ein Krankheitssymptom zu betrachten ist.

Wenn die religiöse Psychotherapie *Hiltys* festzustellen sucht, dass die Erweckung der Kraft zum Idealismus nur vom Glauben her möglich sei, so müsste die Individualpsychologie hier ergänzen, dass auch der Glaube an die Wissenschaft und ihren Fortschritt eine solche Kraft verleihen kann.

Jahn wirft die oft gehörte Frage auf, ob der Intellekt tatsächlich die Kraft habe, den Trieb zu brechen oder zu adeln. Die Individualpsychologie unterscheidet scharf zwischen der »privaten Intelligenz« und der »Vernunft«. Man kann dem störrischen Kind Intelligenz nicht absprechen, wenn es stets zuwi-

---

5 [*Vergil*, Äneide VII, 312. »Wenn ich die Himmlischen nicht bewege, ruf ich die Hölle zur Hilfe.« – Das Wort »superos« fehlt in *Adlers* Zitat. Das Wort »acheronta« bezieht sich auf den Acheron, den Strom, über den die Toten beim Eintritt in die Unterwelt fahren mussten. Das Zitat steht auch als Motto über *Freuds* »Traumdeutung«. *Adler* benützt es an verschiedenen Stellen, um die Einstellung des Neurotikers zu skizzieren, z. B: »Über den nervösen Charakter«, Original S. [88]; diese Studienausgabe Bd. 2, S. 162.]

derhandelt, um seine Überlegenheit zu erweisen und die Mutter mit sich zu beschäftigen. Seine Streiche werden immer intelligent genug sein, um ihn zu seinem Ziele zu führen. Das Mädchen, das aus irrigen Gründen gegen seine Frauenrolle protestierend sich zum Ziel gemacht hat, sich wie ein Knabe zu benehmen, den es als überlegen ansieht, handelt seinem Ziele gemäß vollkommen intelligent, wenn es seine Liebesgefühle irgendwie vom Manne abwendet. Sogar der Wahnsinnige, der sich ganz vom Leben und seinen Forderungen abgewendet hat, weil er in allen Richtungen eine Niederlage voraussieht, handelt intelligent, wenn er sich von der Welt abschließt und wenigstens in seiner Fantasie den Genuss einer fiktiven Überlegenheit sucht. Vernunft aber, Common Sense, ist die Verflochtenheit mit den sozialen Forderungen unseres Lebens und die daraus stammende Einsicht in deren sozialen Zusammenhang. Was aber den »Trieb« anlangt, eine theo[71]retische Konstruktion, die nicht besser wird, wenn man ihr Partialtriebe unterschiebt oder sie auf Sexuallibido einschwört, so fristet er sein Dasein damit, dass man ihm heimlich ein Ziel, Wahlfähigkeit, List, Tücke und vor allem dämonischen Egoismus einflößt, Charaktere, die sichtlich soziale Bezogenheiten aufweisen, die wir vom Ich her kennen, die nur dem Ich zukommen. Geht man mit genügender Kritik vor, so muss man feststellen, dass der »Trieb« ohne Richtung ist, und diese Richtung erst vom Ziel her, das heißt durch den Lebensstil des Ich, erhält. Man wird also alles das, was man in den »Trieb« hineinschiebt (um es dann wieder herauszuholen), nur durch vernünftige Einsicht in den ganzen Zusammenhang des Ich als fehlerhaft erkennen können, und man wird es nur durch eine Änderung des Ganzen, des Lebensstiles, bessern können. Dies gilt auch für jenen Prozess, den der Utopist *Fourier*, dann *Nietzsche* und später *Freud* als Sublimation benannt haben. Nur der wird abträgliche Neigungen verbessern können, der zuvor mitmenschlicher geworden ist. Der Intellekt also hat nicht die Kraft, den Trieb anders zu lenken, wohl aber das geänderte Ziel, der geänderte Lebensstil.

Ist dies das Werk der Vernunft, dann darf man nicht wieder vergessen, dass ihr Aufkeimen nicht isoliert vonstatten gehen kann. Immer sind damit Gefühle und Emotionen verbunden, die bei verschiedenen Menschen verschieden weit von ihrem Blickpunkt stehen. Immer auch tritt eine Veränderung der Stellungnahme, im günstigsten Falle im Sinne der Mitarbeit, der aktiven sozialen Verbundenheit hervor. Für unser Urteil ist immer die Stellungnahme maßgebend. Sie belehrt uns, ob die Einsicht in das Ganze auch wirklich schon zustande kam. Von einem Intellektualismus in der Individualpsychologie zu sprechen vermag nur der, der beides missversteht. Für uns ist jede Ausdrucksform durchströmt vom Bewegungsgesetz des Ganzen.

Ein kurzes Wort zur Frage des Unbewussten. Ich muss es deshalb aussprechen, und zwar in dieser Absicht, weil *Jahn* gelegentlich von der *Freud'schen* Konzeption des Unbewussten Gebrauch zu machen scheint, um die Kraft wissenschaftlicher Überzeugung auf die Menschenführung zu bezweifeln. In einer Übersicht des Ganzen im seelischen Aufbau hat eine Selbständigkeit eines Unbewussten als Teil des Ichs viel weniger Raum. Auch in der individualpsychologischen Wissenschaft kann man das Ziel der seelischen Bewegung als unbewusst, besser als unerkannt und *[72]* nur aus dem Zusammenhang erkennbar charakterisieren. Damit auch den Lebensstil und die den Handlungen des Individuums zugrundeliegende Meinung von seiner Leistungsfähigkeit und von der Art, wie er die Aufgaben des Lebens nach seinem Bewegungsgesetz zu leisten hat. Es fehlen dabei dem Individuum Verständnis und Wort. Wer wie *Freud* als Merkmal des Bewusstseins die sprachliche und begriffliche Formulierung einer seelischen Erscheinung nimmt, und noch dazu die Zerstörung oder Hintanhaltung der begrifflichen Ausdrucksmöglichkeit, das Hinwegsehen von den begleitenden Gefühlen und Emotionen, die gehinderte Einsicht in den Zusammenhang von Stellungnahme und Endziel als Verdrängung ins Unbewusste ansieht, ist genötigt, mancherlei Interpretationen vorzunehmen, um individualpsychologische Anschauungen zu umschreiben. Der individualpsychologischen Auffassung nach sind alle die genannten Vorgänge durch den Lebensstil intendiert, der seine Form, Richtung und Bewegung festzuhalten sucht.

Streifzüge im Unbewussten landeten beim Aggressionstrieb der Individualpsychologie, der in dieser Wissenschaft Streben nach Vollkommenheit, in der Psychoanalyse, das Kind mit dem Bade ausschüttend, Sadismus und Masochismus bedeutet. Das Ideal-Ich und der Zensor, Letzterer Schöpfung des Ersteren, aus der Not der Realität geschaffen, sind, wenn nicht Prunkstücke von List, Verschlagenheit und Kriecherei, herausgerissene Anteile des in der frühesten Kindheit erworbenen Gemeinschaftsgefühls, wie es die Individualpsychologie lehrt. Nicht nur Worte machen das Bewusstsein aus. Man wird Säuglingen und Tieren Bewusstsein nicht absprechen können. Auch in den Gefühlen, wenn sie auch wortlos sind, im musikalischen Empfinden, insbesondere in unseren Handlungen ist Bewusstsein. Was selten dabei zu finden ist, ist Verständnis des Zusammenhangs, das, wenn erst in Worte gekleidet und wenn widerspruchslos dem Common Sense gegenüber aufgedeckt, uns das Recht gibt, überzeugt zu sein und überzeugen zu können. Diese widerspruchslose Klarstellung der Fehler in einem Lebensstil, sicherlich keine leichte Arbeit, überzeugt und erzeugt den neuen Lebensstil, der nicht durchaus der bestehenden Realität, sondern der wachsenden, werdenden Realität in aktiver Weise angepasst ist. In dieser Betrachtung ist kein Platz für den Zweifel mehr, als ob die Intelligenz nicht imstande wäre, Triebe des Unbewussten auf ein anderes Ziel zu lenken. *[73]*

Sehen wir doch so oft, wie selbst die Illusion einer Überzeugung imstande ist, Triebe auf falsche Ziele zu lenken. Die Annahme eines in jedem Menschen wirksamen bösen Prinzips spielt nur zu sehr jenen Elementen in die Hände, die ihr Ziel auf Beherrschung und Unterdrückung anderer errichtet haben. Der Mensch ist von Natur aus weder gut noch böse. Alle seine Charaktere zeigen sich sozial gerichtet und verraten deshalb ihren Ursprung aus der Bezogenheit zur Umwelt, sind nicht angeboren, sondern erworben »im Strom der Welt«. Was etwa angeboren ist – niemals unmittelbar sichtbar, immer schon vom ersten Tage der Geburt an vermengt mit der gegenseitigen Beziehung von Mutter und Kind –, Wertigkeit der Organe und ihrer Korrelation in Bezug auf die äußeren Notwendigkeiten und immer erlebt als ein Gefühl der Anspannung zwischen Organwertigkeit und äußerer Anforderung, wird vom Kinde, ohne dass es dafür Worte oder Begriffe findet, zum aktiven Ausgleich als Baustein verwendet, durch Austasten der Situation, durch probeweisen Anschlag, bis das Kind, nicht etwa eine Rechenmaschine, einen ungefähr zufriedenstellenden Weg gefunden hat, auf dem es auch, immer im Hinströmen nach einem Ziel der Erhöhung und Vollendung, dieses irdischer, näher zur konkreten Ausgestaltung, gefunden hat. Soll ich noch hinzufügen: immer im Rahmen des menschlich Erfassbaren und Möglichen? Nicht, was ein Kind mitbringt, sondern was es daraus macht, entscheidet seinen Lebensstil.

Auch die Einflüsse von außen, das Milieu, kann nur als Baustein betrachtet werden und wird vom Kinde in freiem Verfügen aufgenommen und verwertet zum gleichen Ziel der Überlegenheit. Die Individualpsychologie ist Gebrauchspsychologie und unterscheidet sich scharf von anderen Richtungen der Psychologie, wie der Instinkt-, der Trieb-, der Hereditätspsychologie, die im Wesentlichen Besitzpsychologien sind. Entscheidend ist der erratende Faktor in der schöpferischen Kraft des Kindes, seine schöpferische Intuition. Möglicherweise liegen auch ihr angeborene Elemente zugrunde. Deren Pflege aber und Entwicklung ist in hohem Grade der Erziehung in weitestem Sinne anheimgegeben. Dabei ist nicht etwa nur gemeint, günstige Einflüsse walten zu lassen, sondern man muss scharf zusehen, wie das Kind sie verwendet, um abermals einzugreifen. Dass wir so oft Zusammenhänge von Organminderwertigkeiten oder Milieueinflüssen mit Fehlschlägen finden, weist in erster [74] Linie darauf hin, wie leicht die schöpferische Kraft des Kindes auf unrichtige Wege geleitet werden kann, wenn nicht eine richtige Erziehungsmethode den Ausgleich schafft. Da jedes Kind ein nuanciertes Problem darstellt, ist es auch nicht verwunderlich, wenn Erziehungsmaßnahmen, die im Allgemeinen als günstig angesehen werden, ein andermal sich als unzulänglich erweisen. Dies gilt für alle Formen der Erziehung, für religiöse sowohl als für laienhafte oder wissenschaftlich erprobte. Wenn es nicht gelingt, in der ersten Kindheit den Lebensstil eines richtigen, am Wohl der Allgemeinheit interessierten Mitmenschen zu erzielen, wofür es wahrlich kein einheitliches Rezept gibt, so wird man stets die mangelhafte Fähigkeit dieses Menschen erleben, an den Aufgaben der Menschheit, den kleinen wie den großen, richtig teilzunehmen. Dass wir gewisse Erziehungsmethoden, wie unbefugte Autorität,

Härte, Verwöhnung ebenso wie hereditäre Organminderwertigkeiten, so oft im Zusammenhang mit Fehlschlägen wahrnehmen, hängt mit unserer derzeit mangelhaften Einflussnahme zusammen, rechtzeitig die Mitmenschlichkeit trotz der Ungunst der Verhältnisse entwickeln zu helfen, lässt sich aber wieder nur in einer statistisch gegebenen Wahrscheinlichkeit verstehen, nicht als kausal erfassbare Regel aus einem unmittelbaren Zusammenhang, da der Faktor der schöpferischen Intuition des Kindes, unberechenbar und nicht in kausaler Gesetzmäßigkeit wirksam, zwischen Erlebnis und Ausgestaltung desselben eingeschaltet ist.

Mag deshalb auch *Herbarts* Anschauung von der Abhängigkeit der Charakterbildung vom Gedankenkreis als »intellektualistisch« unzureichend erscheinen, in unserem Sinne, betreffend die Einheitlichkeit des Individuums, ist eine völlige Erkenntnis und Klärung auch der widerstrebenden Kräfte nicht denkbar, ohne eine gleichzeitige Umwandlung des ganzen Lebensstiles. Dasselbe gilt von *Kerschensteiners* Auffassung der Vierteilung des Charakterbegriffs in Willensstärke, Urteilsklarheit, Feinfühligkeit und Aufwühlbarkeit. Wenn einer die Kunst der Erziehung, der Seelsorge, der Behandlung innehat, so kann er an jedem sichtbaren Punkt des Seelenlebens damit beginnen und wird Erfolg haben. Freilich nur mit Hilfe des Behandelten, der immer auch aus den Belehrungen, die er erfährt, ergänzt und aufbaut, so dass auch seine Mitarbeit in Betracht kommt und sorgfältig kontrolliert werden muss. So kann einer wohl glauben, ein einzelnes Symptom, wie etwa Willensstärke, zu behandeln.[75] Hat er richtig gesehen, so greift seine Behandlung auf das Ganze über.

Es scheint mir, dass die Individualpsychologie in ihrer klaren Fassung des Begriffs »Gemeinschaft« älteren Feststellungen einen klareren Sinn gegeben hat. Es handelt sich nicht um Worte oder Begriffe. Ob einer das Menschheitsideal in der »sittlichen Selbstbehauptung« oder in der »Selbstverneinung« erblickt, lebendig wird das Gemeinschaftsgefühl erst dann, wenn es sich sub specie aeternitatis als wertvoll für die Wohlfahrt der Menschheit erweist. Von Selbstbehauptung oder Selbstverneinung wird wohl erst in Situationen zu sprechen sein, in denen das Gemeinschaftsgefühl in besonders strenger Art angefordert wird. Um ein bekanntes Wort zu gebrauchen und zu ändern: Gemeinschaftsgefühl muss sich ergeben gleich Atmen. Dass, wie *Jahn* hervorhebt, die Individualpsychologie nicht nur Familiengemeinschaft und Schulgemeinschaft dabei im Sinne hat, vielmehr diese beiden als Training für ein Leben in der Menschheitsgemeinschaft aufgefasst wissen will, nötigt sie zwecks Vorbeugung und Korrektur von Fehlschlägen, Familien- und besonders Schulleben mit besonderer Aufmerksamkeit zu beachten. Auch in der Frage der Sublimierung muss ich einen Schritt weiter gehen als *Jahn*. Die Möglichkeit, eine sozial verwerfliche, wie *Freud* meint, Lust bringende Triebkomponente (wobei er sadistische und nach seiner Ansicht an gewissen Körperteilen haftende Sexualtriebe im Auge hat) zu sublimieren, in unserem Sinne also zum Nutzen der

Gemeinschaft zu verwenden, kann ehrlicherweise nur durchgeführt werden, wenn das Gemeinschaftsgefühl wächst. Sollte es jemandem glücken, eine Sublimierung durchzuführen, wie es *Fourier* und *Nietzsche* gemeint haben und wie auch *Freud* vorschlägt, und gleichzeitig der individualpsychologischen Fassung von der nötigen Steigerung des Gemeinschaftsgefühles zu widersprechen oder gar zuwiderhandeln, dann war das Ei klüger als die Henne – der Patient hat gegen den Willen und gegen die Absicht des Behandelnden sein Gemeinschaftsgefühl gesteigert.

In der Tat, die Individualpsychologie ist, wie *Jahn* hervorhebt, mehr als eine Psychologie der Minderwertigkeitsgefühle. Aber ich könnte ihm nicht zustimmen, wenn er sagt, sie suche den Menschen im Kampfe mit seinem Ich zu schildern. Es ist vielmehr immer dasselbe Ich in seinem Bewegungsablauf, das die Inkongruenz seines Lebensstiles mit den sozialen Forderungen erlebt und dabei fehlerhafterweise seinen Lebens[76]stil zu behaupten sucht, anstatt ihn entsprechend, das heißt in der Richtung eines stärkeren Gemeinschaftsgefühles, höher zu entwickeln. So erklären sich – entgegen *Jahns* Ansicht – Trotz, persönlicher Ehrgeiz, Unterlegenheitsgefühl und Gemeinschaftsflucht als psychische Verhaltensweisen nicht aus der Nichtbewältigung des eigenen Ich, sondern sie haften am Lebensstil und sind Ressourcen, Leitlinien oder Mittel, mit denen ein der Gemeinschaft weniger zugetanes Individuum Fragen des Lebens entgegentritt, die mehr Gemeinschaftsgefühl erfordern, als er aufbringen kann, Mittel, die schließlich auf der unnützlichen Seite des Lebens dem Individuum wenigstens den Schein einer persönlichen Überlegenheit zu retten vermögen. Zum Beispiel ein 34-jähriger, unverheirateter Mann klagt über Minderwertigkeitsgefühle im Verkehr mit intelligenten Männern und mit anziehenden Mädchen. Er wuchs in einer Familienatmosphäre auf, die jede Wärme vermissen ließ und wo jedes Mitglied dem andern in unfeiner Art den Vorrang abzulaufen suchte. In der Schule erlebte er seinen Triumph, war stets der beste Schüler und bei den Lehrern und seinen Kameraden beliebt, ohne sie recht zu Freunden machen zu können. Als er später eine Stelle antrat, in der er immer bestrebt war sich auszuzeichnen, stieß er, wie dies oft Angestellten und Arbeitern geschieht, auf die Überheblichkeit und Kälte seiner Vorgesetzten. Er konnte sich dort nur halten, weil er mit doppeltem Eifer und in angestrengtester Anspannung seine Arbeit versah. Doch war er stets müde und verdrossen und übertrug seine trotzigen und streitsüchtigen Gefühle auf seine Brüder und Schwestern. Seit Kindheit erwartete er infolge seiner fast eindeutigen Lebenserfahrungen nur Kälte und Kritik von außen, und selbst in der Schule konnte er nur mit äußerstem Ehrgeiz sich Achtung verschaffen, sah sich freilich auch dort stets wie vor einer Prüfung. Seine Erinnerungen an seine Vergangenheit zeigten ihm sein Leben nur als ein Leben des Kampfes und in der Furcht vor Erniedrigungen. Als Sinn seines Lebens vermeinte er immer wie vor einer Prüfung zu stehen, deren schlechten Ausfall er durch den

Rückzug vor dem Leben zu verhindern suchte. Zeitlebens benahm er sich wie ein Schüler, der sich vor einer Prüfung zurückzuziehen versucht. Sein Ehrgeiz, Wärme, Anerkennung, Lobpreisungen zu gewinnen, war auf diese Weise wohl geschützt. Sein ehrgeiziges Ich, immer Anerkennung und Wärme suchend, blieb unverändert. Niederlagen, vermeintlichen wie wirklichen, wich er in weitem [77] Bogen aus. Aber er konnte seinen Weg als ein Mensch, der mehr an sich als an andere dachte, nur fortsetzen, wenn er den oben geschilderten Rückzug antrat. Und eine Änderung, Besserung in seinem Lebensstil war nur durchzuführen, als er den Irrtum seiner Lebensmethode, die ihm durch sein häusliches Leben nahegelegt wurde, erkannte und Raum für ein stärkeres Interesse an anderen schaffte. Aber er kämpfte nicht mit sich selber, sondern sein Ich stieß an Probleme, die es nicht in zufriedenstellender Weise lösen konnte.

Jahn sagt, die Individualpsychologie habe tatsächlich erkannt, dass die Hemmungseinschaltung wie die Hemmungsausschaltung zu den kardinalen Aufgaben der Menschenführung gehören. Die Voraussetzung dieser Annahme wäre, dass ein Individuum »von Natur aus« gegen schlechte Impulse zu kämpfen hätte. Dies kann ich nicht ganz bejahen. Hemmungen oder Hemmungslosigkeit finden wir immer nur bei Individuen, die zu wenig Gemeinschaftsgefühl haben. Wenn auch der ideale Gehalt an Gemeinschaftsgefühl kaum je zu finden ist, so hängt doch die Notwendigkeit, von zu starken oder zu schwachen Hemmungen überhaupt zu sprechen, mit dem sichtbaren Mangel an Gemeinschaftsgefühl zusammen. Gelingt es, Letzteres zu verstärken, dann kommen »Hemmungen« in beiderlei Sinn nicht mehr in Frage. Ich habe nicht viel Hoffnung, dass die Einschaltung von Hemmungen ohne Verstärkung des Gemeinschaftsgefühls, durch Drohungen, Strafen usw., zur Veränderung einer Persönlichkeit etwas beitragen können; es wäre denn, dass das betroffene Individuum – das Ei klüger als die Henne – aus eigener Kraft, aus eigenem Verständnis die Bedeutung des sozialen Interesses entdeckt. Dabei kann man ihm besser durch individualpsychologische Belehrung helfen. Auch krankhafte, der Kooperation zuwiderlaufende Hemmungen wird man kaum anders beseitigen können, als indem man den Befallenen lehrt, sich, seine Eitelkeit, seine Furcht vor Verletzung seines Nimbus zu vergessen und sich ganz dem Werke hinzugeben, vor dem er zurückschrickt. Man wird nicht die Hemmungen behandeln dürfen, sondern den Mangel an Angeschlossenheit an das Ganze. Dies meint wohl auch *Jahn*, wenn er der Individualpsychologie zustimmt und hervorhebt, dass sie den Kranken lehre, seinen Frieden mit der Menschheit zu machen. Das Problem der Menschenführung, wie es sich dem Arzt, dem Priester, dem Lehrer stellt, ist: [den] für die Aufgaben der Mensch[78]heit mangelhaft vorbereiteten Menschen angesichts einer ihn erschütternden sozialen Aufgabe auf den Irrtum in seiner Lebensmethode hinzuweisen und ihm eine bessere Vorbereitung zu ermöglichen. Es scheint mir, dass auch in der religiösen Menschenführung kein anderer Weg gegeben ist als der der »Überzeugung«. Dazu hat die Individualpsychologie, soweit ich sehe, die besten Mittel, die besten Einsichten bereitgestellt.

Ich übergehe viele der wertvollen Auseinandersetzungen *Jahns* über christliche Menschenführung. Zum Teil habe ich darauf schon individualpsychologisch geantwortet. Das Drama der Menschenseele, die durch die Gnade in Christus aus der Sünde zur Freiheit erlöst wird, dürfte wohl denselben Menschen meinen, der am Wege zur idealen Menschengemeinschaft ist. Dass vielen dabei die »Gottbezogenheit« kraftvoller, konkreter, mit stärkerer Gefühlsbezogenheit bedacht erscheinen wird, ist nicht zu leugnen. Über den intelligiblen Blickpunkt kann man aber nicht mit vollem Recht sagen, dass das Blickfeld der theologischen Anthropologie völlig verschieden sei von dem der psychologischen Anthropologie; besonders dann nicht, wenn man zu Zwecken des Vergleichs die erstere auf die Common-Sense-Ebene projiziert. *Künkel* geht wie immer in seinem Denken den umgekehrten Weg und glaubt dabei irgendetwas Neues gefunden zu haben, wie es auch *Allers* tut, wenn er die »psychologische Anthropologie« – nicht etwa in die christliche Seelsorge einzubauen unternimmt, was die Aufgabe der Individualpsychologie bezüglich jeder großen Bewegung wäre, sondern – der Seelsorge schmackhafter zu machen sucht, indem er sich der Seelsorge-Terminologie bedient. *Künkel* sagt (zitiert nach *Jahn*): »Vom Standpunkt des Leidenden aus gesehen, handelt es sich hier (beim Bekehrungsvorgang) um Gnade, von der Wissenschaft aus gesehen, um ein Wunder.« Dem Psychotherapeuten mag es nicht wenig schmeicheln, der Bringer eines Wunders zu sein. Wer aber die Einheit des Individuums richtig erkannt hat, den Irrtum auch im Aufbau der fehlerhaften Persönlichkeit desselben, wer ferner fähig war, auch dem Irrenden die ins Leben wirkende Überzeugung vom besseren Lebensstil beizubringen, kann unmöglich von einem Wunder sprechen, da es sich dabei doch offensichtlich um ein verständliches Menschenwerk handelt.

Ebenso übersieht *Liertz*, den *Jahn* als Gewährsmann zitiert, was im [79] Falle des Gelingens einer Besserung des Geführten einfließt, wenn er die Exercitia spiritualia⁶ in die Psychotherapie einführt und die willensmäßige Beeinflussung des Gefühlslebens, die asketischen Übungen sowie die Bedeutung der Selbstkontrolle stark betont. Sie mögen als Training gelegentlich vorwärts führen, aber nur unter der Voraussetzung, dass es gelingt, den Drang zur Mitarbeit, zur Mitmenschlichkeit, zum Gemeinschaftsgefühl zu entwickeln. Das heißt: Nur auf dem Boden des Gemeinschaftsgefühls kann ein solches Training wirksam werden, nur, wenn es bereits vorhanden ist. Sonst bleibt alles Wirken aufs Gefühl tönendes Erz und klingende Schelle. Ob man derart komplizierte Methoden benötigt, sobald das Gemeinschaftsgefühl gesichert ist, bleibt die Frage.

---

6 [geistliche Übungen]

Arvid Runestam kommt von der Linie *Freud*. Er sagt, die Neurose entstehe, indem das hemmungslos wuchernde Triebleben die religiösen Strebungen verdränge. Nicht die strenge, sondern die schlaffe Moral schaffe die Neurose. In der Neurose wehre sich das Ethos gegen den Trieb. Das ist so ziemlich die Rettungsinsel der Freud'schen Konzeption. Dass die Neurose, besser das neurotische Symptom, stets angesichts eines sozialen Problems auftaucht, in einer günstigen Situation niemals sichtbar wird, ist durch die Darlegungen der individualpsychologischen Erfahrung festgestellt. Angesichts des exogenen Faktors zeigt sich der Minderwertigkeitskomplex wie in einer Prüfung des schlecht Vorbereiteten. Soweit ich sehe, ist diese individualpsychologische Feststellung ziemlich allgemein anerkannt. Die Lösung des vorliegenden Problems gelingt nicht, führt vielmehr zu einer ungeheuren seelischen Anspannung wegen der drohenden Niederlage, weil der Irrende das nicht aufbringt, was die Lebensprobleme fordern: Gemeinschaftsgefühl, Kooperation, Mitarbeit. Der Schock, der ihm widerfährt, sobald er sich sozial unvorbereitet fühlt, versetzt Körper und Seele in unheilvolle Schwingungen. Die Konfusion, die daraus entsteht, der Reflex (nach *Pawlow*), das gestörte Equilibrium sind noch keine Neurose. Sie sind menschliche Reaktionen, nur verschieden nach Konstitution, körperlichem und seelischem Aufbau. Nun entsteht die Frage: Was folgt? Wie stellt sich die Einheit des Individuums zu dieser oft tief greifenden Veränderung, um doch das Persönlichkeitsgefühl zu retten, das Streben nach Überlegenheit durchzuführen? Die Individualpsychologie lehrt nun, dass sozial schlecht vorbereitete Menschen in dieser Lage nicht die Lösung der vorliegenden Frage [80] anstreben, zu der mehr Gemeinschaftsgefühl gehört, als sie besitzen, sondern dass sie eine Erleichterung darin finden, sich mit der eingetretenen Störung auseinanderzusetzen, in ihr verharren und sie als Rechtfertigung für die Ablehnung einer Lösung verwenden, weil sie eine Niederlage dabei mehr befürchten, als sie einen Erfolg erwarten. Sie sichern so die Distanz zur Lösung eines gefürchteten Problems durch den Ausbau der schockartig entstandenen Störung. Sie weichen nach der ihnen leichter erscheinenden Seite aus, wobei sie nicht etwa, wie es den meisten Psychiatern und Psychologen erscheint, die Symptome »machen«, sondern keine rechte Neigung empfinden, die leichter empfundene Lösung aufzugeben. Dabei haben sie nicht nur ein gutes Gewissen, sondern sind in ihrem Streben nach scheinbarer persönlicher Überlegenheit nicht gestört, da sie den Mangel einer Mitarbeit durch den Hinweis auf ihr Leiden gerechtfertigt halten und ihre persönliche Überlegenheit bloß durch ihr Leiden gehindert empfinden. Dieses Gefühl der persönlichen Überlegenheit, ihr Anspruch darauf, nur durch die Krankheit blockiert, wird in vielen Fällen dadurch gesteigert, dass sich der Leidende selbst die Schuld zumisst, dass er gerne bereit ist, ein Schuldgefühl, Gewissensbisse, einen ethischen Aufschwung zu seinen anderen neurotischen Symptomen zu gesellen und sich so noch unfähiger zu machen für die Gemeinschaft, da er wie bei seinen anderen

Symptomen auch bei diesem verharrt, ohne, was sichtlich wichtiger wäre, ans Werk zu gehen. Wie etwa im folgenden Falle: Ein Mann, einziges, sehr verwöhntes Kind, dem seine Eltern stets einprägten, welch ein Wunderkind es sei und welch eine hohe Stelle es einst bekleiden werde, scheiterte, wie zu erwarten, mangels gehöriger Entwicklung des Gemeinschaftsgefühls an den drei Fragen des Lebens, in der Gemeinschaft, in der Beschäftigung und in der Liebe. Da er nicht ohne nützliche Bemühung – nützlich für die andern – der Erste sein konnte, wie er aber seit Kindheit erwartete, zog er sich immer mehr auf seine Familie zurück und schaltete aus seinem Leben Freundschaft, Beruf und Frauen aus. Der Schock beim Zusammentreffen mit diesen Problemen war außerordentlich stark. Er verlor alles Interesse an der Wirklichkeit und ergab sich mannigfachen Träumen, in denen er alle anderen überragte. Körperlich gesund, war er als verzärteltes Kind besonders dem Sexualtrieb stark unterworfen. Aber sein sexuelles Verlangen gefährdete seine gewünschte Abschließung *[81]* von der Außenwelt, in der ihm eine Niederlage seiner überspannten Größenidee sicher schien. Durch den Sexualtrieb nach außen gedrängt, durch die Furcht, ohne persönlichen Triumph zu verbleiben, von der Außenwelt abgesperrt, fand er in der Wirrnis seiner Gefühle als einzige Frau, über die er gebieten konnte, die Mutter, deren Verzärtelung er gewiss war. Nun setzte sein Schuldgefühl ein, besonders da ihm der Vater im Wege war. Der Beweis eines Ödipuskomplexes, wird der Leser sagen. In Wirklichkeit der Wunsch eines verzärtelten Kindes, sofort die Erfüllung seiner Wünsche durchzusetzen, ohne Rücksicht auf die Gemeinschaft. Die Unerfüllbarkeit seines Verlangens brachte ihn dahin, seine Mutter zu hassen, sie mit allerhand Vorwürfen zu überhäufen, eine schwächlich in die gleiche Richtung verlaufende Angriffstendenz gegen sie zu entwickeln, in der er zu der Zwangsidee kam, er könnte sie töten, sobald er ein Messer sah. Schwächlich deshalb, weil in dieser stets unausgeführten Idee nicht einmal die Stärke einer offenen Beschimpfung zu finden ist, wie etwa, wenn er geflucht hätte: »Ich könnte dich umbringen.« Dass ihm die Sexualität als das grässlichste Übel erschien, weil sie ihn zur Anteilnahme an der Gemeinschaft verpflichtete, ergibt sich aus dem gegenwärtigen Ziel seiner Überlegenheit, den Rückzug anzutreten, um jeder Gefahr einer Verletzung seiner Eitelkeit zu entgehen. So entwickelte er ein weiteres Schuldgefühl, indem er annahm, dass er sich durch seine stark betriebene Masturbation für das ganze Leben ruiniert hätte. (Auch die stark betriebene Masturbation entspringt dem Hang des verzärtelten Kindes, sich keinen Genuss entgehen zu lassen.) Ist es wirklich so schwer einzusehen, dass sein gehäuftes Schuldgefühl ihn nur weiter zur Abschließung von der Außenwelt zwang? Ist es nicht klar, dass er sich hoch erhaben fühlte über Menschen, die zwar Ähnliches durchgemacht hätten, ohne aber das Rüstzeug der Ethik zu tragen? Gewissensbisse, Schuldgefühle, sich sträubende und windende Ethik müssten gerechterweise zu einer Verstärkung des Gemeinschaftsgefühles Anlass geben, anderseits sind sie nur zu geeignet, als Verstärkung der neurotischen Symptome zu dienen. Dies tritt am deutlichsten in der Melancholie zutage. Man sollte angesichts dieses Tatbestandes nicht so große Worte wie Gewissen, Schuldgefühle, Kampf der Ethik gebrauchen.

Was aber die »Krisis der Psychologie« anlangt, so dürfte sie mehr eine [82] Krisis der Psychologen bedeuten. Und der »Widerspruchscharakter« des Menschen, als tiefste Erkenntnis der christlichen Erkenntnis, tritt erst, in der individualpsychologischen Beleuchtung, auf dem Wege der anfänglichen Besserung des Gemeinschaftsgefühls zutage, wenn der Irrende seinen Irrtum nicht mehr so stark wie vorher behaupten kann. Der scheinbare Widerspruch beim Neurotiker führt zu keiner Änderung der neurotischen Haltung. Solange ein Widerspruch besteht, ist nur eines sicher: dass keine Änderung eintritt.

Ich glaube mich mit *Jahn* eines Sinnes, wenn ich seinen Satz, wer Gott liebe, der müsse den Menschen lieben, und die Menschenliebe fließe aus der Gottesliebe, dahin ergänze, dass es sich auch hier wieder um ein richtiges Verständnis dieser Liebe handelt, da ja ohne dieses aufgegangene Verständnis sowohl das Gottesziel, die Religion, wie auch die Individualpsychologie missbraucht werden können.

Die Annahme einer Zensur ergab sich für *Freud* als notwendig, um die Verdrängung perverser Triebe und die Konsequenzen zu erklären. *Jahn* sieht ganz richtig, wenn er die Frage nach den Quellen dieser Zensur aufwirft. Nur dass diese Zensur nichts an der Kraft der verdrängten Triebe ändert. Sie ist in der psychoanalytischen Anschauung ein Zwangsmittel zur Niederhaltung von kulturgefährdenden Angriffen, führt höchstens so weit, sich den Geboten der Außenwelt, der gegenwärtigen konventionellen Moral aus Furcht vor Gegenangriffen anzupassen und erzwingt – nach *Freud* – die Neurose. Wenn man sich der anthropomorphen Anschauung *Freuds* von dem Wesen der Zensur entschlägt, so bleibt von ihr nichts übrig als ein verhältnismäßig geringes Gemeinschaftsgefühl, das, wenn es auf seinen Bestand durch ein soziales Problem geprüft wird, keinen anderen Erfolg zeitigt als die fehlgeschlagene Lösung dieses Problems in der Ausgestaltung der Neurose. Ich könnte die Psychoanalyse mit der christlichen Lehre von Sünde und Gewissen nur insofern in Berührung bringen, als es sich um einen Menschen handelt, der seine Sündhaftigkeit unter andauernden Gewissensbissen fortsetzt.

Wenn *Jahn* sagt, das Ich komme zur Erkenntnis seiner selbst (in der Katharsis), das ihm bisher verborgen geblieben sei, so liegt darin eigentlich beschlossen, wie die Erkenntnis der Änderung voranzugehen hat. Eine Erkenntnis ohne Erweckung von Affekten (und einer entsprechen[83]den Stellungnahme) ist nach den Feststellungen der Individualpsychologie nicht möglich. Selbst wenn die Erkenntnis nicht so tief ginge, um den fehlerhaften Weg auszuschalten, so bliebe sie immer ein Begleiter des Irrtums und nie ohne Einfluss. Es kommt nun darauf an, in welcher Richtung der Beratene in seinem Lebensstil stärker entwickelt ist, wo sein größeres Interesse liegt, im Denken, im Fühlen oder im Wollen. Verbunden und gleichlaufend, entsprechend seinem Bewegungsgesetz, sind diese Funktionen alle. Nur dass bald die eine, bald die andere im Blickfeld des Individuums als auch – leider – im Blickfeld des Beraters stärkere Betonung findet. Beim Beratenen wird man demnach die Änderung entsprechend seinem Lebensstil bald deutlicher im Denken, bald im Fühlen oder im Handeln finden. Ich ziehe die Änderung im Handeln vor. Sie gibt mehr Evidenz von der Änderung als alle anderen Funktionen. Und ich würde zugunsten dieser Auffassung auf angestrengte, Haare spaltende Denkversuche und Gefühlsausbrüche verzichten. Auch darauf, dass »das Individuum vor seiner eigenen Abgründigkeit erschrickt«. Es liegt im Wesen aller Religionen, den Gefühlsprozess gegenüber allen anderen Ausdrucksbewegungen zu unterstreichen. In der individualpsychologischen Förderung des Individuums verzichtet man besser auf die Zerknirschung des Irrenden, in der Überzeugung, dass das richtige Handeln dadurch zumindest hinausgeschoben, wenn nicht verhindert wird. Die stärkere Betonung des Verstehens in der individualpsychologischen Behandlung, das Erfassen von im Grunde doch heute noch allgemein menschlichen Irrtümern verhindert das Erschrecken. Auch scheint mir die gewünschte Zerknirschung noch aus einem einst allgemeinen Gedankenkreis zu stammen, der die Besserung des Menschen nur und ausschließlich von seinem Leiden, von seiner Strafe abhängig erblickte, ein Standpunkt, den wir derzeit sogar in der Jurisprudenz wesentlich zu mildern trachten. Spiegelt sich in diesen zwei verschiedenen Standpunkten vielleicht der Unterschied zwischen der rigorosen preußischen Tradition und der mehr freundlichen Lebensart des Wieners? Jedenfalls kann die »Wertsteigerung« der wiedergeborenen Persönlichkeit nicht aus der Gefühlsaufwallung, sondern nur aus seiner Haltung gefolgert werden.

Die Individualpsychologie stellt das Streben nach Vollendung, nach Lösung der Lebensfragen im Sinne der Evolution des Einzelnen wie der [84] Menschheit, gefördert durch die Schwäche des Kindes, seines stets vorhandenen Minderwertigkeitsgefühls als die »psychische Urform« der menschlichen Bewegungslinie fest. Sie rechnet mit der millionenfachen Verschiedenheit dieser Bewegungslinien. Ein großer Teil derselben, in sich jedes Mal wieder verschieden, kann als Streben nach persönlicher Macht angesehen werden. Diese Bewegungsform entbehrt mehr oder weniger des richtigen Ausmaßes des Gemeinschaftsgefühls, ist deshalb als fehlerhaft zu bezeichnen und trägt in sich das Merkzeichen der späteren Unzulänglichkeit im Falle eines auftauchenden sozialen Problems. Die Erkenntnis und das Gefühl, wertvoll zu sein, die einzige Erlösung aus dem stets antreibenden menschlichen Minderwertigkeitsgefühl, stammt aus der Beitragsleistung zum allgemeinen Wohl. So wie diese Empfindung, wertvoll zu sein, durch nichts anderes ersetzt werden kann, so verspricht auch in dem allgemein menschlichen Streben, die fliehende Zeit festzuhalten, nicht ganz zu verschwinden aus der Gemeinschaft der Menschen, der Beitrag zum Wohle der Allgemeinheit (Kinder, Werk) den Anspruch auf Unsterblichkeit. Der Geist unserer Vorfahren, die etwas zur Wohlfahrt der Menschheit beigetragen haben, lebt dauernd unter uns. Deshalb ist, wie *Jahn* richtig gesehen hat, »die Ichgebundenheit« der zentrale Angriffspunkt der Individualpsychologie. Dabei vergisst der Ichgebundene immer, dass sein Ich automatisch gesichert ist, je besser er sich für die Wohlfahrt der Menschheit vorbereitet, und dass ihm in dieser Hinsicht keine Schranken gesetzt sind. Die zahlreichen Anführungen aus den Schriften der Bibel sind dankenswerte Bestätigungen für den tiefen Einblick erhabener Menschheitsführer in die Grundfesten menschlicher Wohlfahrt und drücken in imposanter Weise vieles aus, was die Individualpsychologie in bescheidener wissenschaftlicher Art dem Denken nahezubringen trachtet.

Was ich früher über die Gottfindung sagen konnte, findet eine Bestätigung in *Brunners* Schriften. *Brunner* erklärt, dass Gott durch seinen Ruf den Menschen an ihn, den Schöpfer, binde und damit zugleich auch an die Menschen. Die Individualpsychologie findet, dass das Ziel der Vollkommenheit nur in Gemeinschaft mit der Wohlfahrt der ganzen Menschheit gedacht werden kann.

Ganz individualpsychologisch gedacht ist der Satz *Jahns*, dass die Gefahr der Selbstliebe nun darin liege, dass sie bis in die subtilsten religiös[85]-ethischen Motive hineinwirke. Dass hier nur die exakte Erkenntnis eines Missbrauches Änderung schaffen kann, liegt wohl auf der Hand, ebenso wie die Erkenntnis der Notwendigkeit einer Steigerung des Gemeinschaftsgefühls.

Dagegen muss ich seine Behauptung namhaft erweitern, dass für die psychologische Forschung die Ichgebundenheit eine seelische Gegebenheit sei. Nach *Luther* sei die Ichgebundenheit schuldhaft. Die Individualpsychologie behauptet, dass das Ich, nicht die Ichgebundenheit, in seinem Streben nach einer idealen Vollkommenheit nur dann entwicklungsfähig ist, wenn dieses Streben in die Richtung des allgemeinen Wohles geht. In Betrachtung des gegenwärtigen Kulturstandes finde ich, dass dieses Streben viel stärker entwickelt werden muss. Das Wissen darüber, die wahre, wissenschaftliche Erkenntnis davon ist zu gering und deshalb nicht genügend lebendig. Die Individualpsychologie will nicht Richter, will wissenschaftlicher Helfer sein. Es ist nicht ihres Amtes, Lob und Tadel zu erteilen. Deshalb spreche ich nicht von Schuld, sondern von Irrtum, entstanden in der Zeit der Kindheit und fortwirkend besonders deshalb, weil dieses irrtümliche Verhalten nicht einmal in Worte oder Begriffe gefasst ist, deshalb auch dem Angriff des erwachten Verstandes entzogen bleibt. Ich möchte eher die Schuld denen zumessen, die diese Tatsache erkannt haben oder erkennen konnten und nicht genug zur Änderung beigetragen haben.

Die Ichgebundenheit ist ein Kunstprodukt, dem Kinde aufgehalst in seiner

Erziehung und durch den gegenwärtigen Stand unserer sozialen Struktur. Des Kindes schöpferische Kraft wird zur Ichgebundenheit verleitet. Solange nicht Lehrer, Priester und Arzt, losgelöst von ihrer Ichgebundenheit, gemeinsam mit allen, die ehrlich für das Wohl der Allgemeinheit wirken wollen, diese Verführungen des Kindes verhindern, ist immer nur der Einzelfall in die Hand des Arztes gegeben, und immer erst dann, wenn der Irrtum des Kindes zu größerem Schaden für alle geführt hat. Angriffspunkt einer solchen Bewegung müsste in erster Linie die Schule sein. Als vorläufig unentbehrliche Hilfen kämen gleichlaufende Bestrebungen der Menschenführung durch alle dazu berufenen Personen in Betracht, Eltern, Arzt, Priester und besonders geschulte Hilfspersonen. Der Anfang müsste im Kindergarten gemacht werden. Es wäre dabei zu erreichen, dass kein Kind die Schule verlassen könnte, *[86]* ohne die Gewähr, ein richtiger Mitmensch zu sein.

Auch zwei weitere Anführungen *Jahns* möchte ich noch erweitern. Er sagt, die Angstzustände, von denen ein Mensch zerquält werde, seien nach der individualpsychologischen Deutung Nachwirkungen angstbetonter Hemmungen, die einst in die Kindesseele eingeschaltet wurden. Die Individualpsychologie vermeidet es, im Reiche der seelischen Strebungen und Bewegungen andere Gesetze gelten zu lassen als das Bewegungsgesetz des Einzelnen. Die Angst nun ist, wie ich gezeigt habe, die berechtigte oder unberechtigte Voraussicht, die Halluzination einer Gefahr. Ist das Individuum an sein individuell gefasstes Ziel der Überlegenheit gebunden – was immer es enthalten mag –, so gibt es im weitesten Sinne nur eine Gefahr: von seinem Ziel abgelenkt zu werden, das heißt eine Niederlage in seinem Sinne zu erleben. Eine abwegige Zielsetzung wird sich in jeder Teilerscheinung als krankhaft erweisen. Eine tatsächliche Lebensgefahr wird fast alle mit dem Gefühl der Angst erfüllen, aber die krankhafte Angst vor einer Niederlage weist auf die Ichgebundenheit, auf Hochmut und Entmutigung, auf ein Ziel der persönlichen Überlegenheit. Die häufigste Verleitung zu einem solchen Ziel habe ich in der Verwöhnung der Kinder innerhalb der Familie gefunden, die zugleich die Mitarbeit des Kindes ausschaltet und unentwickelt lässt. Neben ihnen trifft die Wucht mangelhafter Erziehung jene Kinder, die durch körperliche Mängel leicht dazu gedrängt werden, mehr an sich als an die andern zu denken. Meine eigenen Darstellungen (Studie über Minderwertigkeit der Organe[7]) und andere, oft gleichlaufend mit denen *Kretschmers*, geben ein Bild von der Bedeutung dieser Tatsachen. Ein völliger Mangel des Gemeinschaftsgefühls der Umgebung, völlig gehasste Kinder, finden sich selten. Ein Lichtpunkt in der sozialen Struktur unserer Gesellschaft, vielleicht deshalb auffallend, weil ein völlig gehasstes Kind kaum längere Zeit am Leben bleiben könnte. Die krankhafte Angst, die ich bei Patienten finde, ist immer eine Angst vor Verlust des Überlegenheitszieles, vor Verlust des Per-

---

7 [Adler 1907a]

sönlichkeitsgefühls. In jedem einzelnen Falle aber finde ich die Struktur der Angst individuell verschieden und vielleicht immer auf die übergroße Sehnsucht nach Verzärtelung zurückführbar, auf einen Mangel an Kooperationsfähigkeit, die sich im Nehmenwollen und nicht im Gebenwollen ausdrückt.

Mehr Aufmerksamkeit verdienen die Bemerkungen *Jahns* über die »Not[87]wendigkeit von Satzungen, die ein Überwuchern des Triebhaften, die Verabsolutierung des Individuums« verhindern, was, wie er meint, durch das Streben nach einer idealen Gemeinschaft für den eben erst Gereiften, für den noch nicht Freien nicht gewährleistet ist. Ich muss darauf antworten: Ich sehe derzeit keine Möglichkeit, eine sofortige Reifung der Menschheit durchzuführen. Aber ich sehe die Aufgabe des Gereiften darin, die Gesellschaft vor Schädigungen durch die Unreifen zu schützen und alles zu deren Reifung zu tun. Der nach idealer Gestaltung strebende Mensch braucht ebenso wenig weitere Satzungen als der Mensch beim Atmen. Er wird nie ein Fertiger sein, immer ein Suchender, aber immer abwägend mit den Mitteln seines Verstandes und dem anderer. *Jahn* scheint mir zu sehr in den Banden der Triebpsychologie befangen. Man muss sich die Frage vorlegen, woher Triebe ihre Richtung erhalten. Was wir unter »Trieb« verstehen, ist richtungslos, wird nur von den Triebpsychologen anthropomorphistisch zu einem fertigen Dämon gestaltet, der Klugheit, auswählende Tendenzen, Richtung, ein Eigenleben besitzt, kurz ein vollkommenes Ich darstellt, mit List und Tricks ausgestattet. Es ist die Verschiebung des Ich in den Trieb, die hier eine fantastische Ausgestaltung erfährt. Die Individualpsychologie sieht da viel schärfer, ich würde sagen: viel tiefer, wenn dieser Ausdruck nicht voreilig von oberflächlicher und stramme Regeln suchender Psychologie in wesenlosen Anspruch genommen würde. Der Trieb, soweit wir von seinem abstrakten Wesen absehen können, ist wie der Charakter, das Denken, das Fühlen, das Wollen, der Zweifel, die Affekte, das Handeln ein Teil der einheitlichen Persönlichkeit und vom Bewegungsgesetz des Individuums abhängig. Der »Trieb« bekommt seine Richtung von der Totalität und kann nur zugleich mit der einheitlichen Persönlichkeit geändert werden. Diese Änderung erfolgt im Wege des besseren Verständnisses vom Sinn des Lebens.

Ich habe schon von dem viel schwierigeren Weg gesprochen, den Menschen durch Zerknirschung, Verzweiflung, und wie die andern wenig freundlichen Ausdrücke heißen, zu läutern. *Jahn* fügt neue Begriffe hinzu: »Sturz und Tod des Ich«. Ich kenne die Tiefe und die Wucht metaphorischer Ausdrucksweise zu gut, um ihre Wirkungsweise zu unterschätzen. Aber ich weiß auch, dass die metaphorische Ausdrucksweise außerhalb der Kunst ein gefährliches Mittel sein kann, sich selbst [88] und andere über die Wirklichkeit zu täuschen. Ich fand später diese Auffassung auch in philologischen Kreisen als die allgemeine. Es berührt mich nicht, wenn wenig bedachtsame Leute mir vorwerfen, ich hätte die Dichter als Lügner hingestellt. Dort, wo es gilt, Gefühle zu entflammen, ist die dichterische Redensart wohl am Platze. Wahrscheinlich auch in der Religion. In der Wissenschaft, in der Weckung des Verständnisses muss sie verpönt bleiben. Ich habe in diesem Sinne auch auf die Gefahr der metaphorischen Ausdrucksweise hingewiesen, *weil sie ein Mittel ist*, den kritischen Common Sense zu überrumpeln – und bei der alten Lebensmethode zu bleiben, wie unter der Wirkung einer Intoxikation. Auch der Traum in seinen dichterischen Vergleichen ist ein solches Mittel.

Wenn *Jahn* sagt, dass Mut nur dort ist, wo Vertrauen ist, so legt er einem die Umkehrung allzu nahe, dass Vertrauen nur ist, wo Mut ist. Es scheint, dass wir auf diese Weise nicht weiterkommen. Die Individualpsychologie mit ihrer Zielsetzung des Wohles der Allgemeinheit glaubt sicher zu sehen, dass jeder, der dieses Ziel einmal als wirkende Voraussetzung für die Entwicklung der Menschheit als richtig erkannt hat, auch seine Entwicklung, seinen Wert, sein Glück nur unter dieser Voraussetzung zu gewinnen sucht, alle Schwierigkeiten des Lebens, in ihm selbst und außerhalb seiner Person entstanden, als seine von ihm zu lösende Aufgabe betrachten wird. Er wird sich auf dieser armen Erdkruste sozusagen zu Hause fühlen, »in Vaters Hause«[8], und wird nicht nur die Annehmlichkeiten, sondern auch die Unannehmlichkeiten dieses Lebens, die ihn und andere betreffen, als ihm zugehörig betrachten und an ihrer Lösung mitarbeiten. Er wird ein mutiger Mitmensch, ein Mitarbeiter sein, ohne um anderen Lohn zu fragen als um den, den er in sich trägt. Aber sein Werk, sein Beitrag zum Wohle der Allgemeinheit, ist unsterblich, sein Geist wird nie untergehen. Wer imstande war, aus schöpferischer Kraft einen nutzlosen, irrtümlichen Lebensstil aufzubauen, in künstlerischer Vollendung und kaum vorher verstanden, der ist auch imstande, sich zu wandeln und eine allgemein nützliche Lebensform zu erzeugen. Das Einssein mit Welt und Mensch, das Verstehen der Bezogenheit zur menschlichen Gesellschaft, zum Beruf, zur Liebe weist ihm dann den Weg, der ihn nach aufwärts führt. Deshalb fordert die Individualpsychologie nicht »neben« der Ermutigung die Einfügung in [89] die Gemeinschaft, sondern hält daran fest, dass der Mut eine der vielen Seiten der Gemeinschaft ist.

Ich möchte auch gemeinsam mit *Jahn* dem Irrtum steuern, den vorwitzige Kritiker sich zunutze machen, als ob die Individualpsychologie das Kind zur gegenwärtigen Gemeinschaft oder zu irgendeiner der gegenwärtigen Gemeinschaften erziehen wollte. Dies wäre das Ende einer Höherentwicklung der menschlichen Gesellschaft. Die Individualpsychologie erzieht zu einer wirklichen Gemeinschaft, für die gewirkt und gestrebt werden muss. Unter den gegenwärtigen, teilweise durch die Individualpsychologie geweckten oder gesteigerten Gemeinschaftsbestrebungen wird sie nur jene anerkennen kön-

---

8 [Hier dürfte Adler sich beziehen auf Johannes 14, 2: »In meines Vaters Hause sind viele Wohnungen.«]

nen, die in der Richtung des Zieles einer idealen, freilich nie erreichbaren, aber als Ziel wirkenden Gemeinschaft liegen. Keine Frage, dass über den Wert der gegenwärtigen Gemeinschaftsbestrebungen nach verschiedenen Richtungen Zweifel möglich sind, aber ich würde jede dieser Bestrebungen als wertvoll anerkennen, die dem Wohl der Gesamtheit ehrlich nachstrebt. So wird die Individualpsychologie auch nur jene »Erziehungsgemeinschaft« als wertvoll gelten lassen, die Vorbereitung ist zum Mitmenschen der Zukunft. Um klar zu sehen: Die Entspannung der verkrampften Seele geschieht nicht durch die Heilkraft der Liebe. Der Heilprozess ist um vieles schwieriger. Sonst würde es wohl genügen, jedes schwer erziehbare Kind, den Nervösen, den Verbrecher, den Trunkenbold, den sexuell Perversen mit Liebe zu umgeben, um ihn zu heilen. Auch hat das Wort »Liebe« allzu viel Bedeutungen, bedeutet bei vielen Sexuallibido, bei anderen Verzärtelung, bei manchen Menschenfreundlichkeit. Die Individualpsychologie will den Mitmenschen erziehen, sie muss deshalb im Verkehr mit Irrenden ihre Mitmenschlichkeit erweisen. Nur in dieser Sinnesart, behauptet sie, kann der Irrende für die Mitarbeit gewonnen werden, nur so gelingt es, ihm das Verständnis seines irrenden Lebensstils klarzumachen. Der Heilungsvorgang muss damit beginnen, das irrende Menschenkind zur Mitarbeit zu gewinnen. Die Heilung erfolgt aber als das ureigene Werk des Behandelten, dem sich das zureichende Verständnis erschlossen hat.

Noch einmal: Die Individualpsychologie als Wissenschaft darf sich nicht religiöser Dogmen bedienen. Sie muss die christliche Menschenführung den dazu Berufenen überlassen. Aber auch sie kann Gott nicht aus der *[90]* Welt verbannen. Und sie muss auch mit der Bezogenheit von Mensch–Erde rechnen. Für diese Bezogenheit hält sich die Individualpsychologie für zuständig. Deshalb wird sie es immer begrüßen, ihre Erfahrungen dem Seelsorger sowie allen Erziehern der Menschheit zugänglich machen zu können. Die Bedenken *Jahns* in dieser Hinsicht entstanden offenbar aus falschen Informationen. Ich habe nie einen Zweifel darüber walten lassen, dass der neurotische Zustand kein zwangsläufiges Ergebnis von Milieu und Entwicklung ist, dass das Werden nicht schicksalhaft ist. Ich habe vielmehr gezeigt, dass es im Seelenleben keine strenge Kausalität gibt, sondern dass alles notwendig kausal Ablaufende im Sein des Menschen, Organminderwertigkeiten, Erziehungs- und Umweltfaktoren, von der schöpferischen Kraft des Kindes zu einem Werden gestaltet wird. Das Kind verwendet alles Erleben von hereditären und erzieherischen Einflüssen in freier, künstlerischer Gestaltung zum Aufbau einer einheitlichen Lebensform. Erst diese Lebensform gibt allen Ausdrucksbewegungen ihren Sinn und ihre Richtung. Deshalb heißt »Erziehen« nicht allein, günstige Einflüsse wirken zu lassen, sondern auch scharf darauf zu achten, wie das Kind sie verwendet, um, wenn nötig, weiter einzugreifen. Ist das Kind vom ersten Tage an zur Kooperation gebracht, dann wird sein Gestaltungsdrang diesen Weg nicht mehr verlassen. Anders in anderem Falle. Die Schwierigkeit, in unserer

Gesellschaft den richtigen Weg zu finden, wurde von mir schon des Öfteren betont. Die Abwegigkeit, der Irrtum des Kindes im Aufbau seines Lebensstils, kann nur an der Distanz zum Gemeinschaftsgefühl gemessen werden, das gelernt, erzogen werden muss. Alle Charaktere haben zutiefst einen sozialen Sinn, der Mensch kommt nicht gut oder böse zur Welt, aber er kann in jeder dieser Richtungen erzogen werden. Wessen Schuld ist da größer? Die der irrenden Gesellschaft oder die des irrenden Kindes? Wenn ich auf die häufigen Zusammenhänge von Organminderwertigkeit, Verzärtelung, Vernachlässigung mit Fehlschlägen immer wieder hinweise, so habe ich immer gewarnt, darin mehr zu sehen als statistische Wahrscheinlichkeiten, in die weitesten Begriffe gefasst trotz jedesmaliger Verschiedenheit des Einzelnen und trotz der nicht seltenen Vermeidung von Fehlschlägen in allen diesen Fällen. Diese meine Feststellungen sollen zur Beleuchtung des Gesichtsfeldes dienen, auf dem der Einzelfall in seiner Einmaligkeit gesucht oder – vermisst werden soll. Die freie [91] Entscheidung bleibt dem Irrenden gegeben, sobald es gelingt, ihn für die Mitarbeit an der Korrektur zu gewinnen.

Man sollte auch strenge zwischen »Minderwertigkeitsgefühl« und »Minderwertigkeitskomplex« unterscheiden. Das Minderwertigkeitsgefühl verlässt den Menschen nie. Zum Minderwertigkeitskomplex wird es erst, wenn der Träger desselben seine Unzulänglichkeit erweist, eine Lebensfrage von sozialer Struktur mangels eines zureichenden Gemeinschaftsgefühls zu lösen. Was dabei zutage tritt, ist immer ein Fehlschlag, mag es Neurose oder Verbrechen sein. Der Minderwertigkeitskomplex erscheint angesichts einer zu schweren exogenen Belastung bei Personen, die in ihrer Lebensform immer schon ein schweres Minderwertigkeitsgefühl gezeigt haben. Infolge ihres ungünstigen Startes in der Kindheit wächst ihr Interesse für die eigene Person so stark an, dass mehr oder weniger ein Interesse für die anderen sich nicht entwickeln kann. Das »asoziale Verhalten« ist also untrennbar mit dem schweren Minderwertigkeitsgefühl verknüpft und zeigt sich früher oder später in der Form des Verbrechens oder in einer anderen, anlässlich einer äußeren auslösenden Ursache, immer in der Gestalt, die durch den Lebensstil des Individuums erzwungen ist. Ich kann auf diese wichtige Tatsache, wie die Form der Verfehlung zum Lebensstil passt, hier nicht näher eingehen. In den Jahrgängen der »Zeitschrift für Individualpsychologie« (Hirzel, Leipzig)[9] habe ich eingehend diesen Zusammenhang beleuchtet. Was den Verbrecher anlangt, so wird man in seinem Lebensstil immer einen Grad von Aktivität wahrnehmen können, den man bis in die Kindheit zurückverfolgen kann.

Jahn hat recht, wenn er sagt, man dürfe sich nicht darauf beschränken, dem Gemeinschaftsstörer zu sagen, die Ursache seines Gemeinschaftshasses sei seine Ichgebundenheit. Er würde dies ebenso wenig verstehen wie viele

---

9 [Adler u. Furtmüller 1914b; Adler 1923a]

Kritiker der Individualpsychologie. Man wird ihn davon an der Hand seiner Entwicklung, in subtiler Betrachtung seines Lebensstiles überzeugen müssen. Aber wir sind auch überzeugt, dass der Verbrecher nicht geheilt wird, wenn man ihm sagt, dass diese Ichgebundenheit seine Schuld und er darum für seine Ichgebundenheit verantwortlich sei. Die Verantwortlichkeit des Individuums beginnt, im Lichte der Individualpsychologie gesehen, erst in dem Augenblick, in dem der Irrende das Verständnis für seinen mangelnden Gemeinschaftssinn und die fehler[92]haften Auswirkungen erkennt.

Darf ich zuletzt noch sagen, dass ich es als ein nicht geringes Ergebnis ansehe, wenn *Jahn* hervorhebt, die Individualpsychologie hätte manche verschüttete Position der christlichen Menschenführung wiederentdeckt. Ich war stets bestrebt zu zeigen, dass die Individualpsychologie die Erbin aller großen Menschenbewegungen ist, die auf das Wohl der Menschheit hinzielten. Ihre wissenschaftliche Grundlage verpflichtet sie wohl zu einer gewissen Intransigenz, aber ihrem ganzen Wesen nach ist sie begierig, aus allen Wissens- und Erfahrungsgebieten neue Anregungen zu empfangen und sie dorthin zu geben. In diesem Sinne ist und war sie immer Überbrückungsarbeit. Denn es verbindet sie mit allen großen Bewegungen der gleichsinnige Drang, der auch die Entwicklung jeder Wissenschaft und der Technik leitet, nach Höherentwicklung der Menschheit, zum Wohle der Gesamtheit.

New York, November 1932

Anhang

Personen in Adlers »Religion und Individualpsychologie«

Allers, Rudolf (1883–1963), katholischer Individualpsychologe. Allers war Schüler Sigmund Freuds, hielt dessen Ideen jedoch für unwissenschaftlich. Arbeitete 13 Jahre lang mit Alfred Adler zusammen. Lehrte 1913 Psychiatrie an der Universität München, arbeitete im Ersten Weltkrieg als Chirurg in der österreichischen Armee, danach 1918–1938 als Psychiater in Wien, wo er auch als Psychotherapeut praktizierte. Nach der Emigration in die USA lehrte er an der Katholischen Universität von Amerika, ab 1948 an der Georgetown University in Washington, DC. Er war Präsident des Washington Philosophical Club und der Metaphysical Society of America. – Schriften unter anderen: Das Werden der sittlichen Person, 1929; The successful error. A critical study of Freudian psychoanalysis, 1940. Die Catholic Philosophical Association verlieh ihm die Thomas Aquinas Medal. Allers hielt eine Theorie des Charakters ohne Bezugnahme auf religiöse Wahrheiten für unmöglich.
Brunner, Emil (1889–1966), schweizerischer protestantischer Theologe. Brunner war 1924–53 in Zürich Professor für systematische und praktische Theologie. Lehrte zeitweise in Japan und den USA, Mitbegründer der dialektischen Theologie, die er teilweise in Gegensatz zu Karl Barth weiterführte. Entwarf eine theologische Anthropologie, die besonders die Ich-Du-Beziehung als Wesenselement der Begegnung von Gott und Mensch herausstellt (personalistische Gottesbeziehung). Entwarf ferner eine Ethik, die unter dem Motto »Ordnung und Gerechtigkeit« steht. – Schriften unter anderen: Erlebnis, Erkenntnis und Glaube, 1921; Der Mittler, 1927; Das Gebot und die Ordnungen, 1932; Der Mensch im Widerspruch, 1937.
Fourier, Charles (1772–1837), französischer Sozialphilosoph und utopischer Sozialist. Mit Blick auf das Elend der Lyoner Textilarbeiter kritisierte er die »industrielle Anarchie«, für die er die arbeitsteilige Zersplitterung industrieller und landwirtschaftlicher Produktion sowie die Verdienstspannen des Handels als ursächlich ansah. Fourier wollte durch Wiedervereinigung von Erzeugung und Verbrauch in sogenannten Produktivassoziationen (mit gewerblicher wie landwirtschaftlicher Tätigkeit) den nutznießenden Handel ausschalten. Stattdessen sollte eine wirtschaftlich-politische Organisation den Austausch zwischen den Assoziationen regeln. Marx kritisierte diese Ideen als »utopischen Sozialismus«, doch hat Fourier mit Veröffentlichungen in der Zeitschrift »Phalange« 1836–40 großen Einfluss auf die Entwicklung der Genossenschaftsbewegung ausgeübt. In psychologischer Hinsicht verteidigte er das natürliche menschliche Verlangen nach Lust und hoffte, mit den Assoziationen auch eine neue uneigennützige Wirtschaftsgesinnung herbeizuführen. – Schriften unter anderen: Théorie des quatre mouvements et des destinées générales, 1808; Traité d'association domestique et agricole, 2 Bde., 1822; Le nouveau monde industriel, 1829.
Herbart, Johann Friedrich (1776–1841), Philosoph, Psychologe und Pädagoge,

Schüler Reinholds und Fichtes. Er hatte 1809–1831 den Kant'schen Lehrstuhl in Königsberg inne, lehrte ab 1833 in Göttingen. Vertrat eine metaphysisch aufgeladene Lehre des Seelenlebens, die dieses durch Gleichgewichtsverschiebungen zwischen Vorstellungsinhalten bestimmt sah. Seine Auffassungen wirkten auf Gustav Theodor Fechner (1801–1887) und besonders auf Sigmund Freud ein, in breitem Umfang auch auf die pädagogische Psychologie. – Schriften unter anderen: Allgemeine Pädagogik, 1806; Hauptpunkte der Metaphysik, 1806; Psychologie als Wissenschaft, 2 Bde., 1824–25.

Hilty, Carl (1833–1909), evangelischer schweizerischer Jurist und religiös-ethischer Schriftsteller, war ein tiefgläubiger überzeugter Christ. Er besuchte fünf Jahre die Volksschule in Chur und gewann durch sie Einblick in die Familienverhältnisse der einfachen Leute. Allseitige Bildung durch umfangreiche Lektüre der deutschen Literatur und der griechischen und römischen Klassiker, der großen Historiker und stoischen Moralphilosophen und der Hauptwerke der englischen, französischen und italienischen Dichtung und Philosophie in der Ursprache. Carl Hilty wurde nach 1856 Militärrichter beim Kantonalen Kriegsgericht, 1876 Divisionsgroßrichter, 1886 Präsident des Militärkassationsgerichts, 1892 oberster Richter der schweizerischen Armee. Seit 1874 als Professor für schweizerisches Staatsrecht an der Universität Bern. 1890 als demokratischer Abgeordneter im Nationalrat und Ende des Jahrhunderts Vertreter der Schweiz am internationalen Schiedsgerichtshof in Den Haag. – Von seinen religiös-ethischen Schriften hat vor allem sein Hauptwerk »Glück« (1896) weiteste Verbreitung gefunden.

Jahn, Ernst Paul Ferdinand (1893–1969), Theologe und Psychologe; 1918 Feldgeistlicher; ab 1926 Pfarrer in der Lukas-Gemeinde zu Berlin-Steglitz und dort bis 1964 tätig. Jahn war während der Nazi-Zeit in Berlin in der Bekennenden Kirche aktiv (Gemeindekirchenrat 1994, S. 18–30). Er war Dozent für Religionspädagogik in der Kirchlichen Hochschule; nach dem Zweiten Weltkrieg Lehrbeauftragter für Religionspädagogik und Mitglied der Theologischen Fakultät der Universität Berlin; Leiter des Instituts für Seelsorgekunde der Kirchlichen Hochschule Berlin. – Verschiedene Nachkriegsveröffentlichungen im Rahmen der Arbeitsgemeinschaft »Arzt und Seelsorger«. Schriften unter anderen: Wege und Grenzen der Psychoanalyse, 1927; Machtwille und Minderwertigkeitsgefühl. Eine kritische Analyse der Individualpsychologie, 1931.

James, William (1842–1910), nordamerikanischer Philosoph und Psychologe, Prof. in Harvard/Cambridge. War Begründer des Pragmatismus, förderte die experimentelle Psychologie. Entwarf eine evolutionäre Theorie des Bewusstseins, wonach im »Strom des Bewusstseins« jeweils nur ein kleiner Ausschnitt gegenwärtig sei. Im Ich-Begriff unterschied er zwischen Ego und Me. Behandelte neben den Instinkten, Gefühlen und Willenshandlungen besonders auch die religiösen Erlebnisse. – Schriften unter anderen: Principles of psychology, 2 Bde., 1890; The varieties of religious experience, 1902; Talks to teachers on psychology, 1908; A pluralistic universe, 1909; Essays on faith and morals, postum 1948.

Kerschensteiner, Georg (1854–1932), bedeutender deutscher Pädagoge, Münchner Stadtschulrat 1895–1919, ab 1920 Professur an der Universität München. Kerschensteiner war 1912–1919 Reichstagsabgeordneter für die Fortschrittliche Volkspartei. Besondere Verdienste auf dem Gebiet der Schulorganisation, besonders Entwicklung der Berufsschule. Vertrat (unter dem Einfluss Deweys) für die berufliche Bildung das Prinzip »Lernen durch Tun«, wobei die berufliche Bildung eine staatsbürgerliche Erziehung einschließen sollte. Lehnte sich in seinen bildungstheoretischen Bemühungen an die Kultur- und Wertphilosophie Eduard Sprangers an. – Schriften unter anderen: Der Begriff der staatsbürgerlichen Erziehung, 1910; Der Begriff der Arbeitsschule, 1912; Wesen und Wert des naturwissenschaftlichen Unterrichts, 1914; Die Seele des Erziehers und das Problem der Lehrerbildung, 1921; Grundaxiom des Bildungsprozesses und seine Folgerungen für die Schulorganisation, 1917.

Kretschmer, Ernst (1888–1964), Professor für Psychiatrie in Tübingen, Marburg und wieder Tübingen. Kretschmer schuf eine Konstitutionstypologie, in der er bestimmte Korrelationen zwischen Körperbautypen (Leptosome, Pykniker, Athletiker und andere) und Temperamentseigentümlichkeiten (Schizothymie, Zyklothymie und andere) feststellte. Im Bereich psychotherapeutischer Methoden beförderte er den Ausbau einer dynamischen, lebensgeschichtlichen und mehrdimensionalen Diagnostik. – Schriften unter anderen: Der sensitive Beziehungswahn, 1918; Körperbau und Charakter, 1921; Hysterie, Reflex und Instinkt, 1923; Geniale Menschen, 1929; Psychotherapeutische Studien, 1949; Kretschmer-Höhn-Test, 1951.

Künkel, Fritz (1889–1956), Mediziner, Psychotherapeut in Berlin. Künkel machte in seinen weitverbreiteten Schriften tiefenpsychologische Einsichten, besonders die Individualpsychologie Alfred Adlers, für die Psychologie und Charakterkunde fruchtbar und entwickelte Folgerungen für das individuelle Handeln (»Spannungsbogen«). Künkel vertrat den Abbau der Ich-Strebungen zugunsten eines »Wir-Bewusstseins«. Als unter dem Nationalsozialismus in Berlin das »Deutsche Institut für psychologische Forschung und Psychotherapie« gegründet wurde und seinen Einfluss auf Österreich ausdehnte, sollte dort im Sinne der Nazi-Ideologie eine »Deutsche Psychologie« angestrebt werden, »die sich am ehesten an Künkels ›Gemeinschaftspsychologie‹ orientierte« (Bitter 1973, zit. n. Handlbauer 1984, S. 201). Schon Ende der 1920er Jahre war es zwischen Adler und Künkel zum Bruch gekommen (Handlbauer 1990, S. 172), unter anderem weil dieser in seine Erläuterung der Heilung den Begriff der Gnade einführte (Kretschmer 1995). Künkel starb in Hollywood. – Schriften unter anderen: Einführung in die Charakterkunde, 1928; Die Arbeit am Charakter, 1929; Jugendcharakterkunde, 1930; Grundzüge der praktischen Seelenheilkunde, 1935.

Liertz, Rhaban (1885–1948), katholischer Arzt und Psychotherapeut in München, firmierte dort mit »Allgemeine Seelenkunde, Krankenseelenkunde und Heilerziehung«. – Schriften unter anderen: Wanderungen durch das gesunde und kranke Seelenleben bei Kindern und Erwachsenen, 1923; Über das Schuldgefühl, 1924;

Seelenkundiges zum Charakterbilde König Ludwig II. von Bayern, zugleich ein Beitrag zur krankhaften Entartung des Ichtriebes im Narzissmus, 1927; Vor den Toren der Ehe, 1927; Seelenkunde und Erziehungskunde. Im Dienste der Heilerziehung, 1928; Albert der Große als Staatsmann, postum 1950.

Luther, Martin (1483–1546), Schöpfer der deutschen Reformation. Als solcher ist er zwar bekannt, dennoch sei in Erinnerung gerufen, dass er in seiner Schrift »An den christlichen Adel deutscher Nation« von 1520 und auch später zum Kampf gegen Papsttum und Priesterherrschaft aufrief, weil sie Gewissen und Glauben bevormunden. Gott und Seele stehen sich in seiner Sicht unmittelbar gegenüber, allein durch den Glauben wird der Mensch selig, denn Gottes Stimme in der Seele ist das eigene Gewissen. Der religiöse Mensch ist bei ihm als selbstverantwortliche christliche Persönlichkeit auf sich selbst gestellt. – Luther unterstellt ein natürliches Wissen um Gott und um sittliche Grundsätze aus der Vernunft heraus. Dieses Wissen kann indes niemals den Glauben ersetzen oder ihn gar übertreffen, zumal die ursprüngliche Kraft des anschaulichen natürlichen Erkennens nachgelassen hat. Deshalb befürwortet er eine formale Denkschulung durch die Logik, welche jedoch in der deutschen Muttersprache erfolgen solle. Die Ausführung seines philosophischen Programms überließ Luther Melanchthon, obgleich dieser noch lateinisch schrieb. Luther bekannte sich zur Lehre von der Prädestination. – Schriften unter anderen: Von der Freiheit eines Christenmenschen, 1520; Von weltlicher Obrigkeit, 1523; Der große Katechismus, 1525; De servo arbitrio, 1525.

Nietzsche, Friedrich (1844–1900), war 1869–1879 Professor für alte Philologie in Basel, lebte in der Folgezeit meist in der Schweiz und in Italien und starb nach zwölfjähriger geistiger Umnachtung. Friedrich Nietzsche ist als Philosoph viel zitiert, missverstanden, benutzt und bekämpft worden. Es gab Versuche, seine Psychologie als Ausdruck seiner Krankheit – vermutlich Paralyse – aufzufassen. Jedenfalls knüpft er an Schopenhauers Lehre von der Urmacht des Lebenswillens an und bringt sie in Verbindung mit seiner Deutung der griechischen Tragödie als Einheit des Dionysischen, rauschhaft dem Leben Hingegebenen, und des Apollinischen, des maßvoll Ausgeglichenen. Sie figurieren als zwei einander widerstreitende Grundtendenzen: als Lebenswille, Machttrieb, Trieb und Instinkt einerseits und als Bewusstsein andererseits, welches den Ersteren gegenüber jedoch sekundär ist. Das Bewusstsein ist mehr Instrument, mehr Überbau, Verhüllung und Maske, weshalb die Aufgabe der Psychologie im Enthüllen, Entlarven und Demaskieren besteht. Dazu gehört auch, die herrschende Moral als Ausdruck eines Ressentiments zu sehen, das die Schwachen gegen die ungebrochenen, lebenskräftigen, »dionysischen« Antriebe hegen. Gegen sie predigen sie ein schlechtes Gewissen, das selber aber voller Vorurteil und Selbsttäuschung sei. – Mehrere Gesamtausgaben seiner Schriften.

Pawlow, Iwan Petrowitsch (1849–1936), russischer Physiologe. Pawlow ist bekannt geworden vor allem durch seine Lehre von den Auswirkungen der inneren Sekretion und von den bedingten Reflexen (Pawlowscher Hund). Auf seiner Lehre fußt zum Teil der amerikanische Behaviorismus. – Schriften unter anderen: Die Arbeit der Verdauungsdrüsen, deutsch 1898; Die höchste Nerventätigkeit von Tieren, deutsch 1926; Conditional reflexes, 1927; Die Widerspiegelungstheorie, herausgeben 1973.

Pfister, Oskar (1873–1956), schweizerischer evangelischer Theologe und Psychologe. Ab 1902 Pfarrer in Zürich, suchte Pfister früh schon Verbindung zur Psychoanalyse Sigmund Freuds, mit dem er ab 1909 dreißig Jahre lang befreundet war. Pfister suchte die Psychoanalyse für die pädagogische und seelsorgerische Praxis fruchtbar zu machen. – Schriften unter anderen: Die Willensfreiheit, 1903; Die psychoanalytische Methode, 1913; Das Christentum und die Angst, 1944.

Runestam, Arvid (1887–1962), schwedischer Bischof und bedeutender Vertreter lutherisch orientierter Sozialethik. Runestam versuchte in »Psychoanalyse und Christentum« die Psychoanalyse als »Hilfsmittel« der Seelsorge von dem christlichen Ideal der Gesundheit abzugrenzen. Selbstverwirklichung ist nur möglich durch die »persönliche Einheit von Gesetz und Evangelium, Forderung und Gabe«. Noch mehrfach wandte er sich der Herausforderung durch die moderne Psychologie zu. Runestam schloss sich den Ideen der Oxfordbewegung an, die im 19. Jahrhundert in England, gegen den zeitgenössischen Liberalismus und den staatlichen Säkularismus gerichtet, die anglikanische Kirche auf einen mittleren Weg zwischen Katholizismus und reformierten beziehungsweise lutherischen Kirchen bringen wollte. – Schriften unter anderen: Die christliche Freiheit bei Luther und Melanchthon, 1917; Christliche Gemeinschaft I: Die Möglichkeit der christlichen Sozialethik, 1928; Psychoanalyse und Christentum, deutsch 1928; Ichheit und Sachlichkeit, 1944.

Literatur

Adler, A. (1902a): Das Eindringen sozialer Triebkräfte in die Medizin. In: Ärztliche Standeszeitung (Wien), Nr. 1, 15. Juli 1902, S. 1–3

Adler, A. (1902c): Leben und Schicksal der Säuglinge. In: Arbeiter-Zeitung (Wien) vom 16. Februar 1902, Morgenblatt, S. 1–2

Adler, A. (1904a): Der Arzt als Erzieher. In: Ärztliche Standeszeitung (Wien), Nr. 13, S. 4–5; Nr. 14, S. 3–4; Nr. 15, S. 4–5

Adler, A. (1907a): Studie über Minderwertigkeit von Organen. Wien

Adler, A. (1907a/1927c): Studie über Minderwertigkeit von Organen. 2. Aufl., München

Adler, A. (1907a/1977b): Studie über Minderwertigkeit von Organen. Mit einer Einführung von W. Metzger. 4. Aufl., Frankfurt a. M.

Adler, A. (1908b): Der Aggressionstrieb im Leben und in der Neurose. In: Fortschritte der Medizin 26: 577–584

Adler, A. (1910b): Über den Selbstmord, insbesondere den Schülerselbstmord. In: Diskussionen der Wiener psychoanalytischen Vereinigung. Bd. 1. Wiesbaden, S. 44–50

Adler, A. (1910f): Die psychische Behandlung der Trigeminusneuralgie. In: Zentralblatt für Psychoanalyse 1: 10–29

Adler, A. (1912a): Über den nervösen Charakter: Grundzüge einer vergleichenden Individual-Psychologie und Psychotherapie. Wiesbaden

Adler, A. (1912a/1928k): Über den nervösen Charakter: Grundzüge einer vergleichenden Individual-Psychologie und Psychotherapie. 4. Aufl., Wiesbaden

Adler, A. (1912a/1972a): Über den nervösen Charakter: Grundzüge einer vergleichenden Individual-Psychologie und Psychotherapie. Mit einer Einführung von W. Metzger [Neudr. d. 4. Aufl. v. 1928]. Frankfurt a. M.

Adler, A. (1912a/1997): Über den nervösen Charakter: Grundzüge einer vergleichenden Individualpsychologie und Psychotherapie: Kommentierte textkritische Ausgabe. Hg. v. K. H. Witte, A. Bruder-Bezzel u. R. Kühn. Göttingen. Siehe Studienausgabe Band 2

Adler, A. u. Furtmüller, C. (Hg.) (1914a/1922n): Heilen und Bilden: Ein Buch der Erziehungskunst für Ärzte und Pädagogen. 2., neubearb. Aufl. München

Adler, A. u. Furtmüller, C. (Hg.) (1914a/1928k): Heilen und Bilden: Ein Buch der Erziehungskunst für Ärzte und Pädagogen, redigiert von Erwin Wexberg. 3., neubearb. Aufl. München

Adler, A. (1914a/1973c): Heilen und Bilden: Ein Buch der Erziehungskunst für Ärzte und Pädagogen. Hg. v. A. Adler u. C. Furtmüller. Neu hg. v. W. Metzger [Neudr. der 3. Aufl v. 1928]. Frankfurt a. M.

Adler, A. u. Furtmüller, C. (Hg.) (1914b): Zeitschrift für Individualpsychologie: Studien aus dem Gebiet der Psychotherapie, Psychologie und Pädagogik [erschienen bis 1916; fortgesetzt als Internationale Zeitschr. f. Individualpsychol. 1923 ff.]

Adler, A. (1914d/1920a): Melancholie und Paranoia: Individualpsychologische Ergebnisse aus den Untersuchungen der Psychosen. In: Praxis und Theorie der Individualpsychologie. Vorträge zur Einführung in die Psychotherapie für Ärzte, Psychologen und Lehrer. München, S. 171–182

Adler, A. (1914k/1920a): Das Problem der »Distanz«: Über einen Grundcharakter der Neurose und Psychose. In: Praxis und Theorie der Individualpsychologie. Vorträge zur Einführung in die Psychotherapie für Ärzte, Psychologen und Lehrer. München, S. 70–76

Adler, A. (1914p): Nervöse Schlaflosigkeit. In: Zeitschrift für Individualpsychologie 1: 65–72

Adler, A. (1914p/1920a): Nervöse Schlaflosigkeit [mit einem Anhang: Über Schlafstellungen]. In: Praxis und Theorie der Individualpsychologie. Vorträge zur Einführung in die Psychotherapie für Ärzte, Psychologen und Lehrer. München

Adler, A. (1917b/1930d): Das Problem der Homosexualität: Erotisches Training und erotischer Rückzug. Leipzig

Adler, A. (1918d/1920a): Über individualpsychologische Erziehung. In: Praxis und Theorie der Individualpsychologie. Vorträge zur Einführung in die Psychotherapie für Ärzte, Psychologen und Lehrer. München, S. 221–227

Adler, A. (1920a/1930q): Praxis und Theorie der Individualpsychologie: Vorträge zur Einführung in die Psychotherapie für Ärzte, Psychologen und Lehrer. 4. Aufl., München

Adler, A. (1920a/1974a): Praxis und Theorie der Individualpsychologie: Vorträge zur Einführung in die Psychotherapie für Ärzte, Psychologen und Lehrer. Neu hg. v. W. Metzger [Neudr. d. 4. Aufl. v. 1930]. Frankfurt a. M.

Adler, A. (Hg.) (1923a–1937): Internationale Zeitschrift für Individualpsychologie: Arbeiten aus dem Gebiet der Psychotherapie, Psychologie und Pädagogik

Adler, A. (1924g): Kritische Erwägungen über den Sinn des Lebens. In: Der Leuchter: Weltanschauung und Lebensgestaltung. Bd. 5. Darmstadt, S. 343–350

Adler, A. (1928f): Kurze Bemerkungen über Vernunft, Intelligenz und Schwachsinn. In: Internationale Zeitschrift für Individualpsychologie 6: 267–272

Adler, A. (1929d): The science of living. Mit einem Vorwort von P. Mairet. New York

Adler, A. (1929d/1978b): Lebenskenntnis. [The Science of Living]. Mit einer Einführung von W. Metzger. Frankfurt a. M.

Adler, A. (1931b): What life should mean to you. A. Porter (Ed.). Boston

Adler, A. (1931b/1979b): Wozu leben wir? [What Life Should Mean to You]. Mit einer Einführung von W. Metzger. Frankfurt a. M.

Adler, A. (1931g): Der Sinn des Lebens. In: Internationale Zeitschrift für Individualpsychologie 9: 161–172

Adler, A. (1931g/1982b): Der Sinn des Lebens. In: A. Adler (Hg.), Psychotherapie und Erziehung. Ausgewählte Aufsätze Band II: 1930–1932. Ausgewählt und herausgegeben von H. L. Ansbacher und R. F. Antoch. Mit einer Einführung von R. F. Antoch. Frankfurt a. M., S. 71–84

Adler, A. (1932f): Rauschgift. In: Internationale Zeitschrift für Individualpsychologie 10: 1–19

Adler, A. (1932g): Persönlichkeit als geschlossene Einheit. In: Internationale Zeitschrift für Individualpsychologie 10: 81–88

Adler, A. (1932h): Die Systematik der Individualpsychologie. In: Internationale Zeitschrift für Individualpsychologie Bd. 10, S. 241–244

Adler, A. (1932i): Der Aufbau der Neurose. In: Internationale Zeitschrift für Individualpsychologie 10: 321–328

Adler, A. (1932j): Zum Thema: Sexuelle Perversionen. In: Internationale Zeitschrift für Individualpsychologie 10: 401–409

Adler, A. (1933b): Der Sinn des Lebens. Wien u. Leipzig

Adler, A. (1933b/1973a): Der Sinn des Lebens. Mit einer Einführung von W. Metzger. Frankfurt a. M.

Adler, A. (1933c): Religion und Individualpsychologie. In: E. Jahn u. A. Adler (Hg.), Religion und Individualpsychologie: Eine prinzipielle Auseinandersetzung über Menschenführung. Wien u. Leipzig, S. 58–92

Adler, A. u. Jahn, E. (1933c/1975a): Religion und Individualpsychologie. Eine prinzipielle Auseinandersetzung über Menschenführung. Mit einer Einführung von W. Metzger. Frankfurt a. M.

Adler, A. (1933f): Erste Kindheitserinnerungen. In: Internationale Zeitschrift für Individualpsychologie 11: 81–90

Adler, A. (1933h): Was ist wirklich eine Neurose? In: Internationale Zeitschrift für Individualpsychologie 11: 177–185

Adler, A. (1933j): Zum Leib-Seele-Problem. In: Internationale Zeitschrift für Individualpsychologie 11: 337–345

Adler, A. (1982b): Psychotherapie und Erziehung. Ausgewählte Aufsätze Band II: 1930–1932. Ausgewählt und herausgegeben von H. L. Ansbacher und R. F. Antoch. Mit einer Einführung von R. F. Antoch. Frankfurt a. M.

Albrecht, C. (1999): Warum Horkheimer Golo Mann einen »heimlichen Antisemiten« nannte. Der Streit um die richtige Vergangenheitsbewältigung. In: C. Albrecht et al. (Hg.), Die intellektuelle Gründung der Bundesrepublik. Eine Wirkungsgeschichte der Frankfurter Schule. Frankfurt a. M.

Allport, G. W. (1955/1974): Werden der Persönlichkeit. München

Ansbacher, H. L. u. Ansbacher, R. R. (1972b): Alfred Adlers Individualpsychologie: Eine systematische Darstellung seiner Lehre in Auszügen aus seinen Schriften. Mit einer Einführung und Anhang von Ernst Bornemann. München u. Basel

Ansbacher, H. (1981): Die Entwicklung des Begriffs «Gemeinschaftsgefühl» bei Adler. In: Zeitschrift für Individualpsychologie 6: 177–194

Bitter, W. (1973): Selbstdarstellung. In: Pongratz, L. J. (Hg.), Psychotherape in Selbstdarstellungen. Bern, S. 34–74

Bran, A. (1920): Die Homosexualität des Mannes und des Weibes. Berlin

Bruder-Bezzel, A. (1999): Die Geschichte der Individualpsychologie. 2., neubearb. Aufl., Frankfurt a. M.

Bruder-Bezzel, A. (2000): Welchen Adler lieben wir? In: Zeitschrift für Individualpsychologie 25: 272–288

Brunner, R. (1996): Spirituelle und transpersonale Aspekte der Individualpsychologie. In: Zeitschrift für Individualpsychologie 21: 301–312

Brunner, R. (2002): Adler und Buddha. Was Adler letztlich lehrte! In: R. Brunner (Hg.), Die Suche nach dem Sinn des Lebens. München, S. 48–66

Brunner, R. (2003): Einige Anmerkungen zur Bindungstheorie aus individualpsychologischer Sicht. In: Zeitschrift für Individualpsychologie 28: 59–77

Bühler, Ch. (1931): Kindheit und Jugend. Leipzig

Bühler, K.(1922): Die geistige Entwicklung des Kindes. Jena

Cannon, W. B. (1932): The wisdom of the body. New York

Claussen, J. H. (1993): Es wackelt alles. Lässt sich der Polytheismus der Werte bändigen? Über Ernst Troeltsch und seinen Versuch einer Kultursynthese. In: Frankfurter Allgemeine Zeitung, Nr. 175, 31.07.1993

Claussen, J. H. (1998): Nur ein Angebot. Religion oder Werte. In: Frankfurter Allgemeine Zeitung, Nr. 238, 14.10.1998: N5

Crighton-Miller, H. (1932) Psycho-Analysis and its derivatives. London

Deutsch, L. (1929): Die Erziehungsaufgabe des Klavierunterrichts. In: Internationale Zeitschrift für Individualpsychologie 7: 47–50

Dreikurs, R. (1931): Seelische Impotenz. Leipzig

Eliade, M. (1988): Mythos und Wirklichkeit. Frankfurt a. M.

Freud, S. (1923/1940): Das Ich und das Es. In: G. W. Bd. 13. Frankfurt a. M., S. 237–289

Freud, S. (1925), Selbstdarstellung. In: GW XIV. Frankfurt a. M.

Furet, F. (1995/1996): Das Ende der Illusion. Der Kommunismus im 20. Jahrhundert. München

Grof, C. u. Grof, S. (1991): Die stürmische Suche nach dem Selbst. München

Groos, K. (1899/1932): Die Spiele der Menschen. Jena

Gstach, J. u. Brinskele, H. (2005): Zur individualpsychologischen Identität – revisited. In: Zeitschrift für Individualpsychologie 30: 115–142

Handlbauer, B. (1984): Die Entstehungsgeschichte der Individualpsychologie Alfred Adlers. Wien

Handlbauer, B. (1990): Die Adler-Freud-Kontroverse. Frankfurt a. M.

Hebbel, F. (1854–1863): Marienbad, Wien. Kollektaneen, Gedanken und Erinnerungen. Sämtliche Werke. Historisch-kritische Ausgabe, hg. von R. M. Werner. Sämtl. Werke, Abt. 2: Tagebücher, Teil 19. Bern 1970 [Nachdruck der Säkularausgabe 1911–1917]

Hellgardt, H. (1982): Grundbegriffe des individualpsychologischen Menschenbildes. In: R. Schmidt (Hg.), Die Individualpsychologie Alfred Adlers. Stuttgart, S. 43–77

Hellgardt, H. (2002a): Ansätze zur transpersonalen Psychologie und Therapie in der Individualpsychologie. In: R. Brunner (Hg.), Die Suche nach dem Sinn des Lebens. München, S. 9–47

Hellgardt, H. (2002b): Transpersonale Aspekte der Individualpsychologie Alfred Adlers. In: Transpersonale Psychologie und Psychotherapie 8: 54–65

Holub, A. (1929): Aus der neuesten Literatur der Organminderwertigkeit. In: Internationale Zeitschrift für Individualpsychologie 7: 325–328

Kohut, H. (1979): Die Heilung des Selbst. Frankfurt a. M.

Kretschmer, E. (1921): Körperbau und Charakter. Berlin

Kretschmer, W. (1995): Religion. In: R. Brunner u. M. Titze (Hg.), Wörterbuch der Individualpsychologie, 2. Aufl., München, S. 403–404

Künkel, F. (1928/1975): Einführung in die Charakterkunde. Stuttgart

Laqueur, E. (1927): Über das Vorkommen weiblichen Sexualhormons (Menformon) im Hormon von Männern. Berlin

Lattmann, U. P. u. Rüedi, J. (1998): Die Individualpsychologie auf Identitätssuche. In: Zeitschrift für Individualpsychologie 23: 150–161

Lübbe, H. (1975): Säkularisierung. Geschichte eines ideenpolitischen Begriffs. Freiburg

Lübbe, H. (1987): Politischer Moralismus. Der Triumph der Gesinnung über die Urteilskraft. Berlin

Maslow, A. (1988): Psychologie des Seins. Frankfurt a. M.

Metzger, W. (1973): Einführung. In: Adler, A.: Der Sinn des Lebens. Frankfurt a. M., S. 7–21.

Metzger, W. (1975): Einführung. In: A. Adler u. E. Jahn (Hg.), Religion und Individualpsychologie: eine prinzipielle Auseinandersetzung über Menschenführung. Frankfurt a. M., S. 7–20

Nunberg, H. u. Federn, E. (Hg.) (1976–1979): Protokolle der Wiener Psychoanalytischen Vereinigung. Bd. I: (1906–1908); Bd. II (1908–1910); Bd. III (1910–1911). Frankfurt a. M.

Radnitzky, G. (1989): Wissenschaftlichkeit. In: H. Seiffert u. G. Radnitzky (Hg.), Handlexikon zur Wissenschaftstheorie. München

Rogner, J. (1995): Wahrscheinlichkeit, statistische. In: R. Brunner u. M. Titze (Hg.), Wörterbuch der Individualpsychologie. München, S. 551–553

Rüedi, J. (2000): Vorbeugen ist besser als Heilen. In: Zeitschrift für Individualpsychologie 25: 345–363

Safranski, R. (2004): Friedrich Schiller oder Die Erfindung des Deutschen Idealismus. München/Wien

Schairer, E. (1932): Gottlosigkeit. Stuttgart

Schleichert, H., Seebaß, G. u. Stemmer, P. (1997): Respekt für Menschen braucht Distanz zur Sache. Für eine Trennung von Ethik- und Religionsunterricht. In: Frankfurter Allgemeine Zeitung, Nr. 11, 14.01.1997, S. 34

Smuts, J. C. (1926): Holism and Evolution. New York; deutsch: Die holistische Welt. Berlin 1938

Sperber, M. (1926): Alfred Adler, der Mensch und seine Lehre. München

Stepansky, P. E. (1983): In Freud's Shadow. Adler in Context. Hilsdale, N. J

Tenbrink, D. (1996): Neurose und regulative Strukturen des Selbst. In: Zeitschrift für Individualpsychologie 21: 117–130

Tenbrink, D. (1998): Betrachtungen zum Spannungsfeld zwischen individualpsychologischer Identität und psychoanalytischem Selbstverständnis in der Individualpsychologie. In: Zeitschrift für Individualpsychologie 23: 95–115

Traue, H. C. (1998): Emotion und Gesundheit. Heidelberg

Voegelin, E. (1938/1993): Die politischen Religionen. München

Voegelin, E. (1951/1991): Die neue Wissenschaft der Politik. 4. Aufl., Freiburg i. Br.

Weiss, J. (2004): Wie will man sich am eigenen Schopf aus dem Zeitgeschichtlichen ziehen, ohne darin unterzugehen? In: Frankfurter Allgemeine Zeitung, Nr. 241, 15.10.2004, S. 39

Wiegand, R. (2001): Die Nietzsche-Connection. In: Zeitschrift für Individualpsychologie 26: 59–63

Wiegand, R. (2004): Über Fortschritt. In: Zeitschrift für Individualpsychologie 29: 118–138

Wilber, K. (1990): Das Atman Projekt. Paderborn

Witte, K. H. (1988): Das schielende Adlerauge oder wie Alfred Adler die Schätze seiner ursprünglichen Theorie übersah. . In: Zeitschrift für Individualpsychologie 13: 16–25

Zegans, L. S. (1983): Emotions in health and illness: An attempt at integration. In: L. Temoshok u. a. (Hg.), Emotions in health and illness. New York

Personenverzeichnis

Allers, Rudolf (1883–1963), Prof. f. Psychiatrie, kath. Individualpsychologe 213, 227

Ansbacher, Heinz (1904–2006), Prof. für Psychologie, Vermont/USA, Systematiker/Theoretiker der Individualpsychologie 19 f.

Ansbacher, Heinz (1904–2006), Prof. für Psychologie, Vermont/USA, Systematiker/Theoretiker der Individualpsychologie 12

Barbusse, Henri (1873–1935), franz. Politiker und Schriftsteller 48

Barbusse, Henri (1873–1935), franz. Politiker und Schriftsteller 81

Barth, Karl (1886–1968), schweizer. evang.-ref. Theologe, Begründer der dialektischen Theologie 186, 227

Brinskele, Herta, Mitarbeiterin am Institut für Erziehungswissenschaft in Wien 18

Bruder-Bezzel, Almuth, Dr. Dipl.-Psych., Individualpsychologin 11 f., 18

Brunner, Emil (1889–1966), schweizer. protest. Theologe 218, 227

Brunner, Reinhard, Prof. f. Schulpädagogik, Psychoanalytiker, Individualpsychologe 20

Bühler, Charlotte (1893–1974), Entwicklungspsychologin und Mitbegründerin der Humanistischen Psychologie 42, 132, 141

Bühler, Karl (1893–1974), Entwicklungspsychologe und Mitbegründer der Humanistischen Psychologie 166

Cannon, Walter Bradford (1871–1945), US-amerikanischer Physiologe 55, 110

Carus, Carl Gustav (1789–1869), Arzt, Maler und Naturphilosoph 65

Darwin, Charles (1809–1882), Naturforscher 14, 54, 157

David, lebte um 1000 v. Chr., Person des Alten Testaments, 2. König von Israel und Juda 141

Dreikurs, Rudolf (1897–1972) Dr. med., Individualpsychologe 111

Eliade, Mircea (1907–1986), rumänischer Religionswissenschaftler und Philosoph 14

Esau, Person des Alten Testaments, Stammvater der Edomiter, Zwillingsbruder von Jakob 139

Fabius Maximus Cunctator, General der röm. Republik (275–203 v. Chr.) 115

Federn, Paul (1871–1950), Dr. med., Psychoanalytiker 149

Freud, Sigmund (1956–1939), Begründer der Psychoanalyse, einer der drei Väter der Tiefenpsychologie 12, 15, 20, 44, 53, 60, 67 f., 74 f., 123 ff., 127, 131, 134, 136, 138, 143, 147 f., 150 f., 155, 168, 171, 181, 187, 189, 206 ff., 210, 214, 216, 227 f., 231

Furtmüller, Carl (1880–1951), Dr. phil., Gymnasialprofessor, Stadtschulrat, Individualpsychologe 223

Goethe, Johann Wolfgang von (1749–1832) 72, 143

Gogarten, Friedrich (1887–1967), luther. Theologe, Mitbegründer der dialektischen Theologie 186

Groos, Karl (1861–1946) Prof. f. Philosophie und Psychologie 131

Grün, Heinrich (gest. 1924) Dr. med., Wien, praktischer Arzt, sozialdemokratischer Standes- und Kommunalpolitiker 74, 107, 207

Gstach, Johannes, Dr., Prof. für Psychoanalytische Pädagogik am Institut für Erziehungswissenschaft in Wien 18

Handlbauer, Bernhard, Individualpsychologe, Historiker der Psychoanalyse 229

Hartman, Eduard von (1842–1906) deutscher Philosoph, bekannt durch die 36

Hebbel, Christian Friedrich (1813–1863), deutscher Dramatiker und Lyriker 148

Hegel, Georg Wilhelm Friedrich (1770–1831), Philosoph 36

Personenverzeichnis

Heisenberg, Werner (1901–1976), Physiker 17
Hellgardt, Hermann, Nervenarzt, Psychoanalytiker und Individualpsychologe 20
Herbart, Johann Friedrich (1776–1841), Philosoph, Psychologe und Pädagoge 210, 227
Heyse, Paul (1830–1914), deutscher Schriftsteller, erhielt 1910 den Nobelpreis für Literatur 137
Hilty, Carl (1833–1909), evang. schweizer. Jurist und religiös-ethischer Schriftsteller 206, 228
Holub, Arthur (1876–1941) Dr. med., Wien, Individualpsychologe 116, 135
Homer, lebte im 8. Jh. v. Chr., einer der bekanntesten Dichter der griech. Antike 35
Jaensch, Erich Rudolf (1883–1940), deutscher Psychologe 63, 65
Jahn, Ernst Paul Ferdinand (1893–1969), Theologe und Psychologe 11, 70, 158, 171, 181, 183f., 186–192, 197, 202–207, 210– 213, 216, 218–224, 228
Jakob, Person des Alten Testaments, 2. Sohn von Isaak und Rebekka; Zwillingsbruder von Esau 139f.
Josef, Person des Alten Testaments, Sohn des Patriarchen Jakob und von Rachel 139f.
Jung, Carl Gustav (1875–1961), Begründer der Analytischen Psychologie, einer der drei Väter der Tiefenpsychologie, schweizer. Psychiater 136
Künkel, Fritz (1889–1956) Dr. med., Nervenarzt, Individualpsychologe 19, 114, 124, 171, 187, 189f., 197, 204, 213, 229
Kant, Immanuel (1724–1804), deutscher Philosoph 36, 192
Kernberg, Otto F. (geb. 1928), amerik. Psychoanalytiker österreich. Herkunft 21
Kerschensteiner, Georg (1854–1932), bedeutender deutscher Pädagoge 185, 210, 229
Kierkegaard, Søren (1813–1855), dänischer Philosoph 186
Klages, Ludwig (1872–1956) Psychologe, Graphologe 65
Kohut, Heinz (1913–1981) Dr. med., Psychoanalytiker 20f.
Kraepelin, Emil (1856–1926), deutscher Psychiater 111
Kretschmer, Ernst (1888–1964) Prof. f. Psychiatrie 51, 60f., 65f., 219, 229
Kretschmer, Wolfgang (1918–1994), Prof. f. Psychiatrie, Sohn Ernst Kretschmers, Individualpsychologe 229
Kyrle, Josef (1880–1926), österr. Syphilidologe und Dermatologe 60
Lamarck, Jean-Baptiste (1744–1829), Naturforscher 14, 54, 157
Laqueur, Ernst (1880–1947), Prof. für Pharmakologie und Physiologie 113
Lavater, Johann Caspar (1741–1801), schweizer. Pfarrer, Philosoph und Schriftsteller 65
Liertz, Rhaban (1885–1948), kath. Arzt und Psychotherapeut 213, 229
Lindbergh, Charles (1902–1974), überquerte allein als Erster mit einem Flugzeug den Atlantik ohne Zwischenlandung 155
Luther, Martin (1483–1546), Schöpfer der deutschen Reformation 189, 191, 218, 230f.
Marx, Karl (1818–1883), deutscher Philosoph und Politiker 227
Maslow, Abraham (1908–1970), amerik. Psychologe, einer der Gründerväter der Humanistischen Psychologie und der Transpersonalen Psychologie 21
Mendel, Johann Gregor (1822–1884), österr. Augustiner und Naturforscher 63
Metzger, Wolfgang (1899–1979), deutscher Gestaltpsychologe, Herausgeber der Taschenbuchausgabe der Werke Alfred Adlers 13, 18f., 181
Nietzsche, Friedrich (1844–1900), deutscher Philosoph 36, 68, 181, 205, 207, 211, 230
Penelope, Gestalt der griechischen Mythologie, Frau des Odysseus 153
Pfister, Oskar (1873–1956) Theologe, Psychoanalytiker 199, 231
Plutarch (etwa 45–125), griech. Schriftsteller 35

Popper, Karl (1902–1994), Philosoph 14
Robespierre, Maximilien de (1758–1794), einer der einflussreichsten Politiker der Franz. Revolution 137
Rogner, Josef, deutscher Psychologe, Individualpsychologe 17
Rüedi, Jörg, geb. 1952, Prof. Dr. phil., Individualpsychologe, 131, 19
Runestam, Arvid (1887–1962), schwedischer Bischof 214, 231
Saul (ungefähr 1050–1000 v. Chr.), erster mythischer König von Israel 141
Schairer, Erich (1887–1956), Journalist und Publizist 183, 192
Schelling, Friedrich Wilhelm (1775–1854) Philosoph, Vertreter des deutschen Idealismus 36
Schiller, Friedrich (1759–1805), deutscher Dichter, Dramatiker und Philosoph 635, 181
Schopenhauer, Arthur (1788–1860), deutscher Philosoph 36, 230
Schwarz, Oswald (1883–1949) Dr. med. Urologe 181
Shaw, George Bernard (1856–1950), irischer Schriftsteller 65
Smuts, Jan Christiaan (1870–1950), südafrikanischer Staatsmann und Philosoph 17, 53, 157
Sperber, Manès (1905–1984), österr.-französ. Schriftsteller, Philosoph, Individualpsychologe 181
Stepansky, Paul E., amerik. Autor und Herausgeber auf dem Gebiet der Psychoanalyse 18
Tenbrink, Dieter, Psychoanalytiker und Individualpsychologe 18, 20
Vergil-Publius Vergilius Maro (70–19 v. Chr.), römischer Dichter 206
Wiegand, Ronald, Professor für Soziologie, Individualpsychologe 183 f.
Wilber, Ken (geb. 1949), einer der herausragenden amerik. Autoren auf dem Gebiet der Tranpersonalen Psychologie 14, 21
Witte, Karl Heinz, Psychoanalytiker, Individualpsychologe 18 f.
Young, Psychiater, Schüler von C. G. Jung 89

Zondek, Bernhard (1891–1966), deutscher Gynäkologe und Endokrinologe 110, 146

Sachverzeichnis

A

Aberglaube 53, 135
Abstinenz 91
Abwehr 74
Affekt 46, 56, 220
Affektsteigerung 15, 101, 105
Aggression 115, 172
Aggressionstrieb 12, 71, 208
Aha-Psychologie 166, 169
Aktivität 27, 31, 34, 42, 52, 55, 73, 75, 79, 85 f., 88, 90, 96, 99 f., 129 f., 134, 145, 172, 223
Alkohol 91, 190
Alkoholismus 173
Allgemeinheit 48, 83 f., 99, 142, 159, 162, 165, 218, 221
Alter 52, 65, 110, 139, 173
Ambivalenz 66, 145
Angst 29, 58, 60, 74, 91, 96, 102 f., 107, 118, 128, 133, 135, 153, 155, 159, 173, 219, 229
Ängstlichkeit 76, 133
Angstneurose 85
Anklage 42, 128 f., 145, 151, 154
Anlage 12
Anlehnungsbedürfnis 142
Anpassung 13 f., 20 f., 37, 49, 54, 63, 66, 69, 97, 157, 159
Anpassungsfähigkeit 96
Anschlussfähigkeit 39, 116
Anthropologie 36, 186, 189, 192, 213, 227
antisozial 186
Apperzeption 16, 27, 122
Arbeit 11 ff., 15 f., 18 f., 29, 40, 46, 48–51, 58, 65, 79, 88, 93, 95 f., 114, 118, 125, 160, 166, 174, 187, 197, 201 f., 204, 208, 211, 229, 231
Arbeitsleistung 200
Arbeitsteilung 40, 48, 69
Arzt 11, 40, 61, 102, 107, 109, 122, 124 f., 166, 169 f., 188, 212, 219, 228 f.
Ästhetik 64
Atmen 38, 41, 72, 105, 165, 210, 220
Attitüde, zögernde 33, 39, 77, 99, 114

Aufklärung 42, 47, 163, 173
Aufmarschbreite 77, 114 f.
Aufmerksamkeit 74, 76, 81, 106, 172 f., 210, 220
Aufregung 46, 91, 101 ff.
Ausbiegung 77 f., 114
Ausdruck 43, 45, 51, 67, 74 f., 88, 99, 102, 108, 117 f., 120, 124, 128, 136, 141 ff., 147, 153, 165, 171, 192, 198, 203 f., 220, 230
Ausdrucksbewegung 72, 142
Ausdrucksform 26, 30, 36 f., 43, 74 f., 79, 85, 100, 118, 125, 142, 145, 147, 153, 202, 207
Ausrede 76
Ausschaltung 31, 34, 55, 115, 119, 145, 171
Außenwelt 14, 16, 27 f., 32 f., 43, 54, 66, 70, 77, 97, 100, 104, 108, 121, 122, 124, 142, 145, 157 f., 160, 164, 215 f.
Autorität 133, 187, 209
Autosuggestion 150

B

Bagatellisierung 50, 164
Bande 220
Bedürfnis 67
Befriedigung 26, 44, 47, 88, 152, 168
Begabung 174
Behandlung 58, 84 f., 98, 111, 120, 125, 155 f., 163, 167–170, 172, 210, 217
Beichte 187
Beitrag 13, 21, 65, 73, 79, 86, 161, 164, 218, 221, 228
Berater 11, 25, 51, 166 f., 169, 217
Beratung 11, 82, 166, 160
Beruf 26, 29, 30, 34, 51, 57, 86, 91, 96, 101, 103, 126–129, 140, 165, 172, 174 f., 215, 221
Berufswahl 126
Besitz 36, 43, 56, 79, 83, 93, 113, 131, 162
Besitzpsychologie 94
Besorgnis 107
Bestrafung 61, 87
Bettnässer 154

Bevorzugung 135
Bewegung 14, 16, 21, 26 f., 37, 41, 45, 53, 56, 62 f., 65–68, 70 f., 75 ff., 93 f., 113, 115, 142, 147, 152, 156 ff., 161 f., 183, 200 f., 203 f., 208, 213, 219
   gefrorene 71, 157
   zögernde 139
Bewegungsgesetz 16, 25, 26, 27, 30, 32, 34 f., 37, 43, 55, 57, 86, 93, 104 f., 109, 113, 116–120, 125, 132, 135, 138, 141 f., 146, 152 f., 160, 166, 207 f., 217, 219 f.
Bewegungslinie 37, 67, 126, 152, 217
bewusst, das Bewusste 12, 14, 49, 71, 121, 182, 204
Bewusstsein 49, 52, 97, 102 f., 107, 114, 208, 228
   Spaltung des 145
Bezogenheit
   soziale 43, 207
Biologie 18
Bosheit 48, 70
Buße 189

C

Charakter 12, 14, 16, 18, 36, 39, 43, 62 f., 65, 69, 75, 81, 98, 103, 132, 134 f., 137 f., 175, 181, 187, 206 f., 209, 220, 223, 227, 229
Charakterbild 198
Charakterentwicklung 135
Charakterkunde 229
Charakterlehre 43
Charakterologie 140, 160, 202
Charakterzug 43, 45, 59, 76, 88, 95, 98, 117, 122, 135, 141, 154, 165
Chemismus 98
Common Sense 14, 30 f., 63, 79, 86, 106, 109, 113, 129, 142, 144, 146–151, 155, 161, 164, 182, 184, 205, 207 f., 221

D

Daumenlutschen 74, 132
Delikt 90
Dementia praecox 168
Depression 86, 91, 102
Determinismus 17
Deutung 66, 125, 153, 155, 187 f., 191, 219, 230

Diagnostik 16, 84, 102 f., 227
Dialektik 2064
Dichter 35, 65, 73, 140, 143, 151, 220
Dichtung 174, 181, 228
Diebstahl 90
Disposition 37, 199
Distanz 44, 72, 76 f., 83, 96, 114 f., 146 f., 149, 166, 187, 214, 223
Drohung 132, 174

E

Egoismus 207
egozentrisch 45, 66
Ehe 29 f., 47, 49, 51 f., 57, 59–62, 65, 83, 107 f., 111, 122 f., 128, 155, 174, 200, 230
Ehrgeiz 30, 99, 101, 132, 139, 144 f., 211
Eifersucht 30, 62, 88, 92, 99, 132, 173
Eigenliebe 26, 58, 132, 134
Eigenschöpfung 70, 147
Einengung 45, 77, 136, 140
   des Lebensraumes 77
Einfühlung 25, 187 f., 190
Einheit 16 f., 21, 36, 66, 117, 121, 124, 145, 147, 149, 151, 157, 165 f., 213 f., 230 f.
   des Seelenlebens 17, 121, 147, 165
Einsicht 16, 26 f., 35 f., 38, 46, 57, 59, 72, 110, 124, 136, 143, 150, 174, 187, 189 f., 203, 205, 20 f.
Einstellung 21, 104, 186, 206
Einzelfall 17, 32 f., 64, 88, 94, 127, 219, 223
Eitelkeit 15, 29, 47, 62, 68, 105, 108, 212, 215
Ejaculatio praecox 115
Ekel 74
Eltern 29, 33, 45, 47, 66, 91 f., 102, 107 f., 118, 120, 123, 127, 133, 135, 138, 140 f., 145, 155, 167, 169, 173 ff., 215, 219
Emanzipation 188
Emotion 153
Empfindlichkeit 98
Endziel 26, 69 f., 149, 158, 200, 203, 208
Entmutigung 219
Entthronung 125, 128, 136 f.
Entwertung 81
Entwertungstendenz 81, 174
Entwicklung 12, 14 f., 19 ff., 27, 34, 38, 41 f., 44, 47, 49, 54 f., 64, 68–72, 78 f., 83, 87 f., 92 f., 95, 99, 104, 108, 110,

Sachverzeichnis

116, 130–133, 138, 140 f., 149, 157–160,
163 f., 189, 200, 205, 209, 215, 221 f.,
224, 227, 229
Entwöhnung 136
Enuresis 42, 73, 85, 128, 132
Epilepsie 173
Erbsünde 36
Erfolg 29, 32, 37, 44 f., 48, 54, 58, 85,
102 f., 107, 119, 128, 134, 151, 167, 169,
170 f., 174, 210, 214, 216
Erinnerung 45, 108, 122, 124–128, 155,
181, 230
Erkrankung 86, 88, 97 f., 122
Erleichterung 29, 49, 52, 74 f., 80, 85, 91,
94, 106, 214
Erlösung 82, 189, 191 f., 197, 200, 204 f.,
217
Ermutigung 21, 172, 189, 191, 205, 221
erraten 16, 30, 33, 44, 103, 110, 112, 115,
123, 126, 139
Erstgeborene 136 ff.
Erwachsener 47
erziehen 73, 82, 186, 205, 221
Erzieher 25, 39, 98, 187, 229
Erziehung 12, 25, 27, 32, 35, 46, 48, 50,
72, 82, 98, 100, 111, 124, 127, 133, 135 f.,
147, 162, 173, 175, 186, 188 ff., 192, 197,
203 ff., 209 f., 219, 229
Erziehungsmethode 209
Es 11, 13, 16 f., 26, 28 ff., 33 f., 39–44, 47,
49 f., 52 f., 58, 60, 62, 64, 66– 70, 72 ff.,
76, 79, 84, 88, 92, 94–99, 101, 103,
106 ff., 110–113, 115, 117, 120 f., 123, 125,
127, 131, 135, 137, 141 f., 144, 149–152,
155 f., 158 ff., 162, 165 f., 168 f., 184,
187, 198 f., 201, 205, 208, 210 ff., 216,
218–221, 230
Ethik 97, 158, 215, 227
ethisch 12 f., 107, 183, 190, 214, 218, 228
Eugenik 64
Evolution 12, 14, 18, 25, 37 f., 40 f., 43, 49,
53 ff., 68, 70 ff., 97, 110, 127, 131, 139,
144, 146, 150, 157–161, 164, 206, 217
Ewigkeit 15, 21, 25, 50, 162
Examen 172
Experiment 46, 72
Experimentalpsychologie 114

F
Fähigkeit 12, 18, 27, 35, 39, 46, 49, 54,
68, 99, 108, 117, 122 f., 138 f., 142, 161,
165 f., 172, 202, 209
Faktor 26, 34, 42, 60, 67, 103 f., 106, 150,
201, 209
Familie 19, 25, 33 f., 47, 50 f., 54, 57, 76,
79, 87, 90, 97 f., 102, 108, 128, 131,
134 ff., 138–141, 144, 157, 159, 165, 169,
173, 192, 200, 210, 215, 219
Fantasie 29, 110, 127, 142, 143 ff., 147–152,
157, 174, 207
Faulheit 80
Faust 63, 72
Fehlleistung 26
Fehlschlag 21, 32, 34, 39, 43, 75 ff., 79,
84 f., 100, 103, 116, 126 f., 131, 134,
137 f., 141, 145, 164 f., 172, 174, 223
feige 64
Feigheit 96, 173
Feindesland 15, 43, 95, 105
Feindseligkeit 86
Fetischismus 115
Fiktion 14, 162, 181
fiktiv 37, 75, 92, 150, 166, 181, 207
Finalität 12, 18
Fleißaufgabe 80
Forderungen
  unserer Vorfahren 162
Fortpflanzung 50, 55, 64
Fortschritt 43, 121, 144, 148, 206
Fortschrittsglaube 182
Frage 11–14, 26 f., 30, 35 f., 39 ff., 44–49,
53, 55, 59, 61, 65, 74, 77 f., 81, 93 ff.,
97–100, 104, 108 f., 110, 113, 117, 123 ff.,
128, 133, 135, 138, 151, 153, 158 ff., 162,
166, 170, 174 f., 186, 188 f., 191, 199,
206 f., 210–214, 216, 220, 222
  Fragen des Lebens 35, 39, 44, 53, 74,
  93 f., 99, 104, 160, 211, 215
Frau 29 f., 34, 50 ff., 57, 59–62, 64, 81 ff.,
87, 92, 107, 110 ff., 122 f., 128, 131, 134,
151, 154 f., 163, 215
Frauenrolle 207
Freude 58, 123
Freundschaft 41, 46, 49, 51, 96, 100, 108,
215
Frigidität 60, 115, 123

Frömmigkeit 89, 181
Furcht 30, 47, 51, 52, 60, 80, 85, 97, 102 f., 106 f., 109, 125 f., 139, 144, 154, 211 f., 215 f.

G
Gangart 77, 96, 103, 114, 166
Ganzes, das Ganze 26 f., 35, 39, 53, 110, 114, 122, 143, 188, 202, 207, 210, 212
Gebären 60
Gebrauch 36, 70 f., 93, 112–115, 120 f., 131, 138, 152, 156, 207
Gebrauchspsychologie 114, 209
Geburt 33, 41, 51, 60, 93, 125, 139, 155, 163, 200, 209
Geburtsproblem 163
Geburtstrauma 137
Gedächtnis 121
Gefährdung 21, 43
Gefühl 14, 16, 26, 29, 37, 46, 48 f., 53, 56 f., 63, 67 f., 71, 74, 78–81, 86, 88, 91, 93, 102, 104, 106, 122, 139, 142, 146 f., 151 ff., 155, 159, 164, 182, 186, 197, 200 f., 203 f., 207, 209, 211, 213 f., 217, 219 f.
 der Minderwertigkeit 16, 67, 104, 139
Gegenwart 165, 167, 189, 191 f., 198
Gehirn 58, 122, 200
Gehorsam 153
Geiz 99
Geld 33, 48, 101, 129, 163
gelten 13, 34, 47, 77, 106, 133, 158, 161 f., 175, 189, 201, 219, 222
Geltung 66, 77
Geltungsstreben 187, 189
Gemeinschaft 12, 14 f., 18, 33, 35, 38 ff., 46 ff., 51 f., 55 f., 7 f., 77, 79 f., 86, 88, 93, 95, 103, 105, 109, 131, 142, 144, 150, 160 ff., 164, 183, 187, 191 f., 20 f., 203 ff., 210 f., 214, 218, 220 f., 231
Gemeinschaftsarbeit 167
Gemeinschaftscharakter 144
Gemeinschaftsgefühl 11 ff., 15, 17–21, 26 f., 31, 33 ff., 38–44, 46–49, 51 ff., 60 ff., 72, 74–78, 80, 82, 84 ff., 88, 94 ff., 104 ff., 109 f., 118, 121, 123, 125, 127, 129, 132 f., 136–142, 144 f., 147–151, 158 ff., 162–167, 170, 172, 175, 184, 199 f., 203 f., 206, 208, 210–214, 216–219, 223

Gemeinschaftsmensch 48, 108
Gemeinschaftsproblem 76, 78
Gene 135
Genie 77
Gerechtigkeit 227
Gesamtheit 49, 163, 198, 200 f., 205 f., 222, 224
Gesamtpersönlichkeit 66
Geschlecht 26, 30, 41, 49, 72, 94, 112 f., 117, 118 ff., 134, 138, 154, 162, 173, 175, 187, 200
Geschlechtskrankheit 50, 88
Geschlechtsmerkmale 173
Geschlechtsorgan 120
Geschlechtsrolle 45, 51, 118, 134, 173
Geschlechtsteile 120
Geschwister 49, 57, 134 f., 140, 175
Geschwisterreihe 40, 135, 173
Gesellschaft 14, 26, 48, 51, 79, 86 ff., 94, 96, 100, 123, 133, 141, 160, 169, 182, 186, 219 ff., 223
Gestalt 64, 70, 104, 198, 223
Gestaltpsychologie 39
gesund, der/die Gesunde 29, 59, 61, 96, 102, 107, 109, 164, 168 ff., 215, 229
Gewissensbisse 205, 214
Gier 15, 74, 90, 99, 105, 117
Gleichwertigkeit 49, 134, 171, 204
Globalisierung 21
Gnade 187, 189, 191 f., 199, 204 f., 213, 229
Gott 70, 143, 158, 175, 181 f., 186, 189–192, 197, 199 f., 203, 205, 216, 218, 222, 227, 230
Gottähnlichkeit 140
Gottesbegriff 158
Gottheit 181, 197, 199
Größenidee 215
Gut, das Gute 43, 75, 104, 108, 123, 126, 134 f., 140, 169, 175, 189, 209, 220, 223
Gutsein 43

H
Halluzination 219
Haltung 14, 18, 27, 30, 75, 78, 81, 92–96, 109, 115, 119, 129, 137, 139, 147, 154, 167 f., 189, 191, 201, 216 f.
Harndrang 58 ff., 76, 101

Sachverzeichnis 245

Härte 102, 210
Hass 206
Heilung 27, 35, 59, 62, 72, 75, 86 f., 97,
 106, 110, 120, 126, 140, 167, 170, 186 f.,
 190, 192, 222, 229
Hemmung 186, 188, 190, 192, 212, 219
Herabsetzungstendenz 112
hereditär 70, 210, 222
Heredität 52, 70, 93, 135, 144
Hermaphrodit 63
Hermaphroditismus 120
Herrenmoral 181
Herrschaft 36, 108, 123, 140
Herrschsucht 48, 61, 112, 142
Hinduismus 20
Hingabe 21, 49, 108, 187
Höherentwicklung 13, 70, 161 ff., 221, 224
Homosexualität 52, 111 f., 115, 117, 138
homosexuell 29, 31, 117
Humanität 75, 191
Hypnose 150, 156
Hysterie 229

I

Ich, das 14, 17, 20, 25, 30 f., 34, 43, 58–61,
 65, 67, 69, 71, 77, 79, 81, 84, 87, 102,
 105, 107–114, 117–121, 124 f., 127 ff.,
 132, 134 ff., 140–144, 147–153, 155, 157,
 160, 164, 167–170, 175, 187, 189, 191 f.,
 201 ff., 205, 207, 211 ff., 215 f., 218,
 220–224, 227 f.
Ichgebundenheit 218 f., 223
Ichtrieb 230
Ideal-Ich 36, 75, 199, 208
Idealismus 206
Identifizierung 202
Illusion 89, 197 f., 208
Impotenz 111, 128, 155
Individualpsychologie 11–14, 16–21, 25 f.,
 33, 36–40, 44, 52, 58, 60, 66, 70, 76 f.,
 86, 93 f., 99 f., 104, 106, 109, 111, 113,
 117, 119, 121, 123 ff., 135, 137 f., 141, 143,
 147, 149 ff., 158, 160, 164, 168, 170 f.,
 181 ff., 186–193, 197, 199–214, 216–222,
 224, 227 ff., 231
 Verein für I. 11, 172
Individuum 12, 14, 25, 34 f., 37–40, 44, 52,
 57, 69 ff., 76, 78, 80, 84, 89, 93 f., 96,
 105, 114, 124, 139, 143, 148 ff., 154, 157,
 160, 164, 205, 208, 211 f., 217, 219
Instinkt 26, 32, 94, 209, 228 ff.
Insuffizienz 91
Intelligenz 19, 36, 79, 20 f., 208
Interesse 14, 16, 30, 33, 35 f., 42 ff., 46, 48,
 51, 58, 59, 74, 88, 96, 98 f., 103, 106,
 116 f., 123, 126, 131, 133, 151, 158, 160,
 164, 166 ff., 170, 212, 215, 217, 223
Introspektion 36
Intuition 16, 35, 65, 92, 103, 209
Irrtümer 43, 50, 61, 71, 79, 125, 167, 169,
 171, 174, 205
Isolierung 29, 101

J

Jugendbewegung 187
Jüngste 87, 140 f.

K

Kainsformel 161
Kaltwasserkur 169
Kameradschaftlichkeit 46
Kastration 118
Kastrationskomplex 138
Kausalität 17, 26, 28, 70, 222
Kind 16, 19, 25 ff., 29–34, 37 f., 40–48,
 50 ff., 56 f., 60, 62, 65, 67–71, 73, 79,
 82, 84, 87, 89, 91–97, 100, 103 f., 107 f.,
 110 ff., 116, 118 f., 123, 126–141, 144–148,
 150, 152, 154 f., 163 f., 166, 168, 172 ff.,
 183, 187, 192, 200, 204, 206, 208 f., 215,
 217, 219, 221 f.
 einziges 136
Kinderfehler 40, 73, 85, 132
Kinderforschung 141
Kindergarten 46, 125, 219
Kinderreihe 78, 137, 140 f.
Kindersegen 51, 60, 155
Kindheit 15, 17, 25, 27, 30, 32, 39, 43 f.,
 52, 55 f., 58, 65, 67, 73, 78 f., 84 f., 87,
 89, 93 ff., 97, 99 f., 103 f., 107, 110 f., 123,
 126, 128 f., 134, 141, 143, 153, 155, 165 f.,
 168, 172, 175, 204 f., 208 f., 211, 215,
 218, 223
Kindheitserinnerung 11, 40, 78, 90, 108,
 121, 123, 126 f., 175
Kirche 171, 182, 186 f., 191, 228, 231

kirchlich 184, 187
Klagen 45, 81, 172, 175
Klimakterium 53
Knabe 29, 91, 119, 128, 137, 140, 173, 207
Kompensation 33, 36, 61, 64, 145, 181, 205
Komplex 39, 43, 110
Konflikt 91f., 97, 98, 104, 190, 205
Konstitution 90, 104, 119, 135, 205, 214
konstitutionell 109, 144
Konstruktion 207
Kontakt 41, 44, 76, 117, 121, 124, 130 ff., 157, 173, 198
Kontaktfähigkeit 45, 116
Kontaktgefühl 15, 101, 116, 131
Konzentration 46
Kooperation 45, 47, 51, 53, 74 f., 95, 115, 127, 130, 132, 163, 183, 200, 202, 212, 214, 222
Kooperationsfähigkeit 46, 161, 220
Kopfschmerz 57, 58, 91
Körperhaltung 74
kosmisch 13 f., 20 f., 26, 40, 157 f., 162, 198, 201
Kosmos 11, 13, 17, 20 f., 156, 158, 162, 197, 204
Krankheit 34, 44 f., 62, 88, 91, 125, 130, 133, 136, 144, 173, 175, 214, 230
Krankheitsgefühl 45
Kranksein 45
Krieg 47, 63, 72, 82, 118, 163
kritisch 18, 30, 72, 91, 199, 202, 221, 228
Kultur 15, 38, 41, 50 ff., 57, 63 f., 68, 72, 82, 130, 132, 134, 140 f., 182, 186, 229
kulturell 41, 60, 137, 140, 183
Kunst 25, 31, 36, 40, 61, 63, 83, 134, 152, 172, 182, 204, 210, 220
Künstler 77, 83, 143
künstlerische Leistung 94
Kur 167–170

L

Lachen 81, 174
Lampenfieber 48, 59
Laster 91, 161, 164
Leben 11, 13–17, 21, 25, 27 f., 30, 32–52, 54 ff., 58, 65–69, 71–76, 80, 83 ff., 87 f., 92–98, 101, 103 f., 107, 110, 112–116, 118, 120, 124 ff., 131, 134, 136, 138, 145 f., 148 f., 152, 154, 156–161, 163, 165, 168, 173 ff., 182 f., 187, 189, 191, 197, 199, 201, 204–208, 210 f., 213, 215, 219, 221, 230
Lebensanschauung 201
Lebensaufgabe 80, 104
Lebensform 71, 75, 99, 117, 122 f., 135, 140, 146, 221 ff.
Lebensfragen 27, 29, 32 f., 40, 42, 44, 47 f., 77 f., 80, 82, 86, 93 f., 103 f., 113, 126, 155, 217, 223
Lebenslinie 32
Lebensmethode 212, 221
Lebensplan 12, 31, 32, 126, 205
Lebensproblem 77
Lebensprozess 39, 54, 148
Lebensstil 11 f., 15 f., 25–28, 31, 34 f., 37–40, 42 ff., 49, 52, 55 f., 58, 61 f., 66, 70 f., 73 f., 77–80, 86, 89, 93 ff., 103–109, 114, 117, 121 f., 124 ff., 132, 136, 139, 142 f., 145–152, 154 f., 165 f., 169 f., 172, 174 f., 189, 204 ff., 207 ff., 211, 213, 216, 221 ff.
Lebensziel 141
Lehre 20, 36, 41, 66, 71, 116, 123, 132, 148, 161, 184, 186, 216, 228, 230
Lehrer 39, 46 f., 98, 128, 137, 151, 173, 212, 219
Leib-Seele-Problem 53
Leiden 15, 20, 45, 67, 80 f., 87, 98, 101, 106, 130, 145 f., 191, 205, 214, 217
Leitlinie 19, 132, 165, 18 f., 211
lesbisch 51
Libido 12
Liebe 15, 26, 29, 38, 40, 47 ff., 51, 60 f., 72, 83, 86, 88, 91, 93–97, 103, 123, 129, 138, 154, 165, 188 f., 191, 193, 200, 203, 215 f., 221 f.
Liebesfähigkeit 50
Liebesproblem 115 ff.
Liebling 90, 128, 175
Linkshändigkeit 64
Lob 133, 174, 201, 218
Logik 65, 142, 201, 230
logisch 142
Loslösung 77, 79
Lues 65, 173
Lügenhaftigkeit 46
Lust 26, 29, 68, 79, 113, 210, 227

Sachverzeichnis

Lust oder Unlust 68, 79
Lustprinzip 113, 144

M
Macht 12, 29, 70, 80, 82 ff., 106, 137, 197, 199, 201, 217
Machtapparat 192
Machtstreben 82
Mädchen 29 ff., 33, 45, 47, 49, 51, 60, 66, 91 f., 107 f., 110, 118 ff., 123, 126–129, 131, 134, 137, 140 f., 163, 173, 207, 211
Mangel 15, 39, 42, 46, 50 ff., 54, 58, 63, 66 f., 69, 73 ff., 78, 85 f., 89, 91, 94 f., 113, 116, 125, 129 ff., 133 f., 138, 140, 144, 165, 167, 188, 191, 212, 214, 219
männlich 12, 51, 60, 64, 81, 83, 118, 134, 137, 141
Männlichkeit 141
Märchen 35, 141
Masochismus 80, 115, 208
Masochist 115, 144
masochistisch 75, 80
Masturbation 29, 74, 76, 85, 215
Meinung 11, 16, 19, 21, 25, 27–35, 38 f., 42–45, 57, 73, 78, 81, 84, 88, 93, 97, 106, 115, 124, 131, 134, 138, 150, 155, 165, 169, 170, 186, 202, 204 f., 208
Melancholie 30, 53, 86 f., 216
Menschenführung 189 f., 204, 208, 212 f., 219, 222, 224
Menschenkenntnis 16, 35 f., 62, 67, 160
Menschheit 13 f., 26, 35, 41, 43, 46, 48 ff. 55, 68, 70 ff., 82 f., 97, 99, 116, 130, 141, 143 f., 148, 158, 160–165, 168, 172, 189, 191, 197, 199, 201 ff., 209 f., 212, 217 f., 220 ff., 224
Menschheitsentwicklung 49, 69
Menschheitserziehung 182
Menschsein 56, 67
Metapher 146
Metaphysik 14, 18, 20, 160, 228
Methode 16, 36, 72, 126, 171, 188 f.
 Lebensmethode 212, 221
 Psychoanalytische 231
Migräne 57 f., 60, 76
Milieu 53, 89, 189, 209, 222
Minderwertigkeit 12, 33, 37, 56, 59, 65, 68, 74 f., 77, 138, 141, 144, 181, 219

Minderwertigkeitsgefühl 20, 31 f., 37 ff., 41, 46, 48, 56 ff., 65, 68, 70 ff., 7 f., 77, 80 f., 84, 90 f., 99, 125, 133, 135, 137, 144, 149, 154, 167, 171, 18 ff., 199, 217, 223, 228
Minderwertigkeitskomplex 21, 39, 46 f., 51, 58, 60, 67, 73, 77 f., 81, 88, 96, 104, 135, 137, 139, 147, 153, 214, 223
Minus 145
Minussituation 37, 41, 68, 75, 142
Minusvariante 65
Mitarbeit 26 f., 29, 33, 39, 41, 46 ff., 52 f., 55, 79, 84 f., 95 f., 101, 116, 123, 133, 163 ff., 167, 170 f., 207, 210, 213 f., 219, 222 f.
Mitarbeiter 55, 80, 95 f., 101, 131, 221
Mitgehen 123, 132
Mitleben 27 f., 43, 47, 74, 95, 123, 133
Mitmensch 36, 41, 163, 219, 221
Mitmenschlichkeit 26, 28, 39, 46, 75, 95, 204, 210, 213, 222
Mitspieler 36, 131
Mittwochgesellschaft 149
Moral 158, 182 f., 187, 214, 216, 230
moralisch 12, 161
Mord 73
Motivation 128
Musiker 140
Mut 34, 39, 46, 52, 57, 66, 75, 85 f., 96, 99, 108, 129, 131, 142, 165, 168, 186, 221
mutlos 47, 91
Mutlosigkeit 78, 190
Mutter 15, 19, 29 f., 33 f., 41, 44, 50, 57, 73, 87, 90 ff., 95, 97, 107 f., 112, 125–132, 136, 140, 146, 154 f., 166, 173, 175, 183, 192, 200, 207, 209, 215
Mutterbrust 127, 136
Mutterliebe 41, 130
Mythos 14, 35, 181

N
Nachkommen 35, 48, 82
Nachlässigkeit 155, 173
Nächstenliebe 188, 200
Nacktkultur 50
Nägelbeißen 132, 173
Narzissmus 21, 189, 230
Nation 230

national 183, 186, 191 f.
Neid 88, 97, 99
Neigung 17, 26, 31, 45 f., 56, 59, 76, 81, 91, 95 f., 102, 117, 120 f., 125, 130, 132, 137, 154 f., 163, 167 f., 202, 214
Nervensystem 64
nervös 15 f., 18, 57 ff., 69, 91 f., 94, 98, 100, 103, 110, 134, 138, 169, 206
nervˆse Symptome 92
Neurose 11, 15, 21, 27, 32, 34, 47, 52, 71, 75 f., 79, 85, 97 f., 100, 102 ff., 106, 109, 115, 117, 133, 159, 171, 173, 191, 214, 216, 223
Neurotiker 15, 70, 80, 100, 105 f., 109, 116, 139, 164, 181, 186 f., 206, 216
neurotisch 15, 19, 75, 80, 103, 136, 181, 189, 214, 216, 222
Neuschöpfung 143
Niederlage 15, 32, 34, 54, 68, 78, 80, 86, 95, 97, 102 f., 105 f., 109, 115, 139, 148, 153, 207, 214, 219
Nimbus 106, 110, 212
Normen 38, 65, 160, 181, 201
nützlich 29, 46, 48, 84, 86, 88, 215, 221
Nützlichkeit 48

O
Oberhand 86, 137 f., 199
Objekt 49, 74, 79, 88, 92
Ödipus-Sage 65
Ödipuskomplex 29, 44, 73, 127, 215
Organ 33, 36 f., 41, 52, 56, 63, 68 ff., 78, 100, 102, 116, 209, 219
Organdialekt 57
Organismus 55, 69, 110, 206
Organminderwertigkeit 76, 116, 187, 223
Organminderwertigkeitszeichen 90
Organsprache 128

P
Pädagogik 187 ff., 191, 228
paranoid 112
Parasit 44
Passivität 57, 134
Persönlichkeit 16 f., 36, 38, 40, 44, 66, 76, 82, 92, 100, 103, 132, 137, 145 f., 149, 151, 159, 165 f., 174, 186, 198, 212 f., 217, 220, 230

Persönlichkeitsgefühl 32, 214, 220
Perverse 94, 96
Perversion 27, 73, 75, 77, 96, 111, 115, 117, 119, 120
Pessimismus 76
Pflegeeltern 173
Philosoph 227 f., 230
Philosophie 20, 36, 181, 228
Platzangst 29, 92
Plussituation 37, 41, 68 f., 142, 145, 197
Position 40, 152, 224
Prädestinationsgefühl 90, 154
private Intelligenz 30 f., 79
Promiskuität 50
Prostitution 50
Protest 51, 60, 79, 83, 85 f., 89 f., 117, 134, 136 ff., 141
Protestantismus 182
Psyche 54, 103
psychisch 51, 58, 64 f., 110, 119, 135, 205 f., 211, 217
psychische Erkrankung 51
Psychoanalyse 15, 20, 36, 121, 149, 186 f., 208, 216, 228, 231
psychoanalytische Methode 231
Psychologe 25, 227 f., 231
Psychologie 18–21, 36, 38, 85, 94, 113, 121, 187 ff., 209, 211, 216, 220, 228–231
Psychose 75, 77, 79, 86, 104, 106, 142, 145, 159
Pubertät 47

Q
Querulantenwahn 112

R
Rache 42, 61 f., 128, 151, 154
Rachsucht 81, 132
Rassenhass 47
Ratschläge 167
Reaktion 182
Realität 34, 69, 159, 181, 208
Reflex 214, 229
  bedingter 98
Regel 17, 25, 32, 50, 63, 90, 115, 140, 145, 168, 174, 210
Regression 43, 75, 105, 150, 152
Reizbarkeit 91, 97 f.

Sachverzeichnis 249

Religion 11, 40, 48, 70, 97, 106, 158, 162, 171, 181 ff., 186, 191, 198, 200–203, 205 f., 216 f., 221, 227, 229, 231
Resourcen 211
Ressentiment 37, 206, 230
Richtigkeit 14, 37, 44, 78, 107, 125, 141, 164
Rivalität 138
Rückschlag 25, 162
Rückzug 15, 30, 32, 34, 42, 51, 56, 74, 85, 95 f., 97, 101, 103, 105–109, 126, 139, 154 f., 212, 215
Rückzugslinie 75, 78

S

Sadismus 115, 117, 208
sadistisch 37, 42, 71, 80, 95, 97, 121, 127, 210
säkular 186 ff., 191, 193
Säkularisierung 182
Säugling 68 f.
Schadenfreude 48
Scham 74
Schamgefühl 129, 156
schizoid 66
Schizophrenie 84
Schlaf 118, 146, 149 f.
Schmerz 5 f., 60, 68, 102
Schockwirkung 34, 73, 78, 87, 90, 127, 155
Schonung 45, 79
schöpferisch 17, 20, 25 ff., 33, 42, 56, 70 f., 82, 86, 93 f., 100, 104, 116, 124, 130, 135, 141, 143 f., 147, 157, 209, 219, 221 f.
schöpferische Kraft 17, 20, 27, 56, 93, 104, 130, 143, 157, 209, 219
Schreck 60
Schüchternheit 46, 91, 101, 145
Schuld 72, 86, 169, 186, 188 ff., 192, 214, 218, 223 f.
Schuldgefühl 36, 76, 90, 205, 214, 229
Schule 25, 29, 41, 46 f., 60, 84, 87 f., 91 f., 94, 108, 119, 125 f., 128, 137 ff., 154, 165, 173 f., 182, 186 f., 203, 211, 219
Schülervorträge 149
Schwäche 69, 97, 102, 116, 136, 140, 145, 152, 166, 173, 217
schwererziehbar 204
Schwererziehbarkeit 26, 85, 133

Schwester 61, 87, 91, 128, 137, 139
Schwierigkeit 16, 28, 33, 41, 49, 53, 54, 75, 85, 87, 99 f., 111, 113, 120, 122, 127, 134 f., 144 f., 155, 167, 170, 173 ff, 199, 221 f.
Seele 54, 60, 69, 93, 103 f., 121, 124, 188 f., 192, 197, 202, 204, 214, 222, 229 f.
Seelenleben 12, 17, 26, 42, 70 ff., 79, 84, 113, 121, 127, 140, 142, 150, 165, 203, 210, 222, 228 f.
seelisch 17, 25 f., 32 ff., 36 f., 39 f., 43 f., 46, 49–52, 54 f., 58, 61, 66, 70, 75, 76 f., 82, 86, 92, 96, 100, 102, 104, 106, 110, 124, 137, 142, 145 ff., 149, 158, 162, 164, 168, 172, 186, 189, 199–204, 208, 214, 218 f.
Seelsorge 186 ff., 191, 193, 203 f., 210, 213, 231
seelsorgerisch 186, 231
Selbst 19 f., 21, 46, 80, 135, 158, 163, 186, 216
Selbstbeschuldigung 76
Selbstbespiegelung 43
Selbstbestrafung 73, 80, 106, 129
Selbstbetrug 151, 155
Selbsterhaltung 53, 55, 68, 157, 199
Selbstliebe 43, 95, 218
Selbstmord 47, 52, 61, 75, 77, 86 f., 91 f., 147, 163
Selbstpsychologie 20
Selbstständigkeit 85, 208
Selbstsucht 128
Selbstvertrauen 96, 99
Selbstverurteilung 27
Sexualität 43, 123, 127, 131, 215
Sexuallibido 36, 42, 147, 156, 207, 222
Sexualtrieb 31, 44, 130 f., 210, 215
Sexualverkehr 154
sexuell 15, 27, 29, 33, 44, 47, 60, 63, 73 f., 76, 78, 85, 91, 96 f., 107, 111 f., 114 f., 117, 119, 125, 144, 148, 150, 155, 168, 173, 187, 215, 222
Sicherheit 26, 32 f., 44, 54, 68, 71 f., 93, 99, 108 f., 145, 147, 154, 167, 200
Sicherheitsgefühl 154
Sicherung 21, 68 f., 74, 79, 83, 106
Sicherungstendenz 68
Sinn des Lebens 11, 13 f., 16–21, 25, 28,

31, 35, 80, 82, 88, 105, 150, 156, 161 f.,
  191, 220
sinnlich 182
Sinnlichkeit 182
Sittengesetz 36
Situation 12, 42, 47, 52, 67, 75 f., 93, 96,
  108, 125 f., 135 ff., 140 f., 152 ff., 158, 162,
  172, 175, 209, 214
Sonderstellung 80
Soziologie 40, 191 f.
Spaltung 145
Spannung 58, 65, 67, 115, 190
Spätkommen 46
Spiel 41, 46, 49, 58, 69, 92, 108, 110, 123,
  131, 144, 174, 182
Sprache 27, 32, 43, 57, 62, 94, 124, 145,
  152, 165, 167, 171, 203
Sprachfehler 174
Staat 46, 183
statistische Wahrscheinlichkeit 44, 130,
  223
Stellung der Geschwister 134
Stiefkind 173
Stimmung 62, 88, 133 f.
Stoffwechsel 53
Stottern 59, 85
Strafe 95, 102, 125, 132, 212, 217
Streben 11 ff., 18 f., 25, 34, 37–40, 53 ff.,
  59, 68 f., 71, 75, 78, 83, 86, 88, 90, 93 f.,
  99, 105, 107, 110, 113, 137, 139 f., 142,
  144, 149, 153, 156, 158 ff., 162, 164, 172,
  197, 199, 201, 208, 214, 217 f., 220
  nach ‹berwindung 38, 69
  nach Vollkommenheit 14, 18 f., 25, 37,
  158, 160, 164, 208
streben 21, 197, 199
Streben nach Überlegenheit 39, 78, 140,
  144, 149, 158, 214
Streben nach Vollendung 55, 217
Strebung 187, 214, 219
Stuhlverhaltung 42, 73, 85, 132
Sublimierung 210
Süchtige 79, 94, 96
Süchtigkeit 27, 91
Symbolik 155
Sympathie 184
Symptom 26, 32, 37, 56, 58, 60 f., 94, 100,
  102 f., 107, 109, 122, 125, 127, 175, 210, 214

T
Tabugedanken 162
Tadel 133, 201, 204, 218
Tagesrest 150
Tagtraum 144, 174
Tanz 49
Tatsache 16, 28, 32, 38, 45, 50, 60, 62,
  65, 71, 74 f., 77, 81, 84, 89, 92, 98, 104,
  109 f., 114 f., 120, 122, 126, 130, 132, 135,
  139, 146 f., 152, 155, 160–163, 165, 191,
  200, 206, 218 f., 223
Täuschung 84, 152
Technik 36 f., 39, 50, 109, 144, 188, 191,
  224
Teilganzes 20
Telepathie 120, 156
Temperament 27, 57, 85, 138
Teufelskreis 124
Theater 61
Theologie 186, 205, 227
  dialektische 189, 205
Therapie 15, 21, 114, 188 ff.
Tod 29, 54 f., 68, 87, 125, 146, 158, 192,
  206, 220
Todeswunsch 53
Tonus 74
Tradition 82, 138, 198, 217
Training 42, 56, 64, 66, 93, 115, 117, 119,
  133, 137, 146, 154, 210, 213
transpersonal 14, 19 ff.
transzendental 160
Trauer 81
Traum 61 f., 68, 106, 109, 117, 119 f., 128,
  139 f., 146–153, 155, 171, 174 f.,
  221
  Angsttraum 153, 174
  Falltraum 153
  Falltraume 153
  Flugtraum 90, 153
  Tagtraum 144, 174
Traumbild 152
Traumdeutung 78, 148, 153, 206
Traumgedanken 117
Trauminhalt 117
Traumleben 117, 149
Traumtheorie 151
Treue 46, 148
Trieb 12, 20, 26, 37, 71, 94, 97, 127, 136,

Sachverzeichnis 251

147, 156, 190, 197, 206, 208 f., 214, 216, 220, 230
Nahrungstrieb 130
Sexualtrieb 31, 44, 130 f., 215
Triebleben 79, 214
Triebpsychologie 12, 199 f.
Trigeminusneuralgie 58
Trotz 42, 90, 132, 142, 153, 211
Trunksucht 52, 65, 75, 77, 91
Tugend 48, 161, 164, 181, 200
Typen 32, 39, 64, 79, 84, 94, 197, 204
Typenlehre 84, 94
Typus 37, 57, 63, 66, 73, 79, 84, 120, 174, 190, 192

U
Überbau 230
Überempfindlichkeit 15, 48, 66, 74, 91, 95, 98, 101, 105, 117, 166
Überlegenheit 12, 14, 16, 25, 30, 32, 34, 38–42, 49, 54, 59, 67, 69, 74, 78, 83, 86, 93, 99, 103 ff., 115, 119, 123, 126, 128, 132, 139, 140, 144, 146, 153, 159, 165, 197, 207, 209, 211, 214, 219
Überlegenheitsgefühl 15
Überlegenheitskomplex 11, 39, 46, 51, 58, 78, 81, 84, 88, 91, 106
Übertragung 36, 168
Überwertigkeitskomplex 81, 125
Überwindung 14, 20, 27, 38, 54–57, 67, 69, 70 f., 74, 93, 113, 115, 145, 157, 197, 199
Umdrehung 158
Umkehrung 221
Umweg 188
Umwelt 21, 93 f., 209
Unart 62
unbewusst, das Unbewusste 36, 49, 136, 208
Unfähigkeit 104, 155, 174
Ungeschicklichkeit 173
Unlust 26, 134
Unsicherheit 74, 75, 83, 94, 108, 118, 199
Unterdrückung 97, 115, 168, 209
Unterwerfung 133, 136
Unterwürfigkeit 80
Untreue 62

unverstanden, Unverstandenes 44, 71, 79
Unvollkommenheit 51, 71, 154
Unzulänglichkeit 67 f., 217, 223
Upanishaden 20
Urtrieb 80

V
Vater 29 f., 33, 42, 44, 57, 60, 65, 82, 90 f., 95, 103, 108 f., 125, 127, 131 f., 141, 154, 156, 173, 175, 200, 215, 221
Verachtung 48, 74, 81
Verallgemeinerung 31, 127
Verantwortung 61, 99, 101, 167 ff., 190
Verbrechen 27, 29, 47, 73, 75 ff., 88, 129, 163, 223
Verbrecher 73, 79, 84, 88, 96, 100, 104, 164, 222 ff.
Verdrängung 127, 208, 216
Vererbung 100, 174
Verfolgungswahn 86
Vergesellschaftung 40, 55
Vergesslichkeit 123
Vernachlässigung 15, 19, 36, 43, 70, 78, 89, 104, 129, 141, 154, 163, 223
Vernunft 14, 19, 30, 54, 96, 99, 152 f., 159, 164, 181, 187, 202, 205 ff., 230
Verschiebung 220
Verschlossenheit 76, 133
Verschüchterung 34
Versöhntheit 21
Verstehen 27, 70, 139, 150, 189, 190, 192, 205, 221
Verstimmung 53, 87, 91
Versuchung 47, 89, 172
Vervollkommnung 13, 64, 68, 200
Verwahrlosung 174
Verwandlung 118
Verwöhnung 15, 19, 42–45, 52, 68, 70, 74, 78, 89, 91 f., 94, 97, 104, 108, 116, 118, 127 ff., 132, 134, 140, 152, 163, 168, 172, 175, 206, 210, 219
Verzärtelung 19, 44 f., 92, 138, 205, 215, 220, 222 f.
  verzärtelte Kinder 118
Vieldeutigkeit 125
Volk 41, 46, 152, 201
Volksgemeinschaft 183, 192
Volksseele 141

Vollendung 25, 30, 70 f., 142, 160, 189, 197, 199, 209, 221
Vollkommenheit 11, 13 f., 18, 21, 36 f., 41, 54, 56 f., 93, 99, 123 f., 128, 139, 157–160, 191, 197, 200, 202 ff., 218
Vollwertigkeit 67
Voraussicht 133, 219
Vorsicht 40, 56, 62, 66 f., 74, 84, 96, 122, 125, 130, 153, 170 f.
Vorstellung 153, 158, 187, 192
Vorurteil 230

W

Wachstumsenergie 130
Wahrheit 14, 17, 31, 36, 63, 88, 93, 105, 116, 157–162, 164, 167, 182, 190, 201
 absolute 161
Wahrnehmung 14, 121, 143, 172
Wahrscheinlichkeit 17, 26, 32, 39, 43 f., 58, 70, 94, 116, 210
Weib 49, 107, 151
weiblich 30, 81, 83
Weisheit des Körpers 55
Weltanschauung 12, 18, 70, 84, 111, 149, 158 f., 161, 174, 188, 198
Weltbild 34, 69, 198
Weltkrieg 182 ff., 186, 227 f.
Wert 26, 30, 48, 53, 56, 62, 64, 67, 82 ff., 94, 102, 145, 152, 156, 162, 221 f., 229
Werteerziehung 184
Wertgefühl 45, 149, 153
Wertlosigkeit 97, 101, 126
Wertpsychologie 12, 38
Wettbewerb 45
Widerstand 35, 42, 92, 95, 101, 171
Wille 36, 94
 zur Macht 36
Willensstärke 210
Wille zur Gemeinschaft 94
Wissen 35, 38, 69, 83, 98, 133 f., 150, 162, 169, 181, 191, 205, 218, 230
Wohl der Allgemeinheit 143, 162, 209, 219
Wohlfahrt 26, 49, 70 f., 99, 162, 164, 197, 200 f., 210, 218
Wünsche 29, 33, 44, 105, 108, 127, 150, 152, 168, 215
Wunscherfüllung 142, 148

Z

Zaghaftigkeit 145
Zärtlichkeit 79, 95, 132
Zärtlichkeitsbedürfnis 42
Zeitschrift für Individualpsychologie 18, 114, 153, 223
Zensur 216
Zerknirschung 171, 204, 217, 220
Ziel 13 f., 21, 32, 36, 38, 41 f., 54, 56 f., 69 ff., 74, 80, 86, 93, 99, 102 f., 115, 119, 123 f., 126, 128, 132, 139–142, 144, 146, 150, 157–161, 165, 181, 191 f., 197, 199–204, 207 ff., 215, 218 f., 221 f.
Zielbewusstheit 204
zielen 41
Zielstrebigkeit 54
zögern 29, 47
Zorn 63, 74, 81
Zuhören 67
Zukunft 35 f., 38, 45, 47 f., 50, 69, 75, 82, 120, 131, 135, 143, 146, 152, 158, 160, 162 f., 174, 198, 201, 222
Zurückgebliebenheit 60
Zurückgezogenheit 173
Zurücksetzung 48, 60, 141, 154 f.
Zusammenleben 38, 46, 65, 142, 158, 201
Zuversicht 73, 131
Zwang 38, 69, 71, 79, 100, 117, 157, 159, 199
Zwangsidee 215
Zwangsneurose 79, 85
Zweifel 16, 28, 35, 49 f., 53, 72, 92, 94, 119, 134 f., 150, 152, 170, 199, 208, 220, 222
Zweigeschlechtlichkeit 113
Zwilling 120
Zyklothymie 229